이화학술총서

대한민국이란 무엇인가

국가 정체성 문제에 대한 정치철학적 성찰

양승태 지음

이화여자대학교출판부

이 책을

承源 형님의 영전에

바칩니다.

"양떼들과 같이 앞서 간 무리들이나 무리들이 있는 곳을 따라가지 않고
우리가 가야 할 곳을 간다는 것, 이보다 더 중요한 것은 없다."

"Nihil magis praestandum est quam ne pecorum ritu sequamur antecedentium gregem, pergentes non qua eundum est, sed qua itur."

— 세네카Seneca

| 책머리에 |

이 책은 지은이가 3부작으로 계획하고 있는 '대한민국 국가 정체성 연구'의 제1권으로서 그것의 서설 격에 해당한다. 미리 밝히는 것이 허용된다면 제2권은 '대한민국 국가 정체성의 정신사'라 칭할 수 있는 것으로, 현재 국가 정체성 문제, 특히 이른바 보수와 진보 대립의 정신사적 기원 및 전개에 관한 연구다. 그것은 인조반정 이후 전개된 주자학의 보수화 및 교조화와 이에 따른 통치 이데올로기로서의 자기 변용 능력의 쇠퇴를 기원으로 하여 조선 후기 서학의 유입을 계기로 본격적으로 진행되기 시작한 주자학 내부의 분열과 이어지는 근대화 세력의 대두, 일제 강점기 보수 세력 내부 및 근대화 세력 내부의 분열 그리고 남북 분단의 문제, 북한 체제 등장의 정신사적 의미, 분단 이후 남한 내부의 이념적 분열, 북한의 경우 사회주의 이념의 실질적인 폐기와 전근대적인 봉건 왕정 체제의 복원 및 군사국가화 과정 등 현재까지 전개된 한국 근대 정신사의 흐름에 대한 서술 및 설명을 통해 현재 대한민국 정체성 문제의 역사적 실체를 밝히는 작업이 될 것이다. 제3권은 '대한민국 국가 생활의 이상과 현실'에 관한 연구로, 남북한의 민족사적 정통성 문제를 포함하여 국가 정체성을 새롭게 정립하기 위해 요구되는 여러 가지 이념적 해소 방안과 그에 부수되는 제도적 장치에 대한 정치철학적 검토를 시도하게 될 것이다. 특히 헌법의 주요 조문에 담긴 이념 문제에 대한 검토와 더불어, 현재 한국의 학문과 교육에 내재한 정신사적 문제들을 바로 학문과 교육을 통해 극복하는 방안을 궁구해 보고자 한다.

3부작으로 기획하는 저술 의도에 나타나 있듯이, 대한민국의 국가 정체성 문제는 일반인의 직관적인 느낌과는 달리 지극히 포괄적이고 복잡하며 방대한 내용과 쟁점을 함축한다. 그것은 국가의 본질이 무엇인가 하는 정치철학의 가장 근본적인 문제에서부터 대한민국이라는 국가의 역사 및 정신사의 흐름 전체를 포괄하는 거대한 주제다. 이 책은 그와같이 거대한 주제의 해명을 위한 기초적인 작업이며, 이 책의 부제가 '국가 정체성 문제에 대한 정치철학적 성찰'로 설정된 이유도 거기에 있다. 이 책의 그러한 성격은 이 책을 집필하게 된 직접적인 계기와 관련되며, 이 '책머리에' 말미와 다음 '들어가는 말'에서 제시될 그 계기에 대한 설명을 통해 그러한 성격의 구체적인 의미를 밝히게 될 것이다.

어쨌든 이 책 『대한민국이란 무엇인가』는 대한민국 국가 정체성 문제 전체를 해명하려는 시도가 아니며, 그러한 해명을 위해 기초가 되는 정치철학적 문제를 논의하고 검토함이 그 목적이다. 최근 몇 년 사이 출간된 지은이의 국가 정체성 문제 관련 논문들이 이 책 내용의 바탕이자 집필의 출발점이 되었다. 그러나 글쓰기가 언제나 그러하듯이, 집필 과정에서 이 책의 전체적인 논지가 새롭게 구성되고, 논의 내용이 복잡해지고, 본래의 원고가 새롭게 수정·보완되고, 이에 따라 여러 장이 새로 추가되면서 본래의 원고와는 전혀 다른 모습으로 나타나게 되었다. 특히 '들어가는 말'과 국가 정체성 개념 자체의 정립을 위한 별도의 논의인 제1부는 원래 A4 용지 10여 쪽 분량으로 『한국정치학회보』에 게재된 논문(양승태 2006b)

을 그 바탕으로 삼았지만 저술 과정에서 80쪽 정도의 논의로 확대·심화되었다. 국가 정체성 문제의 여러 실천적 측면을 논의한 제2부의 내용도 이미 출간된 글들이 그 바탕을 이루나 이 책 전체의 체계 및 논지에 맞추어 대폭 수정·보완한 결과다. 이 책이 현실 정치의 쟁점이자 정치적 수사이기도 한 국가 정체성 문제를 독자들이 그 근원에서부터 파악하는 데 조금이나마 도움이 되기를 희망한다.

물론 언제나 사물을 그 근원에서 파악하는 것은 어려우며, 그러한 차원의 읽기란 기존의 관련 문헌에 대한 깊은 이해와 더불어 스스로의 정신세계에 대한 부정과 수정을 수반하는 사유의 고통을 필요로 한다. 다만 그러한 과정 자체가 '지적 장인의식intellectual craftsmanship'에 기반한 오랜 시간의 점진적인 사고 훈련을 요구하기 때문에, 책 읽기에 조급함과 초조함 또는 속단은 언제나 금물이다. 이 책 제1부의 내용은 일단 정치학이나 서양철학사를 전공하지 않은 일반 독자에게는 조금 난해할 것이다. 그러한 독자라면 제1부는 생략하고 제2부의 글에 먼저 집중하면서 평소에 조금이라도 흥미를 가졌던 주제를 선택해 읽을 것을 권유한다. 그리고 나름으로는 국가 정체성과 관련된 심리학적·철학적·정치철학적 문제 모두를 해명하려고 노력은 했지만, 지은이의 한정된 지식이나 사물에 대한 판단력 부족에 기인한 논의의 불충분함이나 오류가 있을 것이다. 이에 대해서는 독자들의 질정을 바란다.

사실 국가 정체성 문제는 국가의 존재와 관련된 가장 근원적인 문제이며 정치학자가 일생에 걸쳐 추구하고 대면해야 할 지적 과제이자 도전임에는 틀림없다. 진부한 이야기를 하자면 위기는 기회다. 정체성의 위기가 나타나 정치·사회적 갈등이나 대립의 원천이 되고 있다는 사실은 국가적으로 시련일 수 있다. 그러나 위대한 인간성을 구현한 인물들이 대체로 청소년 시절 심각한 자아 정체성의 위기를 겪고 그것을 극복한 경우이듯이,

그러한 시련은 한 국가가 위대한 정체성을 새롭게 확립할 수 있는 기회일 수도 있다. 그러한 극복 노력은 물론 그 국가의 지식인에게서 시작되어야 하며, 그 노력의 중심에 정치학자가 있어야 함은 당연하다. 다만 그러한 지적 노력이 범상한 수준의 지성적 작업이나 노력으로는 성취될 수 없음 또한 자명하다. 이러한 맥락에서 헤겔Georg W. F. Hegel의 『법철학』에 제시된 유명한 잠언을 인용할 필요가 있다. "미네르바의 부엉이는 어둠의 장막이 내린 뒤에야 날갯짓을 시작한다Die Eule der Minerva beginnt erst mit der einbrechenden Dämmerung ihren Flug"는 잠언이 그것이다.

이 잠언에서 '미네르바의 부엉이'라는 상징은 어둠의 장막이 내린 현실의 '바닥을 기어다니면서' 그것을 부분적이고 편벽되게 이해하는 존재가 아닐 것이다. 그것은 현실의 위를 높이 날면서 그 실체를 총체적으로 조망하고 파악하는 고도의 성찰적 행위를 상징할 것이다. 이 책에서 그려질 지은이 나름의 날갯짓이 현실 전체를 조망하면서 이 세계에 숭고한 정신이 도래했음을 알리는 대붕大鵬의 비상은 되지 못하더라도, 적어도 현실의 일부분이나마 제대로 조망하는 연작燕雀의 비상이라도 되기를 희망한다. 그 비상의 높이는 독자들이 헤아릴 일이다.

언제나 그러하듯이 이 책 역시 많은 사람의 도움으로 세상에 나오게 되었다. 국가 정체성 문제는 국가의 본질과 관련된 문제의 하나로서 정치철학을 전공하는 사람에게는 일생 동안의 관심사일 수밖에 없으며, 대한민국 정체성 문제 또한 정치학 연구자로서만이 아니라 대한민국이라는 현실을 살아가는 인간으로서 지은이가 오래 전부터 관심을 가져온 주제이기도 하다. 그런데 학문적 관심사를 직접 연구로 이어지게 만드는 계기는 대체로 우연히 작동하는 경우가 많다. 이 책의 집필과 관련하여 그러한 계기는 '새로운 밀레니엄'이란 이름의 유행어가 한국 사회를 일종의 주술과 같은 흥분 상태에 빠뜨렸던 1999년에 주어졌다. 1999년 봄 계간지 『계간 사상』의 편집진은 그 일원인 고려대학교 최상용 교수(현재 명예교수)를 통해 한국정치사상학회에 20세기 마지막 호의 기획·편집을 일임했으며, 지은이는 그 책임을 맡아 '21세기에도 서양 문명의 지배는 계속될 것인가?'라는 대주제를 설정하여 학회의 몇몇 회원 교수들에게 그 주제와 관련된 여러 측면에 대한 집필을 의뢰했다. 지은이 자신도 집필에 참여했다. 지은이는 서양 문명이 기초한 세계관과 관련하여 "헬레니즘과 헤브라이즘: 서양 정신사에서 신-인간-역사의 변증법"이란 제목의 원고를 작성했으며, 그 원고는 이 책 제2부 제7장의 토대를 구성하고 있다. 그 글쓰기가 지은이에게 대한민국 국가 정체성 문제를 본격적으로 성찰하도록 한 계기가 되었던 것이다. 그러한 계기를 마련해 준 최상용 교수께 이 자리를 빌려 다시 한 번 감사드린다.

그 원고의 작성을 계기로 지은이는 국가 정체성 및 대한민국 정체성과 관련된 여러 글을 여러 기회를 통해 발표하게 되었다. 그러한 기회를 마련해 준 한국학중앙연구원의 정윤재 교수, 국제뇌교육종합대학원대학의 김광린 교수, 대화문화아카데미 원장 강대인 선생, 한국정치사상학회 7대 회장인 숭실대학교 정치외교학과의 서병훈 교수에게 감사의 말을 전한다. 그리고 이 책의 논의 과정에서 언급되어 있지만, 중국과 일본의 관련 문헌에 대해 귀중한 조언을 제시해 주고 귀찮은 조사를 마다하지 않고 수행해 준 용인대학교 중국학과의 장현근 교수, 고려대학교 정치외교학과의 박홍규 교수에게는 그 고마움을 어떻게 표현할지 모르겠다. 이들에게는 평소에도 일방적으로 귀찮게 물어보고 부탁하는 일이 많았는데, 선배 교수의 지위를 남용한다고 은근히 속으로 비난하고 있는 것은 아닌지 걱정된다. 이 책은 또한 졸저 『우상과 이상 사이에서: 민주화 시대의 이데올로기들에 대한 비판적 성찰』(이화여자대학교출판부, 2007)의 '맺는 말' 부분에서 제기했던 문제에 대한 해명의 성격도 갖고 있다. 다시 말해서 그 책에 제시된 논의의 연속성에서 이 책의 논의 내용이 이해될 수도 있다는 것이다. 그 책과 이 책 모두의 출간뿐만 아니라 재정적으로 후원해 준 이화여자대학교출판부, 특히 출판부장 최민숙 교수께 깊은 고마움의 뜻을 밝힌다. 아울러 조교로서 자료 검색 및 수집이나 복사 등 온갖 귀찮은 일을 도맡아 언제나 성실하게 수행해 준 이화여자대학교 대학원 박사과정의 전선영 석사, 석사과정의 조가원 양과 박진현 양에게도 이 자리를 빌려 다시 고마운 마음을 전한다.

책의 초고 작성을 마치고 조금은 허탈한 마음으로 창 밖을 내다본다. 폭설이 내린 후 소담한 눈을 가득 품은 나뭇가지 사이로 스모그로 찌들었던 겨울 하늘이 오랜만에 참으로 눈에 시리도록 맑고 푸르다. 이 땅의 참모습은 언제나 이토록 아름다운데…….

서기 2010년(단기 4343년) 1월 춥고 맑은 겨울날

대현동 연구실에서 지은이

| 차례 |

제2부 실천적 성찰

| 들어가는 말 |

'대한민국이란 무엇인가'라는 질문

조선일보 '조선만평' (2009년 5월 16일자)

'남남분열'과 '국가 정체성의 위기'란 말이 정치적 유행어이자 한국 정치의 화두로 등장한 지도 그런대로 꽤 시간이 지났다. 이른바 보수 세력과 진보 세력 사이의 '편가르기 싸움'이 지나쳐 국가라는 공동체 자체의 균열을 걱정할 정도로 심각했음을 지칭하는 말들이다. 그런데 이 말들 역시 시간이 지나면서 한국인의 귀에 익숙해지고 일상적인 언어 생활의 일부가 되어서인지 이제는 처음 등장했을 당시에 그 말에 따랐던 감정적 격함이나 태도의 심각함도 상당히 약화된 듯하다.[1] 그렇다면 대부분의 국민이 이

---

1 최근에는 이명박 대통령이 국가 정체성의 확립 문제를 공식적으로 거론한 바 있다 (2008년 12월 23일자 동아일보 참조). 그런데 그것은 국가 정체성의 구체적인 의미를 적시하거나 새로운 문제를 제기한 것은 아니고 국가적으로 심각한 문제에 대한 대통령의 태도 표명으로서는 약간 뜬금없다고 느껴질 정도로 단편적인 언급 수준의 것이라고 할 수 있다. 이에 따라 언론 보도도 그러한 언급의 의도에 대한 해석 기사가 주요 내용이었다. 그런데 국가 정체성이라는 '묵직한' 주제에 대한 현직 대통령의 언급이 국가적 차원의 새로운 논쟁이나 반향을 일으킨 것도 아니라는 사실이 현재 대한민국의 국가 생활 및 정신사적 위상을 가늠하게 하는 흥미로운 점이라고 할 수 있다.

제는 그러한 분열 자체에 너무나 염증을 느껴서 그것을 해소 불가능한 한국 정치의 숙명적인 요소로 체념하고 있거나 혹은 삶의 절박한 현실에 그러한 문제에 신경 쓸 여유조차 없어졌다는 것인가? 아니면 '남남분열=국가 정체성의 위기'라는 등식 자체가 현실 정치의 수사와 진실을 구분하지 못한 부정확한 현실 이해의 결과일 뿐이며, 일시적인 정치적 양상에 대한 일부 지식인의 호들갑스러운 반응에 불과했음을 의미하는가? 이 책은 그와 같은 소박한 의문에서 출발한다.

현실 정치판이란 본디 정파 사이의 분열과 대립이나 권력 투쟁이 그 본질적 속성 가운데 하나인 것은 분명하다. 따라서 설사 대한민국의 국가적 정통성 자체가 정치판 언쟁의 중심에 등장했을지라도 그것 또한 권력 투쟁에서의 승리라는 눈앞의 목적을 위해 무차별적으로 동원될 수 있는 수많은 가용한 정치적 수사 가운데 하나에 불과했을 수도 있다. 또한 종전 같으면 대한민국의 국가적 정통성을 부정하는 언설의 표명 자체가 정치적 응징이나 법적 처벌의 대상이었을 것인데, 그러한 부정적 언행이 자유롭게 표현되는 상황의 전개 자체가 역설적으로 국가의 토대가 확고해졌다는 증빙이자 국가 정체성의 위기에 대한 반증일 수 있다. 따라서 이제는 그것을 국가적 차원에서 그리 심각하게 생각할 필요가 없다는 결론을 내릴 수도 있다. 그것은 한국 사회가 좀더 확실하게 민주화되었고 다원화되었다는 징표일 수도 있다는 것이다. 특히 국가 정체성 위기 현상의 한 축을 이루는 대한민국의 정통성을 부정하는 정파의 인물들의 실제적 삶을 목도하면서 그 문제를 그리 심각하지 않게 생각할 수도 있다. 그들은 대체로 한국이라는 국가 생활의 틀 안에서 나름대로 정치·사회적으로 출세한 엘리트층으로서 여러 차원에서 국가적 혜택을 누리고 있다는 사실이 그것이며, 따라서 그들 언행의 진정성을 의심하는 사람들이 늘어남에 따라 그것의 정치적 파괴력에 대해 그리 걱정할 필요가 없다는 판단을 내릴 수도 있다. 다시 말해서 '남남분열'이라는 현상에 대해 처음부터 그리 흥분할 이유가 없었을 수도 있으며, 오히려 그러한 분열 자체를 진보와 보수의 대립 구도가 한국 정치에 정착하는 양상이자 한국 정치의 민주화 및 다원화 과정의 필연적 산물로 적극적으로 받아들이는 시각도 가능하다.

물론 그러한 시각도 타당할 수 있다. 한 시대의 인간들에게 절박하고 사생결단 투쟁의 원천이자 비극적 사태의 원인이었던 쟁점이 시간이 지난 후에 돌이켜볼 때 당시의 인간들, 특히 당시의 권력층이 그 쟁점을 보는 시각을 조금만 바꾸어도 전혀 다른 방향으로 사태 진행이 가능했던 사례는 역사적으로 무수히 많다. 종교개혁, 미국혁명, 러시아혁명 등등이 그것이다. '남남분열'은 그 정도 수준의 심각한 역사적 아이러니에도 해당되지 않을 수 있으며, 위에서 언급한 대로 몇 년 되지 않은 시간의 경과로도 그 갈등의 강도가 쉽게 약화될 수 있는 성격의 국가적으로 그리 중대한 사안이 아닐 수도 있다. 그리고 그것을 '국가 정체성의 위기'와 연관시키는 것 자체가 특정한 정치 현상에 대한 과도한 진술이자 대한민국의 국가적 기반에 대한 과소 평가의 결과일 수도 있다.

물론 이와는 정반대의 해석도 가능하다. '남남분열'이라는 현상을 국가적으로 절박한 사안으로 해석할 수 있으며, 그것을 '국가 정체성의 위기'로 간주함이 지극히 타당할 수도 있다. 그것은 단지 일시적으로 현실 정치의 담론에서 벗어나 있을 뿐 조만간 다시 국가적으로 중대한 사안으로서 현실 정치의 뜨거운 쟁점으로 부각될 수 있으며, 그것이 국가 생활에 끼치는 해악의 막대함이나 쟁점 자체의 본원적인 중요성을 감안할 때 그러한 잠재화된 상태가 오래갈 수는 없으며 오래가서도 안 된다는 주장도 제기될 수 있다. 지은이의 기본 입장은 후자의 것과 비슷하다. 남남분열과 같이 적어도 표면적으로라도 이념적 갈등의 문제가 아닌데도 불구하고 새로운 국가적 차원의 갈등으로 부상하고 있는 최근의 '세종시' 문제를 바라보면서 그러한 갈등과 분열의 실상을 더욱 심각하게 느끼게 된다. 원색적인 지역이기주의가 파렴치할 정도로 내세워지고, 국가적 논제와 관련된 정치권의 언설이나 행동 등 공론 영역의 논의 내용이나 수준을 바라보면서, 이 대한민국이 과연 국가 생활을 제대로 영위할 수 있는 나라인지조차 의심이 들 정도다. 지은이가 더욱 우려하는 것이 바로 분열이나 갈등이 야기하는 폐해가 아니라 그러한 분열과 갈등의 실제적 양상인 것이다.

만일 그러한 분열과 갈등이 국가 생활의 본령에 대한 —그것의 목적이나 이상 또는 미래의 비전 등—깊은 성찰까지는 아니라도 나름대로의 진지한 이해 노력과 함께 적어도 스스로 내세우는 주장 자체의 근거나 타당성에 대한 성실한 탐색의 결과일 경우, 그것의 폐해는 일시적이고 새로운 진지하고 성실한 논의 과정을 통해 언제나 해소되고 봉합 가능하다. 그러나 공인 의식의 부재 속에서 국가 정책에 대한 논란이 국가 생활에 대한 장기적 안목 차원 또는 더 나아가 국가 생활을 통해 추구해야 할 보편적이고 영속적인 가치나 이념에 대한 나름대로의 진지한 모색 차원이 아닐 경우, 그것은 오직 패거리 다툼의 연속으로서 그 패거리의 인적 면모들만 사안에 따라 바뀐 채 국가적 에너지의 끝없는 소모만 의미할 뿐이다. 실제로 어떠한 상황을 불문하고 무조건 민주주의를 내세우면서 벌어지는 정파 사이의 패거리 다툼, 자신의 이해관계만 걸리면 무조건 인권이나 생존권을 내세우면서 법질서는 안중에 없는 사적인 이익 추구의 각축 등이 그러한 분열과 갈등의 실상이다. 혁명을 표방할 경우 기존의 법질서 자체가 혁파의 대상이 될 수도 있기 때문에 그것을 무시하면서 일관되게 투쟁할 수도 있다. 그러나 혁명을 추구하지도 않으면서 국가 생활의 영위와 관련된 근본적인 상징적 행위인 국민의례를 무시하거나, 국가 생활의 근간인 법질서 자체에 대해 도전하고, 국가 운영에 필수적인 국가기관의 권위적 판단에 대해 개인이나 집단의 통속적인 이해관계에 따라 찬양의 대상이 되었다가 한순간에 매도의 대상으로 그 태도가 반대로 표변하는 행태들이 그러한 갈등과 분열 양상의 중심을 이룰 경우, 그러한 분열과 갈등이 국가생활에 남겨두는 것은 오직 저급한 욕망 분출 뒤에 따르는 공허함뿐이다.

물론 지은이의 입장을 처음부터 옳다고 내세움은 학문이라는 외양의 독단이며, 두 가지 해석 가운데 어떠한 해석이 타당하다고 미리부터 단정할 필요는 없다. 각 해석의 타당성 여부는 각 해석에 내포된 수많은 쟁점 하나하나에 대한 여러 측면 및 여러 차원의 검토를 통해서만 결론을 내릴 수 있으며, 나름대로 그러한 결론을 제시하려는 것이 이 책의 목표 가운데 하나이기도 하다. 어쨌든 여기서 환기해야 할 것은 '남남분열' 또는 보수와 진보의 격렬한 대립 또는 지역 갈등이 촉발한 국가 정체성 위기의 문제에서 자명한 것은 오직 국가 정체성 문제가 정치·사회적 담론으로 등장했다는 사실뿐이며, 그러한 사실의 실체가 무엇인지는 한국 정치에서 민주화라는 현상의 실체, 보수와 진보 대립 또는 지역 갈등의 실체가 무엇인지에 대한 탐색, 그러한 탐색과 더불어 무엇보다도 국가 정체성 개념 자체에 대한 탐구를 필요로 한다는 것이다.

한국 정치에서 민주화나 보수와 진보의 대립에 대한 이해가 단순히 그러한 양상이나 대립과 관련된 표면적인 여러 요인이나 배경 및 양상을—권력 투쟁의 성격, 경제적 배경, 사회적 계층이나 계급적 요소, 심리적 요인, 개인사적 양상 등등—정리하거나 그것들 사이의 표면적인 인과관계를 설명하는 것으로 이루어질 수는 없다. 경우에 따라서는 한국에서 보수와 진보의 대립은 이념적 대립이란 외양의 비이념적 대립, 스스로 내세우는 이념의 의미조차 제대로 파악하지 못한 채 현대사의 전개 과정에서 우연히 갈라진 '패거리 싸움'의 연속에 다름아닐 수도 있다. 따라서 그것의 실체가 무엇인지는 기본적으로 그러한 대립의 역사 및 정신사적 연원과 그 변화 과정에 대한 탐구와 더불어, 통상적인 의미의 권력 갈등 차원을 넘어 한국의 사회 구조 전반 및 현재 한국인의 의식 구조와 정신 수준 전반 차원에서의 총체적 접근이 필요하다. 그러한 탐구와 접근이 실제로 이 책의 후속 저작들을 통해 본격적으로 제시될 연구 내용이기도 하다. 어쨌든 해명해야 할 가장 근본적인 문제로서 제기해야 할 것은 바로 그러한 대립이 단순히 일시적인 정치·사회적 갈등의 차원을 넘어 과연 대한민국이라는 국가의 존재성 자체를 위협하는지 여부다. 다시 말해서 그것이 진실로 국가 정체성에 대한 위기를 초래하고 있는지 여부의 질문이며, 그러한 질문에 대한 판단은 당연히 국가 정체성 자체가 무엇인지에 대한 해명을 요구하는 것이다.

'대한민국 국가 정체성 연구' 3부작의 제1권인 이 책은 그러한 해명을 위한 시도다. 그러한 시도는 국가 정체성의 여러 측면에 대한 정치철학적 논의와 설명을 의미한다. 앞으로 정체성 개념 자체에 대한 논의를 통해 좀 더 자세히 설명되겠지만, 추상적인 개념어로 표현된 대한민국의 국가 정체성 문제는 일상적인 언어로 표현된 '대한민국이란 무엇인가'의 질문과 전적으로 동일하다. 다시 말해서 특히 2002년 월드컵 응원의 "대~한민국!" 이라는 구호를 통해 이제는 일상적인 언어로도 친숙해졌을 뿐만 아니라 그 존재성이나 의미가 자명한 것 같은 존재, 그 존재가 무엇이냐가 실제로는 지극히 복잡하고 광범위한 문제들을 함축하고 있다는 것이다. 왜 그러한지 설명이 필요한 이유다.

일견 '대한민국이란 무엇인가'라는 질문은 그리 복잡한 문제로 느껴지지 않을 수 있다. 그것은 일단 대한민국 헌법에 제시된 국체에 대한 규정으로 충분히 설명될 수 있다고 믿을 수 있기 때문이다. 건국 이후 여러 차례 개정이 있었음에도 불구하고 "대한민국은 민주공화국이다"라는 헌법 제1조의 규정은 불변의 조항으로 지금까지 남아 있으며, 그 조항은 바로 국가 체제의 성격에 대한 규정이고, 곧 대한민국이라는 국가 정체성에 대한 헌법적 정의로 해석된다. 그렇다면 국가 정체성이란 그리 방대하고 복잡한 학문적 논의가 필요한 문제가 아니며, 헌법 제1조의 조항에 대한 헌법학적 해석으로 충분히 해명 가능하다고 판단될 수도 있다. 실제로 그러한 판단이 현재 일반인은 물론이고 한국의 학계 일부를 지배하고 있는 것은 아닌지 의심이 들기도 한다.

물론 헌법은 국가 정체성 문제의 해명에 필수적으로 다루어야 할 항목이며, 실제로 헌법과 관련된 국가 정체성 문제는 이 책 제2부 제11장에서 다루는 주제이기도 하다. 문제는 헌법 조항에 대한 해석 논의만으로 국가 정체성 문제는 결코 해명될 수 없다는 점에 있다. 그 기본적인 이유는 일단 헌법 1조에 대한 거론은 문제의 출발일 뿐이지 끝이 아니기 때문이다. 헌법 1조의 조항 자체는 하나의 문구일 뿐이며, 그 문구의 의미를 진정으로 이해하기 위해서는 그것이 제헌헌법 제정 과정에서 어떻게 그러한 조항으로 확정하게 되었는지 제헌의회의 논의 과정뿐만 아니라 그러한 논의가 가능하게 된 역사 및 정신사적 배경을 이해해야 한다. 또 다른 이유는 '법 형식주의legal formalism'에 대한 비판 차원에서 이해될 수 있다. 법 형식주의, 곧 국가를 단지 헌법이나 법적 체계 차원에서 접근할 경우 국가란 존재의 윤리성, 실제적인 작동 방식이나 효용, 역사성, 정치·경제·사회 현상과의 총체적인 연관 관계를 제대로 설명하지 못하는 결함을 갖고 있다는 점은 이미 오래 전에 비판의 대상이었다.[2] 아울러 확인해 두어야 할 것은 민주주의나 공화의 이념 자체가 정치철학의 이른바 '영원한 질문들the

2 법 형식주의에 대한 대표적인 비판으로는 새바인(Sabine, 1928) 참조.

perennial questions'의 범주에 속하는 것으로서, 그것들에 대한 제대로 된 이해 자체가 오랫동안의 깊은 성찰을 요구한다는 것이다. 그리고 형식논리학의 차원에서라도 "대한민국은 민주공화국이다"라는 명제에서 민주공화국은 술어일 뿐이며, 그것에 대한 해석이 자동적으로 주어인 대한민국 자체에 대한 설명은 되지 못한다는 자명한 사실에 대한 인식이 중요하다. 그러한 술어의 해석은 대한민국이란 존재의 한 측면을 구성할 뿐이다. 대한민국이란 존재는 결코 그러한 헌법적 규정으로 충분히 설명될 수 없는 총체적인 존재이며, 그 총체적인 존재 그 자체는 결코 자명한 것이 아니라는 자각에서 이 책의 본격적인 논의는 출발한다.

일상적으로 언제나 접하면서 친근하기 때문에 그 존재성이 당연하고 자명하게 느껴지는 대상에 대해 '그것이 과연 무엇인가'라고 질문하는 행위는 인간의 사고가 바로 일상성의 제약이나 타성에서 벗어나는 출발이다. 그러한 질문 행위의 본원적 중요성은 이미 오래 전에 소크라테스에 의해 정형화된 "x란 무엇인가ti estin; what is?"라는 질문을 통해 —잘 알려져 있듯이 소크라테스의 경우 그 x는 올바름, 사랑, 즐거움, 경건함 등 보편적인 도덕적 덕목 또는 가치들이다—고전적으로 현시된 바 있다. 그리고 그러한 질문의 본원적 중요성과 더불어 그것에 대한 해명은 그것에 필연적으로 수반하는 여러 가지 복잡하고 난해한 질문에 대한 해명을 필요로 한다는 인식 자체가 서양 철학사의 본격적인 출발을 의미한다. 다시 말해서 그러한 인식은 직관적 또는 경험적으로 존재성이나 그 의미가 자명한 듯이 느껴지는 사물이나 덕목 또는 가치에 대한 피상적 이해가 아닌 근원적 탐색이 시작되고 있음을 의미하며, 그러한 근원적 탐색의 결과물 가운데 하나가 서양 정치철학의 토대라고 할 수 있는 플라톤의 『국가』다.[3] '대한

---

3 『국가』의 제목인 'politeia'란 바로 'polis'의 내적 구조이자 존재성 자체를 의미하며, 그것은 바로 소크라테스적 물음을 국가 문제에 적용한 결과다.

민국이란 무엇인가'의 물음이 지극히 광범위하고 복잡한 문제를 내포하고 있는 이유는 바로 그 점에 있다. 일단 그것은 기본적으로 '국가란 무엇인가'라는 국가의 존재성 자체에 대한 물음 및 인간과 국가 관계의 본질과 관련된 물음 등에 대한 해명, 곧 정치학이라는 학문의 학문적 정체성을 표현하는 핵심적 주제이면서 정치철학사 전체를 관통하는 거대한 물음에 대한 해명을 전제로 한다. 이와 더불어 '대한민국이란 무엇인가'라는 물음은 또 다른 수많은 물음을 파생시킨다.

먼저 대한민국이라는 국가의 성립 배경과 과정 및 이와 관련된 역사적 연속과 단절, 특히 조선조라는 그 이전 국가 체제와의 관계와 일제강점기와 분단의 역사 및 정신사적 의미, 헌법을 통해 공식적으로 규정된 그것의 국가 이념 및 국가 체제와 실질적인 권력 체제 및 사회 구조, 그 둘 사이의 관계 문제와 관련하여 수많은 물음이 제기된다. 또한 대한민국이라는 국가의 인격적 측면인 대한민국 국민과 관련하여 또 다른 수많은 물음이 나타날 수 있다. 대한민국이라는 국가가 등장하기 전부터 존재했을 한국인이라는 인간집단은 어떻게 형성되고 어떠한 역사적 과정 속에서 정신적 변화를 거쳐 대한민국이라는 국가를 성립시켰으며, 그 이후에는 또한 어떠한 역사적 과정 속에서 정신적 변화를 거쳐 현재에 이르게 되었느냐의 물음 등과 관련하여 또 다른 구체적인 수많은 물음이 파생될 수 있는 것이다.

그러한 모든 물음은 대한민국이라는 국가 체제의 역사적 성격에 대한 이해, 그리고 한국인이라는 인간집단의 역사 및 정신사적 성격에 대한 ― 통상적으로 한국 민족주의 및 민족 정체성으로 규정되는 문제에 대한 ― 이해 문제로 귀착된다. 다시 말해서 그것은 대한민국이라는 국가 체제 및 그 구성원인 대한민국 국민과 관련된 정치학 전반적인 탐구를 의미한다. 특히 후자의 문제는 개인의 정체성 문제에서부터, 개인의 정체성과 집단의 정체성 사이의 관계 문제 등 또 다른 새로운 차원의 물음을 제기한다. 무엇보다도 대한민국이라는 국가의 정체성 문제는 그 구성원인 한국인이 자신과 국가의 관계를 어떻게 규정하느냐의 — 앞으로 논의되겠지만 애국자로 표상되는 전적인 동일시에서부터 무無도덕적인 쾌락주의자의 전적인 무관심에 이르는 다양한 수준이 있을 수 있다 — 문제 등 국가 정체성 문제를 어떻게 인지하고 이해하고 있느냐가 바로 국가 정체성 문제를 구성하면서 동시에 그것의 위기라는 현상 자체의 존재성 여부를 결정하는 요소다. 따라서 한국인이 국가 생활의 본령이나 이상 그리고 인간성에 대한 이해와 관련하여 어떠한 수준에 있고, 그와 관련된 교육이 — 학교 교육이나 사회적 교육 또는 문화 및 교양 활동 차원 등에서 — 어떻게 이루어지고 있느냐 또한 국가 정체성 문제를 철저히 이해하고 진정으로 해명하기 위해 필수적으로 제기되고 설명되어야 할 물음들이다.

대한민국의 정체성 문제는 그러므로 한국인의 삶의 구조 및 정신세계에 대한 존재론적이며 총체적이고 역사적인 성찰과 더불어 그 구체적 측면에 대한 근원적이고 세밀한 탐색을 요구하는 방대한 주제다. 또한 그것은 이 시대의 한국인이 무엇을 위해 어떠한 형태 및 내용의 공동체적 삶을 살아가고 있는지 스스로 반문하면서 국가 생활의 새로운 방향을 모색하는 실천적인 주제이기도 하다. 그것은 무엇보다도 '민주화 투쟁' 시대에는 민주화만 되면 국가 생활의 모든 문제가 순조롭게 해결될 것으로 믿었던 그 희망이 왜 그토록 손쉽고도 무참하게 깨질 수 있는 순진한 희망이었는지, 당시만 해도 정치권의 영역에 머물렀던 대립과 갈등이 왜 사회 세력 전반으로 확산되면서 사회 전체적인 분열과 더불어 국민 사이의 감정적 대립과 폭력적 갈등으로 나타나게 되었는지, 우리의 현실에 관한 절박하면서도 근원적인 질문과 관련된 주제다. 다시 말해서 이른바 '민주화 시대 이후의 민주주의'에 대한 근원적인 성찰을 토대로 현재 벌어지고 있는 정치·사회적 갈등 및 분열 상태를 극복하고 새로운 국가 생활의 틀을 정립하고자 모색하고 모색해야만 하는 과업, 곧 이 시대의 역사적 현실에 대한 철저한 이해와 이 시대의 역사적 당위를 실현해야 한다는 구체적이면서도 추상적이고, 실천적이면서 사변적인 주제다. 특히 정치학의 경우 스스로의 학문적 정체성을 표현하는 핵심적인 주제이자 국가 생활의 근본 목표를 탐구하는 심원한 주제, 이와 동시에 국민이 염증과 혐오감을 느낄 정도로 경박한 정치 언어와 원색적인 폭력성이 난무하는 정치 현실에 대한 근본적인 치유책을 모색하는 실천성 및 실용성을 수반한 주제, 그것이 바로 국가 정체성의 위기라는 주제인 것이다. 여기서 그와같이 국가 생활의 존재성과 관련된 중대한 실천성을 갖고 있으면서 동시에 그 포괄하는 학문적 의미가 광범위한 국가 정체성의 문제 또는 '대한민국이란 무엇인가'라는 질문과 관련된 현재 한국 학계의 상황은 어떠한지 논급할 필요가 있다.

하나의 학문적 연구 주제이자 심각한 정치·사회적 쟁점이기도 한 국가 정체성 문제는 민주화, 통일, 시민사회, 여성 해방, 신자유주의 등등 이 시대에 제기되었던 다른 정치적 쟁점과는 구분되는 특이하면서도 흥미로운 현상이 발견된다. 그 현상이란 언론 매체나 학계에서 국가 정체성의 위기 등의 언사나 그러한 문제의 심각성을 우려하는 목소리는 있어도, 정작 그것의 실체가 무엇이고 그러한 위기의 극복 방안은 무엇인지에 대한 논의나 검토는 발견되지 않는다는 사실이다. 국가 정체성 문제는 그러한 우려의 목소리에도 담겨 있듯이 국가의 존립 자체를 위태롭게 할 수도 있는 국가적으로 심각한 사안이자 전 국민적 관심사일 수 있다. 그러할 경우 학계나 언론계는 일종의 유행처럼 온갖 학술대회나 지면을 통해 관련된 외국의 이론을 소개하고 쟁점을 학문적으로나 사회적으로 부각시키는 것이 관행이다. 그런데 국가 정체성 문제의 경우 한국 학계에서는 사안의 그와 같은 심각성에도 불구하고 외국 이론이나 외국 학계의 동향에 대한 소개 수준의 논의 차원에서도 부각되지 않았으며, 대중 매체에서는 국민적 관심사에 따른 상업적 목적으로라도 논쟁을 유발시킬 수가 있는데 그렇지 않았다. 다시 말해서 그것이 정치·사회적 관심사로 부각은 되었으나 학문 및 사회적 공론장의 쟁점으로 부각되지는 않았으며, 그러한 사실이 특이하고 흥미롭다는 것이다. 이 점은 한국의 학계, 특히 사회과학계의 일상적인 관행을 고려할 때 더욱 그러하다.

한국의 사회과학계에서는 외국 학계에서 유명하다는 학설이나 유행을 타는 주제가 있으면 그것을 누가 빨리 국내에 소개하는가가 학문적 업적을 쌓기 위한 경쟁적 항목 가운데 하나이자 일종의 학문적 관행으로 굳어진 지 오래다. 또한 사회과학이란 본디 사변적 성찰과는 별개라는 굳은 신념을 기초로, 사회과학적 실천성을 사회 현상을 그 근원부터 파악하는 노력에서 찾는 것이 아니라 표면적으로 새롭게 발생하는 사회 현상을—그러한 현상이란 마치 언제나 새로운 것처럼—뒤쫓아가면서 적당히 분류하고 일반화하고 처방을—그러한 처방이 대체로 단편적이고 일시적이라는 사실을 의식하지 못한 채—내리는 것이라고 믿는 경향도 강한 것이 한국의 사회과학계라고 할 수 있다. 그런데 국가 정체성 문제는 바로 그와 같은 사회적 실천성이 뚜렷하게 부각되어 있는 주제임과 동시에 한동안 외국 학계에서 나름대로 학문적 논의의 대상이었던 주제임에도 불구하고 한국 학계가 그 문제에 관한 한 침묵을 지키고 있는 점은 기이하다. 그 점은 한국 학계가 최근 들어 갑자기 스스로의 학문적 정체성을 확고하게 정립하여 외국 학계의 동향에 필요 이상의 촉각을 곤두세우며 무조건 순응하는 태도를 버리고 독자적인 연구를 수행하고 있는 것 같지도 않기 때문에 더욱 그

려하다.[4]

대한민국 국가 정체성의 위기에 대한 정치·사회적 논란에도 불구하고 지금까지 그 문제에 대해 한국의 학계가 침묵하고 있다는 바로 그 사실이 이 책 집필의 직접적인 계기이기도 하다.[5] 학계의 그러한 침묵은 대한민국의 정체성 문제가 단순히 현재 한국의 정치·사회적 상황만이 아니라 현재 한국의 정신사 및 지성사적 상황의 반영임을 암시한다. 그것은 국가 생

---

4 이에 관해서는 지은이가 정치학계의 문제를 중심으로 다른 논문에서 언급한 바 있으므로 그것을 소개하면 다음과 같다. "최근 들어 한국 정치학계에 기이한 현상이 나타나고 있다. 현실 정치의 주요 이슈들에 대해 언제나 신속하게 대응해 온 많은 한국의 정치학자들, 또한 서구 학계에서 유행하는 주제나 연구들에 대해서 언제나 민첩하게 소개하던 많은 정치학자들이 바로 그 서양 학계에서 활발하게 논의되는 연구 주제 가운데 하나에 대해서는 침묵을 지키고 있기 때문이다. 그것은 국가 정체성이라는 주제다. 국가 정체성 문제와 관련하여 한국 정치학계에서는 그것의 본질에 대한 근본적인 이해 노력은 차치하더라도 경험적 연구나 수사적 차원의 접근 노력, 더 나아가 단순히 소개하는 글 또한 눈에 띄지 않는 점이 기이하다는 것이다. 한국 정치학계에 나타나는 그러한 현상은 국가 정체성 문제가 소위 '남남갈등' 등 한국 현실 정치의 절박한 쟁점과 연관된다는 점에서 평소 학문적 실천성 또는 실용성을 강조하는 많은 정치학자들의 태도와도 모순되지만, 그것은 국가 정체성 문제가 바로 국가가 무엇이냐는 정치학의 학문적 정체성과도 직접 연관되는 주제라는 점에서 더욱 학문적 심각성이 있다"(양승태, 2006b: 66).

5 지은이가 조사한 바로는 몇몇 대중적인 잡지에 게재된 글들을 제외하고 전문 학술지에 수록된 국가 정체성에 대한 연구 논문은 없는 것으로 보인다. 이와 관련하여 탁석산의 『한국의 정체성』(2004)에 대해 언급할 필요가 있다. 이 책은 이른바 '한국적인 것'이 무엇인가에 대한 저자 나름의 진지한 고민의 표현이며 여러 가지 참고할 만한 내용은 있다. 그러나 그것 역시 대중적인 성격의 저술로서 엄격하고 체계적인 논의를 토대로 한국의 정체성 문제를 해명하는 데 학문적으로 기여했다고 볼 수는 없다. 그리고 그 책과 관련하여 강조되어야 할 점은 '한국적인 것이 무엇인가'의 문제는 물론 국가 정체성에 대한 논의에 필수적인 요소이지만, 그러한 차원의 논의로 국가 정체성 문제가 충분히 해명될 수는 없다는 것이다. 이 글의 논의를 통해 밝혀지겠지만 한국의 국가 정체성 문제는 한국적인 것이 무엇인가와 관련된 한국인의 자의식 내용, 그와 더불어 그것과 관련된 한국인 사이의 잠재적 대립, 현재적 대립 속의 공존, 또는 분열 차원의 대립 등 다양한 차원의 문제에 대한 역사, 정신사와 정치사상사 및 사회과학적 접근을 필요로 한다.

활의 가치나 목표가 사회적 삶 속에 체화되지 못한 채 정신적으로 방황하는 국민, 국가의 존재 이유 및 목표를 제대로 정립하지 못한 채 온갖 저급한 차원의 갈등과 대립을 유발하며 그러한 국민을 더욱 혼란에 빠뜨리는 정치인들, 이와 더불어 국가 정체성을 이념적으로 확립하려는 시도는 차치하더라도 정치·사회적으로 쟁점이 된 국가 정체성 문제를 체계적으로 해명하려는 시도조차 제대로 수행하지 못하는 현재 한국 학계의 학문적 위상을 보여 주고 있다.

앞으로 이 책의 논의를 통해 설명되겠지만, 한 국가의 역사는 근본적으로 국가 정체성 위기와 그 위기에 대한 해소 또는 극복의 역사다. 위기라는 말과 관련하여 상투적으로 많이 언급되듯이, 그것은 위험한 상태이자 새로운 바람직한 상태로 진입하기 위한 기회이기도 하다. 현재 대한민국의 정체성 위기는 근·현대사의 진행 과정에서 축적된 모순과 갈등의 요소들을 청산하고 새로운 국가 정체성을 정립하기 위한 시련의 표현일 수 있다. 관건은 물론 그것을 어떻게 해소 또는 극복하고 새로운 정체성을 어떻게 확립하느냐는 것이다.

개인 차원이나 집단 차원이나 의식이 혼란스러우면서 사물이 제대로 파악되지 않고 나아갈 방향이나 목표가 뚜렷하게 정립되지 않은 정신적 상황에 처했을 때, 그러한 상황에서 근본적으로 벗어나려는 노력의 출발은 바로 사태의 근본으로 돌아가는 것이다. 특히 스스로의 정체성 문제가 제기되는 상황, 다시 말해서 그와같이 정신적으로 혼란스러운 상황 자체를 체험하고 있는 자기 자신이 과연 누구인지 불분명할 경우, 근본으로 돌아가기란 바로 그와같이 체험하고 묻는 자기 자신을 새롭게 근본적으로 성찰하는 것이다. 국가 정체성 문제의 경우 그 성찰의 대상은 물론 국가라는 존재 자체이자 동시에 그러한 성찰을 하는 주체인 국민이 국가의 존재에 대해 스스로 갖고 있는 이해 내용 자체에 대한 성찰을 수반한다. 그러한 성찰은 단순히 외면적으로 드러나는 국가적 현상에 대한 경험적 연구 차원의 연구로는 불완전할 수밖에 없으며, 국가의 본질 문제와 더불어 국가생활과 관련된 한국인의 정신세계에 대한 깊은 탐구를 요구한다. 국가 정체성 문제는 곧 사회과학 전반 차원의 문제이자 정치철학 전반 차원의 문제다. 여타 사회과학적 문제들과는 달리 그것에 대한 해명은 객관적 현상에 대한 기술이나 분류 또는 일반화의 차원을 넘어 현상의 본질에 대한 탐구를 의미하며, 현재 한국의 사회과학계가 국가 정체성 문제에 침묵하는 이유도 문제의 성격 자체가 기존의 사회과학적 문제들과는 근본적으로 다른 데서 찾을 수 있다.

여기서 다시 '책머리에'에서 인용한 바 있는 헤겔의 유명한 잠언으로 돌아갈 필요가 있다. "미네르바의 부엉이는 어둠의 장막이 내린 뒤에야 날갯짓을 시작한다"라는 잠언은 국가 정체성이라는 정치철학 고도의 문제가 정치적 수사로 등장하는 현재 한국의 정치적 현실의 본질적 성격을 밝혀준다.[6] 이와 더불어 그것은 국가 정체성 문제를 이제 논의하기 시작하는 국내 학계의 학문적 위상을 또한 밝혀 주기도 한다. 그 심원한 잠원은 종종 잘못 이해되듯이 사태가 끝난 다음 사후약방문 격의 정당화 또는 이론화라는 뒷북을 치는 지식인의 행태를 지칭하는 말이 아니다. 그것은 현실 속에 내재한 정신의 운동이나 변화가 학문을 통해 명시적으로 드러

6 헤겔의 이 난해한 잠언에 대한 이해는 실제로 헤겔 철학 전체에 대한 이해가 필요하다. 그러나 『법철학』의 같은 곳에서 이 잠언 바로 앞에 제시된 헤겔의 진술은 일단 그것의 의미를 조금이라도 더 분명히 이해하기 위해 반드시 참고해야 한다. "개념이 가르치는 것, 이 또한 역사가 필연적으로 보여 주고 있는데, 그것은 실체Wirklichlichkeit가 성숙했을 때야 비로소 이상das Ideale은 현실에dem Realen 대립하여 나타난다는 것이며, 이상은 이 동일한 세계를 그 근원Substanz에서 파악하여 지성의 형태로 건설한다는 것이다. 철학이 이 세계의 회색을 회색빛으로 칠한다면, 삶의 한 모습은 회색이 되어 버린다. 그리고 그러한 회색빛 속에서 삶의 모습이 젊어질 수는 없으며, 오직 회색으로 인식될 뿐인 것이다" (지은이의 옮김).

나는 변증법적 과정의 필연성과 당위성에 대한 은유적 표현이다.[7] 국가 정체성 문제가 '대한민국의 정체성' 또는 '국가 정체성의 위기' 등 정치적 수사의 형태를 통해, 그리고 현실 정치인이라는 '행동인'들의 언행을 통해 불명확하고 명시적이지 못한 자의식 속에 이미 드러났다면, 그러한 자의식 수준의 정신 형태로 나타난 국가 정체성 문제는 이제 학문적 개념으로 승화되어 체계적이고 명증하게 파악되어야 한다는 학문적 필연성과 당위성이 이 헤겔의 잠언 속에 암시되어 있다. 물론 여기서의 관건은 우리 학계가 그것을 얼마나 체계적이고 명증성 있게 파악하는가에 있을 것이다.

하나의 주제에 대한 체계적이고 명증성 있는 파악의 출발은 물론 그것에 대한 기존 연구의 한계에 대한 비판적 검토와 더불어 그것과 관련된 지

7 한국의 경우 아직 학계도 대체로 그러하지만 현실 정치인을 포함하여 일반인에게는 정치철학이 대체로 무엇인지에 대한 기초적인 이해조차 이루어지지 않은 상태라고 할 수 있다. 그러한 정신적 풍토에서 '대한민국의 정체성'이라는 고도의 정치철학적 문제를 내포한 쟁점이 현실 정치의 화두로 등장하고 있는 점이 흥미롭기도 하다. 이른바 '남남갈등'이라는 쟁점, 즉 정파뿐만 아니라 어떤 의미에서 사회 세력 전체를 아우르면서 이념적 요소와 더불어 감정과 원한이 뒤섞인 첨예한 정치·사회적 대립이 국가 정체성이라는 정치철학적 개념을 현실 정치의 쟁점으로 만들었다고 할 수 있다. 정신사 및 정치·사회적 맥락은 조금 다르지만 비슷한 상황이 미국에서도 전개되고 있다.

미국의 경우 대통령 후보자에게 '평소 존경하는 정치철학자가 누구인가'라는 질문이 나올 정도로 정치철학은 웬만큼 대학 교육을 받은 사람에게는 친숙한 주제다. 그러나 어떤 주제와 관련된 일상 담론 수준에서의 친숙성이 그 주제에 대한 이해의 심도를 보장하지는 않는다. 국가 정체성과 같은 개념은 그 성격상 대체로 일반인의 사고 영역을 초월하는 주제다. 그런데 미국에서도 외부로부터 가해진 하나의 충격이 바로 국가 정체성 문제를 현실 정치의 표면에 등장시키고 있다. 즉 초강대국이라는 패권의 지위 속에서 스스로의 자화상을 보려 하지 않은 채 'America the Beautiful'의 일방적 이미지에 안주해 온 '주류' 미국인에 가해진 '9·11 테러'라는 충격이 '미국이란 무엇인가' 하는 질문을 스스로에게 제기하게 만든 것이다. 그러한 질문 제기의 대표적인 결과물 가운데 하나가 헌팅턴Samuel P. Huntington의 저작 *Who are We?*(2004)다. 다만 지은이로서는 그러한 수준의 연구로는 미국 정체성의 위기를 극복하기 위해 진정으로 실천적인 해결책을 제시하기는 어렵다고 판단한다. 왜 그러한지는 이 책 전체의 논의를 통해 밝혀지게 되기를 기대한다.

성사적 흐름을 파악하는 데 있을 것이다. 국가 정체성 문제는 국가라는 개념과 정체성 개념의 종합이기 때문에 지성사적으로 지극히 방대한 내용과 복잡한 학문적 쟁점을 함축하고 있다. 다음 제1부의 논의는 그와같이 방대하고 복잡한 내용 및 쟁점 전부를 세밀하게 검토하지는 못한다. 다만 그것을 통해 그 문제와 관련된 지성사적 흐름 및 학문적 쟁점과 관련된 핵심적인 요소들을 빠뜨리지 않고 제기 및 설명하려고 노력할 것이다.

제1부
이론적 성찰

"우리는 우리의 것들에 대해 바로 우리 자신에 대해서처럼 느끼고 행동한다. 우리의 명성, 자식들, 하는 일을 우리의 육체만큼이나 소중히 여기며, 그것들이 공격을 당했을 때는 마치 우리의 육체가 공격을 당한 것처럼 반응한다."

"We feel and act about certain things that are ours very much as we feel and act about ourselves. Our fame, our children, the work of our hands, may be as dear to us as our bodies are, and arouse the same feelings and the same acts of reprisal if attacked."

— 제임스William James

앞에서 언급한 바와 같이 외국 학계에서는 한국의 학계와는 달리 나름대로 국가 정체성의 위기 문제를 해명하기 위한 노력이 있어 왔다. 그러한 연구 결과에 대한 검토는 당연히 이 책을 출발하는 논의가 될 수밖에 없다. 모든 연구는 기존의 연구 결과에 대한 검토에서 출발함이 당연하기 때문이다.

이 책은 서구 학계에서 진행되는 국가 정체성 논의가 국가 정체성 개념 자체에 대한 깊은 정치철학적 성찰은 물론이고 바로 앞선 연구들에 대한 철저한 검토 없이 진행되고 있다는 판단에서 시작한다. 따라서 비판적 검토의 대상은 현재 서구 학계의 논의만이 아니라 현대 서구 정치학이 그 주제와 관련하여 나름대로 연구한 내용 전체다. 제1부 '이론적 성찰'에서 특히 제1, 2장에서 수행될 그러한 비판적 검토 작업과 관련해 강조되어야 할 것은 현대의 서구 정치학이라는 시기적 제한이다. 이 책의 논의가 진행되면서 좀더 명확하게 밝혀지게 되겠지만, 정치학의 역사 또는 정치사상사는 그 심도나 범위의 차이는 있지만 국가 정체성의 위기에 대한 대응의 역사라고도 — 실제로 그것이 아니라면 정치학의 역사가 아니라 법학이나 행정학의 역사일 것이다 — 할 수 있다. 따라서 국가 정체성의 위기에 대한 대응은 정치학의 역사와 그 궤를 같이한다. 다만 현대 정치학의 주류를 이루면서 한국 정치학을 지배한다고 할 수 있는 — 좋은 의미에서든 나쁜 의미에서든 — 미국의 경험주의적 정치학 연구는 과거의 오랜 정치학 전통과의 의도적인 단절 속에서 진행되어 왔으므로, 그것이 국가 정체성 위기 문제에 접근하는 방식은 별도의 논의가 필요한 것이다.

국가 정체성과 관련된 현대 정치학 이론에 대한 논의는 필연적으로 국가 개념 및 정체성 개념 자체에 대한 검토로 이행될 수밖에 없다. 그것이 이 제1부 3~5장의 내용을 구성한다. 그리고 그러한 내용 전체를 기초로 6장에서는 대한민국 정체성 연구가 나아가야 할 근본적인 방향이 제시될 것이다.

제1장 국가 정체성 및 국가 정체성 위기라는 주제

앞에서 언급했듯이 현재의 국가 정체성의 위기는 그 실체가 무엇이든 대한민국에만 국한되지 않은 일종의 범세계적 현상이다. 구소련 및 동구권의 사회주의 몰락 이후, 정도의 차이가 있고 몇몇 국가를 제외하고는 전 세계가 이제는 경제적으로 자본주의 체제로 통일되어 있으며 민주주의가 범세계적으로 보편화된 정치 체제로 등장하고 있는 이 시대, 그리고 한 학자가 이제 세계사는 더 이상 의미 있는 변화가 필요 없는 '역사의 종언'으로까지 규정한 시대(Fukuyama, 1992; 1989),[1] 그러한 시대에 특히 그것을 선도한다고 하는 여러 국가에서도 정작 국가 정체성의 위기라는 국가 생활의 근본 문제가 제기되고 있다. 조금 비유가 통속적이지만, 사회적으로 출세한 사람이 갑자기 '왜 살지?'라는 의문에 싸이듯이, 이른바 선진화된 국가들에서도 '왜 국가 생활을 하지?'라는 의문이 확산되고 있는 것이다. 그러한 위기에 대응하여 서구 학계에서 연구가 진행되어 왔을 것임은 당

1 지은이는 다른 책에서 그의 주장이나 논의 내용이 전 세계적으로 심각한 반향을 불러일으킬 정도의 심원한 수준은 못 되고, 경우에 따라서는 철학사에 대한 몰이해가 반영되어 있다는 점을 지적한 바 있다(양승태, 2007: 114-115 참조).

연하다. 아직은 관련 연구 문헌이 많이 축적되지 않았고 심원한 수준의 저작도 출현하지 않았지만, 그 핵심 내용을 간단히 소개하면 다음과 같다.

그와같이 범세계적으로 진행되는 국가 정체성 위기에 관한 연구로 분류될 수 있는 저작이나 논문 대부분은 다음과 같은 국가를 대상으로 그 연구가 진행되고 있다. 인종이나 종교적 갈등이 심하거나 짧은 시간에 정치적 변화를 겪는 국가에서부터, 미국과 같이 본디 다인종·다민족·다문화 국가로서 정치·사회적 갈등은 언제나 있어 왔지만 최근 들어 국가 정체성의 위기를 논할 만큼 심각한 분열 양상이 보이는 국가 등이 그것이다. 다시 말해서 어떠한 차원이나 정도이든 국가 정체성 문제가 정치·사회적 논란의 대상이 되고 있는 국가와 관련하여 연구가 진행되고 있으며, 그러한 위기나 논란의 성격 또는 정체성과 관련된 갈등이나 분열의 경험적 양상 및 그 원인이나 이유에 대해 서술이나 설명하는 성격의 연구가 주류를 이룬다.[2]

여기서 먼저 "정체성에 대한 논란을 이 시대의 보편화된 특징"으로 규정한 후, 현대의 여러 국가에서 나타난 정체성 논란의 내용에 대한 헌팅턴Samuel P. Huntington의 요약을 인용할 필요가 있다(Huntington, 2004: 12-13). 그에 따르면, 많은 국가가 정체성의 문제를 겪고 있다고 하는데, 그 가운데 1) 일본 사람은 자신들이 아시아에 속하는지 서구에 속하는지 고민하는 수준의 정체성 문제를 갖고 있고, 2) 이란과 남아공, 중국 등은 정체성을 찾고search or quest 있는 나라의 범주에 속하며, 3) 러시아와 시리아, 브라질, 캐나다, 덴마크, 알제리, 터키는 정체성의 위기에 직면해 있는 수준의 범주에 있고[이들 가운데 러시아는 '깊은profound', 캐나다는

2 예를 들어서 캄라바(Kamrava, 1992), 바버(Barber, 1993), 디트머와 킴(Dittmer & Kim, 1993), 블랙(Black, 1995), 헌팅턴(Huntington, 2004) 등.

'지속적continuing', 덴마크는 '심각한acute', 알제리는 '파괴적destructive', 터키는 '독특한unique' 위기 등으로 규정되고 있다], 4) 독일은 통일된 독일의 정체성을 재규정하기 위해 애쓰는 반면, 타이완臺灣은 국가 정체성의 해체와 재건의 노력에 몰두해 있고, 멕시코에서는 정체성에 대한 의문이 전면에 부상하는 정도의 정체성 문제를 갖고 있는 국가로 분류할 수 있다는 것이다.

이들 가운데 심각성 면에서 일본의 국가 정체성 문제가 가장 약하다면, 알제리는 가장 강하다고 할 것이다. 그리고 지은이 개인적으로는 독일과 타이완과 같이 정체성을 재규정 또는 재건하고 있는 노력이 진행되고 있는 국가는 오히려 위기가 그리 심각하지 않음의 징표로 보인다. 어쨌든 중요한 점은 국가 정체성의 문제는 바로 이와같이 다차원적일 수 있고, 그 심각성의 정도가 다양할 수 있다는 것이다. 더 나아가 국가 정체성에 대한 '위기의식'의 존재도 대체로 정체성 위기의 경험적 양상일 수는 있으나, 그것이 언제나 위기 자체, 즉 정체성의 해체나 파괴의 위험에 직면해 있음을 반드시 의미하지는 않는다는 점 또한 중요하다. 이 점은 국가 정체성 개념의 본질과 연관되기 때문에 좀더 부연 설명이 필요하다.

한 국가에서 국가 정체성에 대한 논란이 있고 국민이 위기의식을 느끼며 그 때문에 국민 사이에 대립과 갈등이 존재한다는 사실은 분명히 국민 사이에 국가 정체성과 관련하여 정신적 혼란이 있다는 증거임이 분명하다. 그러나 그러한 정신적 혼란의 존재가 그것의 불가피성을 증명하는 것은 아니며, 그것의 구체적 내용이나 이유 또는 원인을 자동적으로 밝혀주는 것도 물론 아니다. 또한 그러한 혼란이 존재한다고 해서 그것이 반드시 장기적이고 만성적이거나 치유 불가능할 정도로 '파괴적'일 것이라는 — 알제리의 국가 정체성 위기에 대한 묘사처럼 — 이유는 없다. 더 나아가 국가 정체성에 대한 위기의식의 존재가 필연적으로 국가 정체성이 위기에 있다는 것, 즉 한 국가가 실제로 해체나 분열의 위험에 직면해 있다는 것을 의미하지도 않는다. 이러한 점들은 정치 현상이란 대체로 많은 부분이 대중의 일시적인 심리 상태에 좌우될 수 있다는 그것 자체의 본질적 성격에서 찾을 수 있다. 또한 잘못된 지식을 갖거나 사물을 잘못 이해하고 파악할 가능성을 언제나 갖고 있는 인간 '의식'의 본질상, 다시 말해서 허위의식이 국민을 지배할 가능성이 상존한다는 인성론 차원의 엄연한 사실에서도 그 이유를 찾을 수 있다. 그런데 바로 이러한 점이 바로 국가 정체성 문제에 대한 진정한 이해를 위해 어떠한 수준이나 방식의 연구를 필요로 하는지 암시한다. 그것은 학문적 외양의 개념이나 고정된 관념을 넘어서 의식에 투영된 국가 정체성이라는 말 자체의 의미에서 연구가 출발해야 한다는 것이다.

1. 국가 정체성이라는 말

국가 정체성이란 말 그대로 국가, 정체, 성이라는 말의 합성어다. 그것은 국가라는 한 개체의 '가체假體'들이 아니라 그것의 정체正體, 다시 말해서 단순히 일시적이고 우연적인 여러 모습이 아니라 그것의 '참모습'이 무엇이냐 하는 문제, 곧 '참모습'의 속성 또는 개념을 의미한다. 그와같이 규정할 경우 국가 정체성은 정치철학의 영원한 질문 가운데 하나인 '국가란 무엇인가' 하는 국가의 본질론과 구분되지 않는다. 실제로 두 개념이 반드시 서로 구분되어야 할 필연적인 이유는 없으며, 특히 후자의 논의가 뒷받침되지 않은 전자에 관한 논의는 불가능하다. 다만 국가본질론과 달리 국가 정체성 문제는 '대한민국 정체성'과 같이 일반적으로 그 초점이 국가 일반이 아니라 특정 국가의 정체성 문제에 맞추어져 있다는 사실 자체에 그것을 별도로 논의할 필요성이 등장한다.

앞으로 체계적으로 설명 및 논의될 내용이지만, 국가 정체성 문제에는 개별 국가의 근본 성격 또는 지배적인 세계관이나 역사관 또는 정책 등을 통해 현실적으로 추구하는 이상이나 가치, 그 국민이 실제로 — 심리적 차원이든 또는 나름대로의 이념적 형태이든 — 국가의 근본적인 성격에 대해 규정하거나 믿고 있는 내용, 더 나아가 그와같이 규정하거나 믿고 있는 정체성 내용과 관련된 국민 사이의 분열 문제 등등이 포함될 수밖에 없다. 다시 말해서 국가 정체성 문제는 현존하는 특정 국가가 처한 구체적인 역사적 상황이나 현실 정치의 특수한 맥락에서 제기되어야 할 문제에 대한 논의를 요구한다는 것이다. 따라서 국가 정체성에 대한 논의는 국가본질론과 병행하면서도 별도의 차원의 논의가 요구되며, 그것은 현실성이나 구체성을 벗어나 추상성에 머무르기 쉬운 국가본질론에 경험적 근거를 제공하면서 그것의 개념적 의미를 풍부하게 할 수 있다.

그러한 논의의 바탕이자 출발이 되는 것은 물론 국가 정체성이라는 말이다. 그런데 일상적 의미의 정체나 참모습 차원을 넘어 국가 정체성이나 정체성이라는 학문적 개념어 차원으로 그 말을 승화시켜 사용한 것은 서양 학계다. 따라서 언어적 정체성 차원에서 유감스럽지만, 일단 서양 학계에서 국가 정체성에 상응하는 말을 중심으로 그 개념적 의미를 탐색하는 방식이 타당할 것 같다.

국가 정체성은 영어로 national identity 또는 state identity로 번역될 수 있다. 그런데 state identity라는 말은 학문 용어로 거의 사용되지 않으며,[3] national identity란 말이 민족 정체성 또는 국가 정체성을 지칭하는

---

3 'state identity'란 용어가 사용되지 못할 논리적 이유는 물론 없다. 앞에서 이미 언급한 바와 같이 국가 정체성 문제는 궁극적으로 국가의 본질이 무엇이냐의 문제이고, 그러한 문제는 바로 정치학의 역사와 그 궤를 같이한다. 그럼에도 불구하고 그러한 용어가

용어로 일반적으로 사용된다. 그런데 별개의 말이 존재한다는 사실 자체가 암시하듯이 민족과 국가는 의미상 구분될 뿐더러, 이미 상식적으로 잘 알려져 있듯이 '민족=국가'라는 등식이 ―민족과 국가 각각의 실체가 무엇이냐의 문제는 이 책의 핵심 주제이자 앞으로 본격적으로 다룰 것이므로 여기서는 잠정적으로 그것에 대한 논의를 유보한다 ― 자동적으로 성립하는 것도 아니다. 그리고 그 이념적 실체 및 현실적 존재의 핵심이 무엇이냐에 대한 문제를 떠나, '민족국가nation-state'란 근대 민족주의의 이상일 수는 있어도 현실이나 역사 속에서 민족으로 불리는 집단이 자동적으로 국가라는 조직체를 형성한 것이 아님은 분명하다. 그와 같은 개념상 구분에도 불구하고 국가 정체성이나 민족 정체성 모두 national identity라는 용어로 번역될 수 있고 또 실제로 그렇게 사용되고 있다는 사실은 별도의 설명이 필요하다.

오랜 시간에 걸친 복잡한 역사적 변화 과정의 결과이지만, 서구에서 중세적 보편주의의 붕괴에 따른 근대 민족주의의 등장과 전개 그리고 그와 같이 형성된 이념이 서구 제국주의의 팽창 및 식민지 지배라는 현대 정치의 역사적 상황과 맞물려 식민지 피지배 인민의 이른바 저항적 민족주의의 형태로 전 세계적으로 전파되고 확산된 사실은 이미 교과서적으로도 널리 설명되고 잘 알려진 바다. 이에 따라 현대 정치학에서 민족주의 문제가 다각도로 연구되어 왔으며, 그러한 연구 과정에서 민족주의 이념의 핵

사용되지 않는 이유는 'state'라는 말이 현대적 의미의 '국가'를 지칭하게 된 특이한 서구 언어의 전통 및 서구 정치 사상사 전통에서 찾을 수 있으며, 그러한 전통적 배경에 대해서는 이 제1부 3장에서 국가 개념을 논의할 때 설명될 것이다. 참고로 미리 언급하면, 'state'는 상태, 신분을 의미하는 라틴어 '*status*'에서 유래한 말로서 정치학 전통에서는 마키아벨리Niccolo Machiavelli가 처음으로 이탈리아어 'stato'가 현대적 의미의 국가로 사용했으며, 그러한 의미로 프랑스어 'état', 스페인어 'estado', 독일어 'Staat' 등도 파생되었다고 할 수 있다.

심인 민족이라는 존재 자체가 무엇이냐의 문제, 곧 민족 정체성의 문제가 제기된 것은 지성사적 필연이라고 할 수 있다. 그리고 서구적 근대국가의 형태를 확립하지 못한 비서구 지역의 민족주의 연구에서 민족 정체성의 문제가 국가 정체성과는 별개의 차원에서 연구된 것은 당연한 결과다. 왜냐하면 이들 지역에서는 외세에 의한 식민지 지배라는 상황에서 외세가 강요한 통치 체제, 곧 통치의 주체가 되는 인간의 집단과 통치의 객체가 되는 인간집단이 인종적 또는 국적 차원에서 분리된—식민지 지배가 장기간 지속되면서 법적으로나 실제적으로 두 집단이 어느 정도 통합을 이루었는가의 문제는 별개로 할 경우—통치 체제에 대한 저항의 맥락에서 민족주의가 발전했기 때문이다. 아울러 국가 정체성 문제란 일단 국가 자체가 무엇인가의 문제와 분리되어 생각될 수 없다는 사실에서도 그 이유를 찾을 수 있다. 그런데 국가의 존재 자체를 자명한 사실이나 현상으로 받아들이는 데서 출발하는 현대 미국의 경험주의 및 과학주의적 정치학 연구에서는 그러한 존재론적 또는 형이상학적 질문이 연구 주제로 부각되기는 어려웠을 것이다. 이에 따라 국가 정체성 문제가 현대 미국 정치학에서 오랫동안 연구 대상은 물론이고 학문적 담론 자체에서 제외되어 있었던 상황 역시 일종의 지성사적 필연이라고 할 수 있다.

그런데 현대 미국 정치학의 그와 같은 연구 정향에는 민족 정체성에 대한 탐구 또한 어울리지 않는다는 점 역시 지적되어야 한다. 현대 미국 정치학에서 민족주의 연구란 경험적으로 관찰 가능한 민족주의 '현상'에 대한 연구가 될 수밖에 없다. 그것은 민족주의 문제가 특히 비서구 국가에서 정치 현상으로 나타나고 있다는 점을 자명한 사실로 받아들이는 데서 출발한다. 그러한 연구는 적어도 경험의 확실성이라는 스스로의 경험주의적 입장에 일관된 태도를 유지하는 한, 민족이나 민족주의로 불리는 현상을 넘어선 그것들의 실체를 탐구할 필요성에 얽매일 필요가 없다. 그러할 경우 민족 자체가 무엇이냐 하는 민족의 본질론 및 그것에 입각하여 수행되는 특정 민족의 정체성이나 특정 민족주의의 이념적 본질에 대한 탐구는 사회과학이 아닌 형이상학 또는 인문학의 문제로 도외시될 수 있다. 경험주의적 정치학이 스스로의 인식론적 가정에 일관된 입장을 견지하는 한, 그것의 연구는 민족의 정체성에 대한 탐구가 아니라 민족주의에 대한 이른바 '작업적 정의operational definition'를 제시하고 그것과 다른 변수들 사이의 관계를 파악하는 수준의 연구로 그치기 마련이다.[4]

물론 민족주의 문제가 그러한 방식의 연구로 충분히 이해되고 해명될 수 있다면 더 이상 논란의 여지는 없을 것이다. 문제는 그렇지 않다는 점에 있다. 그러한 방식의 민족주의 연구로는 바로 경험적 연구 대상인 민족주의 현상 자체를 규정할 수 없는 자기 모순적 상황에 필연적으로 부닥칠 수밖에 없다는 점에 근본적인 문제가 있다. 민족주의에 대한 그러한 방식의 접근으로는 민족이라는 말 자체가 특정 집단이 스스로의 존재를 영속화하기 위해 단순히 집단적 정체성을 조작하거나 작위적으로 강조한 결과

4 도이치Karl Deutsch의 민족의 형성과 사회적 소통social communication의 관계에 관한 연구는 그러한 차원의 저작 가운데 나름대로의 학문적 깊이와 현실에 대한 통찰력을 갖춘 업적으로 평가될 수 있다. 그러나 도이치는 민족의 형성이라는 현상을 객관적인 사실로 받아들이기 전에 무엇을 민족으로 규정되어야 하는지 바로 민족 정체성에 대한 탐구를 좀더 깊이 수행할 필요가 있었으며, 그러한 탐구는 먼저 민족이란 개념 자체가 인간의 정신세계 속에서 주관적으로 어떻게 형성되었는지 그 역사 및 사상사적 전개 과정에 대한 깊은 탐구를 요구하는 것이다. 그러한 탐구가 없었기 때문에 그에게 민족 및 민족주의 문제는 오직 경험적 현상 사이의 관계라는 비역사적인 공시적 차원의 외연으로만 확대될 뿐이며, 이에 따라 현대 경험주의적 정치학 연구의 주요 업적 대부분이 민족주의 연구로 간주되는 결과로 나타나게 된 것이다(Deutsch, 1966: 1-14: "Introduction" 참조). 물론 민족 문제는 국가 구성원의 문제이기 때문에 정치학의 모든 문제가 그것으로 귀착될 수 있는 것도 사실이다. 그러나 그럴 경우 민족이나 민족주의는 정치 현실 자체이기 때문에 그 문제 자체가 굳이 별도의 독립적인 주제로 연구될 필요성도 사라진다.

인지, 또는 다른 집단과의 권력 투쟁을 위한 수단으로서 표면적으로 내세우는 명칭이나 구호에 불과한지, 민족주의란 정치적 또는 사회·경제적 기득권을 지키기 위한 보수주의의 다른 표현에 불과하거나 민족주의라는 이름을 차용한 종교적 광기인지 여부 등의 질문도 굳이 제기될 필요가 없다. 그것은 과학적 또는 경험적 연구의 이름으로 경험적 현상 자체의 실체를 파악하지 못하거나 왜곡하는 것이므로, 바로 진정한 의미에서 경험적 연구 또는 과학적 연구로 불릴 수도 없다.

결국 국가나 민족, 더 나아가 특정 집단이나 개인 등을 막론하고 어떤 정치적 실체의 정체성에 대한 탐구란 현대의 과학주의적 정치학을 포함한 현대 경험주의적 사회과학의 근본 성격 또는 정향과는 어울리지 않는다고 할 수 있다. 그 대상이 무엇이든지 정체성 문제가 현대 사회과학에서 도외시되는 근본적인 이유는 바로 정체성이란 개념 자체의 난해성과 아울러 그것의 형이상학적 성격에 있다. 문제는 정체성이라는 바로 그 형이상학적 개념에 대한 이해 없이는 국가나 민족 등을 포함하여 사회 현상 전반을 제대로 이해할 수 없을 뿐만 아니라, 어떠한 성격의 것이든 정치·사회적 문제에 대한 이해 및 해명 노력은 어떠한 내용이나 수준이든 필연적으로 정체성의 문제를 다룰 수밖에 없다는 점이 중요하다. 그 이유는 이 책 전체의 논의를 통해 해명될 것이다. 다만 여기서 그것을 미리 간략히 정리하면 다음과 같다. 사회 현상이란 궁극적으로 개인과 더불어 국가를 포함한 여러 집단의 정신세계 및 행위로 구성되어 있으며, 그러한 사회적 존재는 변화 과정에서 소멸하지 않는 한 언제나 변화 속에서 존재한다. 만일 정체성을 구성하는 변화하지 않는 요소의 존재를 전제로 하지 않을 경우 변화란 과거와의 단절 속에서 끊임없이 새로운 것의 출현을 의미할 뿐이다. 그러므로 개인이나 집단의 존재성 자체, 즉 정체성에 대한 구명이 없이는 그 변화의 의미를 설명할 수 없게 된다.

이러한 맥락에서 흥미 있는 현상이 발견된다. 현대 미국 정치학의 경우 1970년대 초에 국가 정체성의 문제가 일시적이나마 제기되고 논의된 적이 있었다는 것이다. 그 논의는 비록 반反형이상학적 정치학이라도 바로 정치적 변화에 대한 탐구가 왜 정체성 문제에 대한 탐구로 이어질 수밖에 없는지 그 필연성을 보여 주는 좋은 예다. 동시에 그 논의는 또한 바로 그러한 연구 정향의 한계가 국가 정체성 문제에 대한 체계적이고 심도 있는 탐구에 이르지는 못하게 한다는 점을 증언하는 예이기도 하다. 그리고 그러한 연구의 한계는 1990년대에 바로 그 미국 정치학에서 새롭게 부각된 국가 정체성에 대한 연구의 한계와도 연관되기 때문에 구체적인 검토가 필요하다.

2. 국가 정체성 위기 현상에 대한 현대 미국 정치학의 연구

1970년대 미국 정치학에서 일시적으로 부각된 국가 정체성에 대한 논의는 1960년대에 일종의 유행처럼 비교정치학 분야를 풍미했던 비서구 지역 국가의 정치 발전 또는 정치 변화에 대한 연구의 연속성에서 나타났다고 볼 수 있다. 나름대로 복잡하고 긴 논의가 필요하지만 그러한 연속성의 의미를 간단히 정리하면 다음과 같다.

미국 정치학에서 시도된 정치 발전 또는 정치 변화에 대한 연구는 — 그것이 과연 정치 발전의 개념 자체를 제대로 정립했거나 그것의 문제를 인간의 삶 전체에 대한 관점에 기초하여 총체적인 역사적 변화·발전의 맥락에서 제대로 구명했는지 여부를 떠나 — 적어도 한 가지 점에서는 학문적으로 기여한 바가 있다. 즉 그것은 비서구 지역에 나타나는 심각한 정치적 갈등이나 급격한 변화의 양상이 단순히 정치 제도의 이식에 국한되거나 민주화 정도라는 단선적인 발전의 문제가 아니라 서구 세계가 겪었으며 어느 의미에서 당시에도 현재 진행형으로 겪고 있는 이른바 근대화라는 거대한 동태적인 역사적 변환 과정의 맥락에서—그들의 용어로 '진화론적 관점evolutionary perspective'에서—이해되어야 한다는 인식을 제공했다는 점이다. 그러한 인식은 근대화 과정에 수반되는 이른바 '발전의 징후developmental syndromes'인 정치 참여의 확대나 분배 등 평등에의 요구, 경제적 변화에 따르는 계층 질서의 변화나 사회적 직능의 분화 등 전반적인 사회적 분화differentiation 현상에 대해 비서구 국가가—그들 연구자가 선호하는 용어인 '정치 체계'가[5]—어떻게 대응하는가에 대한 연구로 나아가게 되었다. 그러한 연구의 결과 가운데 하나가 그와 같은 변화에 대해 대처할 수 있는 '발전 역량developmental capacity'의 유무 및 강도에 따라 '정치 발전의 위기'가 나타난다는 사실에 대한 인식에 이르게 된 것이다.[6] 그와 같은 위기 가운데 하나로 제기된 것이 정체성의 위기다.[7]

---

5 정치 체계 개념이 미국의 많은 '과학주의적' 정치학자의 믿음대로 과연 진정으로 과학적인 용어이며 전통적인 국가 개념을 대치할 수 있을 정도로 학문적으로 새로운 의미를 가질 수 있는가에 대해서는 다음 제2장에서 논의된다.

6 그러한 연구 결과에 관한 종합적인 정리로는 바인더(Binder, 1971) 및 콜먼(Coleman, 1971) 참조. '발전 역량'의 개념은 이들 정치학자의 창안은 아니고 사회학자 파슨스Talcott Parsons의 사회 체계론에서 차용된 것이다(이에 관해서는 Coleman, 1971: 78-79 참조). 지은이의 견해로는 정치 발전 및 이와 관련된 미국 정치학계의 논의들은 현대 국가의 정치적 변화의 실체를 제대로 구명한 연구가 되지 못하며, 그 근본적인 이유는 국가 또는 정치와 사회 사이 관계의 본질에 대한 이해의 부족과 더불어 스스로 표방한 '진화론적 관점'에서 바로 '진화'의 의미를 제대로 이해하지 못한 데 있다고 본다. 이 점은 이 책 전체를 통해 밝히고자 하는 대목이기도 하다. 어쨌든 현대 미국의 정치학자들이 동양 정치사상까지는 아니라도 서양 정치철학 및 사상의 위대한 지적 전통에서 정치 현실을 그 근원에서 파악하기 위한 심원한 개념이나 관점을 발견 및 발굴해 내지 못한 채 인근 사회과학의 개념을 '과학적'이라는 믿음 속에서 일방적으로 차용하는 태도는 지성사적으로 안타까운 현상이다.

7 이 밖에 다른 위기들은 정통성, 참여, 분배, 침투(penetration: 일반적으로 전통 사회에

그 본질이 무엇이냐의 문제를 떠나 국가 정체성 및 그 위기란 일단 외면적으로 관찰되는 행태의 문제가 아니라 한 국가 구성원의 심리나 세계관 또는 가치관 및 이념의 문제다.[8] 그리고 미국의 '정치 발전 학계'의 시각에서 국가 정체성의 위기란 주로 근대화라는 정치·사회적 변환 과정을 겪는 비서구 국가의 문제이므로, 그것에 대한 논의가 그러한 국가들의 역사적 사례를 기초로 진행될 수밖에 없음은 충분히 짐작할 수 있다. 실제로 정체성 위기의 문제는 정치 발전과 정치문화의 관계에 대한 연구 맥락에서 제기되었다. 먼저 그 배경을 간단하게나마 살펴볼 필요가 있다.

비서구 국가의 정치문화 문제는 현대 비교정치학의 주요 연구들이 그러하듯이 그들 국가의 학자들 스스로가 그들 국가의 '정치문화'에 대한 독자적인 학문적 성찰을 통해 제기하고 개념화한 결과가 아니다. 그것은 미국 정치학자들이 비교 대상이 되는 국가의 국민들의 정치·사회적 삶을 지배하는 가치관이나 정신 질서에 대한 — 대체로 그것들이 자신의 이른

서 사적 집단들의 자율적 행위에 맡겨졌던 기능에 대해 정부가 발휘할 수 있는 통제 능력의 정도)의 위기 등이다(이에 관해서는 Binder, 1971: 52-67 참조).

8 이 점에 대한 자세한 논의 및 설명은 이 책 제1부 3장을 통해 이루어질 것이다. 다만 여기서 미리 밝혀둘 점은 있다. 파이Lucian Pye를 포함하여 미국 학계의 정치 발전 연구가들의 국가 정체성 위기에 대한 연구는 스스로의 연구의 핵심 개념인 국가 정체성 자체가 무엇인지 그 본질에 대한 구명은 물론이고 그 개념에 대한 정립조차 제대로 추구하지 않은 채 연구를 진행했다는 사실이다. 그들은 또한 정체성 문제를 통치자와 피치자 사이의 태도attitude와 정서sentiment 차이의 차원에서 접근할 뿐(Pye, 1971: 102-103 참조), 그러한 차이의 근원인 가치관이나 이념의 문제 차원에서 접근하지 못한 근본적인 한계를 갖고 있다. 바로 그러한 점에서 국가 정체성 위기에 대한 그들의 연구가 획기적인 성과를 거두지 못함은 물론이고 연구 자체가 영속성을 가지고 추구되지 못한 이유를 찾을 수 있기도 하다. 그리고 그 점은 미국 비교정치학 연구에 내재한 근본적인 결함과도 연관된다. 현실 정치에 등장하는 현재 진행형의 문제들을 다루는 것이 학문적 실용성 및 실천성을 갖는다는 잘못된 믿음이 끊임없이 새로운 듯이 보이는 연구 안건을 창안해 내기는 하지만, 그러한 안건을 철저하게 구명하지는 못한 채 현실 정치의 관심사가 바뀔 때마다 또한 새로운 연구 안건에 매달리는 지적 공허함이 그것이다.

바 '시민문화civic culture'와는 다르다는 직관에서 출발하여—직접적인 관찰 또는 그들 국가 학자들이 정치문화라는 개념의 존재를 의식하지 않고 스스로의 가치관이나 정신 질서에 대해 기술한 결과를 토대로 제시한 개념이다. 그런데 정치문화의 개념적 타당성 및 현실 정치에 대한 설명력 문제를 떠나,[9] 특정 국가의 정치문화를 어떤 고정된 형태로 규정하는 것은 일단 역사적 변화의 산물이자 끊임없이 새로운 요소를 창출하면서 스스로를 변형시키는 문화 또는 인간의 집합적 정신세계의 본질적 속성과도 상충될 수 있다. 이와 같은 근원적인 의문을 떠나, 그러한 고정화된 규정은 무엇보다도 그 개념적 실체가 무엇이든 바로 변화를 본질로 하는 정치 발

---

9 정치 발전도 그러하지만 정치문화 역시 최근의 학계에서는 거의 논의되고 있지 않은 주제다. 그만큼 현대 미국의 경험주의적 정치학의 연구 주제가 대중가요 유행처럼 바뀌어 왔다는 사실은 그것이 오랫동안 연구 대상이 되는 경험적 현상의 근원에 대한 탐색이나 분석 개념 자체에 대한 비판적 검토 없이 현실 정치의 표면적인 양상에 대한 기술이나 일반화 수준에 머물러 왔음의 징표라고 할 것이다. 정치 발전이나 정치문화의 경우 모두 특정한 경험적 현상을 이미 고착된 개념 내용에 꿰어 맞추는 식의 연구는—예를 들어 기존의 정치문화 개념 체계에 의거하여 수집된 자료를 토대로 한국의 정치문화는 시민문화 또는 향당문화라고 규정하는 방식의—필연적으로 바로 그러한 경험적 현상 자체에 내재한 새로운 의미를 밝히지 못하고 기존의 관념을 재확인하는 수준의 동어반복 성격의 결론에 그칠 수밖에 없다. 이와 관련하여 "다른 방식으로 설명할 수 없는 것들 모두를 설명하는 일종의 '쓰레기통 변수garbage can variable'로 사용되기 때문에 모든 것을 설명하는 것 같으면서도 실제로는 아무것도 거의 설명하지 못한다는 것"이 정치문화 개념에 대한 일반적인 반론 가운데 하나라는 점은 참고할 만하다(Wyn Grant, "Political Culture" in Answers. Com.). 그러한 방식의 연구가 아니라 문자 그대로 인간의 정치적 삶의 진정한 이상이 무엇이고 그것에의 접근 또는 퇴영을 결정하는 요인이 무엇이며, 그러한 요인들의 이해를 위해 필수적으로 요구되는 정치적 삶에 대한 일반인의 이해 수준이나 태도로서의 정치문화를 포괄적으로 구성 및 결정하는 한 국가의 역사 및 정신사적 삶 전체 또는 문화나 학문 수준 등을 총체적으로 연구할 경우 바로 정치 현실에 대한 정확한 이해에 이르게 될 것이다. 정치 발전이나 정치문화 개념 자체에 대한 근본적인 재구성을 통해 그러한 문제들을 총체적으로 새롭게 접근하는 노력의 핵심에 국가 정체성 문제가 있으며, 이점은 이 책 전체의 논의를 통해 밝혀지게 될 것이다.

전과 양립할 수 없음은 분명하다. 실제로 서구 국가의 정치 발전에 대한 연구 또한 그들의 전통이—특히 어느 국가에서나 보편적으로 발견된다는 지배층문화elite culture와 대중문화mass culture의 이중 구조가—어떠한 변화로 이어지는가의 문제로 귀착되기도 했지만,[10] 비서구 국가에서 근대화라는 이름으로 추구된 서구의 정치·사회 제도의 도입이나 서구 문화의 유입이 자동적으로 정치 발전을 가져오거나 전통적 정치 질서나 문화를 자동적으로 대체하는 것이 아니라는 사실에 대한 인식은 굳이 심원한 통찰력을 요구하지도 않을 것이다.

비서구 국가의 이른바 근대화 과정은 실제로 식민지 지배라는 국가권력의 박탈에 대한 폭력적 또는 비폭력적인 정치적 저항을 비롯하여, 정치 제도나 이념을 포함한 서구 문화라는 다른 문화와의 접합 속에서—일방적 강요로부터 적극적 수용 사이의 여러 형태를 통한—그것에의 일방적 순응에서부터 피지배 국민의 일치된 의사에 의한 강력한 문화적 저항에 따른 문화적 충돌, 그리고 수용과 배격이 여러 형태 및 정도로 공존하는 양상을 보인다. 여기서 중요한 점은 다른 문화와의 접합에 따르는 그러한 여러 가지 양상은 비서구 국가가 정치적으로 식민지 상태를 벗어나 독립 국가를 이룩한 뒤에도 지속될 수 있다는 것이다. 그러한 지속은 특히 문화적 접합이 전적인 순응이나 전적인 배격이 아닌 수용과 배격의 공존 양상으로 나타나는 경우 새로운 문제를 야기할 수 있다. 즉 식민지 지배 하에서는 외국 통치 세력의 강압을 통해 또는 공통된 적에 대한 저항의식에 기인하여 이질적인 문화들의 평화 공존이 가능할 수 있지만, 외세가 물러간 후에는 평화 공존이 끝나고 여러 수준의 정치·사회적 갈등 양상으로 나타날 수 있다. 그러한 갈등이 극단적인 경우 국가의 분열로 이어질 수 있

10 이에 관해서는 파이 등(Pye et. al., 1965)에 제시된 영국이나 독일 등 서구 국가의 사례 연구 참조.

으며, 국제 정치상의 문제 등 여러 가지 복잡한 요인이 개재되어 있지만 한국의 남북 분단은 그것의 전형적인 예라고 할 수 있다.[11]

그런데 국가 분열의 경우는 논외로 하더라도, 이질적 문화의 공존이 반드시 심각한 정치·사회적 갈등으로 나타난다는 절대적인 필연성은 없다. 식민지 상태를 겪은 비서구 국가는 독립된 이후에도 그와 같은 문화적 평화 공존이 지속될 수 있다. 다만 여러 가지 상황 변화에 따라서 그러한 문화적 이질성이 정치·사회적 갈등으로 표출될 가능성은 상존하며, 일단 그러한 갈등이 표출될 경우 국가 구성원 사이에 일체감의 결여 또는 더 나아가 적대감의 심화로 나타날 수도 있다. 국가 정체성의 위기는 그러한 상황 전개의 산물이다. 그런데 미국 정치학의 경우 정치 발전 연구의 맥락에서 제기된 정체성 위기에 대한 논의는 그 문제를 심층적이고 체계적으로 구명하지 못했다는 근본적인 한계를 지니며, 그러한 한계는 현재까지 계속되고 있다는 점에 학문적 심각성이 있다. 이와 관련하여 1970년대 초에 일시적이나마 시도된 국가 정체성 문제에 대한 대표적인 논의라고 할 수 있는 파이Lucian Pye의 논문을 검토할 필요가 있다(Pye, 1971: 특히 110-134).

파이는 먼저 정체성 위기의 문제를 전통적인 민족주의적 감정이나 국가 또는 정치 공동체에 대한 연대감 또는 귀속의식의 차원에서 제기한다. 즉 "정체성 위기는 하나의 공동체에게 종전까지 당연한 것으로 받아들였던 집합적 자아와 관련된 물질적 혹은 정신적 규정들이 새로운 역사적 상황에서 더 이상 받아들여질 수 없는 것으로 나타날 경우에 발생"하고, 전쟁이나 국가적 재앙 등과 같은 외면적 충격이 있다고 해서 반드시 한 공동체

11 인도와 파키스탄 분열의 경우는 종교적 대립에 의한 잠재적 갈등이 외국 통치의 종식과 더불어 심각한 정치·사회적 갈등으로 표출된 결과다.

에 정체성의 위기를 초래하는 것은 아니며, 정보·통신 체계의 범세계적 확산과 같은 점진적이면서 극적이지도 않은 요인에 의해 종전까지 고립되었던 공동체의 구성원이 정치적 행동의 새로운 세계에 눈을 뜨게 되면서 그것의 정체성을 흔들어 놓는다. 그리고 바로 이 점에서 이른바 '서구의 충격the western impact'을 받은 아시아나 아프리카의 국가에서 발견되는 정체성의 위기도 이해된다는 것이다. 왜냐하면 이들 국가에서 정체성의 위기는 단순히 식민 통치나 외세와의 투쟁에 직면해서가 아니라 기존의 가치나 관행에 대한 재평가를 요구하는 중요한 역사적 전환점에 직면하여 나타나기 때문이다. 따라서 정체성에 대한 "시험은 사회가 부닥치는 객관적인 압박이나 곤경이 아니라 자아 및 자아와 타자와의 관계를 바라보는 새로운 틀을 채택할 수밖에 없게 되는 경험"에 있다는 것이다(Pye, 1971: 110-111).[12]

결국 파이의 경우에도 분명한 점은 정체성 위기를 결정하는 요소가 국가나 부족 또는 어떤 형태나 규모의 정치 공동체 또는 정체 체계이든 그것이 직면한 외적 상황이 아니라 그것에 대한 구성원의 주관적 인식이나 느낌 또는 감정이라는 점이다. 그렇다면 정체성 위기의 근본 성격에 대한 그와 같은 규정을 기초로 해명되어야 할 문제들은 다음과 같다. 먼저 집단적 정체성 자체 또는 집단적 자아란 무엇이냐의 문제다. 국가 또는 어떠한 정

12 위의 진술들 가운데 원문을 직접 인용한 부분은 정체성 위기의 본질과 관련된 파이의 관점을 표현하는 핵심적인 문장이므로 원문을 제시하면 다음과 같다. "In the process of political development an identity crisis occurs when a community finds that what it had once unquestionably accepted as the physical and psychological definitions of collective self are no longer acceptable under new historical conditions."; "The test is not the objective stress and strain that society is exposed to, but rather the experience of having to adopt a new framework for viewing the self and its relations with others."

치 체계이든 그것은 개인으로 구성되어 있고 각 개인 또한 개인적 정체성 또는 개인적 자아의 존재를 전제로 한다면, 그것과 집단적 자아와의 관계는 무엇이고, 후자는 어떻게 형성되고 유지 및 변화되는지 등의 문제가 해명되어야 한다. 이와 더불어 정치적 집단이란 그 규모나 영향력 차원에서뿐만 아니라 목적, 기능, 조직 원리, 운영 방식 등의 차원에서 결코 동일하지 않다면, 개인적 정체성과 집단적 정체성의 관계 문제에 대한 해명은 각각 다른 차원의 정치적 집단의 각각 다른 속성과의 연관 속에서 이루어져야 한다. 국가 내의 여러 정치 집단의 정체성 문제를 포함하여 국가, 민족, 부족 등으로 불리는 정치 공동체 또는 정치 체계 각각의 정체성 및 그것들 사이의 차이가 무엇이냐의 문제에 대한 해명이 정체성 위기의 문제를 해명하는 데 필수적으로 요구됨은 물론이다.

이러한 기초적인 개념적 문제들이 철저하게 해명된 뒤에야 개별 국가의 정체성 위기에 대한 연구가 제대로 수행될 수 있으며, 그러한 연구에는 당연히 어떠한 외적 환경의 변화 또는 역사적 상황의 변화 속에서 한 국가에 정체성의 위기가 발생하고 그러한 위기가 그 국가의 붕괴나 분열 또는 위기의 극복을 통한 새로운 발전이나 도약으로 나타나게 되었는지의 문제에 대한 해명이 수반되어야 한다. 그런데 파이의 글에서는 그러한 문제들에 대한 해명의 시도는 물론이고 그가 그것들의 존재 자체를 의식하고 있는지조차 의심이 든다는 점에서 그의 정체성 위기 논의의 근본적인 한계가 발견된다. 왜냐하면 그 점은 정체성 위기라는 개념 자체를 모호하게 만들기 때문이다. 그러한 개념적 모호성은 무엇보다도 영어로 표현된 'national identity crisis'가 민족이라는 인간집단의 정체성과 관련된 위기인지, 국가라는 공적 지배 질서의 정체성과 관련된 위기인지, 또는 특정 국가 구성원의 집단적 정체성과 관련된 위기인지, 그 성격을 명확하게 밝힐 수 없게 만드는 데 있다. 이러한 문제와 관련하여 먼저 계속되는 그의 논의 내용을 좀더 살펴볼 필요가 있다.

정체성 위기에 대한 위의 규정을 바탕으로 파이는 네 가지 유형의 정체성 위기를 제시한다. 즉 장소place, 계급class, 종족ethnicity, 역사history 등 네 차원과 관련된 정체성 위기가 그것이다. 여기서 '장소'는 영토에 대한 감정 및 지리적 공간과 민족주의적 정서와 관련된 위기를, '계급'은 사회 구조 특히 계급 분할이 국가적 일체성을 배제할 정도로 큰 경우에 발생하는 위기를, '종족'은 종족 혹은 민족 내부 집단 사이의 갈등과 관련된 위기를, '역사'는 급격한 사회적 변화에 따른 심리적 상태 및 외부인에 대한 이중적 감정에서 나타나며, 일반적으로 근대 세계 및 스스로의 역사적 전통에 대한 깊은 복합적인 감정의 형태를 취하는 위기를 지칭한다는 것이다(Pye, 1971: 111-112). 이러한 유형화를 토대로 파이는 여러 국가에서 나타난 정체성 위기의 사례를 중심으로 각 유형을 설명하고 있으며(Pye, 1971: 112-123), 아울러 그러한 위기가 해소되는 양식에 대해서도 엘리트 문화의 여러 유형을 중심으로 ― 그가 보기에 정체성 위기의 해소에는 엘리트들의 지도력이 핵심적이므로 ― 설명을 제시한다(Pye, 1971: 123-134). 그런데 그러한 유형화 논리에서 주목할 점은 심각한 이데올로기적 분열에 기인한 정체성 위기는 별개의 유형으로 논의되지 않는다는 것이다. 파이 스스로 이 점을 인식하고 있으면서 그 이유를 다음과 같이 설명한다. 즉 그러한 분열이 종교적 분열과 같이 근본적인 신념이나 신앙 정체성과 관련될 경우는 종족적 갈등의 차원에서 다룰 수 있으며, 그것이 정치적 강령이나 근본적인 방향 설정과 관련된 경우에는 정당성의 위기, 분배나 침투의 위기, 참여의 위기 차원 등에서 다룰 수 있다는 것이다(Pye, 1971: 112). 정체성의 위기를 접근하는 이러한 시각 및 설명 논리 속에 국가 정체성 연구와 관련된 미국 정치학계의 지성적 빈곤이 드러난다.

파이 스스로 명확히 밝혔듯이 정체성은 집단적 자아의 문제이므로, 그것의 위기란 집단적 자아의 균열이나 갈등을 지칭할 수밖에 없다. 그런데 자아란 정의상 주관적인 것이고 객관적으로 규정될 수 있는 대상이 아니라는 것이다. 따라서 집단적 자아의 균열이나 갈등이 가시적으로 나타나고 경험적으로 인지 및 규정될 수 있는 경우는 그것이 특정한 외적 대상과의 관련이나 특정한 구체적인 상황 속에서 그 의미가 파악될 수 있는 행위를 통해 표출될 때다. 그러한 외적 대상이나 상황에 파이가 위에서 유형화한 네 가지 범주도 포함된다. 그런데 파이의 유형화 논의에서 일단 문제가 되는 것은 그 네 가지 범주가 어떠한 근거에서 정체성 위기의 양상을 모두 포괄할 수 있는지 여부에 대한 설명이 없다는 것이다.

일단 '장소'와 '역사'란 결국 칸트Immanuel Kant가 이미 오래 전에 『순수이성비판』을 통해 규정한 '감각적 인지aesthetic perception'의 두 선험적 범주인 공간과 시간의 다른 표현이라면(Kant, 1966: 21-43), 정체성 위기의 모든 경험적 양상은 두 범주를 통해 포섭될 수 있다. 다만 시간과 공간은 바로 그 선험적 성격 때문에 모든 양상을 포섭할 수는 있지만 동시에 그것 자체로는 경험적 양상의 구체적 의미 및 각각의 차이에 대해서는 아무것도 설명할 수 없는 범주이기도 하다. 다시 말해서 시간과 공간 자체는 의미 있는 분석적 범주가 될 수 없으며, 추상화된 공간이나 시간이 아니라 특정한 공간이나 특정한 시기를 구성하는 구체적 상황이나 사건을 떠나서 공간과 시간은 범주로서의 의미를 갖지 못한다. 위에서 제시된 진술이 보여 주듯이, 실제로 파이의 경우도 '장소'와 '역사'는 선험적인 범주가 아니라는 점이 분명하다. '장소'에는 지배 또는 권력 개념과 결합된 영토라는 구체적 대상의 존재와 더불어 인간 사이의 집합적 구분을 전제로 하는 민족이라는 구체적인 집단적 주체가 그 대상에 대해 갖고 있는 특정한 감정이 전제되어 있다. '역사'에는 단순히 추상화된 특정한 시점이 아니라 근대 세계라는 특정한 역사적 상황 및 이에 따르는 사회적 변화 그리고 그러한 변화를 대하는 인간의 심리적 상태나 감정 또는 그러한 심리나 감정의 바탕에 깔린 역사적 전통에 관념 등 구체적인 사회 제도나 정신세계 등을 전제로 한다.[13] 그렇다면 이미 '장소'와 '역사'의 두 범주 자체가 이미 서로 중첩되어 있음을 의미한다. 아울러 '계급'과 '종족' 등 나머지 두 범주 또한 '장소'와 '역사'의 두 범주와 서로 중첩되어 있다. 계급 분할과 같은 사회 구조의 급격한 변화가 사회적 변화의 한 양상임은 자명하며, 민족 내부 집단의 존재 및 그들 사이의 갈등 또한 한 민족의 형성 과정이나 사회적 삶의 구조나 역사적 변화를 떠나 이해될 수 없음은 분명하다.

결국 정체성 위기를 분류하는 파이의 네 가지 범주는 근대사의 변화 과정에서 일반적으로 정체성의 위기로 규정된 현상들을 구성하는 몇 가지 요소를 의도적으로 부각시킨 거친 일반화에 불과하다. 그것에는 직관 차원의 그럴듯함은 있어도 그 실체를 제대로 구명하지 못한 근본적으로 개념적 혼란의 표현이다. 그리고 그러한 혼란의 핵심은 스스로 규정한 정체성 위기의 개념 내용 자체에 대한 분석을 통해 하위 범주를 엄밀하게 개념적으로 구분하지 못한 데 있다. 그와 같은 개념적 혼란은 그가 이데올로기적 분열에 의한 정체성 위기를 별개의 범주로 다루지 않고 '종족'의 위기

13 '장소' 차원의 정체성 위기의 예로서 파이는 1970년대 초반 당시 태국 북동부와 라오스 농촌 지역을 들고 있다. 태국의 경우 그 지역 인구의 반은 그들이 방콕 정부의 통치를 받고 있다는 사실을 모르고, 라오스의 경우 그 지역 인구의 75%는 그들 왕의 존재조차 모르고 있다는 것이다(Pye, 1971: 113). 그런데 그러한 '모름'이 중앙정부의 통치에 대한 저항을 수반하지 않는 한 정치적 통합의 정도가 약하다는 사실의 징표일 수는 있어도 반드시 위기를 의미할 수는 없고, 경우에 따라서는 '지방자치'의—상투화된 '민주화'의 관념에 따라—훌륭한 예가 될 수도 있다. 외국의 예를 들 필요 없이 한국의 지역 갈등은 '장소' 차원 정체성 위기의 전형적인 예라고 할 수 있다. 그러나 그것이 단순히 장소라는 공간의 차이가 자동적으로 유발한 갈등이 아니라 한국 근·현대사라는 '역사'의 맥락에서 나타난 사회 구조의 변화나 가치관 및 '발전 역량'의 문제들이 복합적으로 나타난 것이라는 사실에 대한 인식은 그리 깊은 성찰을 요구하지 않을 것이다.

또는 정체성과는 무관한 정당성, 분배, 참여, 침투 등 위에서 언급한 '발전 역량' 차원의 위기로 간주하고 있는 사실에서 더욱 뚜렷하게 나타난다.

일단 이데올로기는 하나의 관념 체계인 한 그 내용이나 범위에 한계는 있을 수 없다. 그것은 일상적인 행동 규범에서 특정 집단의 조직 원리나 이념, 정당의 강령, 종교 교리, 윤리관, 사회 체제의 이념, 국가 통치의 이념, 세계관, 또는 우주관에 이르기까지 다양할 수 있다. 결국 파이가 이데올로기 기능의 포괄성 때문에 그것을 정체성 위기의 별개의 범주로 다루지 않은 점은 나름대로 이해될 수는 있다. 하지만 이데올로기적 위기를 다른 종류의 위기로 대체할 수 있다는 주장은 문제의 핵심을 회피한 데 지나지 않는다. 그 개념 내용이 어떻게 규정되든 파이가 스스로 정체성의 정의로 '집단적 자아'를 제시했다면, 이데올로기적 위기가 정체성 위기의 다른 범주나 다른 형태의 위기로 대체 가능한지 여부를 논하기 전에 적어도 국가라는 통치 체제 차원의 '집단적 자아'가 무엇이고, 아울러 그것과 이데올로기의 관계가 무엇인지부터 해명할 필요가 있다.[14] 다시 말해서 파이는 국가 정체성의 문제를 정치문화의 차원에서 해명하려는 작업에 집착한 나머지 정작 국가라는 존재의 핵심적 측면인 통치 구조의 차원에서 정체성 위기를 접근하는 시도를 제대로 수행하지 못한 것이다.[15] 이 점은 앞으로

14 이 문제는 뒤에 가서 다시 본격적으로 논의될 것이다. 다만 이와 관련하여 하버마스 Jürgen Habermas가 정당성의 위기란 바로 정체성의 위기라는 진술은 먼저 참고로 환기시킬 필요가 있다(Habermas, 1975: 46).

15 파이 논문의 그러한 결함을 인식한 결과인지는 분명하지 않으나, 같은 책에 수록된 버바Sidney Verba의 논문은 깊은 검토의 대상이 되기에는 지나치게 간략한 도식적 수준이기만 정치 발전의 위기 문제를 다루는 과정에서 정체성의 위기를 위에서 언급된 네 가지 발전 역량의 위기 범주에 추가하는 형식으로 접근하고 있다(Verba, 1971: 299). 즉 통치 구조의 핵심인 정책결정을 관장하는 인사들이 그 직능에 적합한지 여부에 대한 일반 시민의 '심리적' 의문이 정치 체계 운영의 위기로 작동할 수 있다는 논리다. 이러한 개념화는 특히 참여의 위기나 정당성의 위기와—권력의 분배라는 측면에서는 분배

이 책 전체를 통해 설명되겠지만 미리 좀더 부연 설명할 필요가 있다.

먼저 지적되어야 할 중요한 점은 이념적 분열은 파이가 제시한 네 가지 범주 가운데 '종족'의 범주를 통해서만 대체될 수 있는 것은 아니며, '장소', '계급', '역사'의 범주 모두를 통해서도 대체될 수 있다는 것이다. 민족이나 종족 또는 계급 자체가 궁극적으로는 그 구성원의 이념적 자각이나 이데올로기적인 규정을 통해 그 사회적 존재성이 결정되므로, 모든 정치·사회적 위기란 어떠한 내용이나 수준이든지 이데올로기적 분열로 귀결될 수 있다. 따라서 파이가 통치 구조와 관련된 이데올로기적 위기는 정당성의 위기로, 공공 정책의 목표와 관련된 이데올로기적 위기는 분배나 침투의 위기로, 권력 행사의 주체와 관련된 이데올로기적 갈등은 참여의 위기로 다룰 수 있다고 주장한 것은 이데올로기라는 개념의 포괄성을 고려할 때 충분히 수긍할 만하다. 그러나 그것은 국가라는 통치 구조의 실재성이 그것을 구축하고 운영하는 인간적 주체인 민족 또는 국민의 존재를 떠나서는 파악될 수 없다는 사실에 대한 몰이해를 의미한다. 파이가 별도로 구분한 '정당성', '분배' 등과 관련된 위기란 곧 통치 구조의 존재성 및 운영과 관련된 위기이며, 그것이 위기로 규정될 수 있는 경우란 결국은 그것이 민족이나 국민들을 이데올로기적으로 균열시키는 사태를 초래할 경우라는 사실의 몰이해도 의미한다. 이데올로기적 균열이 필연적으로 정체성의 위기를 초래하는 것은 아니지만, 이데올로기적 균열이 전제되지 않은 정체성의 위기 또한 존재할 수 없다.

의 위기와도—중첩되기도 하거니와, 그 역시 국가 정체성 자체가 무엇인지 탐구하지 않은 채 그러한 논리를 제시하고 있다는 면에서 파이의 한계를 벗어나지 못했다고 할 수 있다.

3. 국가 정체성 문제에 대한 경험적 연구를 넘어서

지금까지의 논의를 통해 이념적 갈등이나 이데올로기적 균열 차원을 떠나 국가 정체성의 문제를 제대로 해명할 수는 없음이 밝혀졌다. 다만 그러한 해명은 국가 정체성 문제에 대한 기존의 경험적 연구의 한계를 지적한 것일 뿐, 왜 그러할 수 밖에 없는지 그 개념적 필연성을 밝힌 것은 아니다. 그 개념적 필연성 여부는 국가 개념과 정체성 개념 사이의 관계가 설명된 후에야 밝혀질 것이며, 이 점에 대한 자세한 설명은 이 제1부 제2, 3장을 통해 이루어질 것이다. 어쨌든 한 국가 내의 갈등이나 분열은 어떠한 내용이나 형태이든지 그 분열과 갈등을 일으키는 집단이 표방하는 이념 사이의 대립으로 표면화되기 전에는 나타날 수 없다. 수천 년의 인도 역사가 증언하듯이 수많은 종교적 분파나 종족적 차이가 존재하고 계급이나 계층 또는 신분상 극심한 차별이 존재한다고 해서 자동적으로 정체성의 위기가 나타나는 것은 아니며, 구한말의 '단발령'이 증언하듯이 머리카락을 자른다는 사소해 보이는 새로운 법령이나 정책의 시행이라도 국가와 사회 사이의 극심한 대립과 균열을 초래할 수도 있다.[16] 중요한 점은 한 국가나 민족의 특정한 사회 체제나 관습 또는 관행 등의 존재가 외부인에게 느껴지는 심각함이나 사소함 여부를 떠나 그 구성원들에게 어떠한 의미를 갖는

16 이러한 서술은 물론 구한말의 국가 정체성 문제에 대한 지극히 기초적인 개관일 뿐이다. 서구 문화를 접하기 전의 전통 문화의 내용 및 성격, 그리고 그에 따른 서구 문화에 대한 수용 방식이나 수용 내용과 이해의 정도, 그러한 수용 과정에 나타난 전통 문화 자체의 분화나 분열의 정도 및 이에 따른 사회 세력의 분화와 분열의 정도, 그러한 분화와 분열이 이념적 및 정치적 대립으로 발전하는 정도 및 양상 등등, 이러한 역사 및 정신사적 문제에 대한 구체적이고 치밀한 해명 없이 국가 정체성 문제에 대한 이해와 더불어 그러한 위기의 극복 방안에 대한 모색은 이루어질 수 없다. 남북의 분단뿐만 아니라 최근의 국가 정체성의 위기 문제도 그러한 차원에서 접근되어야 함은 물론이며, 이에 대한 좀더 구체적인 해명 노력이 다음에 나올 2권 논의의 주요 내용을 이룬다.

지의 문제이며, 그러한 의미를 규정하는 관념의 총체로서 이데올로기를 떠나 정체성의 위기를 생각할 수는 없다. 즉 한 국가를 지배하는 이데올로기 및 그러한 이데올로기에 대립하는 여러 이데올로기의 존재를 떠나 정체성의 위기를 파악할 수는 없는 것이다.

결국 국가 정체성 위기라는 현상을 제대로 구명하기 위해 필수적으로 요구되는 설명을 시도조차 하지 않았다는 점에서 파이를 비롯한 정치 발전 연구 학자들은 국가 정체성 위기 연구의 개척자적 성격에도 불구하고 근본적인 한계를 갖고 있다고 간주된다. 문제는 국가라는 통치 구조의 본질 및 그것을 구성하는 인간의 집단적 정체성 자체에 대한 개념적 해명을 기초로 현실 정치에 등장하는 정체성 위기가 접근되지 않을 경우, 그와같이 위기로 불리는 현상이 국가 또는 민족의 존재성 자체를 위협하는 본질적인 문제인지 아니면 정치·사회적 갈등에 접하여 일반인이 갖는 단순히 일시적인 심리적 불안감의 표출을 잘못 확대 해석한 것인지 구분할 수 없게 된다.

그런데 이들 정치 발전 연구자의 업적 이후 국가 정체성 위기 문제는 미국 정치학의 담론에서 거의 사라졌다가 1990년대에 이르러서야 부활했다는 점이 주목된다. 그 사이에 정체성 위기 논의가 사라지게 된 주된 이유는 아마 미국 정치학자들이 비非서구 국가에서 근대화가 어느 정도 진전되면서 정체성의 위기 상황이 해소되었다고 판단했거나 적어도 그것이 심각한 정치적인 이슈로 부각되지 않은 점을 관찰한 결과인 것 같다.[17] 어쨌든 새로 등장한 정체성 위기 담론에 특이한 사실은 그것이 이제는 비서구 국가에 국한된 문제가 아니라 일종의 범지구적 현상으로 인식되고 있다는 점이다. 무엇보다도 다른 국가의 정체성 위기를 피안의 현상처럼 관조 수준에서 바라보던 미국 정치학계가 스스로의 국가 정체성 위기를 논의하게

17 이것은 어디까지나 추정의 수준이며, 앞으로 현대 미국 지성사 연구의 차원에서 확인이 필요한 대목이다.

된 점이 흥미롭다.

문제는 그와 같은 범지구적 현상에 대한 서구 학계의 최근 연구에서도 각 사례와 관련된 사실의 정리나 역사적 서술 또는 규범적 진단은 있지만 국가 정체성 개념 자체에 대한 체계적이며 심층적인 해명의 토대 위에서 그러한 위기 현상의 실체를 밝히려는 시도는 보이지 않는다는 사실이다. 그러한 점에서 그것에 또한 앞서 수행된 연구의 근본적인 한계를 극복하지는 못한 것으로 판단된다.[18] 그런데 미국의 경험주의적 혹은 과학주의적 정치학에는 그러한 한계를 극복하는 데 근본적인 어려움이 내재한다. 그것은 일단 앞서의 논의에서 나타난 바와 같이 국가란 현상 자체가 경험적 인식의 대상으로서 당연히 객관적으로 존재하는 것이라면 국가의 정체성 자체를 처음부터 운위할 필요도 없기 때문이다. 아울러 미국 정치학에서는 국가 정체성 위기 문제의 근원인 국가란 개념 자체가 그 학문적 또는 '과학적' 타당성이 의심이 대상이기 때문에, 국가 정체성에 대한 논의 자체가 처음부터 비과학적인 형이상학적 탐구의 대상으로 도외시될 수도 있다. 상호 연관된 그러한 시각의 핵심에 이스턴David Easton의 정치 체계 이론이 존재한다. 그것은 기본적으로 국가 개념 자체의 학문적 타당성을 부인하는 이론이다. 따라서 먼저 비판적으로 검증되어야 할 것은 정치 체계 이론이 제기하는 국가 개념에 대한 부정 논리일 것이다. 왜냐하면 국가 정체성에 대한 연구가 의미 있으려면 적어도 국가란 개념 자체가 학문적으로 타당하다는 점이 입증되어야 하기 때문이다.

---

18 다만 국가 정체성 개념 자체를 자아 정체성 개념과의 연관 속에서 이해하려 한 연구가 적어도 하나는 있다는 사실은 그런대로 중요한 진전으로 간주될 수 있다. 디트머Lowell Dittmer와 킴Samuel S. Kim이 공동 집필한 논문이 그것이다(Dittmer & Kim, 1993b). 그럼에도 그것은 관련 문헌에 대한 개괄적 수준의 이해에 기초한 단정적 성격의 진술이 대부분이며, 자아 정체성과 국가 정체성의 관계에 대한 체계적이고 심층적인 연구는 되지 못한다는 점이 지적되어야 한다.

제2장 이스턴의 정치 체계 개념 및 국가 개념 무용론 비판

앞에서 언급한 바와 같이 국가 정체성 문제는 정치학이라는 학문 자체의 정체성과 연관되기 때문에 서양 정치학의 전통 자체가 그 문제에 대한 해명 노력의 역사로 해석될 수도 있다. 그런데 현대 정치학의 주류를 이룬다고 할 수 있는—좋은 의미든 나쁜 의미든—현대의 미국 정치학은 한편으로 서구 자유주의적 정치사상 전통에 기반을 두면서도 동시에 경험주의 또는 과학주의라는 이름으로 어느 정도 서구 정치학 전통과의 단절 속에서 연구되어 왔다. 현대 미국 정치학에 내재한 서구 정치학 전통과의 연속과 단절의 공존이라는 이중성에 대한 자세한 설명은 복잡하고도 장문의 정치철학 및 정치사상사적 논의를 요구하기 때문에 이 책의 범위를 넘어선다. 다만 단순화에 따르는 위험을 어느 정도 감수한다면, 자유주의 정치사상의 근본 가정 및 그러한 가정의 기초를 이루는 경험주의적 인식론의 근본 가정에 기초하여 다음과 같이 간단히 정리할 수 있다.

자유주의적 전통의 출발을 이루는 근대 사회계약론의 자연 상태 개념에 잘 나타나 있듯이, 홉스Thomas Hobbes나 로크John Locke 등 고전적 자유주의자들에게 경험적으로 확실한 존재는 개인이었지 국가는 아니었다. 국가라는 지배 및 권력 질서는 어디까지나 본래는 평등한 개인이 동의 또는 계약이라는 과정을 통해 '만든' 인위적인 구조물artifact일 뿐이다. 다만 인공물이라도 일단 만들어진 것은 그것 자체로서 영속적인 존재성을 가질 수 있으므로, 국가 또한 일단 '만들어진' 것으로 그 존재성을 획득한 이상 그것이 경험적 인식의 대상 또는 객체로 등장하게 됨은 당연하다. 특히 미국의 경우 유럽 대륙과 달리 다른 정치 이념과의 큰 갈등이나 경쟁 없이 자유주의 정치사상이 유일한 정통적인 이념으로서 건국 헌법을 통해 구체적인 형태를 갖춘 국가 체제로 등장했고, 이에 따라 미국의 국가 체제를 역사상 가장 발전된 국가 형태이며 유럽의 역사와는 단절된 '신세계'이자 인류 역사에서 예외적인 새로운 국가로서 국가라면 당연히 따라야 할 이상적인 모델이라는 믿음이 지배적이 될 수 있었다. 다시 말해서 '미국 예외주의American exceptionalism'라는 이데올로기가 건국 후 오랫동안 미국인의 정신세계를 지배해 왔으며,[1] 그러한 정신적 분위기는 학문적 세계에도 투영되었다고 할 수 있다. 즉 미국이란 국가 체제를 어떤 체제보다 가장 근대적이고 보편타당한 것으로 받아들일 경우, 그것 이외의 다른 대안이 되는 체제나 형태를 모색하려는 시도는 물론이고, 그것 자체의 근본 성격에 대한 비판적 성찰, 다시 말해서 개인과 국가 또는 시민사회와 국가의 관계 등 국가 질서 전반에 대한 비판적인 정치철학적 검토 또한 미국 특유의 독자적인 철학 전통의 부재와 맞물려 시도되기가 어려울 것은 충분히 짐작할 수 있다.

1 미국이란 인류 역사에서 처음 출현한 새로운 형태의 국가이자 예외적인 존재라는 사고, 즉 '미국 예외주의'라는 이데올로기가 19세기의 미국인을 지배했으며, 그러한 이데올로기 속에서 탄생한 것이 미국 정치학을 포함하여 비역사적이며 과학주의적인 미국 사회과학의 기원을 이룬다는 점은 로스Dorothy Ross가 통찰력 있게 기술한 바 있다(Ross, 1991: 특히 22-50 참조).

결국 미국이라는 국가 체제를 자명하면서도 당연한 현실로 받아들일 때, 정치학 연구의 대상이 그러한 국가 체제 성립의 역사나 정신사적 배경 또는 그것의 이념적 근거가 아니라 그것이 운영되는 구체적이고 경험적인 양상에 치우치게 됨은 필연적이다. 즉 그것의 연구 대상이 그러한 국가 체제로부터 파생하는 법률이나 입법, 행정, 사법 등의 제도, 그리고 그러한 법률이나 제도와 관련된 경험적인 현상, 다시 말해서 선거나 정당 또는 압력·이익단체들의 행태 및 거기에 종사하는 인간의 심리나 행동 등으로 나타나게 된 것이다. 그리고 법률이나 제도란 결코 감각적 인지의 대상이 아닐 뿐더러 본질적으로 규범적인 성격을 갖기 때문에, 일반인은 물론이고 범용한 학자들에게도 그 경험적 존재성이나 현실성이 불확실하게 느껴질 수도 있다. 따라서 그것들보다 경험적으로 좀더 확실하고 구체적인 대상을 연구하는 것이 실용적이고 실천적이란 생각 또한 그들을 쉽게 지배할 수 있었을 것으로 추정된다. 광범위한 논의를 필요로 하는 주제이지만 간단히 정리한다면 미국 정치학에서 행태주의political behavioralism의 등장은 이러한 맥락에서 그 지성사적 필연성이 설명될 수 있다. 인간의 정치행태란 감각적인 인지의 대상이기 때문에 법률이나 제도보다 좀더 확실한 경험의 대상이자 그것에 대한 연구가 실용성 및 실천성을 갖는 것으로 쉽게 느껴질 수 있었다는 것이다. 아울러 위에서 언급된 자유주의적 세계관에서뿐만 아니라 미국인의 종교인 개신교적 세계관은 개인을 이 세계의 중심적 존재이자 모든 정치적 실천의 주체로 쉽게 믿어질 수 있는 정신적 토양을 제공했다고 할 수 있다. 이와 더불어 과학주의의 등장에 따라 정치학이 '과학'이 되기 위한 요건으로서 자연과학적 방법이 적용될 수 있는 대상 또한 개인이라는 믿음 — 뒤에 가서 사회과학철학을 통해 이른바 '방법론적 개인주의methodological individualism'로 불리는 — 역시 쉽게 형성되고 전파될 수 있었다고 볼 수 있다. 이러한 역사 및 정신사적 전통에서 국가 개념의 학문적 유용성이 부정되면서 국가란 용어 자체가 미국 정치학 담론에서 거의 사라지는 양상이 나타나게 된 것 또한 지성사적 필연이라는 것이다.

미국 정치학에서 1950년대에 등장한 이스턴David Easton의 정치 체계 이론political system theory은 그러한 지성사적 맥락에서 이해될 수 있다. 그가 정치 체계라는 개념을 제시한 이유의 핵심은 전통적인 정치학의 중심 개념인 국가가 정치 현상에 대한 '과학적' 연구에 유용하지 않다는, 다시 말해서 정치 현상에 대한 체계적이고 합리적인 지식을 추구하는 데 도움이 되지 않는다는 논리였다. 그런데 국가라는 개념 자체가 학문적으로 유용하지 않다면 국가 정체성에 탐구 자체가 처음부터 무의미해질 것이다. 그러므로 이 책의 존재 이유가 부정되지 않으려면 이스턴의 국가 개념 부정 논리가 비판적으로 극복되어야 하는 것이다.

1. 이스턴의 국가 개념 비판의 근간

현재 한국의 정치학계에서는 이스턴이라는 이름이나 그의 정치 체계 이론은 과거의 흘러간 학자 및 이론으로 간주하는 태도가 지배하면서 그것에 대해 새로운 논의는 물론이고 새롭게 언급하는 경우도 드문 것이 사실이다. 그러나 그러한 태도가 그의 이론 및 주장에 대한 철저한 비판적 검토나 이해 노력의 결과가 아니라 단순히 유행이 지난 이론이기 때문에 무시해도 된다는 식의 지적 경박성의 표현이어서는 물론 안 될 것이다. 지은이도 20세기 지성사 전체의 큰 흐름에서 볼 때 이스턴의 이론은 하나의 조그만 에피소드에 불과하다고 평가하며, 그의 사고는 근본적으로 경험주의적 인식론의 한계를 벗어나지 못할 뿐더러 논의 전개 자체도 엄밀한 개념

분석 능력이나 심원한 철학적 성찰을 바탕으로 이루어진 것은 아니라고 판단한다. 그럼에도 불구하고 적어도 그것의 지성사적 기여는 — 적어도 미국 지성사의 맥락에서라도 — 나름대로 인정되어야 할 것이다. 또한 그와 같은 거대한 지적 작업이 30대의 젊은 학자로서는 드물게 과거와 당대를 아우르는 방대한 지성사적 업적들에 대한 나름대로의 섭렵 및 포괄적인 이해를 기초로 체계적인 논의를 통해 제시했다는 사실 또한 높이 평가될 수 있는 항목이다.[2]

이스턴의 이론은 일단 국가 이전에 시민사회가 존재했던 미국 정치의

---

2 이스턴이란 이름을 1950년대 미국 정치학계에 드높이게 한 『정치 체계*The Political System*』는 그의 나이(1917년 생) 36세 때인 1953년에 출간되었다. 이 책이 체계 이론의 과학철학 및 정치사상사적 기초를 마련하기 연구라면, 이어서 10여 년이 지나 출간된 『정치 분석의 틀*A Framework for Political Analysis*』(1965)은 정치 생활에 대한 체계론적 분석을 위한 기본적인 개념 체계를, 『정치생활의 체계론적 분석*A Systems Analysis of Political Life*』(1965)은 그러한 개념 체계를 통해 실제적인 정치 생활에 대한 분석의 시도로 간주될 수 있다. 여기서 자세히 검토할 수는 없지만, 이스턴 나름대로의 진지한 학문적 노력에도 불구하고 서양의 정치사상사적 전통 및 당대의 과학철학에 대한 이스턴의 이해는 — 특히 그의 『정치 체계』에 제시된 이해나 논의들은 — 독자적인 해석력이나 깊은 철학적 성찰이 뒷받침된 것은 아니라고 할 수 있다. 뒤에 다시 언급되겠지만 일단 그의 체계 개념 자체가 자연과학에서의 체계 개념에 대한 정확한 이해에 바탕을 둔 것도 아닐 뿐더러, 국가나 권력 등 주요 개념에 그의 분석 또한 개념사에 대한 깊은 이해를 바탕에 둔 정치하고 치밀한 검토는 아니라고 평가된다. 무엇보다도 그가 정치철학 전반에 대한 이해를 떠나 베버Max Weber의 지배사회학Herrschaftssoziologie 이념이라도 깊이 이해했으면 그가 제시한 수준의 논의 전개에 그치지는 않았을 것이라는 생각이 들며, 서양 정치사상의 전통에 대한 그의 논의 또한 젊은 학자들에게서 일반적으로 발견되는 바와 같은 철학적 이해의 범용성을 크게 벗어나지는 못했다고 판단된다. 그러나 가장 근본적인 문제는 그의 논의들이 경험주의 인식론에 대한 비판적 검토가 아닌 독단적인 일방적 수용이라는 결함을 갖고 있다는 점이라고 할 수 있다. 어쨌든 나름대로의 지적 해박성과 통찰력 및 체계성에 바탕을 둔 것이긴 하지만, 30대 젊은 학자의 그러한 지적 수준의 저작이 1950년대의 미국 정치학계에서 학문적 위용을 떨쳤다는 사실은 당대 미국 정치학계의 지성적 수준이나 깊이를 가늠하게 하는 부분이기도 하다.

역사적 특수성을 반영한다. 아울러 그것은 미국의 정치학을 미국 특유의 다원주의적 정치 현실에 새롭게 적응시키면서 경험주의적 사회과학 연구의 미국적 변형이라고 할 수 있는 행태주의 또는 과학주의적 정치학 연구에 일종의 패러다임 또는 체계적인 연구 구도를 확립하려는 나름대로의 거대한 기획이자 진지한 학문적 모색 노력이라고 할 수 있다. 다시 말해서 미국적 정치 전통의 핵심은 시민 중심의 상향적 정책 결정에 있고, 미국의 정치 현실 또한 여러 공적 및 사적 기관 및 단체들이 상호 견제 속에서 합의를 도출하는 다원주의적 정치 과정으로 파악함이 대세인 상황에서, 전통적인 국가 개념과 같이 정서적으로 위압적인 느낌을 주면서 형이상학적이고 비경험적이며 비합리적으로 쉽게 간주될 수 있는 개념은 학문적 적실성이 없다는 판단은 쉽게 도출될 수 있다. 그와 같은 국가 개념에 대비되어, 이스턴에게는 체계란 용어 자체가 가치 중립적이고 객관적이며 어떠한 정치 상황에도 적용 가능한 보편적 의미를 갖는 것으로 쉽게 믿을 수 있었던 터다. 아울러 1950년대 미국에서는 이미 생물학이나 인접 사회과학인 경제학이나 사회학 등을 통해 체계 개념이 널리 사용되었던 만큼 그 개념적 타당성이나 분석적 효용성 등 학문적 적실성이 입증되었다고 쉽게 단정할 수 있는 지성사적 상황도 전개되었던 것이다. 이스턴의 정치 체계 이론 및 국가 개념 부정 논리는 그러한 역사 및 지성사적 상황의 산물이다. 즉 정치 체계는 국가 개념과는 달리 경험적으로 확실히 규정될 수 있고, 다원주의적 정치 현실 속에서 공존하는 여러 정치 및 사회집단과의 관계를 체계적이고 총체적으로 파악하는 데 유용한 개념으로 등장하게 된 것이다. 여기서 그의 국가 개념 부정 논리의 핵심을 먼저 개관할 필요가 있다.

이스턴의 국가 개념 유용성 부정 논리는 일단 서양 정치사상사의 전통을 두 개의 학파로 분류하는 데서 출발한다. 하나는 국가의 본질과 여러 특성에 연구의 중점을 두는 학파이고, 다른 하나는 권력의 분배 및 사용에 연구의 중점을 두는 학파라는 것이다(Easton, 1953: 106). 그런데 이스턴의 주장은 국가나 권력 두 개념 모두 정치 현상에 대한 경험적 연구를 포괄하는 중심적인 개념으로서는 결함이 있다는 것이다. 경험적 정치학 연구에의 유용성 차원에서 이스턴이 제기한 두 개념의 배제 논리는 상호 연관되기도 하지만, 이 책의 제한된 목적상 권력 개념의 유용성에 대한 그의 비판에 대해서는 본격적인 논의를 유보하고 국가 개념에 대한 그의 비판을 집중적으로 검토할 필요가 있다.[3]

이스턴은 가너J. W. Garner와 게텔R. G. Gettell 등의 정치학 교과서들을 거명하면서 정치학과 국가 연구를 동일시하는 믿음은 많은 정치학자가 공유하지만, 그러한 동일시는 정치학 연구가 무엇인가의 문제를 해명하기보다는 오히려 혼란을 초래한다는 점을 먼저 지적한다(Easton, 1953: 107). 왜냐하면 국가라는 용어는 무엇보다도 도덕 정신의 현현, 한 계급에 의한 다른 계급의 착취 수단, 정부, 여러 사회 조직 가운데 하나 등 수많은 다른 방식으로 정의될—그가 인용한 논문에 의하면 145개의 각각 다른 정의가 사용되고 있다는 것이다—정도로 그 의미가 명확하게 규정될 수 없기 때문에 그렇다는 것이다(Easton, 1953: 107-108). 그리고 그러한 여러 가지 정의 가운데 가장 일반적으로 채용되고 있다는 매키버Robert M. MacIver의 『근대국가론*The Modern State*』(1926)에 제시된 다원주의적 정의, 곧 국가란 여러 단체 가운데 하나로서 "영토로 구획된 공동체에서 사회 질서의 보편적인 외적 조건을 유지한다는 목적으로 강제력이 부여된 정부에 의해

---

3 권력 개념이 정치학 연구의 '중심 개념the orienting concept'이 될 수 없다는 이스턴 논리(Easton, 1953: 115-124)의 핵심은 권력 또는 영향력이란 정치 생활의 한 변수일 뿐—특히 엘리트 계층 형성의 측면일 뿐—그것 전체를 설명할 수는 없다는 것이다. 바로 이러한 시각에서 정치 체계의 포괄적 기능으로 이스턴이 제시한 것이 '가치의 권위적인 사회적 분배'라는 개념이며, 이 개념에 대해서는 그의 국가 개념에 대한 논의를 통해 함께 검토할 것이다.

공포된 법률을 통해 행동하는"[4] 특징을 가진 단체라는 정의도 — 일반적으로 공법 교과서를 통해 영토·주권·국민의 세 요소로 규정되는 정의인 — 정치 현상을 이해하는 데 결함이 있다는 것이다. 그러한 정의는 잘 알려져 있듯이 17세기의 '베스트팔리아 조약the Treaty of Westphalia'을 통해 제도적으로 정착된 근대 국가의 특징일 뿐이어서 고대 및 중세의 정치 생활을 개념적으로 포괄하지 못함은 물론이고, 정치학의 연구 대상에서 현대의 유목민들이나 문자 생활을 하지 못하는 현대의 원시인들과 같이 국가를 구성하지 못하거나 국가 구성의 형성 단계에 있는 인간집단의 정치 생활이 제외되는 결함이 있다는 것이다(Easton, 1953: 109-111). 아울러 국가란 용어의 기원 자체가 보여 주는 것은 그것이 분석 개념이기보다 교회의 정서적 호소력이나 국제주의 또는 저항 민족들에 대항하는 '통일성의 상징a symbol for unity'이자 신화적 성격을 갖고 있기 때문에 과학적 분석 개념으로서는 적합하지 않다는 논리도 제시한다(Easton, 1953: 111-113). 간단히 말해 이스턴에게 국가 개념이란 비과학적이고 형이상학적인 성격을 가지고 있을 뿐더러, 기껏해야 정치 현상 가운데 하나를 포괄할 뿐 정치 현상 전체를 포괄하는 개념은 되지 못한다는 근본적인 한계를 갖고 있다. 이러한 국가 개념을 대치하는 개념으로 제시한 것이 바로 이스턴의 정치 체계다.[5]

4 "through law as promulgated by a government endowed to this end with coercive power, and maintains within a community territorially demarcated the universal external conditions of social order" (Easton, 1953: 109 재인용).

5 그의 이러한 입장은 1970년대의 미국 정치학계에 마르크스주의 국가 이론이 등장한 후에도 기본적으로 변하지 않은 것으로 보인다. 마르크스주의 국가 이론에 대한 대응의 성격을 갖는 저서에서, 그는 자신의 입장이 변하지 않았음을 다음과 같이 다시 확인하고 있다. "신국가주의적 용어를 채택해서 '국가들'의 형태에 대해 말하는 것이 도움이 되거나 필요하다고 생각지 않는다. 기본적으로 최근에 19세기부터 회복된 개념으로서의 국가는 논의될 여지가 많다. 그것은 전통적 용법의 초기 여러 세기에 걸친 전통적인 개념의 사용에서 파생된 모호성과 불명료성, 즉 불행하게도 표현의 명확성, 의미의 명

결국 그와 같은 국가 개념 부정 논리 자체의 타당성 여부는 직접 그의 체계 개념의 타당성 여부와 연관된다. 따라서 국가 개념에 대한 이스턴의 비판을 검토하기에 앞서 그가 대안으로 제시한 정치 체계의 개념 내용을 먼저 본격적으로 분석할 필요가 있다.

2. 이스턴의 정치 체계 개념 비판

이스턴의 체계 이론은 사실이 모든 것을 말한다는 식의 경험적 연구, 곧 개개인의 정치 행태 연구나 개별화된 경험적 자료에만 의거하여 연구가 진행될 경우에 ―그가 '사실집착주의hyperfactuaism'로 표현한 ―나타날 수 있는 정치학 지식의 파편화 위험을 피하려는 목적에서 출발한다(특히 Easton, 1953: chap. 3). 다시 말해서 정치 현상 연구의 과학화를 표방한다는 점에서 그는 메리암Charles Merriam 등에 의해 주도된 행태주의 연구 경향을 공유하지만, 개인의 정치 행태와 관련된 사실의 수집 및 자료의 단순한 집적이 자동적으로 정치 현상 전반에 대한 이해를 가져오는 것은 아니라는 점을 인식할 필요성을 그는 특히 강조한다. 그러한 인식을 기초로 정치적 행태 또는 정치 현상을 '체계'라는 좀더 포괄적이고 일관된 새로운 '지도 개념orienting concept'을 통해 체계적으로 파악함과 동시에, 그와 같이 구성된 정치 행태 체계 사이의 관계 또한 체계적으로 파악함으로써 경험적 정치학 연구에서 정치 현상 전체에 대한 총체적인 이해의 추구 및 각각 분산된 연구들에 하나의 통일된 방향을 설정하겠다는 목표가 설정

료성 그리고 불필요한 지적인 부담의 결여를 가치 있게 여기는 사람들을 계속 괴롭힐 특징들을 포함하고 있다" (Easton, 1990: 33).

되어 있다. 그리고 그러한 목표의 추구를 통해 궁극적으로는 정치학에서도 자연과학의 경우와 같이 일반 이론의 확립을 모색한다는 나름대로의 진지하면서도 대범한 학문적 기획을 이스턴은 제시한다(Easton, 1953: 92-96 참조). 전통적인 중심 개념인 국가the state 개념이나 권력 개념의 '과학적' 유용성에 대한 그의 부정 논리는 바로 그러한 기획 차원에서 제기된다.

여기서 분석의 초점이 되어야 할 것은 그의 정치 체계 개념이 과학적인 정치학 연구에서 그가 배제하려는 국가 개념과는 달리 실제로 경험적 근거가 확실하고 가치 중립적인 분석 개념으로서 작동할 수 있느냐는 것이다. 이와 관련하여 두 가지 의문이 제기된다. 하나는 정치 체계라는 대상의 존재론적 근거다. 정치 현상이 경험적 현상으로서 존재함이 자명하다면—일단 경험주의의 독단적 가정에 따라서 정치 현상은 인식하는 주체에 독립적으로 존재하면서 그것에 경험적으로 주어져 있다고 전제한다면—왜 그것들은 각각 파편화된 부분으로서가 아니라 체계로서 존재하는지 그 존재론적 근거가 충분히 해명되어 있느냐는 것이다. 다른 하나의 의문은 정치 체계를 사회 체계의 하위 체계로 간주하는 관점의 타당성 여부다. 다시 말해서 정치 체계가 사회 체계의 하나로서 그것에 포괄되는 근거가 무엇인가의 문제다. 이스턴은 이러한 의문의 존재 자체를 명확히 인식하지 않고 있을 뿐만 아니라, 간접적이나마 그러한 의문의 해명과 관련된다고 할 수 있는 그의 논의는 논리적으로도 치밀하지 않고 젊은 학자들에게서 일반적으로 발견되는 철학적 사고의 미성숙성이 뚜렷이 드러나는 것 같다.

단적으로 말해서, 정치 현상이 체계로서 존재한다는 근거 및 다른 체계와의 관계가 무엇인지와 관련된 이스턴의 논의는—단순한 일방적인 진술이 아니라—실제로 존재하지 않는다. 그러한 문제와 관련된 그의 핵심적인 진술은 다음과 같다. 인간의 삶에서 정치적 측면에 대한 연구는 독립된 지적 작업을 구성할 만큼 다른 측면에 대한 연구와 분리되어 있다는 점을 정치 생활에 대한 연구가들은 "거의 본능적으로 느끼고 있으며feel quite instinctively" (Easton, 1953: 96), 그들은 "정치 현상이란 서로 응집하면서 상호 연관되는 경향이 있다는 표명되지 않은 전제 위에서on the unexpressed premise that the phenomena of politics tend to cohere and to be mutually related 활동해 왔는데" (Easton, 1953: 96-97), 그러한 현상이 말하자면 하나의 체계를 형성하고 있으며, 그것은 총체적인 사회 체계의 한 부분이지만 분석과 연구의 목적상 잠정적으로 분리된다는 것이다. 그도 강하게 강조하듯이("we must recognize …") "궁극적으로 모든 사회 생활은 상호의존적이며 사회 생활 전체에서 일련의 사회 관계 하나를 주목해 분리하는 것은 인위적이지만" (Easton, 1953: 97), 그러한 인위적 분리는 자료의 단순화 및 변수 사이의 결정인자들determinants을 추출하기 위해 정치학자에게 부과될 수밖에 없다는 것이다. 그러한 목적을 위한 분석적 혹은 정신적 도구가 바로 이론 체계the theoretical system이며, 이 이론 체계가 구체적인 일상생활의 정치 체계에 상응한다는 것이다(Easton, 1953: 97-98).

이러한 주장은 깊은 검토 이전에 직관 차원에서라도 즉각 순환론으로 비판받을 수 있다. 정치 현상은 체계를 이루기 때문에 체계로서 접근되어야 한다는 식의 논리인 것이다. 다시 말해서 스스로 설정하고 표방한 '과학적' 정치학의 목표, 즉 정치 현상에 대한 경험적인 연구를 통해 그것을 이해하기 이전에, 그는 정치 현상에 공통되는 속성을 미리 알고 있음을 묵시적으로 천명하는 것이며, 정치 현상의 본질적 속성에 대한 그와같이 독단적인 전제에—물론 논리 전개상의 독단성이 반드시 그 전제가 틀림을 의미하는 것은 아니다—맞추어 정치 현상을 체계화하고 있는 것이다. 그런데 그와 같은 논리적 독단은 차치하더라도, 위의 진술의 근거와 관련하여 여러 가지 의문이 즉각 제기될 수 있다. 즉 이스턴 스스로 인간의 사회적 삶이란 상호의존적이라는 사실을 인정하면서도 그러한 삶이 여러 사회 체계의 형태로 분리되어 존재한다는 근거는 무엇이고, 현실 정치의 여러 현상이나 변수들이 체계의 형태를 갖고 있다는 근거는 무엇이며, 설사 체계로서 존재한다고 하더라도 '왜' 정치 체계는 사회 체계의 한 부분이라는 근거는 무엇이고, 정치 체계가 여러 사회 체계의 상위 체계가 되지 못할 근거는 무엇이며, 이른바 분석의 목적으로 구성된 이론 체계가 현실 속의 정치 체계와 상응한다는 근거는 무엇인가 등등의 의문이 그것이다.

이러한 의문들에 대한 답변은 실로 사회 현상 또는 정치 현상 자체의 존재론적 의미 및 이와 관련된 인식론의 문제, 사회적 삶의 본질이나 지배질서의 본질 문제 등 학문 및 현실 전반에 걸친 근원적이고 광범위한 논의를 요구한다. 그러한 의문에 대한 해명의 시도는 물론이고 그러한 의문의 존재 자체를 의식하는 것도 어쩌면 100년이나 200년에 한 번이나 나올 수 있는 천재적인 학자가 아닌 한 어려울 수도 있다.[6] 어쨌든 이스턴은 자신의 이론 체계의 타당성 여부를 결정할 수 있는 근본적인 의문에 대해 실제로 해명하지 않고 있으며, 그러한 의문들의 존재 자체도 의식하지 못하고 있는 듯하다. 그의 후속 저작들 역시 투입-산출input-output 기능, 경계 유지boundary maintenance 기능, 피드백feedback 기능 등 주로 생물학에서 응용되는 체계 이론의 주요 개념을 도입하여 정치 체계 개념 내용의 보충 및 개념적 분화를 통해 정치 현상의 분석을 위한 좀더 구체적인 틀을 제시하려는 시도라고는 할 수 있어도, 정치 체계 개념의 그와 같은 근본 문제에

6 실제로 이러한 의문에 대한 해명을 위해서는 적어도 19세기 지성사의 맥락에서 한정하더라도 토크빌Alexis de Tocqueville, 밀John S. Mill, 마르크스Karl Marx, 베버Max Weber, 뒤르켐Émile Durkheim, 딜타이Wilhelm Dilthey 등에 대한 이해가 필요하며, 30대의 젊은 학자에게서 이들의 이론이나 사상에 대한 제대로 된 섭렵을 기대하기는 어려울 것이다.

대한 해명의 시도는 아닌 것이다. 그러한 의미에서 그의 정치 체계 이론은 지적으로 미성숙한 젊은 학자의 비체계적이며 미완성의 이론으로 규정될 수도 있다.

어쨌든 이스턴에 의해 전통적인 국가 개념을 대체하는 '과학적인' 개념으로 제시된 정치 체계 개념이―1970년대 이후 일부 학자에 의한 마르크스 국가 이론의 재조명이나 논의를 미국 정치학의 주류에서 제외한다면―미국 정치학, 그 가운데 특히 비교정치론이나 정치과정론 연구의 기초가 된 것이 사실이다. 그것은 서구나 비서구 등 지역이나 국가 및 민족적 경계 또는 전통이나 문화적 차이를 넘어 정치가 존재하는 곳이면 어디에서나 적용 가능한 보편적인 분석 개념으로 사용되었으며, 모든 정치 현상을 정치 체계의 개념 틀에 맞추어 설명하는 것을 학문적 보편성의 구현처럼 믿는 경향도 있어 왔다. 이에 따라 미국에서 훈련받은 한국의 정치학자들 역시 체계 이론의 여러 개념을 동원하여 한국 정치 현상을 설명하는 것이 오랫동안 하나의 유행이었던 것도 사실이다.

그러한 연구들이 진정으로 정치 현상의 이해 및 정치학적 지식의 확장이나 심화에 기여했는지 여부의 문제를 떠나, 국가 정체성 문제와 관련하여 정치 체계 이론에 대해 좀더 깊이 초점을 맞추어 논의해야 할 것은 서로 연관된 다음 세 가지 질문이다. 첫째의 질문은 그의 정치 체계 개념이 과연 체계 개념 자체에 대한 정확한 이해에 바탕을 두고 있는지 여부다. 둘째는 그것이 전통적인 국가 개념을 대체할 수 있을 정도로 그것 자체가 과연 가치 중립적이면서 동시에 정치 현상에 대해 실제적인 분석력이 있는지 여부다. 셋째는 앞에서 소개한 이스턴의 국가 개념 비판이 국가 개념을 '과학적' 정치학에서 '추방함'을 정당화할 수 있을 정도로 그 논거가 타당하면서 전통적인 국가 개념 자체에 대한 충분한 이해에 기초하고 있는지 여부다. 세 질문 모두에 대한 지은이의 답은 부정적이다. 왜 그러한 지에 대한 설명은 국가 정체성 문제가 단순히 비현실적인 형이상학적 문제가 아니라 실천적이면서 동시에 정치 현실에 대한 진정한 이해를 위해 필수적으로 논의되고 해명되어야 할 대상임을 보여 준다.

먼저 첫째의 질문, 체계란 개념 자체에 대해서 검토해 보자. 체계란 용어는 고대 희랍어에서도 발견되지만,[7] 앞에서 언급한 바와 같이 이스턴의 정치 체계 이론은 정치학 자체의 지적 전통 속에서 새롭게 개념을 발굴하고 그것을 이론적으로 발전시킨 노력의 결과는 아니다. 그것은 주로 생물학에서 차용한 것이며, 아울러 경제학이나 사회학에서 이미 사용되던 개념을 정치학에서 뒤늦게 도입한 것이다. 그런데 생물학의 경우 생명 체계라는 개념은 생명 현상을 연구한 결과 형성된 지식을 토대로 구축된 개념이지, 체계란 개념을 미리 분석 개념으로 설정하고 그것의 개념 틀에 생명 현상을 인위적으로 맞추는 방식으로 그러한 현상을 기술하거나 설명하려는 시도는 아니라는 사실이 중요하다.[8]

일단 생명이란 개념 자체가 자기보존self-preservation의 개념을 떠나서 이해될 수 없거니와, 여기서 보존되는 '자기'란 한 개체의 생명 유지를 위한 신진대사metabolism 활동 및 세대 간으로 이어지는 개체의 존속을 위한 번식 활동reproduction의 주체에 국한된 문제가 아니다. 그것은 한 개체의 차원을 넘어 한 류species나 종genus, 더 나아가 궁극적으로는 생명세계 전체의 신진대사 및 번식 활동을 전제로 하는 개념이다. 한자어 '체계'란 말

7 영어 'system'의 어원인 희랍어 'systēma'라는 말은 결합의 의미를 갖는 접두어 'sy'에 영어 be동사에 해당하는 'eimi' 동사에서 파생한 'tē emē'의 축약형인 'tēmē'의 결합으로 추정되며, 말 그대로는 '있는 것의 결합체'라는 의미를 갖는 것으로 볼 수 있다. 사전적인 의미로 그것은 부분으로 이루어진 전체를 지칭하며, 모든 사물이란 바로 부분과 전체의 관계로 존재하므로 그 말이 특별히 학문적 용어로 사용되지는 않았던 것 같다.

8 생물학을 포함한 자연과학 전체의 체계 개념에 관한 고전적인 해설로는 베르탈란피(Bertalanffy, 1968) 참조.

자체가 하나의 '몸體'과 각각의 몸을 '잇는系' 관계를 의미하고, 영어 'system'의 어원인 희랍어 'systēma'란 말 또한 부분으로 이루어진 전체를 의미한다. 그러한 어원적 의미와 비슷하게 생물학에서 체계란 각각의 생명체가 독립된 개체가 아니라 언제나 더 큰 개체의 부분으로 존재하고, 나아가 궁극적으로는 총체적인 관계 또는 존재 질서 전체의 일부로서 존재한다는 인식이 그 바탕에 있다. 생명 현상이란 바로 생명 체계의 현상이며, 하나의 생명 체계로서 생물의 개체 하나하나는 배타적이고 폐쇄적인 존재가 아니라 언제나 총체적인 생명 질서와의 동태적이고 개방적인 관계 속에서 스스로를 변화시키는 존재다. 따라서 파블로프Ivan P. Pavlov의 'S-R 모델'과 같이 오직 자극과 반응을 기계적으로 반복하는 기계적인 생명체란 존재할 수 없으며, 윗슨John B. Watson의 환경결정론과 같이 환경에 의해 수동적으로 형성 및 결정되는 생명체 역시 존재할 수 없는 것이다.[9]

결국 자연과학에서 체계란 개념은 바로 자연 현상을 총체적이면서 부분과 전체 사이의 상호 영향을 통한 상호 변화의 역동적인 과정을 동태적으로 인식하려는 노력의 산물이며, 체계 개념의 특정 내용을 분석 개념이란 이름으로 미리 설정해 놓고 그것을 자연 현상에 끼워 맞추는 식으로 자연 현상을 설명하려는 시도는 결코 아니다. 이스턴의 정치 체계 이론의 근본적인 한계는 바로 이 점에서 찾을 수 있다.

이스턴 역시 자신의 정치 체계 개념이 정치 현상을 총체적으로 파악하려는 노력에서 비롯된 것임을 표명했음은 앞에서 기술한 바 있다. 그러한 표명을 구체적으로 입증하려는 듯, 첫 저작 이후 12년 후에 출간된 저작이자 투입-산출 개념 등을 통해 정치 체계 이론을 실제의 정치 생활에의 분석을

9 이들의 이론에 대해서는 베르탈란피Ludwig von Bertalanffy가 '로봇 인간행동 모델the robot model of human behavior'로, 다시 말해서 인간을 행동을 인위적으로 로봇의 그것으로 치환하여 설명하려는 모델로 비판한 바 있다(Bertalanffy, 1968: 186-188 참조).

시도한 저작에서 그는 정치 생활의 근본적인 성격을 다음과 같이 강조한다. "정치 생활이란 개방적이고 환경 적응의 체계political life as an open and adaptive system"(Easton, 1965: 17-19 참조)이며, 그러한 정치 체계 개념을 구성하는 분석 개념은 정치 체계를 단순히 정태적인 균형equilibrium이나 안정stability 상태로의 회귀 지향 차원에서 파악함이 아니라는 점을 특히 강조한다. 그러한 분석은 정치 체계를 "정치 과정이라는 정치 행태의 연속적이고 상호 연쇄의 흐름political processes as a continuous and interlinked flow of behavior" 속에서 "광범위하고 영속적인 변환의 과정으로a vast and perpetual conversion process"(Easton, 1965: 29) 나타나게 한다는 것이다. 실제로 투입-산출 개념을 중심으로 시도한 정치 생활에 대한 그의 체계론적 분석은 다양한 역사적 사례 및 경험적인 자료를 동원하여 정치 체계가 외적 환경에서 가해지는 요구demands나 지지support 등에 어떻게 조응하면서 스스로를 유지 및 변화하는지를 설명하려고 노력하고 있음이 사실이다.

그런데 그러한 노력이란 본질적으로 정치 현상에 대한 설명이 아니라 기존에 이미 알려진 역사적 사실이나 여러 방면의 사회과학적 지식을 정치 체계의 분석적 개념 틀에 인위적으로 맞추는 방식 서술의 성격을 벗어날 수 없다는 점에 근본적인 문제가 있다. 다시 말해서 그러한 서술을 통해서는 정치 현상이란 본래 체계를 이루기 때문에 체계의 성격이나 기능을 갖고 있다는 식의 순환 논법에 이르거나, 새로운 정치 현상이 나타날 때 그 새로움의 의미를 제대로 설명하지 못하고 오직 형식화된 체계 개념의 틀 속에 맞추는 식의 환원론으로 회귀할 수밖에 없게 된다는 것이다. 어떠한 욕구wants들이 명시적인 정치적 행동으로 표출되어 정치 체계에 대해 자동적으로 요구하거나 지지하거나 또는 그러한 요구가 자동적으로 스트레스로 작동하여 정치 체계의 변환을 일으키는 것은 아니며, 그것이 그러한 체계적 변수가 되는지 여부는 전적으로 한 정치 체계 자체의 성격,

즉 그 구성원의 사고 방식 및 행동을 지배하거나 영향을 끼치는 그것이 처한 구체적인 역사나 문화적 성격 및 상황에 따라 결정된다.

그런데 흥미 있는 사실은 이스턴 자신도 그러한 점을 전혀 간과한 것은 아니라는 점이다. 그가 욕구에서 요구로의 변환을 제어하는 요소로서 정치 체계의 구조나 문화의 기제를, 요구의 흐름을 제어하는 요소로서 소통의 통로communication channels 및 요구 축소demand reduction의 기능을 설명한 것은 그러한 측면에 대한 인식의 표현이라고 볼 수 있다(Easton, 1965: part 2, chaps. 6-9 참조). 문제는 바로 여기에 이스턴 이론에 내재하는 역설이 있다는 점이다. 이스턴은 자신의 체계 이론을 정치 생활의 실제에 적응시키려는 그러한 노력이 바로 정치 체계 개념 자체를 무의미하게 만들고 있으며, 이와 아울러 바로 그러한 노력 자체가 그의 본래의 의도와는 달리 정치 체계 개념으로 전통적인 국가 개념을 대치할 필요성을 오히려 부정한다는 사실이 그 역설의 핵심이다. 그것은 오히려 전통적인 국가 개념의 보존과 더불어 그것에 대한 새로운 이해의 필요성을 부각시킨다.

이 점을 좀더 명확히 밝히기 위해서는 앞서 제기한 두 번째와 세 번째의 질문 가운데 정치 체계 개념의 가치중립성 문제, 즉 정치학의 과학화를 위해 전통적인 국가 개념을 대체할 수 있을 정도로 정치 체계 개념 자체는 과연 가치 중립적인가의 문제다. 이 문제는 아울러 이스턴의 국가 개념 비판이 국가 개념을 '과학적' 정치학에서 '추방함'을 정당화할 수 있을 정도로 그 논거가 타당하면서 전통적인 국가 개념 자체에 대한 충분한 이해에 기초하고 있느냐 하는 의문을 제기한다. 여기서 정치 체계의 개념적 두 축 가운데 다른 하나이자 많은 현대 정치학자들이 정치에 대한 정의로 손쉽게 채택하고 있는 그의 정치 개념에 대한 검토를 요구한다.

3. 이스턴의 정치 개념 비판과 국가 개념의 복원

앞에서 이미 언급했듯이 이스턴에게 정치 체계는 여러 체계 가운데 하나이며, 무엇보다도 그것은 여러 사회 체계 가운데 하나다. 다시 말해서 설사 이스턴의 믿음대로 체계라는 것이 그 존재성이 자명하고 그 개념 내용이 명확하다고 하더라도, 정치 체계의 사회적 존재성 및 사회 체계 내에서 그것이 차지하는 위치를 명확히 규정하기 위해서는 사회적이라는 말 및 정치적이라는 한정어의 의미, 즉 사회 개념 및 정치 개념이 명확히 규정되어야 한다. 이스턴의 유명한 "사회에 대한 가치의 권위적 배분authoritative allocation of values for a society"이라는 정치에 대한 개념 정의는 실제로 정책, 권위, 사회라는 세 가지 구성 요소에 대한 논의를 통해 제시된 것이다.[10] 그리고 그러한 논의는 바로 가치를 떠나 정치를 규정할 수 없음을 보여 주며, 이에 따라 정치 체계 또한 결코 가치 중립적인 개념도 아닐 뿐더러 정치 체계라는 용어는 직관적인 느낌과는 달리 전통적인 국가 개념을 대체할 아무런 새로운 과학성이나 객관성을 갖고 있지 못함이 드러난다.

정치 개념을 정의하기 위한 이스턴의 논의는 그 특유의 정책 개념에서 시작한다. 그에게 정책이란 국가나 공공기관의 의사결정만을 의미하는 것이 아니다. 그것은 공적이나 사적 성격 또는 크기의 대와 소를 불문하고 어떠한 집단이나 단체라도 가치를 배분하기 위한 일련의 결정이나 행동을 의미한다(Easton, 1953: 130).[11] 다시 말해서 이스턴에게 정책이란 정치적

---

10 정치 개념에 대한 이스턴의 논의는 이스턴(Easton, 1953: chap. 5-sec. 1, 2) 참조. 특히 sec. 2의 제목이 "The authoritative allocation of values for a society"다.

11 그의 진술을 여기에 직접 옮기면 다음과 같다. "A policy is, whether for a society, for a narrow association, for any other group, consists of a web of decisions and actions that allocates values."

행동과 같은 말로 해석될 수 있다. 그리고 정책을 그와같이 특이하게 규정한 데는 나름대로 논리적인 일관성이 있다. 경험주의자인 그에게 모든 사회 현상이란 관찰 가능하거나 경험적으로 규정할 수 있는 행위의 집합일 수밖에 없기 때문에, 사회 현상의 한 하위 범주인 정치 현상을 그러한 행위의 차원에서 접근함에 일관성이 있다는 것이다. 결국 그에게 정책이란 개인 차원에서의 의사will 및 행동과 마찬가지로 공적 또는 사적이든 어떤 집단이나 단체의 의사결정 및 이에 따른 행동을 의미한다.

여기서 주목할 점은 이스턴에게 결정에 이르는 과정은 정책을 수립하기 위한 형식적인 절차이긴 하지만 그것이 특정한 문제와 관련된 정책 전부를 지칭하지는 않는다는 것이다. 설명의 편의를 위해 그가 제시한 예를 인용하면 다음과 같다. 입법부는 입법을 통해 독점 행위를 처벌하도록 결정할 수 있는데, 그러한 결정이 정책의 전부가 아닌 이유는 행정부가 독점 행위자를 고의로 색출하지 않거나 또는 강력하게 처벌하는 등의 행위를 통해 그러한 결정을 파괴하거나 재조정할 수 있다는 것이다(Easton, 1953: 130). 이스턴은 "법에 의한 권리와 특권의 할당apportionment of rights and privileges"으로 정책을 해석하는 것이 정책 전체를 설명하지 못함을 지적하면서(Easton, 1953: 131), 법률이나 제도의 규정이 아니라 가치가 실제적으로 어떻게 사회에 분배되는가를 연구하는 것이 그러한 정책 개념과 일관된 정치학 연구라고 주장한다.[12] 그런데 정치 현실에 대한 이스턴 나름대로의 통찰을 보여 주는 이러한 주장 속에 그의 정치 개념의 또 다른 축인 권위 및 가치 개념의 혼란, 나아가 그의 정치 및 정치 체계 개념의 근본적인 혼란을 함축하고 있다. 그리고 바로 그러한 개념적 혼란의 근원을 밝

12 이러한 태도가 행태주의의 이른바 법률·제도적 접근에 대한 비판의 한 표현임은 물론이다.

힘으로써 왜 전통적인 국가 개념이 존속되면서 동시에 새롭게 정립되어야 하는지 그 이유를 설명할 수 있다.

이스턴의 관찰대로 새롭게 입법화된 법률이 행정부의 집행 과정에서 왜곡될 수 있음은 물론이다. 그리고 행정부의 정책 집행 또한 관료집단과 사회집단의 태만이나 반발 또는 저항 등에 의해 그 시행이 지연되거나 또는 시행 과정에서 그 내용이 변질될 수 있음은 굳이 학문적 통찰을 운위하거나 정치사회학적 조사연구 결과들을 인용하지 않더라도 어느 정도의 지적 능력을 갖고 사회 현실을 살아가는 사람이라면 쉽게 포착할 수 있는 사실이다. 그리고 그러한 사실은 법이란 형태의 국가기관의 정책만이 아니라 개개인의 개별적인 행동은 물론이고 사적 집단이나 단체의 정책이든 그것이 본래의 의사 그대로 시행되는 경우란 존재할 수 없다는 사실과도 연관된다. 모든 사회적 행위는 그 사회적이라는 본질적 속성상 행위자의 의사만이 아니라 그 행위의 대상이 되는 인간이나 집단의 의사 및 행위에 의해 영향을 받으면서 사회 전체의 행위 및 현상을 구성하는 것이다. 나아가 법이라는 강제 규범과 현실 사이의 그러한 괴리는 법만이 아니라 모든 도덕률이나 윤리 규범 또는 사회적 관행 등 사회의 모든 규범 명제가 현실 속에서 작동하는 과정에 나타나는 일반적인 현상이라는 점이 특히 중요하다. 근대 국가에서의 법률과 같이 제도적으로 규정된 어떤 명시적인 절차를 통해 공포되어 시행되든, 또는 사회적 규범과 같이 전통에 대한 수동적인 순응 등 묵시적인 합의를 통해 시행되든, 어떠한 규범도 그것이 사회 현실 속에서 그대로 시행되거나 통용되는 경우란 없다. 사회적 변화의 속도나 강도 등에 따라 달라질 수 있지만, 기존의 법이나 규범은 현실의 적용 과정에서 왜곡되거나 수정되는 등 규범과 현실 사이의 관계란 바로 괴리나 조화와 대립 또는 갈등이 공존하는 긴장 관계인 것이다. 이 점에 이스턴이라는 젊은 학자가 사회 현실을 보는 시각의 근본적인 지적 미성숙성이 있으며, 이 문제는 뒤에 가서 국가 개념을 직접 논의하는 과정에서 다시 제기할 것이다.

어쨌든 정치 현상이란 다른 사회 현상과 구분된 별개의 독립된 현상이자 그것을 별도의 연구 대상으로서 과학적으로 연구함이 정치학의 본령이라고 믿는 이스턴에게 사회에 존재하는 도덕 규범이나 관습 등은 정치학의 연구 대상이 아니라는 확신이 강했을 것이다. 이에 따라 그로서는 개인이나 사회집단의 행위인 '사회적 정책'과 구분되는 정치적 행위 곧 '정치적 정책'을 개념적으로 구분할 필요가 당연히 제기되었고, 그러한 개념적 구분의 핵심적인 요소로 이스턴이 제시한 것이 그의 권위 개념 및 이에 기초한 가치 배분 개념이다.

이스턴에게 결국 정책이란 단순히 입법이나 의도 표명의 문제가 아니라 어떠한 집단이든 가치의 분배를 결정하는 행위 전체를 지칭하고 모든 사회적 행위란 바로 그러한 가치 분배의 결정 행위라면, 정치라는 한 사회 영역에 나타나는 행위의 요체 또한 가치 분배의 결정 행위일 것이다. 이에 따라 정치에 대한 정의의 핵심은 사회의 다른 집단에서 나타나는 가치 배분 행위와 구분되는 그것 고유의 근본적인 속성은 무엇인가의 문제로 귀착된다고 할 수 있다. 여기서 등장하는 것이 정치학의 역사와 궤를 같이 한다고 할 수 있는 권위 개념이다. 이스턴은 이 오래된 개념을 다음과 같이 규정한다. "정책이란 그것이 적용의 대상이 되는 사람들이나 그것에 영향을 받는 사람들이 그것에 복종할 수밖에 없다거나 복종해야만 한다고 간주할 때 권위적이다" (Easton, 1953: 132).[13]

권위에 대한 이러한 규정에서 주목할 요소는 '간주하다consider'라는 동

---

13 현재의 논의에 중요한 인용문이므로 원문을 소개하면 다음과 같다. "A policy is authoritative when the people to whom it is intended to apply or who are affected by it consider that they must or ought to obey it."

사다. 그것은 곧 권위의 존재성이란 그 적용 대상이 되는 사람들이 그것에 대한 복종의 불가피성에 대한 주관적 믿음이나 판단에 의해 결정된다는 논리다. 이스턴도 곧이어 부연하듯이 "이것은 권위라는 용어에 대한 도덕적이 아니라 심리적 설명이다"(Easton, 1953: 132). 그런데 이러한 부연과 더불어 이스턴이 강조하는 점은 과학적 정치학도 권위의 도덕적 측면을 무시해서도 아니 되고 무시하지 못하지만, "하나의 정책에 대해 한 사람이 권위 있는 것으로 받아들이는 근거와 그러한 정책의 권위에 대한 실제적인 수용은 구분되어야 한다는 것이다……the grounds upon which a person accepts a policy as authoritative can be distinguished from the actual acceptance of the authority of the policy"(Easton, 1953: 132). 베버를 원용하면서 그는 권위에 대한 실제적인 수용은 도덕이나 전통, 관습, 또는 단순히 결과에 대한 두려움 등 여러 가지 원천에 기반하지만, 그와 같은 도덕적 전제는 정책의 권위에 수긍하는 이유에서는 배제되는 것으로 '파악될 수도conceivably' 있다는 것이다(Easton, 1953: 132-133). 그러한 수용은 단순히 순응 욕구, 강압의 두려움, 또는 전적인 무관심과 냉담에서 '흘러나올 수도might flow simply from' 있다는 것이다(Easton, 1953: 133).

권위에 대한 이스턴의 그러한 접근은 일단 그가 신봉하는 과학주의적 정치학 연구 이념을 고려할 때 충분히 이해할 만하다. 즉 과학주의적 연구의 출발점이자 근본적인 요소는 경험적 사실이나 현상이므로 권위가 과학적 연구의 대상인 한 그와같이 규정될 수밖에 없다. 그리고 그와같이 자신의 학문적 이념에 일관되면서도 현실 속에서 실제로 작동하는 도덕성이나 가치관의 존재를 인정하는 태도 또한 나름대로 평가될 수 있다. 왜냐하면 경험의 확실성에 대한 독단적이고 일방적인 믿음 속에서 도덕성이나 가치관의 문제를 일방적으로 무시하는 편협하고 범용한 지적 수준의 다른 과학주의적 정치학자들과 그는 구분되며, 그러한 의미에서 그 나름대로의 학문적 진지성이 인정될 수 있기 때문이다. 그럼에도 불구하고 권위에 대한 이스턴의 규정에는 동시에 절충론적 사고의 혼란 또한 발견된다. 그러한 혼란은 바로 위의 규정에 제시된 '파악될 수도' 있다거나 '흘러나올 수도 있다'는 그 의미가 모호한 표현 속에 잘 드러난다. 그리고 그 모호함의 의미에 대한 설명은 그의 정치 체계 개념이 그의 의도나 직관적인 느낌과는 달리 객관적이거나 가치 중립적이지도 않기 때문에 전통적인 국가 개념을 대체할 이유가 없음을 밝혀 주며, 이에 따라 전통적인 국가 개념에 대한 새로운 조명의 필요성과 함께 국가 정체성 문제가 정치학의 근본 문제로서 새롭게 부각되어야 할 이유도 밝혀 준다.

위에서 지적한 표현상 모호함은 다음과 같이 해석될 수 있다. 권위의 도덕적 근거와 권위에 대한 실제적인 수용은 구분되어야 한다는 이스턴의 주장은 위의 문장에 분명히 나타나 있다. 그러한 주장이 일관되게 유지되려면 이른바 '정치적 현실주의political realism'의 논리를 동원하여 현실 정치에서 도덕성 자체를 배제해야만 한다. 아울러 과학적 정치학의 목적은 —19세기의 마하주의Machism적 과학철학의 논리에 따라서—감각적으로 관찰 가능한 현상만을 그대로 기술하면서 그러한 기술을 토대로 정치 현상 사이의 기계적인 인과율적 법칙성을 발견하는 데 있다는 논리로 나아가야 한다. 그런데 이스턴은 정치 현실 자체가 도덕이나 가치관 등의 문제가 배제된 채 오직 힘이나 이익 개념으로만 파악할 수 없다는 점 또한 인지하고 있음이 분명하며, 이에 따라 마하주의적인 감각론도 수용하기 어려웠던 것으로 보인다. 그러한 지적 딜레마의 상황에서 그가 먼저 선택할 수 있는 길은 과학주의 자체의 인식론적 근거는 물론이고 더 나아가 경험주의적 인식론의 근거를 철학적으로 깊이 검토하는 작업일 것이다. 이와 더불어 경험주의적 인식론 체계의 또 다른 외연이라고 할 수 있는 도덕과 물리력, 가치와 사실, 당위와 존재 등의 이분법에 대해서는 그것들의 철학사적 근거에 대한 탐색과 함께 각 개념 하나하나의 성립 근거에 대한 비판적 분석을 통해 그것들을 철학적으로 극복하려는 시도가 요구된다. 이스턴이 그러한 수준의 철학적 성찰이나 지적 작업을 수행하지 못했음은 분명하다.[14] 그와 같은 성찰이나 작업을 수행하지 못하는 —의도적이든 비의도적이든 —상황에서 취할 수 있는 태도는 문제의 제기 자체를 회피하는 것밖에 될 수 없으며, 그러한 태도가 결국은 모호한 언어로 스스로의 이론적 입장을 적당히 얼버무리는 절충론으로 나타날 수밖에 없다고 볼 수 있는 것이다.

이 책 주제의 범위나 지면상의 제약 때문에 여기에서 이스턴이 처한 딜레마의 의미를 그 근원에서부터 —바로 이스턴이 직접적으로 대면하기를 회피한 근본적인 문제들을 포함하여 —체계적으로 해명할 수는 없다. 다만 위에서 표명된 그의 주장의 핵심인 권위의 도덕적 근거와 권위의 실제적인 수용 원인의 구분이 과연 성립할 수 있는지 여부는 여기서도 검토 가능하며, 그러한 검토는 전통적인 국가 개념의 재조명 및 국가 정체성 문제의 새로운 부각의 필요성을 충분히 입증해 준다.

여기서 이스턴의 기본 논지를 다시 정리해 보기로 하자. 사람들이 한 정

---

14 단정적인 표현은 대체로 학문적으로 금기 사항이기는 하지만, 앞으로 이 책의 논의를 통해 밝힐 문제이기 때문에 앞으로의 논의를 미리 예시한다는 의미에서 그러한 금기 사항을 의도적으로 범할 필요도 있을 것 같다. 단적으로 말해서 이스턴의 그러한 주장은 젊고 똑똑한 학자들에게서 쉽게 발견되는 인간성에 대한 이해의 부족과 더불어, 사물을 파악하는 식견의 미성숙이나 스스로의 사고가 속한 정신사 및 지성사적 전통에 대한 —그의 경우 서구의 정치철학 전통에 대한 —반성적 성찰 노력의 부족에 연유한다고 지은이는 본다. 자신의 사유세계의 원천인 지적 전통에 대한 깊은 이해 여부를 떠나, 어쨌든 이스턴이 자신의 체계 이론을 좀더 심화시키고 좀더 체계적으로 정립하기 위해서는 당연히 그와 같은 철학적 성찰을 독자적으로 추구했어야 했다는 점이 중요하다. 그가 그러한 철학적 탐구를 제대로 수행하지 못했다는 사실은 그의 체계 이론의 이론적 빈곤과 더불어 그의 지성 수준의 한계 및 범용성을 —비록 당대의 일반 정치학자들보다는 탁월하지만 —보여 주는 대목이다.

책의 권위성을 인정한다는 것, 즉 그것에 실제로 복종하는 태도는 권위 자체의 도덕적 근거 때문이 아니라 순응 욕구나 억압 공포 등 심리적 요인에 의존한다는 것이다. 물론 특정 집단의 권위 행사를 당연하게 여기기 때문에 당연히 순응해야 한다는 욕구가 피권위 행사자의 심리에 각인되어 있을 수 있으며, 경찰의 법집행과 같이 언제나 강제력이 뒷받침되는 정책의 시행에 대해 거부 또는 저항할 경우에 필연적으로 부과되는 처벌에 대한 공포 또한 심리적으로 각인되어 있을 수 있다. 그러한 심리적 요인이 즉각적으로 권위 행사에 대한 복종의 태도로 이어질 수 있음은 사회 현상에 대한 일상 수준의 통찰력을 가진 사람이라면 누구나 이해할 수 있을 것이다. 그러나 그러한 심리적 요인이 권위에 대한 복종의 직접적인 원인이라고 해서 그것들만이 원인의 전부라고 주장함은 복종의 행위에 즉각적으로 선행하는 요인에만 인과율의 고리를 인위적으로 한정시키면서 그러한 인과율 자체를 왜곡시킴을 의미한다. 물론 그러한 심리적 요인이 복종 행위를 결정하는 원인 전부라면 그러한 행위에 대한 분석만으로도 권위라는 현상을 충분히 설명할 수도 있을 것이다. 그리고 권위 문제를 복종 행위 및 이에 수반하는 심리적 요인이라는 감각적으로 인식할 수 있는 대상에 국한시킬 경우 권위 문제를 '과학적으로' — 이스턴이 의미하는 바의 — 연구할 수도 있다. 그러나 그것은 권위라는 정치 현상을 총체적으로 파악하지 못하고 그것의 일부를 전체로 혼동함을 의미한다. 나아가 권위에 대한 그러한 방식의 연구는 권위라는 정치 현상에서 바로 '정치적'이라는 본질적 요소를 제거하는 것이기 때문에 권위라는 개념 자체를 무의미하게 만든다.

어떠한 내용이나 형태이든 명령이나 지시에 대해 사람들이 복종할 경우 그 사람들의 심리 상태에는 이스턴이 위에서 간단히 제시한 세 가지 일반적 요인 이외에도 수많은 요인이 있을 수 있다. 그 세 요인 각각이 다양한 강도로 나타날 수 있고, 그것들이 여러 가지 형태로 조합을 이루어 복합적인 심리 상태를 이룰 수 있으며, 지시자의 인격이나 외모에서부터 복종자의 인간적 자질이나 그가 처한 외적 및 정신적 환경에 기인한 또 다른 무수한 요인도 있을 수 있다. 그런데 단순히 명령이나 지시의 행위와 그것에 대한 복종 행위 및 그것에 수반한 심리 상태에 권위의 문제를 한정시킬 경우 군대나 관료 조직의 법 집행이나 한 집안 가장의 명령과 폭력 조직의 명령이나 단순히 노상강도의 명령들이 구분될 수 없게 된다. 모든 명령에는 결국 여러 종류의 심리 상태가 대응할 수 있으며, 모든 것이 단순히 심리적 요인으로 환원되는 한 그것들을 질적으로 구분할 이유도 없다. 그것은 곧 권위라는 현상에서 정치적 성격을 배제하는 것이며, 권위와 복종의 문제를 과학적 연구라는 이름으로 그러한 차원에서 접근할 경우 세계사적 의미를 갖는 새로운 권위의 성립에서부터 한 민족 역사의 전환점을 이루는 권위의 성립이나 제도화 또는 그에 상응하는 의미를 갖는 권위에 대한 복종이나 저항 행위, 제도적으로 안정된 권위에 대한 일상화된 순응이나 일시적 흥분 상태에서 나타날 수 있는 객기 어린 저항 행위 등을 구분할 수 없게 된다. 그것은 과학적 정치학의 이름으로 바로 정치적 현상의 정치적 성격을 파악하지 못하는 정치학 아닌 정치학, 곧 자기부정적인 정치학의 출현을 의미한다.

별도의 깊은 논의를 요구하지만, 간단히 말해서 지은이는 권위 개념에 대한 이스턴의 그러한 방식의 이해는 젊은 학자에게서 일반적으로 발견되는 인간성에 대한 깊은 성찰이 결여된 결과로 판단한다. 그것은 인간의 심리를 행위 직전의 정신 상태에 한정한 데 따른 것이며, 그러한 정신 상태가 기반을 두는 정신세계 전체를 파악하지 못한 데 기인한다. 특히 어떠한 수준이나 내용이든 인간의 모든 행동에는 나름대로의 지식이나 사물에 대한 종합적인 판단 또는 세계관이 뒷받침되어 있으며, 인성론에서 행위를 낳는 정신적 기능으로 간주되는 어떠한 의사will에도 판단이 수반하며, 어떠한 수준이나 성격이든 그러한 능동적인 판단 과정이나 전체적인 정신세계를 떠난 심리란 존재할 수 없다는 점을 인식하지 못한 데 기인한다. 그리고 바로 이 점이 다음 제 3~5장에서 다룰 주제, 즉 자아 정체성 문제가 국가 정체성 문제뿐만 아니라 정치 현상 일반의 이해에 본질적인 이유와도 연관된다.

어쨌든 이스턴의 권위 개념에 내재한 그러한 자기부정성은 이스턴의 정치 체계 개념 자체로 향한다. 앞에서 서술했듯이 그의 정치 체계 이론에서 그것의 정체성이자 그것을 다른 체계와 구분되게 하는 근거인 '정치적'이라는 성격을 결정하는 것은 바로 권위 개념이다. 그런데 그러한 권위 개념에서 다른 종류의 권위나 다른 종류의 지배·복종 행위와 구분되게 하는 요소를 발견할 수 없다면, 그의 정치 체계는 체계라고 부를 수는 있어도 적어도 '정치적' 체계는 못 되는 것이다. 역으로 사적이나 공적이든 모든 조직이나 집단에 어떠한 형태이든 지배와 복종의 관계는 존재하고, 그러한 지배·복종의 관계를 권위라고 규정할 수 있으며, 그러한 관계에는 어떠한 성격의 것이든 가치관 또는 도덕성이 개재될 수밖에 없다면, 그의 이론에 따르면 어떠한 사회 조직이나 단체 또한 정치 체계로 규정될 수도 있는 것이다. 다시 말해서 행정부나 의회 또는 사법부는 물론이고 정당, 회사, 온갖 이익집단이나 압력단체에서 가정이나 폭력 조직에 이르기까지 개인을 제외한 모든 인간집단이 정치 체계로 간주될 수 있다.

그와같이 간주하는 관점이 처음부터 전적으로 잘못된 것이라고 규정할 이유는 물론 없다. 다만 모든 집단을 정치 체계라고 규정한다고 해서 그러한 집단이 모두 동일한 성격을 갖는 집단은 아님이 분명하고, 아울러 그러한 집단 사이에 또한 권위·복종의 관계가 존재하고 그러한 각 집단 사이에 존재하는 그러한 관계의 성격 또한 동일하지 않음이 분명하다는 전제가 타당할 때 그러한 관점이 잘못된 것임이 드러난다. 다시 말해서 그와같이 각각 다른 권위·복종 관계의 성격이나 그 차이의 역사적 기원 및 정당성의 근거는 무엇인지를 밝히지 못한다면, 정치 체계 이론이란 모든 정치현상은 정치 체계라는 일방적이고 동어반복적인 규정일 뿐 실제로 아무런 분석력을 발휘하지 못하는 무용한 이론이 될 수밖에 없다. 그것은 곧 그의 정치 체계 이론은 새로운 개념 형성을 통해 전통적인 국가 개념을 대체한 것이 아니라 결국 국가라는 용어만 정치 체계라는 용어로 대체한 것에 불과하며, 무용한 것은 그가 거부한 국가 개념이 아니라 바로 자신의 정치 체계 개념일 수 있는 것이다. 이 점은 그의 체계 이론의 다른 측면을 통해 좀더 명확하게 부각된다.

이스턴의 정치 체계 이론은 정치 체계의 환경environment으로서 '사회 내적intra-societal' 환경과 '사회 외적extra-societal' 환경을 구분하고, 후자의 하나로서 국제정치 체계를 제시하면서 그것들의 예로서 개별 정치 체계, UN, NATO, SEATO 등을 거명한다(Easton, 1965: 21-32 참조). 그런데 이미 'international'이란 용어 자체가 'nation'이라는 이스턴의 입장으로서는 '비과학적' 용어를 포함하고 있을 뿐더러, UN 등 특정한 역사적 상황의 산물을 정치 체계의 외적 환경의 구성 요소로서 당연히 받아들이는 태도는 자신의 정치 체계론 자체가 보편적인 과학적인 개념이 아니라 하나의 역사적 산물임을 무의식적으로 고백하는 것이다. 또한 정치 체계의 외적 환경으로서 국제정치 체계를 제시하려면 먼저 그것이 정치 체계의 하나인지 여부를 명확히 논증해야 한다. 만일 둘이 하나의 정치 체계로 통합될 수 있다면 그와 같은 개념적 설정 자체가 개념적 혼란을 의미하는 것이다. 그리고 그러한 구분 자체가 이미 그의 이론이 개념적으로 철저하게 종래의 국가 개념을 대체하는 것이 아니라 바로 종래의 국가 개념 및 국가 간의 경계를 전제하고 있음을 증언한다.

결론적으로 이스턴의 정치 체계는 표방한 목적이나 용어의 외양과는 달리 과학적 개념도 아니며, 전통적인 국가 개념을 대체할 근거도 없다. 그것은 무엇보다도 가치나 도덕성의 문제를 떠나서 — 바로 스스로의 개념 내용에서 배제하려는 대상인 — 스스로를 규정할 수 없음이 드러난다. 그가 말하는 정치 체계는 단순히 경험적 연구의 대상이거나 가치에 대한 권위적 배분의 주체만이 아니며, 정치 체계의 존재성 자체가 경험적인 현상의 차원을 넘어 가치나 도덕성 및 이념에 의해 결정된다. 아울러 단순히 경험적이고 객관적인 현상으로서의 권위나 복종 행위 또한 존재할 수 없으며, 그러한 행위의 존재성 자체도 가치나 도덕성 및 이념을 떠나서 규정될 수 없는 것이다.

결국 정치 체계 개념이 전통적인 국가 개념을 대체할 근거는 없다고 할 수 있다. 특히 이스턴의 주장처럼 국가라는 용어가 비합리적이고 정서적 요소가 개재되어 있기 때문에 과학적 연구에서 배제되어야 하는 것이 아니며, 오히려 바로 국가란 용어의 그러한 성격 자체가 정치 현실의 일부이자 그것에 대한 진정으로 과학적인 — 자연과학의 외양에 정치학 연구를 인위적으로 맞추는 식의 과학적이 아니라 사물에 대한 정확하고 면밀한 이해를 추구한다는 의미에서 과학적인 — 이해를 위해 필수적이면서 적극적인 검토의 대상이 되어야 한다. 카시러Ernst Cassirer가 국가와 신화와의 관계에 대한 연구에서 결론을 내렸듯이, "정치적 신화를 파괴하는 것은 철학의 능력 밖이며, 그것은 합리적 주장으로 논박될 수 없다" (Cassirer, 1946: 296). 국가란 객관적인 실체로서 단순히 관찰과 일반화의 대상이 아니며, 그 구성원들이 스스로의 국가를 도덕적 또는 신화적으로 — 그 구체적인 의미가 무엇이든 — 이해하고 있다면 그러한 이해 내용 자체가 국가의 존재성 자체를 구성하는 것이다.

이와 같은 근본적인 개념상의 결함이나 분석력의 한계에도 불구하고 그의 정치 체계 개념은 적어도 한 가지 장점은 있다. 그것은 국제법상 국가로 인정된 집단만이 아니라 쿠르드족 같은 민족이나 원시부족 등 그렇지 않은 집단도 정치학 분석의 대상에 포함시킴으로써 국가의 문제를 좀더 포괄적으로 접근하게 할 수 있다는 점이다. 그렇다면 이제 문제는 국가를 다른 사회집단과 구분되게 하는 핵심적인 요소, 즉 다른 집단 내에서도 존재할 수 있는 권위를 포괄하는 국가 차원의 권위는 무엇이며, 다른 집단의 권위와 구분되는 국가 차원의 권위에 고유한 가치나 도덕성의 성격은 무엇인가를 밝힐 필요성이 제기된다. 여기서 국가 정체성 문제가 새롭게 검토될 이유가 본격적으로 등장한다. 그러한 검토를 위해서는 먼저 state와 국가란 말 자체의 의미 및 그 개념적 실체에 대한 접근이 필요하다.

제3장 국가 및 state라는 말과 개념, 그리고 국가 정체성 문제

국가 개념과 관련된 정치학이나 역사학, 나아가 사회과학 전반의 방대한 문헌 및 수많은 논쟁점을 떠나, 바로 국가라는 말 자체가 갖는 의미에서부터 논의를 시작할 필요가 있다.

인간의 언어 생활은 물론 삶의 구조 및 변화를 떠나서는 이해될 수 없으며, 실제로 국가와 관련된 문자의 출현은 물론 우연히 나타난 것이 아니라 하夏·은殷(또는 商)·주周로 알려진 중국 상고 시대의 오랜 역사적 변화 과정의 결과다.[1] 먼저 갑골문이라는 고고학적 유물을 통해 문자의 사용이 확인된 은殷 시대의 지배 질서와 관련하여 주목되는 문자는 방邦과 읍邑 및 작읍作邑이다. 갑골문에서 방邦은 전답 위에 곡식이 영근 모양을 형상화한 것으로 해석된다. 그런데 『설문해자說文解字』에 "방邦, 국야國也"라는 문구가 있고, 청나라 단옥재段玉裁(1735-1815)의 『설문해자』 주석에 방邦은 땅을 나누어 제후를 봉하는 의미의 봉封과 같은 글자로 쓰였다는 사실이 제시

1 이에 관한 역사적 사실에 관해서는 윤내현(1984) 참조. 국가와 관련된 한자의 어원에 관해서는 『설문해자說文解字』뿐만 아니라 다른 관련 문헌에 대해 용인대학교 중국학과의 장현근 교수가 소상히 조사해 주었다. 장 교수께 깊은 감사를 드린다.

되어 있다. 즉 나라를 뜻하는 보통명사로 고대 문헌에 국國보다 더 많이 등장하는 용어가 방邦이라고 할 수 있다. 그렇다면 방邦은 바로 우리말의 '나라'나 영어의 'country'와 같이 통치 체제의 측면이 아니라 통치 영역이자 사람들 삶의 자연적 토대를 지칭하는 말로서 은殷 시대부터 오랫동안 사용된 것으로 추정할 수 있다.[2] 아울러 갑골문에 있는 문자로 이미 방위나 방향과 아울러 장소를 뜻하는 방方이 토방土方, 여방呂方, 약방若方, 용방龍方, 마방馬方, 촉방蜀方, 우방盂方 등 은殷 주변의 수많은 소국을 지칭하는 말로 사용되었다는 사실은 자신의 통치 질서 내에 속하는 공간과 그 밖의 공간을 구분하는 경계 관념 또는 적과 동지의 구분 관념이 통치 체제의 공고화와 더불어 발생한 것으로 추정될 수 있다.[3] 이 점은 읍邑 자를 검토할 때 그 의미가 좀더 분명해진다.

비슷하게 특정한 공간을 지칭하는 문자이지만 읍邑은 방邦과는 의미상 구분된다. 읍邑에서 위의 사각형은 성城의 모습을, 아래는 무릎 꿇은 사람을 형상화한 것으로 해석되며, 작읍作邑이란 읍을 인위적으로 만든다는 의미를 가지는 것으로 해석된다. 따라서 읍으로 불리는 공간의 존재와 더불어 은허殷墟에서 그것으로 추정되는 여러 크기의 고고학적 유적지의 발견은 은殷이 바로 여러 읍으로 구성된 방邦이라는 경계가 있는 광범위한 영토 공간을 지배하는 통치 체제였다는 사실을 입증하는 주요 근거의 하나로 해석된다. 은나라가 이미 광범위한 통치 조직을 의미한다면, 그것을 이어받은 주나라 또한 광범위한 통치 조직임에는 틀림없다. 그리고 갑골문

---

2 따라서 "邦, 國也"라는 문구도 저자인 허신許愼이 삶의 영역으로서 방邦이란 통치 체제인 국國을 떠나서 존재할 수 없음을 인지한 결과라고 지은이는 해석한다.

3 물론 한 어휘의 의미가 고정된 것은 아니다. 후대에 가서 방邦은 오히려 국國의 상위 개념으로 사용되기도 하거나, 중국은 국國으로 그 이외의 나라는 방邦으로 지칭하거나, 또는 국國은 왕의 나라를 방邦은 제후의 나라를 의미하기도 한다. 여기서는 한 말의 어원 및 최초의 용법에 투영되어 있는 사물을 보는 시각이나 인지 내용을 주목하는 것이다.

에는 보이지 않으나 바로 주나라 시대에 등장하는 문자가 국國이다.

국國이란 문자는 본디 혹或이었는데 뒤에 밖의 口(에워쌀 圍자의 옛글자)가 추가되었다고 한다. 혹或이란 문자는 창을 형상화한 戈, 에워싼다는 의미를 형상화한 口, 밭을 형상화한 一, 세 글자의 합성어이며, 따라서 이 문자 자체도 통치 공간을 지칭하는 용어로 해석된다. 실제로 주周 시대에 국國은 은殷의 대읍大邑의 명칭이 바뀌거나 새로 건설되었다고 하며,[4] 국國은 각 지역의 정치적·군사적 중심지를 의미하고 야野는 그것을 둘러싼 토지를 의미했다는 것이다(윤내현, 1984: 124).[5] 그런데 정치 및 군사 활동은 그것에 종사하는 인간들을 먹여 살리는 생산·교환 활동 및 그것에 종사하는 인간들을 떠나서 생각할 수 없으므로, 국國과 야野는 분리하여 생각될 수 없다. 아울러 정치·군사 활동의 범위는 고정된 것이 아니므로 국國·야野의 범위 또한 고정될 수는 없다. 이에 따라 잘 알려져 있듯이 오랜 기간에 걸친 국國과 국國 사이의 전쟁이나 정복 또는 병합 과정의 결과 출현한 것이 이른바 고대 국가이며, 중국의 경우 현재까지 그 존재의 고고학적 근거가 확실한 국國이 은殷과 주周다.[6] 이에 따라 국國이 된 읍에는 지배 계층인 주周 왕실의 분족과 피지배 계층인 구래舊來의 씨족이 존재하게 되었으며(윤내현, 1984: 129), 주周의 이른바 봉건 제도란 바로 그러한 국國들 ―국國 안에서는 왕실 분족의 신하들인 경卿이나 대부大夫가 거주하

4 은나라는 대읍大邑, 소읍小邑, 도읍都邑, 상읍商邑 등 1,000여 개의 다양한 크기의 읍으로 구성되어 있었다고 한다(윤내현, 1984: 46).

5 이러한 사실은 고대 희랍에서 성곽을 의미하는 asty와 그것의 부속 토지인 agros의 관계와 유사하다. 이에 대해서는 뒤에 가서 polis의 성격을 논의하면서 좀더 구체적으로 설명될 것이다.

6 근래에 허난성河南省 언사현偃師縣에서 하夏의 유적 및 유물이 발견되었다고 하지만, 그것이 실제로 『서경書經』이나 『사기史記』에 기록된 하왕조의 그것인지 여부는 아직도 좀더 확인 작업이 필요하다(이에 관해서는 윤내현, 1984: 11-12 참조).

는 도都와 도가 아닌 나머지 읍을 지칭하는 비鄙로 구성되어 — 사이의 위계 질서에 기초한 통치 체제의 확립을 의미한다.[7] 결국 국國이란 말의 등장 및 국國-도都-비鄙의 언어적 분화는 주周대에 이르러 좀더 확장되고 좀더 분화되고 체계화된 공간 관념과 지배 관념의 결합이 언어로 표현된 결과라고 할 수 있다.

국가國家라는 말은 국國과 가家의 합성어다. 그리고 이 말의 등장에는 또 다른 역사 및 정신사적 변화가 내재되어 있는 것 같다. 먼저 가家는 움집을 형상화한 면宀과 돼지를 형상화한 시豕의 합성어로, 이 말의 등장은 사람들이 수렵 시대를 벗어나 특정한 공간에 정착하여 농경 생활을 — 돼지는 유목 생활에 적합한 동물이 아니었을 것이므로 — 영위하고 있음을 의미한다.[8] 물론 집 자체는 주거의 공간을 지칭한다. 그런데 주거를 가능하게 하는 것은 농경이나 목축 등 생산 활동이므로 가家는 필연적으로 생산 활동의 근거지인 농경지를 전제로 한다. 그리고 농경을 통한 정착 생활은 수렵이나 끊임없이 공간적으로 이동하면서 가족의 해체를 촉진하는 유목 생활과는 달리 인간의 혈연 관계를 가시적이며 여러 차원에서 감각적으로 느끼게 함과 동시에 영속화시키면서 끝없이 한 곳을 중심으로 공간적으로 팽창하게 하므로, 가家의 존재 자체가 이미 결혼이나 정복 등을 통한 다른 가家와의 융합 및 복속 과정을 내포한다. 바로 그것이 통치 체제의 등장

---

7 이와 관련하여 『좌전左傳』(昭公28年)에 "옛날 무왕이 상을 정복하고 널리 천하를 차지하니 그 형제로 나라國를 가진 사람이 15명이었으며, 희씨 성으로 나라를 가진 자가 40명이었다(昔武王克商, 光(廣)有天下, 其兄弟之國者十有五人, 姬姓之國者四十人)"라는 문구가 참고할 만하다.

8 가家자의 어원에 대해서는 여러 주장이 상존한다. 예를 들면 가자는 원래 움집 면宀자 아래 글자는 돼지 시豕가 아니라 개 견犬자였는데 『설문해자』의 전달 과정에서 생긴 오탈자 문제 때문에 그렇게 되었다는 설도 있다(이에 관해서는 장현근, 2000 참조). 어쨌든 개도 목축의 대상은 아니었을 가능성이 크다.

및 확립 과정이라고 할 것이며, 그것은 곧 가家의 존재 자체에 가家들 사이의 위계 질서가 존재함을 의미한다. 그러한 위계 질서의 정착이 주周대에 국國이 제후의 강역을, 가家가 경대부의 강역을 뜻하는 의미의 분화로 이어졌다고 볼 수 있다.[9] 그것이 바로 주공周公이 봉건封建과 종법宗法 이념에 기초하여 정립한 주周의 통치 체제라고 할 수 있다. 또한 그러한 통치 체제의 해체 과정을 의미하는 춘추 시대의 시작을 상징하는 사건, 즉 기원전 453년 경대부의 가家들이 주군이었던 제후를 없애고 스스로 제후를 칭한 구체적 사례인 한韓·위魏·조趙 3가三家의 진晉 분할 및 이들에 대한 주周 왕실의 인정(기원전 403년)은 가家의 국國화라는 통치 체제의 변혁을 의미한다. 국가라는 합성어의 등장은 그러한 역사 및 정신사적 맥락에서 이루어진다.

1. 국가라는 말 등장의 역사 및 정신사

현존 문헌으로 볼 때 최초로 '국'과 '가'란 말을 붙여 쓴 사례는 다양하다. 『시경詩經』에는 용례가 없지만 『서경書經』과 『주역周易』에는 붙여 쓴 용례가 있다.[10] 그런데 이들 용례에서는 국가란 말이 단순히 국國과 가家를

9 이에 관해서는 『좌전左傳』의 다음 기록을 참고할 만하다. "내가 듣기에 국가國家를 세움에 근본을 크게 하고 지엽을 작게 하면 능히 군건하다. 따라서 천자가 땅을 나누어 국國을 건설하고, 제후가 땅을 나누어 경대부의 가家를 일으키고, 경이 뭇 자식들로 실室을 두고, 대부는 적자 외의 자식으로 따로 종宗을 세우고, 사士는 자제子弟들에게 어디에 예속되어 업무에 종사하게 하며, 서인庶人·공工·상商은 제각각 나뉜 친척들이 있으니 모두 친소의 차등이 있다. 그래서 백성들은 그 윗사람에게 복종하며 아랫사람은 분수에 넘치는 일을 넘보지 않는 것이다(吾聞國家之立也, 本大而末小, 是以能固. 故天子建國, 諸侯立家, 卿置側室, 大夫有貳宗, 士有隸子弟,庶人,工,商 各有分親, 皆有等衰. 是以民服事其上而下無覬)" (『左傳』 桓公2年).

병렬시킨 것인지 아니면 하나의 말로서 국과 가 각각의 의미를 상승 및 종합하여 새로운 어휘를 창조한 것인지 분명하지는 않다. 그러나 전국 시대에 쓰인 『좌전左傳』에 "예란 국가를 경영하고, 사직을 획정하며, 백성들을 질서짓고, 후사를 이롭게 하는 것이다"라는 구절,[11] "춘관인 종백은 천자의 명을 다루어 제후諸侯의 오의五儀와 제신諸臣의 오등五等의 명을 관장한다. 상공上公은 아홉 가지 명(九命: 아홉 가지 상으로 내리는 것)으로 백伯이 되며, 그 국가國家, 궁실宮室, 거기車旗, 의복衣服, 예의禮儀를 모두 아홉으로 기준을 삼는다. 후백侯伯은 일곱 가지 명을 받으며, 그 국가, 궁실, 거기, 의복, 예의는 모두 일곱으로 기준을 삼으며, 자남子男은 다섯 가지 명을 받으며, 그 국가, 궁실, 거기, 의복 예의는 모두 다섯으로 기준을 삼는다. 왕의 삼공은 여덟 가지 명을 받으며, 그 경은 여섯 가지 명을 받으며, 그 대부는 네 가지 명을 받으며 ……"의 구절[12] 등의 예는 국가란 말이 단순히 국과 가의 병렬이기보다는 하나의 통합된 개념으로 사용됨을 알 수 있다. 이 점은 『논어論語』에서는 국가라는 말이 등장하지 않지만, 그 후 100년이 지난

---

10 예를 들어 「금金」편, "우리 국가의 예에도 그것을 마땅하게 여기니(我國家禮亦宜之)"; 「입정立政」편, "온 힘을 다해 우리 국가를 도우니(用勵相我國家)"; 「문후지명文侯之命」편, "우리 국가는 견융에게 크게 침략을 당했으니(侵戎我國家純)"; 『周易』「繫辭 하」편, "그리하여 일신은 편안해지고 국 · 가는 지켜질 수 있으니(是以身安而國家可保也)" 등이 그것들이다.

11 "禮, 經國家, 定社稷, 序民人, 利後嗣者也"(『左傳』隱公11年).

12 "春官宗伯: 典命 : 掌諸侯之五儀, 諸臣之五等之命. 上公九命爲伯. 其國家, 宮室, 車旗, 衣服, 禮儀, 皆以九爲節. 侯伯七命. 其國家, 宮室, 車旗, 衣服, 禮儀皆以七爲節. 子男五命. 其國家, 宮室, 車旗, 衣服, 禮儀皆以五爲節. 王之三公八命. 其卿六命. 其大夫四命 ; 及其出封, 皆加一等. 其國家, 宮室, 車旗, 衣服, 禮儀亦如之. 凡諸侯之適子, 誓於天子, 攝其君, 則下其君之禮一等 ; 未誓, 則以皮帛繼子男. 公之孤四命, 以皮帛視小國之君. 其卿三命. 其大夫再命. 其士壹命. 其宮室, 車旗, 衣服, 禮儀各視其命之數 ; 侯伯之卿, 大夫, 士亦如之. 子男之卿再命. 其大夫壹命. 其士不命. 其宮室, 車旗, 衣服, 禮儀各視其命之數"(『周禮』春官宗伯).

『맹자孟子』에는 7차례, 그보다 30년쯤 뒤인 『순자荀子』에는 21차례나 국가를 붙여 쓰는 용례가 발견된다는 사실을 통해 좀더 확인된다.[13] 물론 여기서 해석상의 쟁점은 그와같이 통합된 어휘를 통해 새롭게 상승되고 종합된 개념적 의미가 무엇이냐는 것이다.

당대의 사상가나 학자들 가운데 방邦이나 국國과 구분되어 새로 사용되기 시작한 이 국가란 새 용어의 출현에 내포된 새로운 개념적 의미를 해명한 사람은 없는 것 같다. 그리고 그러한 개념적 의미를 철저히 해명하기 위해서는 춘추전국 시대 수백 년에 등장한 당대의 일차 문헌들을 세밀하게 검토하는 작업을 통해 당대의 정치 질서에 대한 새로운 관념의 형성 과정을 면밀하게 추적하는 작업이 필요하다. 그런데 아직 그러한 작업을 수행한 연구도 없는 것 같다. 다만 당대의 중국 사상에 관해 이미 알려진 사실이나 문헌적 지식들을 참고할 경우 국가란 새 용어에 내포된 새로운 개념적 의미에 대해 다음과 같은 대체적인 추정이 가능할 것 같다.

일단 춘추전국 시대와 같이 구질서가 무너지면서 공동체적 유대감이 희석되고 불평등이 심화되며 삶이 불안해진 정치·사회적 상황에서는 동서양을 막론하고 그 과거의 '좋았던 시절'에 대한 향수와 더불어 그 과거의 삶을 이상화하는 작업이 나타나기 마련이다. 동양의 경우 『예기禮記』 '예운禮運' 편에 공자가 서술한 대동大同의 — 소강小康 및 거란據亂과 대비되는 — 세계가 그 전형적인 예다.[14] 그런데 당시에 그러한 대동의 세계가 제시되었다는 사실 자체가 과거의 이상사회란 이미 그 이상의 재현을 기대하기 어렵다는 체념이 이미 사회 전체적으로 확산되었다는 사실의 반영

13 이러한 조사 역시 장현근 교수가 수행해 주었음을 밝힌다.

14 서양의 경우 플라톤이 『국가』 제2권에서 "병든 국가phlegmainouse polis"와 "건강한 국가hygie polis"를 대비시키거나, 또는 『크리티아스』에서 부강하지만 타락한 아틀란티스와 대비되는 예전의 도덕적인 아테네를 비교한 것은 그러한 관념의 예다(이에 대해서는 양승태, 2002 참조).

일 수도 있다. 이에 비해 개개의 가정은 바로 가족 공동체로서 그러한 이상이 일상적 삶에서 실현되고 있는 장소로 일반적으로 쉽게 인정될 수 있는 상황은 언제나 존재해 왔다고 할 수 있다. 이에 따라 가정이라는 공동체가 이상적인 정치적 삶의 표상으로 받아들이는 관념이 나타날 가능성은 상존한다, 실제로 『논어論語』 안연顔淵 편에서 자하子夏가 형제가 없음을 한탄하는 사마우司馬牛에게 한 다음과 같은 말에는 서양에서 스토아 철학의 사해동포 이념 및 이의 영향으로 볼 수 있는 기독교의 형제adelphos 관념이 드러난다. 즉 "" 군자가 일에 조심하여 실수가 없고, 사람을 대함에 공손하되 예에 합당하면 온 세상이 다 형제인데, 군자가 어찌 형제 없음을 걱정한다는 말인가(君子敬而無, 與人恭而有禮. 四海之內, 皆兄弟也. 君子何患乎無兄弟也)"라는 구절은 그러한 관념의 표현으로 해석될 수 있다. 이 구절에서 특히 그러한 관념을 축약한 "四海之內, 皆兄弟也"의 문구는 대표적으로 전국 시대의 순자荀子를 통해 "세상이 모두 한 집안과 같다(四海之內若一家)"의 변형된 문구로 자주 나타나며, 중요한 점은 그러한 문구의 사용이 왕도가 제대로 시행되는 상태, 즉 국國의 이상으로 뚜렷하게 부각되고 있다는 사실이다.[15] 다시 말해서 국가란 말의 등장은 그 말을 사용

15 예를 들어 순자가 왕도를 논하는 가운데 '왕의 법王者之法'의 이름으로 경제 정책의 형평성을 강조하는 다음 문구에서 정치 공동체를 집안에 비유하는 대목이 나타나 있다. 즉 "부세에 등급을 매기고 일을 올바로 하여 만물을 풍부히 하여 만백성을 먹여 살리는 근거가 된다. 밭이나 들에서는 십분의 일을 거둬들이고, 관소나 시장에서는 검사는 하되 세금은 받지 않는다. 산림 · 호수 · (고기잡이) 어량魚梁은 때를 보아 금지하고 개방하되 세금은 거두지 않는다. 땅의 (좋고 나쁨을) 잘 헤아려 세금을 매기고, 길이 멀고 가까운지를 구별하여 공물을 (달리) 보내도록 한다. 재물과 곡식을 잘 유통流通시켜 적체가 없도록 하고, 서로 교환하도록 하면 사해의 안이 모두 한 집안과 같을 것이다(等賦, 政事, 財萬物, 所以養萬民也. 田野什一, 關市幾而不征, 山林澤梁, 以時禁發而不稅. 相地而衰政. 理道之遠近而致貢. 通流財物粟米, 無有滯留, 使相歸移也, 四海之內若一家 ……)(『荀子』 '王制' 편). 이 밖에 '儒效' 편에서 학문의 도에 통한 이상적인 선비가 통치자가 되었을 때의 상황을 그리면서, "……그러므로 가까운 곳의 사람들은 노

하는 사람들이 의식하든 못하든 국國이라는 정치 질서의—그것의 범위가 무엇이든 또는 그것이 사해四海 또는 천지天地 등 다른 말로 표현되든—이상적인 모습은 그 구성원이 가족적인 공동체를 이루는 데 있다는 관념이 언어로 표현된 것으로 해석될 수 있다.

그런데 그러한 해석이 국가란 말의 등장과 관련된 역사 및 정신사의 의미 전부를 밝혀 주는 것은 아니라는 점에 국가란 말의 묘미가 있다. 아울러 그러한 점이 동양 정치사에서 국가라는 현상의 실체를 이해하는 데 핵심적인 단서를 제공하는 것 같다. 그것은 바로 순자荀子의 이상이 통치 이데올로기로 변환된 역사적 맥락과 관련된다.

그의 제자인 한비자韓非子를 통해 예고된 바이기도 하지만, 순자의 사후(기원전 238) 얼마 지나지 않아 이루어진 진시황에 의한 전국 시대의 종언 및 천하 통일(기원전 221)은 정치사상사의 맥락에서 바로 순자의 정치적 이상이 새로운 통치 체제를 정당화하는 정치적 이데올로기로서 작동하는 데 적절한 시대적 상황을 만들어 주었다는 의미를 지닌다.[16] 일단 순자의 천하일가 이념은 공자나 맹자의 성왕지치聖王之治에 의한 예치禮治의 실현

래하면서 즐기고, 먼 곳의 사람들은 허겁지겁 그에게로 달려와 온 세상 안이 한 집안처럼 되고, 길이 통하는 모든 곳의 사람들은 복종치 않는 자가 없게 될 것입니다(…… 則貴名白而天下治也. 故近者歌謳而樂之, 遠者竭蹶而趨之, 四海之內若一家, 通達之屬莫不從服. 夫是之謂人師)"의 문장, 그리고 '의병議兵' 편에서 무왕이 주를 멸망시켰으되 주의 신하들 가운데 미자계微子啓는 송나라에 봉했으나 조촉룡曺觸龍은 군중에서 처한 예를 들어 적의 신하라도 처벌은 그가 백성에 도움이 되는지 여부에 따라 할 것을 권하면서, "……항복한 은나라 백성들도 먹여 살려야 할 사람들이므로 주나라 사람과 똑같이 대해 주었습니다. 그러므로 …… 온 세상이 한 집안처럼 되었고, 길이 통하는 곳의 사람들이면 모두가 복종해 왔는데, 이런 사람을 두고 백성들의 지도자라 하는 것입니다(…殷之服民, 所以養生之者也, 無異周人. 故近者歌謳而樂之, 遠者竭蹶而趨之, 無幽閒?陋之國, 莫不趨使而安樂之, 四海之內若一家, 通達之屬莫不從服, 夫是之謂人師)"의 문구들(밑줄은 모두 지은이의 추가) 참조.

16 순자의 정치사상 전체에 대한 정리로는 소공권(蕭公權, 1998: 182-215) 참조.

이라는 정치적 이상과는 그 이상 내용의 강조점이 다르다고 할 수 있다. 즉 정치적 이상의 제시를 도덕적 차원의 인치仁治가 아니라 구체적인 제도적 정치가 뒷받침된 통치 체제의 형태로 제시한 방식이 다르다는 것이며, 그것이 바로 왕권의 확립을 기초로 예치와 법치의 조화를 통해 천하가 하나의 가家가 됨을 추구한 천하일가의 이상이라는 것이다. 그리고 순자의 그러한 정치적 이상은 그의 의도 여부를 떠나서 춘추전국 시대의 종언이라는 새로운 현실 정치의 상황과 조화를 이룰 가능성이 나타나게 되었다는 사실이 의미 있는 것이다. 다시 말해서 그의 정치적 이상은 특정한 가계를 중심으로 이루어진 수많은 권력집단 사이의 권력 쟁패가 하나의 가계를 중심으로 총체적인 권력 질서가 성립되는—베버Max Weber가 제시한 전통적 지배 질서traditionale Herrschaft의 유형 가운데 하나인 가부장적 지배 질서patriarchale Herrschaft가 신분 제도에 기초한 가산제적 지배 질서 stāndisch-patrimoniale Herrschaft로 변환되는(Weber, 1978: vol. 2, chaps. 12-13 참조)—상황, 즉 진秦에 의한 그리고 곧 그것을 이어받은 한漢에 의한 천하 통일의 정치적 상황을 정당화하는 이데올로기로 용이하게 변환될 수 있었다는 것이다. 그러한 결과가 바로 '천하일가天下一家'라는 이념의 등장 및 국가라는 말 등장의 역사 및 정신사적 배경이라고 할 수 있다.

물론 한 시대의 이데올로기가 오직 권력 질서를 정당화하는 기능만 하는 것은 아니다. 그것에는 언제나 추구하는 이상이나 가치가 공존한다. '천하일가'라는 이념 또한 중국 역사에서 맹자孟子의 표현을 빌면 이른바 치治와 난亂의 순환에 의한 끊임없는 왕조의 변천과 더불어 새 왕조의 성립을 정당화하는 이데올로기이자 동시에 중국인들의 정치적 이상이고 정치 질서를 보는 기본적인 관점이 되었다. 이 점은 박상섭 교수가 일본 학자 오가타 이사무尾形勇의 해석에 의거하여 다음과 같이 정리하고 있다.

"천하의 병합 통일이라는 현상 내지는 천하 통일이 확보되어 있는 상황을 천하일가라고 표현한 사례는 후대에도 종종 보이는데, 당시 국가 총체가 확실히 하나의 가家로 이해되었음을 짐작할 수 있다. …… 가家를 국國이나 천하의 원형으로 보는 것은 중국인 특유의 사상"이었다는 것이다(박상섭, 2008: 93-94). 이어서 박 교수는 그 '특유의 사상'이 결코 일방적인 정치적 이상이나 일방적인 권력 옹호의 이데올로기가 아님을 다시 오가타 이사무에 의거하여 지적한다. 즉 "천하일가天下一家란 표현에서 가家를 사용한 것은 천하가 가와 같은 하나의 공동 운명체라는 것을 비유적으로 표시하려는" 것이었으며, "당시 한제국漢帝國의 국가 질서를 가족제적 질서였다고 일반화하는 점을 경고"했다는 것이다(박상섭, 2008: 94 각주#94) 여기서 '비유적'이란 표현은 문학적 수사의 다른 표현이라고 할 수 있으며, 엄밀하게 말해서 천하일가라는 이념의 등장 및 이에 수반한 국가라는 말의 등장은 그 이후 중국 역사에서 끊임없이 지속되는 유교 사상이 제시하는 정치적 이상과 당대 중국적 정치 현실 사이에 대립과 조화의 공존이라는 긴장 관계의 본격적인 출발로 이해함이 타당하다. 그리고 그와 같은 중국의 역사 및 정신사적 맥락에서 탄생한 국가라는 관념에 내포된 유학의 이념과 정치 현실 사이의 긴장 관계는 오랫동안 한자문화권에 속해 있던 한국의 역사에도 반영된 것으로 보인다.

한국에서 국國이란 말이 문자로 나타난 것은 한국사 최초의 기록 유물인 광개토대왕 비문이며, 그 이후 『삼국사기』에서 국가라는 말이 처음 등장한 이후 국國과 혼용해서 사용해 오다가 조선 시대에는 국보다 국가라는 말을 좀더 보편적으로 사용해 온 것으로 보인다(박상섭, 2008: 101-121 참조).[17] 그리고 그러한 용어의 사용에는 중국의 경우와 같이 왕조 체

17 박상섭 교수는 조선 시대의 경우 주로 국가라는 말의 용례를 설명하고 있는데, 그것 대

제를 천하일가의 이념으로 정당화하려는 태도가 그 바탕에 있음과 동시에, 현실의 왕정과 천하일가 이상 사이의 괴리에 대한 자각과 비판이 함축되어 있다. 그런데 조선 시대의 경우 주목되는 사실은 후자 차원의 자각 및 비판과 관련된 새로운 관념이 국가라는 말의 사용에 수반되어 나타난다는 점이다. 즉, 국가라는 말이 단순히 왕조라는 지배 질서 차원을 넘어서 정치 공동체 전체의 안위와 더불어 정치 공동체 전체를 다스리는 통치의 주체라는 관념이 국가라는 말의 사용에 자주 수반된다는 것과,[18] 아울러 이와 연관된 것으로서 왕조의 변천 차원을 넘어 정치 공동체 전체의 역사적 연속성을 강조하는 관념도 국가라는 말의 사용에 수반되는 경우가 있다는 점이 그것이다.[19] 그러한 사실이 주목되는 이유는 국가라는 말의 그러한 용례에는 그것을 사용한 사람들이 명확히 자각하는지 여부를 떠나 분명히 정치 공동체의 본질과 관련된 두 가지 관념이 함축되어 있기 때문이다. 하나는 왕조 체제란 정치 공동체를 운영하는 하나의 방편이지 그것 자체가 절대적인 목적은 아니라는 관념이며, 다른 하나는 스스로의 정치 공동체를 역사적 실체로서, 곧 구성원이나 통치 체제 또는 권력 구조의 다양한 역사적 변화 속에서도 그 정체성을 유지하는 존재로서 파악하는 관

신에 국國이란 말이 사용되는 경우에 대해서는 언급이 없는 점이 아쉽다. 학문적으로 그리 심각한 문제는 아니지만 이 점은 앞으로 설명해야 할 대목으로 보인다.

18 예를 들어 국가안위, 국가지변, 국가지홍쇠, 국가위망 등등의 표현이 그와 연관되며, 아울러 조선 후기 유형원의 『반계수록』과 정약용의 『경세유표』 등에 왕조의 유지 차원을 넘어 정치 공동체의 통치 주체로서 국가라는 말이 사용되는 예가 그것이다(박상섭, 2008: 109, 114-116).

19 예를 들어 『조선실록』 태조 1권 총서 84번째에 "우리 국가가 삼국을 통일한 이후로 큰 나라 섬기기를 근실히 하여(我國家統三以來, 事大以勤)" 및 태종 1년 6월 18일의 기록에서 "우리 국가가 대대로 중국을 섬기어 그 작명을 받아 민사를 보존하여 오랜 세대를 내려왔는데……(惟我國家, 世事中夏, 受其爵命, 保有民事, 以克永世)" 등(박상섭, 2008: 108에서 재인용).

념이다.[20] 그것은 곧 천하일가 및 국가라는 용어의 사용과 수반되어 나타난 이데올로기와 정치적 현실 사이의 긴장 관계 속에 정치 생활에 대한 새로운 관념이 배태되고 있음을 의미한다.

그 새로운 관념이란 현실의 권력 관계에 대한 비판적 시각 속에서 단순히 '현실의 권력 질서=정치 생활 자체'라는 일상화된 현실 이해의 한계를

---

20 중국의 경우 그러한 관념은 19세기에 이루어진 서구 열강의 침입에 대한 대응 차원에서 나타난 강유위康有爲와 양계초梁啓超 등 근대화론자들의 사상에는 분명히 나타난다(이에 관해서는 소공권, 1998: 21-22장 참조). 그런데 그와 같은 '새로운' 국가 의식은 이민족의 왕조인 원元 또는 청淸의 존재에 대한 당대 한족漢族 지식인의 사상적 대응에서도 충분히 기대할 수 있을 것이다. 그런데 실제로 그러했는가의 의문이 제기될 수 있다. 지은이는 중국 정치사상사에 대한 전문가가 아니어서 용인대학의 장현근 교수에게 이 문제에 관해 문의한 결과 다음과 같은 답변을 보내왔으므로 여기에 새롭게 정리하여 소개하면 다음과 같다.

서구적 의미의 근대 민족국가를 염두에 두고 타국과 구분되는 독립적 정치 공동체로서의 정체성을 체계적으로 논의한 정치사상을 중국에서 찾고 그 사상사적 의미를 설명하는 작업은 앞으로 학계가 수행해야 할 과제로 보인다. 그러나 타민족 및 타민족의 영토와 구분되는 독립적이며 역사적 연속성을 갖는 정치 공동체의 존재에 대한 의식은 중국에도 분명히 있었다. 춘추 시대의 회맹이나 패자의 정치도 관중管仲의 '九合諸侯, 一匡天下'의 구절에 나타난 바와 같이 이민족과의 경쟁에서 중국의 정체성을 지킨다는 명분이었으며, 특히 진한秦漢 시대 제국의 성립은 다른 민족과 정치 공동체에 대한 중국적 지배 질서의 확립이라는 측면에서 국가적 영속성을 둔 것이라고 보아야 한다는 것이다. 황제국가의 유교적 지배 이데올로기를 확립한 동중서董仲舒의 『춘추번로春秋繁露』는 확실히 그런 국가 의식을 보여 준다. 그 책에서 14차례 나타난 국가라는 말은 '安社稷, 利國家' 또는 '國家治, 國家亂' 등의 용례처럼 독립적이고 영속적인 국가에 대해 말한다고 할 수 있다는 것이다. 이보다 조금 뒷 세대인 후한 말의 순열荀悅의 『신감申鑒』이란 책에는 「정체政體」 편이 있는데, 여기서는 "천하天下와 국가國家는 일체一體이며, 군주는 원수元首가 되고, 신하는 고굉股肱이 되며, 민民은 수족手足이 된다"는 식으로 국가유기체설과 유사한 내용을 보이면서, 정치 공동체의 모습을 여섯 개, 즉 "승천承天, 정신正身, 임현任賢, 휼민恤民, 명제明制, 입업立業"이라 하고 이를 '정체政體'로 규정한 경우도 있다. 그 밖에도 수당 5대隋唐五代를 지나며 통치 체제의 영속성, 타민족에 대한 배타적 문화의식 등이 자리잡아가는 과정에 등장한 한유韓愈나 유종원柳宗元, 송나라 때의 구양수歐陽修와 소순蘇洵, 그와 반대편에 선 왕안석王安石과 진량陳亮 등의 논의도 그러한 정치 공동체의 정체성 관념 표출의 예로 볼 수 있을 것 같다.

넘어서는 현실에 대한 새로운 인식을 의미한다. 즉 현실의 권력 관계를 초월하면서 동시에 역사적인 연속성과 동일성을 갖는 보편적인 통치 조직 및 보편적인 통치 주체의 이념에 대한 '나름대로의' 인식이 출현하고 있는 것이다. 그것은 다음에 설명되겠지만 실제로 서구에서 근대에 전개된 state 이념의 맹아라고 할 수 있다. 문제는 그러한 나름대로의 인식이 조선 시대의 지성사에서는 바로 맹아 수준에 머무르면서 서구에서와 같이 통치 조직의 본질에 대한 혁신적이면서도 체계적이고 포괄적인 정치철학적 인식으로 발전하지는 못했다는 사실에 있다. 즉 앞서 언급된 유형원이나 정약용 등을 비롯한 실학 계열의 학자들은 조선 후기의 파행적인 국가 운영에 대한 비판과 더불어 나름대로의 참신한 정책적 제안 등을 제시한 것은 사실이다. 그러나 그러한 비판 및 실천적 제안들을 위한 논의가 ―당시의 통치 구조나 정신사적 상황에서 거의 실현 불가능하기도 했겠지만― 당시 왕정 체제의 이념적 기반인 주자학 체계 자체에 대한 재검토와 더불어 국가 생활의 본령이나 성립 근거 및 이상에 대한 새로운 성찰, 그리고 그러한 성찰에 기초한 새로운 정치 제도의 창안 모색에까지 이르지는 못했다는 것이다. 그리고 그러한 지성사적 상황은 구한말 서세동점의 시대에 이르러 한국이 새로운 국제 질서에 강제적으로 편입되는 역사적 상황의 전개에 수반하여 만국공법의 이름으로 서구의 국제법 이론과 아울러 서구 정치학이 state 개념이 소개되는 시기에도 변하지 않은 것이다.

2. 국가 개념과 state 개념의 사이에서

먼저 영어의 state 및 état, 'Staat' 등 이에 상응하는 여러 서구 언어를 국가로 번역한 것은 메이지유신기明治維新期의 일본인 학자들인 것 같으며,[21] 한국의 경우 구한말에 그 번역어가 그대로 수입되어 사용된 것 같다. 어쨌든 구한말의 역사 및 지성사와 관련하여 지금까지 나름대로 축적된 방대한 연구 문헌 및 쟁점과 연관되지만, 간단히 말해서 서구 국가 이론의 소개 및 전파 과정의 성격은 다음과 같이 규정될 수 있다. 그것은 대표적으로 유길준의 경우와 같이 교과서적으로 규정된 근대 서구의 주권국가 개념을 특히 일본과의 수교 이후 전개된 새로운 국제 질서의 설명이나 실제적인 정책 수립에 나름대로 창조적으로 해석하는 수준의 지적 작업이 있었던 것도 사실이며,[22] 특히 해방 후 제헌헌법의 제정 과정에서는 정치

---

21 이에 관해서는 고려대학교 정치외교학과의 박홍규 교수에게 조사를 부탁한 결과 다음과 같은 사항을 알려 주어 여기에 소개하면 다음과 같다.

먼저 1862년에 출간된 『영화대역수진사서英和對譯袖珍辭書』에는 state가 국國으로 번역되어 있다. 그 뒤 1866년에 출간된 후쿠자와 유키치福澤諭吉의 『서양사정西洋事情』에는 미국의 『독립선언獨立宣言』 전문이 소개되어 있는데, 여기서 state는 국가 또는 국國으로도 번역되어 있다. 그리고 1871년에 나카무라 케이유中村敬宇는 스마일스Samuel Smiles의 저서 『*Selfhelp*』를 『서국입지편西國立志編』(1871)이라는 제목으로 번역했는데, 거기서는 state가 국國으로 번역되어 있다. 그는 또한 1872년에 밀John S. Mill의 『자유론*On Liberity*』를 『자유지리自由之理』라는 제목으로 번역하여 출간했는데, 그 책에서 state는 정부政府로 번역되어 있다. 따라서 state의 번역어가 국國이나 국가로 정착되지 못했음을 알 수 있다. 참고로 가토 히로유키加藤弘之는 '국가'와 '정부'를 구별하지 않고 사용한 반면 후쿠자와는 그 양자를 구분하여 사용했다. 점차 state의 번역어가 '국國' '국가'로 수렴되어 갔을 것임은 1881년에 출간된 『철학자휘哲學字彙』에서 state의 번역어로 국가로 되어 있는 사실에서 추정할 수 있다. 박 교수께 감사드린다.

다만 그러한 번역이 단순히 state에 상응한 어휘를 찾는 작업 수준의 결과인지 또는 동양 정치사상 전통에서의 국國이나 국가 개념 및 서양 전통에서의 state 개념에 대한 깊이 있는 검토의 결과인지 여부는 앞으로 좀더 확인할 사항이다.

22 유길준의 『서유견문』의 일부나 그의 『정치학』 또한 대부분이 그러한 소개 수준에 머무른 것은 분명하다, 그러나 그는 서구의 근대 주권국가 개념 및 그에 기초한 국제법 이념을 그런대로 주체적으로 적용하려 노력한 부분이 있는데, 그것이 『서유견문』 제3편 "방국邦國의 권리"에 제시된 이른바 양절兩截체제론이라고 할 수 있다. 이미 외교사 학계에서 많이 논의된 바 있지만(박상섭, 2008: 124-129 참조), 지은이 나름으로 그 의미를 간단히 해석하면 다음과 같다. 유길준은 서구 국제법의 주권 개념을 접하면서 중국과 조선 사이의 전통적인 사대 관계를 그것에 기초하여 새롭게 정립할 필요성을 느낀

적 상황의 필연성 때문에 그것을 국가 체제의 수립에 능동적으로 적용하려는 노력도 나타났다. 그러나 그러한 적용 노력을 포함하여 서구 국가 개념의 수용 및 이해는 대체적으로 서구 학계에서 논의된 state 개념에 대해 교과서적으로 정리된 내용의 전달 수준에 그쳤다는 것이다. 이에 대해서는 좀더 부연 설명이 필요하다.

물론 서구 학문의 소개 이후 전개된 한국 근대 지성사 전반과 마찬가지로 서구 정치학이나 헌법학의 역사에서는 국가 개념과 관련된 저작이나 이론의 소개 내용은 시간이 지나면서 계속 좀더 다양해지고 구체적이 된 것은 사실이다. 그러나 서양의 state 개념 자체를 그 근원에서부터 이해하기 위해서는 플라톤의 정치철학 등 고대 희랍의 정치사상에서 출발하여 중세를 거쳐 근대 및 현대에 이르는 서양 정치사상사의 맥락에서 그것의 개념적 기원 및 개념사적 변화와 발전의 내용을 치밀하게 검토하는 작업이 요구된다. 그런데 그러한 수준의 학문적 연구는 오랫동안 부재했을 뿐더러,[23] 그러한 검토 작업과 아울러 앞에서 간략하게 서술한 바와 같이 중

것 같다. 즉 주권의 평등성에 기초한 서구 국제법의 질서를 수용하면서 동시에 청과 조선 사이에 오랫동안 상존해 온 불평등한 관계를 그러한 주권 개념에 위배되지 않으면서도 현실적인 불평등한 관계를 정당화할 수 있는 논리 개발의 필요성이 발생한 것이다. 그와 같은 이론적 변용을 그는 속국屬國 또는 속방屬邦과 대비되는 증공국贈貢國 개념을 제시하면서 추구한다. 즉 조선과 청의 관계는 조공을 주고받는 '증공국-수공국'이라는 주권국의 관계이면서 동시에 다른 국가와의 평등한 관계와는 그 관계의 맥락이 '둘로 분리되어', 곧 '양절되어' 구분되는 별도의 특수한 관계가 성립한다는 논리를 제시한 것이다. 물론 여기서의 쟁점은 증공국의 증공이 자발적인 것이냐 아니면 강요된 것이냐 하는 것이다. 무엇이 국가의 진정한 의사인가는 — 인간의 의사와 마찬가지로 — 실제로 명확하게 규정하기 어렵기 때문에, 유길준의 그러한 이론적 변용은 적어도 당시 조선이 처한 새로운 국제 정치의 현실에 대한 나름대로의 정교한 실천적 적응 노력의 결과로 해석될 수 있다.

23 그러한 지적 상황이 한국 정치학에서 오랫동안 지속되었다는 사실에 대해서는 지은이가 1970년대 말까지의 정치사상 연구 논문들을 중심으로 서술한 바 있다(양승태, 2008b 참조). 이 점은 헌법학의 경우에도 해당된다(서구 국가 및 헌법 이론의 소개 및

국이나 한국의 오랜 역사 및 지성사적 전통에서 형성된 국가 개념을 토대로 state 개념을 주체적으로 해석하고 새롭게 창조적으로 종합하려는 시도 또한 없었다. 그것은 곧 조선의 전통적인 성리학이 적어도 구한말에 이르러서는 외래 학문 및 사상을 접하여 그것들을 비판적으로 이해 및 수용하면서 스스로의 학문을 주체적으로 혁신시키거나 새롭게 변형하지 못했다는 증거, 다시 말해서 전통 학문에 내재한 정치철학적 사유의 빈곤을 의미한다. 그것은 곧 한국 근대 지성사가 한편으로 국가 생활과 관련된 근본 문제와 관련하여 서양 학문 이식의 외연적 확대에는 성공했지만 전통 사상에 기초하여 외래의 학문을 비판적으로 수용하면서 스스로를 한 차원 높게 승화·발전시키지 못했음을 의미한다.

비판적인 정치철학적 사유 능력의 빈곤과 더불어 외면적 성장 속의 퇴영이라는 한국 근대 지성사의 그러한 전개는 결과적으로 현재 한국의 학계에서나 한국인의 일상생활에서 국가란 말이 대체로 state의 번역어로 사용되고 있을 뿐 그 말에 함축된 전통 사상의 의미는 사라지게 만들었다. 문제는 그러한 지성사적 상황에서 state라는 외국어 또한 그 개념적 의미를 능동적으로 천착하지 못하고 오직 그 말과 관련된 외국의 이론을 소개하는 데 급급한 상황이 계속될 수밖에 없다는 것이다. 이에 따라 앞 절에서 자세하게 논구된 바와 같이 현대 미국 정치학에서 state 개념 자체의 학문적 타당성을 부인하는 이스턴의 정치 체계론이 등장했을 때, 그것 또한

전파 과정의 역사에 대한 전반적인 서술로는 김효전, 2000; 1996, 그리고 특히 구한말 만국공법의 그것과 관련해서는 김세민, 2002 참조). 그러한 소개 및 전파의 지적 수준과 관련하여 특히 언급할 것은 국가의 체제를 설명할 경우 왕정이나 귀족정 또는 공화정 등 정치 체제의 분류 및 각 체제의 의미에 대한 개략적인 소개나 설명은 있어도, 국가가 여러 체제들로 분화가 가능한지 여부의 문제 및 각 체제의 성격 또는 정당성의 문제를 국가 자체의 본질에 대한 이해에 기초하여 더불어 해명하려는 노력은 — 물론 그러한 작업이 고도의 철학적 사유를 요구하지만 — 전혀 발견되지 않는다는 것이다.

또 하나의 새로운 서구 이론으로서 새로운 지적 수입의 대상이 되었을 뿐 그것이 과연 진정으로 state 개념을 대체할 수 있는지 여부에 대해 주체적인 학문적 판단을 내릴 수 없었던 것이다. 그러한 지성사적 빈곤을 극복하기 위한 출발점이자 효과적인 방법은 국가의 경우와 마찬가지로 하나의 개념 이전에 state라는 말 자체에 대한 논의에서 출발해야 한다. 그리고 그러한 논의는 일단 state에 어떤 절대적으로 고정된 의미가 부여된 것은 아니라는 사실을 보여 준다. 그리고 더욱 흥미로운 점은 그 말의 의미 변화는 바로 동양에서 국가라는 말에 내재한 천하일가의 관념과 '유사한'—물론 같음은 아니며 다른 역사적 변화의 맥락과 더불어 동양인의 그것과는 다른 서양의 정신사적 전통 및 이에 따른 다른 정치 질서의 이상에 기인한 차이가 있다—관념의 발전을 보여 준다는 사실이다. 그러한 사실에 대한 설명과 관련하여 먼저 state란 말의 어원적 의미를 분석할 필요가 있다.

영어 state는 본디 사물의 상태condition 또는 사회적 신분standing을 의미하는 라틴어 *status*[24]에서 유래한 말로서, 이탈리아어 stato, 프랑스어 état, 스페인어 estado, 독일어 Staat 등도 같은 어원에서 파생한 말이다. 그리고 라틴어 *status*는 '서 있다(stand)'를 의미하는 동사 *stare*에서 파생한 말인데, '서 있다'는 행위 자체가 비활동성과 동시에 안정성을 상징하기도 하지만, 실제로 이 동사의 어간인 '*sta-*'를 공유하는 수많은 말이 두 가지 의미와 관련되어 있음도 사실이다. 그런데 그러한 어원적 사실이 흥미를 끈다. 라틴어 *status*는 영어 state와 국가란 의미를 제외하고 상태, 사정, 형편 등과 더불어 신분을 의미하는 영어 status의—프랑스어 estate와 독일어 Stand와 같은—의미를 공유한다고 할 수 있는데, 상태나 신분이란

---

24 이하의 논의에서 이 라틴어는 state의 어원과 관련되므로 이탤릭체로 표기하기로 한다.

'서 있다'는 행위가 상징하는 바와 같이 바로 안정성과 동시에 비활동성 또는 정체성을 의미할 수 있기 때문이다. 그와 같은 이중적인 의미와 더불어 전통 사회에서 신분이란 공적인 지위이면서 동시에 가계를 통해 세습되는 사적 소유의 성격도 갖고 있는데, 본디 그러한 의미를 내포한 말이 공적 질서 및 통치 체제를 의미하는 state라는 말의 어원이라는 역설적인 사실 속에 state의 본질적인 성격과 아울러 그 라틴어가 현재의 state로 그 의미가 전화하게 된 역사 및 정신사적 배경의 요체가 있는 것 같다. 먼저 오래 전에 출간되었지만 state란 말의 역사에 ―그것의 개념사와 구분하여 ― 대한 가장 탁월한 연구로 간주되는 다우돌H. C. Dowdall의 논문(Dowdall, 1923)을 참고하면서 그것의 의미 변화에 따른 정치사상사의 흐름을 검토할 필요가 있다.

다우돌은 *status*란 말이 15세기부터 '정치 체제constitution' 또는 '확립된 질서established order'의 의미로 사용되기 시작했으며 16세기부터 이탈리아어 stato는 현재의 state의 의미로 확립되었다는 블룬칠리Johann Bluntschli나 옐리네크Georg Jellinek 등 독일 학자들의 주장에 대한 논박으로 자신의 논의를 시작한다(Dowdall, 1923: 98-99). 마키아벨리Niccolo Machiavelli가 살았던 15세기 이탈리아의 도시국가들이 *status*란 말 자체가 연상하는 정치적 안정이나 확립된 질서와는 거리가 멀 뿐만 아니라, 스테파누스Henri Stephanus 등에 의해 16세기에 이루어진 플라톤의 저작 등 희랍 고전에 대한 번역 과정에서 희랍어 politeia에 대한 번역어로 이미 오래 전에 로마의 정치 체제를 지칭하는 말로 굳어진 *respublica*를 *status* 대신에 사용된 사실도 그러한 주장에 대한 반증이라는 것이다(Dowdall, 1923: 100). 다우돌에 따르면, 6세기 이래로 *status*는 '지속적으로constantly' '안정된 상태a condition of stability'를 의미했다는 것이다. 그들 독일 학자가 주장하는 근거로 제시되는 로마 시대 법학자 울피아누스Domitius

Ulpianus의 *status rei Romane*란 표현이나 키케로Marcus Tulius Cicero 및 그를 인용한 에라스무스Desiderius Erasmus에서 발견되는 status reipublicae의 표현의 경우와 같이 *status*란 말이 로마나 *respublica*에 적용된 경우에 그것은 '정치 체제'나 '확립된 질서'를 의미할 수 있다. 그러나 그것은 바로 *respublica*와의 결합을 전제로 하기 때문에 그러한 의미를 갖는다는 것이지 *status*란 말 자체가 '정치 체제'나 '확립된 질서'를 의미하지는 않는다(Dowdall, 1923: 101). 이 점은 일반적으로 state(stato)를 현재와 같은 의미로 사용한 최초의 정치사상가로 간주되는 마키아벨리를 참조할 경우에도 해당된다. 마키아벨리의 『군주론』의 라틴어 판은 stato를 *status*로 번역한 것이 아니라 *imperium*(명령 체제), *principatus*(지배 체제), *ditio*(권력) 등으로 번역했다는 사실에서 그 점이 다시 확인된다(Dowdall, 1923: 101). 다시 말해서 마키아벨리가 stato를 근대적 의미의 state로 사용했을지라도 그것은 그의 특이한 언어 감각의 반영이지 당대의 지배적인 언어생활의 반영은 아니라는 것이다.

그런데 여기서 한 가지 의문이 제기된다. *status*에서 유래한 stato란 말이 마키아벨리를 통해 이미 현재의 state의 의미로 사용되었고, 이에 따라 그 말이 *imperium* 등으로 번역되면서 그러한 의미가 점차 일상적인 언어생활에 정착되었다면, stato를 *status*로 번역하지 않은 사실 자체는 언어학적 흥미의 대상은 될 수 있을지언정 정치사상사 또는 정치학적으로는 그리 중요한 의미를 갖지 않을 수 있다는 것이다. 그러한 의문에 대한 답은 그렇지 않다는 것이다. 마키아벨리의 경우에도 stato가 라틴어로 *imperium*이나 *principatus* 등 여러 말로 번역되었다는 사실은 일단 stato란 단일한 의미를 갖는 어휘가 아니라는 사실의 방증이며, 나아가 마키아벨리가 각각의 라틴어에 상응하는 이태리어 ― imperio, principe, forza 등 ― 가 있다는 사실을 당연히 알았음에도 불구하고 stato란 하나의 어휘로 각 라틴어 어휘의 의미들을 종합하여—의식적이든 무의식적이든 또한 그러한 종합이 명확한 개념으로 승화되었는지 여부를 떠나서—표현하려 했다는 사실이 중요하다. 다시 말해서 그러한 사실에는 그가 라틴어 *status*에서 직접 파생했을 뿐만 아니라 바로 상태나 안정 또는 신분 등을 의미하는 stato란 어휘의 사용을 통해 당대의 정치 현실을 새롭게 파악하려는 시도가 내포되어 있는 것으로 해석될 수 있다는 것이다. 이 점은 일단 *status*라는 말의 원초적이면서 추상적인 의미인 '안정된 상태'라는 개념의 필연적인 외연을 유추할 경우 확인된다.

어떠한 물체가 안정된 상태에 있다는 것은 그것이 다른 물체에 의해 위치가 쉽게 변하지 않거나, 그것 자체의 물질적 속성이 다른 물체의 영향이나 외부 환경의 변화에 의해 쉽게 변질되지 않는 지속성을 갖고 있음을 의미한다. 다시 말해서 물체의 경우도 그것의 안정성은 다른 물체 및 환경과의 관계 속에서 규정될 수밖에 없다. 이 점은 단순히 하나의 물체 또는 생명체가 아닌 사회적 존재로서의 인간이나 집단의 경우에는 더욱 뚜렷하게 부각된다. 한 개인의 사회적 안정성은 물론 그의 몸무게에 의해 결정되는 것은 아니다. 그것은 그가 사회적 관계 속에서 차지하는 위치에 의해 결정되며, 그러한 위치의 안정성이란 소유권, 곧 영어로 property로 표현되는 사회적 자산이 정당한 것이라고 사회적으로 인정되는 정도,[25] 그리고 그것이 얼마나 많은 사람을 지배하거나 영향력을 발휘할 수 있는 사회적 및 정치적 영향력의 원천이 될 수 있는 정도에 의해 결정되는 것이다. 그러한 사회적 자산의 성격이나 내용 또는 사회 및 정치적 영향력의 정도는 그것이 속한 사회의 구조와 역사 및 정신사적 성격에 의해 결정될 수밖에 없

25 영어 property는 라틴어 '자기 자신의(one's own)'를 의미하는 형용사 'proprius'에서 유래했으며, 말 그대로는 '자기 자신의 것'을 의미한다.

다.[26] 따라서 그 구체적 성격이나 내용 또는 그것이 처한 역사적 상황이 무엇이든 한 개인이나 집단의 안정된 상태는 그것이 소유한 사회적 자산이 얼마나 안정되게 보전되어 있느냐에 달렸으며, 개인 또는 집단이든 정치적 권력자의 경우 그들의 안정성은 바로 권력의 안정성일 것이다. 그러한 권력의 안정성은 필연적으로 권력의 기반이 되는 힘, 무술, 혈통, 신분, 명예, 재산 ―토지 경제의 경우 재산의 핵심은 대토지의 안정적 소유가 될 것이고 경제의 자본주의화가 진행될수록 자본력이 그 핵심 요소로 부각될 것이다 ―등의 사회적 가치의 안정적 점유와 연관될 수밖에 없다.

이 점은 일단 *status*에서 파생한 estate란 말이 토지, 재산, 신분 등을 의미하는 사실에서 간접적으로 확인된다. 그리고 *status*란 말의 역사에 대한 다우돌의 연구 또한 ― 비록 그는 이러한 해석 논리를 명시적으로 전개한 것은 아니지만 ― 그 점을 확인시켜 주고 있다. 즉 로마 시대부터 *status*란 말은 자유, 시민권, 가족 등과 연관된 개인의 의무나 권리 등 법적으로 규정된 사회적 위치를 지칭하며, 중세 시대를 거치면서 법적 규정 여부를 떠나 모든 종류의 사회적 위치, 다시 말해서 지위rank, 공직office, 권력, 재산, 공직에 속한 기구나 자산 또는 토지소유권 등에 대해 포괄적으로 사용되었다는 것이다(Dowdall, 1923: 103-109 참조). 이와 관련하여 다우돌이 제시한 사례 가운데 다음은 그러한 논점을 이해하는 데 특히 도움을 준다.

---

26 그러므로 약탈전쟁 시대에는 힘이나 탁월한 무술 및 '깡다구'가 정치적 권력의 소유까지도 결정짓는 사회적 자산이 될 수 있지만, 평화 시대에는 관리 능력 및 이에 수반되는 지적 자질이 사회 및 정치적 영향력의 원천이 되며, 자본주의 시대에는 재산의 과다 또는 돈 버는 능력이 사회적 영향력을 결정하는 가장 중요한 요소가 될 수 있다. 지은이는 호메로스의 『일리아스』에 표현된 아킬레우스의 비극을 약탈전쟁 시대에서 전략 및 관리 전쟁의 시대로 이행하는 시기에 바로 힘과 탁월한 무술 및 '깡다구'의 상징인 인간이 겪을 수밖에 없는 필연적 몰락의 과정으로 해석한 바 있다(이에 관해서는 양승태, 2006: 특히 3장 1절 참조).

"중세 시대 전체를 거쳐 르네상스 시대에 이르기까지 가톨릭 주교나 수도원장 등 교회의 고위 인사들은 교황에게 자신의 *status*를 유지할 수 없다는 이유로 더 많은 봉록benefice을 요청하는 것이 상식화되어 있었는데, 여기서 *status*는 개인용 지출과 공적 비용의 구분이 이루어지지 않은 시대였기 때문에 광범위할 수도 있는 행정 부담금까지도 포함되었다" (Dowdall, 1923: 107). 그것은 곧 동양에서 가계라는 사적 질서가 국가에 포섭되면서 공적 질서로 승화·발전하는 사회 · 정치적 변화에 비견되는 것이다. 그리고 마키아벨리의 stato 개념 및 그가 정치사상사에서 차지하는 위치, 곧 그것의 근대성 문제도 바로 그러한 맥락에서 이해될 수 있다. 여기서 다시 다우돌을 인용할 필요가 있다.

다우돌은 일반적으로 고대 이후 종교 및 신학에서 독립한 최초의 정치학 저작으로 간주되는 『군주론』의 중심 주제는 분명히 stato이며, 그것이 현대적 의미에서 '국가 통치the government of a state'의 의미로 사용된 것임은 분명하다고 말한다(Dowdall, 1923: 109). 그러나 이 경우에 통치는 위임trust이 아니라 본질적으로 소유권property의 행사를 의미하며, 군주의 관점에서 '영지領地의 관리estate management'와 비슷하다는 — 그렇기 때문에 stato는 문맥에 따라서 프랑스어로는 'maniement d'affaires'로 번역되는 — 것이다(Dowdall, 1923: 109). 실제로 그의 저작들에서 stato가 특정한 장소와 결합할 경우에도 그것은 일반적으로 통치가 아닌 영역을 지칭하는 경우가 많으며, 그가 끊임없이 사용하는 'lo stato del Principe'라는 표현에서 stato는 곧 군주의 영지를 지칭한다(Dowdall, 1923: 113). 그럼에도 불구하고 마키아벨리의 저작들에서 "stato라는 말은 권력 구조, 권력 지위, 또는 그것을 행사할 수 있는 정치/행정 기구 등을 의미하는 경우가 압도적으로 많다" (박상섭, 2008: 38)는 사실과 아울러, 바이나흐트Paul-Ludwig Weinacht가 지적한 바와 같이 stato는 어떠한 경우에도 정치 공동체 자체를 지칭하는 societas civilis의 의미로 사용된 경우는 없다는 사실에 주목해야 한다(박상섭, 2008: 39에서 재인용). 왜냐하면 바로 그러한 사실 속에서 마키아벨리가 정치사상사에서 차지하는 위상과 더불어 15~16세기 이탈리아의 역사적 상황에서 그 최초의 모습을 드러내기 시작하는 근대 국가의 역사적 의미 및 그것의 실체가 무엇인지 이해할 수 있게 해 주기 때문이다.

이미 잘 알려져 있듯이 15세기의 이탈리아는 1250년 프리드리히 2세의 사후 점차 신성로마제국의 영향력이 쇠퇴하면서 새로운 세력들 사이의 정치적 각축이 최고도에 달한 시기다. 즉 서로마제국 멸망 후 각 지역에서 자율적인 공동 방위의 목적으로 결성된 마을조직commune에서 발전한 이탈리아 중북부 지역의 주요 공국duchy이나 공화국res publica, 자신의 세속적 이익 및 정치적 영향력을 유지하기 위해 온갖 정치적 책략을 구사하는 철저하게 세속 국가화한 로마 교황청, 그리고 남부의 나폴리 왕국 등 주요 정치 세력이 지역적 영향력을 확대하는 과정에서 발생한 갈등 및 패권 추구에 따른 각축이 그것이다. 그러한 각축에 수시로 개입하는 신성로마제국과 새로 발흥한 프랑스와 스페인 외교 정책과 맞물려 그 시기는 일종의 이탈리아 판 춘추전국 시대로 불릴 수 있을 정도다. 그러한 과정에서 이탈리아의 공국들 여러 곳에서 초기의 유력한 가문 중심의 과두정寡頭政에서 점차 한 강력한 가문이 권력을 독점하는 일종의 참주정僭主政이 출현했으며, 마키아벨리의 피렌체에서 메디치가의 출현 또한 그러한 예다.[27] 마키아벨리의 stato가 근대적 의미의 state로 변환되게 되는 것은 그러한 상황에서 필연적이라고 할 수 있다.

27 마키아벨리 시대의 역사적 배경에 관해서는 대표적으로 리돌피(Ridolfi, 1963) 및 박상섭(2002) 참조.

앞에서 언급한 바와 같이 한 개인의 지위*status*란 그것에 속한 혈통이나 가문 또는 명예나 토지와 재화 등 그에게 소속된 모든 것, 바로 본래 의미의 소유권property을 떠나서 존재할 수 없다.[28] 이 점은 오래 전에 고대 희랍의 크세노폰Xenophon이 소크라테스의 삶과 사상을 소개하는 저작들 가운데 하나인 『가정경제론*Oikonomikos*』에도 제시된 바 있다(Xenophon, 1923). 그리고 한 도시의 구성원이나 토지와 재화 등 모든 것을 군주 한 개인이 독점하거나 그의 영향력에 종속될 경우, 군주의 지위란 바로 그의 영지와 영지에 속한 인적 및 물적 자원에 대한 관리, 나아가 그러한 관리를 효율적으로 수행하기 위한 관리 조직의 존재를 떠나서는 유지될 수 없다. 특히 그러한 도시들이 치열한 상호 경쟁 상태에서 끊임없는 분쟁이나 전쟁 상태에 있을 경우, 그 영토의 안전 보장 문제에 대한 효율적인 관리를 떠나서는 군주의 지위 자체가 존속될 수 없다. 바로 그 점에서 외교나 전략 또는 군사 문제가 —특히 용병이나 외국의 원병에 의존하지 않은 자국군의 유지 등 —마키아벨리 정치사상의 트레이드 마크처럼 부각된 이유도 찾을 수 있다.

비록 마키아벨리의 『군주론』은 피렌체라는 이탈리아 한 공국의 군주가 그 지위 곧 stato를 유지하는 방안을 모색하는 외양을 갖고 있지만, 그 군주의 지위란 단순히 사적인 차원에 그치는 것이 아니라 공인으로서 그 공국 전체 stato의 유지와 필연적으로 관련되므로, 그 논의 내용이 그 영토적 규모가 어떠하든 한 정치 공동체 전체 stato의 유지 문제를 함축할 수 밖에 없음 또한 필연이라고 할 수 있다. 실제로 『군주론』 말미를 장식하는

28 봉건 시대에 명예란 바로 소수만이 누릴 수 있는 특권을 의미하며, 근대 자본주의 사회의 한 특징은 바로 명예의 보편화이자 범속화에 있다고 할 것이다. 몽테스키외가 『법의 정신』에서 명예honneur를 군주정의 특징으로 파악한 것은 그러한 맥락에서다(이에 관해서는 Montesquieu, 1949: chap. 7 참조).

페트라르카Francesco Petrarca(1304-1374) 시의 인용에서도 단테Alighieri Dante 이후 본격적으로 전개된 이탈리아 민족주의 이념이 표출되어 있기도 하지만,[29] 사적 개인의 지위에서 출발한 stato가 사적 이해관계를 벗어나 어느 정도의 공적 성격을 갖추는지 여부, 사적 개인의 생멸 여부를 벗어나 어느 정도의 공적이며 역사적인 영속성을 갖는지 여부, 어떠한 규모나 차원의 정치 공동체 지위의 유지나 관리의 문제로 나타나는지 여부,[30] 나아가 그러한 지위의 유지나 관리를 위해 어떠한 내용이나 형식 및 어떠한 조직 강도의 관리 체계를 필요로 하는가의 문제 등등, 다시 말해서 지위의 관리가 어떠한 형태의 통치로 발전하는가는 전적으로 그 통치 조직의 기반을 이루는 사회경제적 구조나 그 구성원을 지배하는 정신사 및 역사적 상황의 성격에 따라 결정되는 것이다.

따라서 'modern state'의 일반적 성격으로 간주되는 관료제나 상비군 제도는 어떠한 규모나 형태의 정치 공동체이든 그것의 *status*를 효율적으로 관리 및 유지하기 위한 조직의 상설화 및 전문화, 그리고 그에 따른

---

29 "덕이 있는 자는 폭군에 항거하리니
싸움은 쉬 끝나리로다.
이탈리아인의 가슴 속에는
아직도 옛 기백이 용솟음치기에"(마키아벨리, 2006: 196).

30 이와 관련하여 다우돌의 다음 진술은 참고할 만하다. "마키아벨리와 더불어 이탈리아 전체Italicus와 공작the Duke 모두가 하나의 군주prince로서, 도시civitas는 하나의 공화국republic으로 서술되며, 세 경우 모두 상실된다는 것은 stato의 상실이다. 왕의 왕국에 대한 관리government이든, 공작의 공작령에 대한, 백작의 직할령an unmittelbar count에 대한, 독립된 영주의 영지dominium에 대한, 자유 도시의 그것이든, 실제로 사람들에게 명령하는imperio sopra gli uomini 모든 형태의 관리에 적용될 하나의 말이 필요했던 것이다"(Dowdall, 1923: 114-115). 그 말이 stato임은 물론이며, 조그만 집안 가장의 *status*이든, 조그만 봉토를 가진 하위 봉건 제후의 그것이든, 한 도시나 공국의 그것이든, 또는 거대 왕국 왕의 그것이든 그것에 부속된 것들을 유지 및 보전하고 체계적이고 효율적으로 관리를 하지 못할 경우 그것을 잃게 됨은 필연적이다.

status 자체의 공적이고 영속적 성격이 좀더 명확하게 부각된 결과 이외의 다름아니다. 그것은 근대 세계의 근본적인 성격으로 간주되는 중세적 보편주의의 붕괴, 즉 신성로마제국의 쇠퇴 및 종교개혁으로 상징되는 로마 가톨릭 중심의 단일한 기독교 공동체의 붕괴, 봉건제적 토지 경제에서 중상주의를 거쳐 산업자본주의로 이어지는 경제 체제의 구조적 변화라는 역사 및 정신사적 변화에 수반하여 나타난 지배 질서의 변화와 정치권력의 재편 과정, 그리고 그들 사이의 경제적 및 군사적 경쟁의 심화에 상응한 *status* 성격 자체 및 그것에 대한 관리 방식의 변화를 의미한다.

결국 마키아벨리 이후 영국의 내란이나 프랑스의 종교전쟁을 계기로 홉스Thomas Hobbes나 보댕Jean Bodin을 통해 체계적으로 정당화되고 개념화된 절대적 주권sovereignty의 존재는 *status*에 대한 소유권 주체의 단일성 및 소유권 행사의 통일성을 지배 체제가 존재하기 위한 절대적인 조건으로 부각시킨 결과다. 그리고 일반적으로 근대 국가의 핵심적 요소로 간주되는 관료제나 상비군 제도는 *status*의 본질적 요소가 아니라 그것에 대한 유지 및 관리의 역사적 형태일 뿐이며, 관료제 및 상비군 제도의 정착 및 강화 과정으로 이해되는 서양의 근대 정치사란 결국 *status*의 공적 성격의 강화 및 그것에 대한 관리의 합리성 혹은 효율성 증대 역사의 제도적 외양이라고 할 수 있다. 베버Max Weber가 말하는 '전통적 지배 체제traditionale Herrschaft'에서 '법적 지배 체제legale Herrschaft'로의 이행이란 바로 그러한 역사를 개념적으로 설명한 것이며, 프랑스혁명 이후 본격적으로 전개된 왕정에서 공화정으로의 이행 또는 입헌왕정의 등장은 *status*에 대한 소유권 행사의 주체, 곧 주권sovereignty 행사의 주체를 *status* '밖에' 초월적으로 군림하는 것이 아니라 그것 '안에' 포함시키면서 그러한 주체의 공적 성격을 헌법을 통한 명시적인 규정을 통해 제도화 및 세속화하는 —특히 주권의 성립 및 정당성의 근거를 신이나 자연법 등 초월적인 존재나 이념에서가 아니라 *status*에 속한 구성원의 의사에서 찾는다는 의미에서의 세속화 — 과정의 표현이다.[31] 그리고 근대 이후 일반적으로 통용되는 바와 같이 지배 체제의 *status*를 유지 및 관리를 위한 조직 체계인 state가 지배 체제 전체를 지칭하게 된 것도 그러한 효율적인 조직 체계의 존재를 떠나서는 지배 체제 자체를 유지하기가 거의 불가능한 근대 이후 전개된 역사적 상황의 반영이다.

결국 지위나 신분을 의미하는 *status*에서 기원한 state란 말이 현재의 의미를 갖게 된 것은 근대 서양에서 이루어진 역사적 변화의 특수성이 *status*란 말에 특이한 방식으로 의미론적 변형을 가한 결과다. 즉 신분 질서에 기초한 정태적인 전통 사회로부터 사회 전체에 대한 포괄적이고 체계적인 관리의 필요성이 점차 증대한 동태적인 근대 사회로 이행하는 과정에서 전통 사회의 핵심적 요소인 신분 곧 *staus*라는 말이 근대 사회의 관리 및 통치의 주체를 지칭하는 말로 변형된 언어사적 아이러니의 표현이라고 할 수 있다. 그리고 비록 인간의 일상적인 언어 생활이란 대체로 개념적 엄밀성이나 일관성을 기초로 이루어지는 것은 아니지만, 현대의 state와 같이 지배 체제에 대한 관리의 주체를 지칭하는 말이 지배 체제 전체를 지칭하는 언어로 사용되고 있음은 언어의 오용까지는 아니라도 적어도 바람직한 언어 생활은 아니라고 할 것이다. 그런데 앞에서 논의한 한자 문화권에서의 국가란 말은 이와 대비된다.

국가란 말은 일단 가家에서 국國으로 인간의 공동체가 공간적 및 조직적으로 확장하는 데 따른 정치적 통합을 언어적으로 표현하고 있다는 점에 주목해야 한다. 그것은 가정과 인류 사회 전체를 매개하는 존재라는 의

31 이 점은 '7월혁명' 후 왕으로 등극한 필립Louis Philippe이 자신을 '프랑스의 국왕'이 아니라 '프랑스인의 왕'으로 칭한 사실에 상징적으로 잘 나타나 있다(이에 관한 간략한 설명으로는 양승태, 2007: 109-111 참조).

미를 함축하고 있다는 것이다. 좁은 의미에서 가家란 — 현대어로 가정이란 — 인간 사회에서 구성원 사이에 사랑이나 우애에 기초한 내적 통일성이 가장 강한 조직이기 때문에 공동체적 이상의 전형적인 표상이다. 동시에 그것은 사회 전체에 대해서는 배타적 이기성과 상호 간의 분열을 의미하는 조직체라고도 할 수 있다. 그런데 앞에서 이미 기술한 바와 같이 한자문화권에서의 국가란 천하일가의 이상, 즉 그것이 현실 정치에서 그 실제적인 목적이 무엇이든 적어도 언어적으로는 인류 공동체로의 통합을 표현하는 이상과 결합되어 있다는 사실 또한 주목해야 한다. 그것은 국가라는 말이 현실과 이상 사이의 긴장 관계를 절묘하게 표현하는 용어가 될 수 있음을 의미한다. 즉 현실 지배 체제의 한 극단은 — 왕정이 철저히 부패할 경우 그것을 세습적으로 이어받는 왕가가 공가公家가 되지 못하고 사가私家가 되는 경우와 같이 — 사적인 가家들의 이기적인 목적의 각축장이라면, 다른 극단은 그러한 가家들을 보편적 이상에 기초한 공적인 질서에 통합한 하나의 완전한 공동체라고 할 수 있다. 국가라는 말은 정치 현실에서 두 극단 사이에 존재하는 지배 체제를 지칭하는 용어가 될 수 있는 동시에, 가家를 천하라는 인류 사회 전체에 매개하는 위치에 있으면서 인류 공동체의 성립을 지향하는 조직체라는 의미를 내포하고 있는 절묘한 언어라는 것이다. state가 중세적 전통 사회의 핵심적인 제도에서 기원한 언어가 근대 서양의 특이한 역사적 변화 과정에서 기이한 의미 변형 과정을 거쳐 현실 정치의 언어 및 학문 용어로 발전한 것이라면, 국가는 그 언어 자체에 정치에서의 현실과 이상 사이의 긴장 관계 및 정치적 이상을 동시에 표현할 수 있는 일관된 의미 체계를 함축하고 있다.

따라서 학문적 개념어로서 국가는 state보다 더 타당하고 유용하다. 문제는 그와 같은 의미론적 우월성에도 불구하고 동양권의 학문이 국가라는 말에 함축된 그러한 개념적 의미를 독자적으로 체계화하고 발전시키면서 정치 현실에 대한 분석 및 이해 또는 새로운 정치 질서의 창출에 활용하지 못한 점에 근대 동양 지성사의 근본적인 문제가 있다. 이에 따라 서양 학문이 동양권에 소개된 이후 일상 생활에서뿐만 아니라 학문적으로도 국가란 말은 단지 state의 번역어로 사용하면서 그 개념적 의미는 서양 학문의 연구 결과에 의존하는 상황이 지속되고 있는 것이다. 그러한 상황에서 국가의 존재는 오직 막연한 직관적 느낌의 대상이거나, 국가와 관련된 추상적인 이론들 또는 행정부나 국회 등 권력기관들의 행태 차원에서만 이해될 뿐이다. 이에 따라 국가는 국기나 국가 등 상징물과의 연관 속에서 정서적 감흥의 대상에 머무르거나, 아니면 개개인의 자유에 제한을 가하는 귀찮은 존재 정도로 인식된다. 다시 말해서 국가의 상징이나 국가 운영과 관련된 제도 또는 조직을 국가 자체로 오해하면서 국가란 존재 자체는 국가 구성원의 정신 속에서 구체적으로 파악되지 못한 상태로 남아 있게 되는 것이다.

3. 국가 개념에서 국가 정체성 개념으로

여기서 다시 국가와 관련된 지금까지의 논의를 정리할 필요가 있다. state는 결국 서양 근대사라는 특정 시대에 지배적으로 나타나고 끊임없이 변화·발전한 지배 체제의 형태를 지칭하는 말이다. 그것은 시대를 초월하면서 범세계적으로 보편화된 지배 체제의 일반적이고 고정된 형태가 아니며, 서양의 경우에도 모든 장소나 시대에 보편적으로 등장한 것이 아니라 근대라는 시기에 특히 자본주의의 발달에 상응하여 전개된 복잡한 삶의 환경의 변화와 이에 수반한 역사적 및 정신사적 변화가 산출한 형태다. 그러한 변화의 일반적인 결과로 나타난 속성이 관료 조직이나 상비군 제도를 포함한 중앙집권화 통치 체제의 확립일 뿐이며, 그러한 통치 체제가 지배 체제 자체는 아닐 뿐더러 모든 지배 체제가 반드시 갖추어야 할 필수적인 제도적 장치도 아니다. 이상적인 상황의 표현이기는 하지만, 강제력의 행사나 엄격한 조직 체계가 없어도 지배-복종의 관계가 유지될 수 있는데도 불구하고 그러한 장치가 설치되고 운영될 이유는 없다. 그리고 state가 동양권의 국가에 상응하는 유일한 말도 아니며, state가 반드시 근대적 정치 공동체를 지칭하는 유일한 말이 될 이유도 없다. 그 지칭하는 실체가 무엇이든 그리고 그 의미나 개념상의 차이가 무엇이든, 동양의 경우 우리말의 '나라'를 비롯하여 국가, 국國, 방邦 등 비슷한 말이 있듯이, 서양의 역사 및 정신사적 전통에서도 state와 비슷하게 사용되는 수많은 다른 말이 있다.[32] 오직 state란 말만 국가로 번역되어야 한다고 믿는 것은 말과 개념의 혼동이자 역사적 상황 및 문화권의 차이에 다른 의미 체계의 차이에 대한 몰이해에 불과하다.

여기서 강조해야 할 점은 그러한 각 말은 특정 시대 및 정치사회적 상황에 기반을 둔 지배 체제나 권력 구조의 특수성, 지배 체제의 특정한 이상, 특정한 형태의 공적 질서나 공적 영역의 범위, 또는 그것에 속한 인간집단의 특정한 성격이 반영되어 있다는 사실이다. 그 실체에 대한 논란을 떠나서, 서양 중세의 신성로마제국은 적어도 기독교도들 사이에서는 배타적

---

32 희랍어 전통에서는 basileia(왕국), koinonia politike, polis, politeia 등이 있으며, 각각에 상응하는 라틴어 전통에서의 regnum, societas civilis, civitas, res publica, 그리고 영어에서의 kingdom, civil society, republic, commonwealth, country, nation 등등이 그것이다. 각 말의 시대적 및 개념적 의미에 대해서는 방대한 역사 및 정신사상사적 논의를 필요로 하므로 이 책에서는 별도로 다루지 않을 것이다. 다만 그것들 각각의 의미에 관한 간단한 개념 정의 및 개념적 쟁점에 대한 간략한 소개로는 굿윈Robert E. Goodin 등이 편집한 *A Companion to Contemporary Political Philosophy*(Goodin et. al., 1995)가 참고할 만하다.

경계가 없는 단일한 정치 및 종교적 삶을 이상으로 추구한 것이 분명하며, 그러한 기독교적 보편주의의 이상이 단순히 허구가 아니라 오랫동안 권력자들의 행동을 제약하면서 현실 정치에서 어느 정도 실제로 작동한 것도 사실이다. 또한 일반적으로 근대 국가란 관료 조직을 기반으로 하는 중앙집권화된 통치 체제로의 발전으로 이해되지만, 그것 자체가 반드시 국가 생활의 이상도 아닐 뿐더러 그러한 발전이 역사적 필연성은 아니다. 스위스의 경우와 같이, 역사적 연속성을 가진 인간집단이 처한 역사적 특수성에 따라서는 오히려 분권화된 연방국가가 근대 국가의 한 성격이 될 수도 있다.[33] 어쨌든 자명한 것은 각 말을 사용하는 특정 시대 및 공간의 인간이 현대적 의미의 국가나 state를 의식하거나 염두에 둔 것은 아니라는 사실이다. 그들에게 각 말은 그들만의 독자적인 하나의 독립된 지배 질서 및 이에 수반된 권력 구조를 지칭함과 아울러 그들만의 가치관이나 세계관을 반영한다. 이제는 점차 사라져 가고 있지만 현대에도 존속했던 원시 부족과 같이, 하나의 인간집단이 관료 조직이나 군대가 없이도 존속될 수 있고 원활하게 운영될 수 있는데도 그것들을 유지할 필요는 전혀 없는 것이다. 따라서 국가 정체성의 위기라는 문제에 접했을 때 그것에 대한 해결책의 모색은 국가나 state란 말의 일상적인 의미나 그것과 관련된 기존의 이론 및 개념을 떠나서 그것의 가장 원초적인 의미에서 출발할 필요가 있다.

그 원초적 의미란 자명하다. 국가는 근본적으로 '다른' 집단이나 '다른' 인간에 대한 배타적인 구분을 전제로 그들과 구분되는 '같은' 구성원들로 구성된 역사적 연속성을 가진 인간집단으로서 지배-피지배 또는 명

---

33 어느 정도 개괄적인 수준의 비교 분석이기는 하지만, 김준석의 박사학위 논문(Kim, Joon Suk, 2005)은 근대 국가 출현의 역사적 과정에 대한 그와 같은 통념의 타당성에 대해 프랑스, 독일, 스위스, 네덜란드 등의 사례 분석을 통해 반증을 시도한 탁월한 연구라고 할 수 있다.

령-복종의 관계가 존재하는 집단으로 규정될 수 있다는 것이다.[34] 그러한 집단을 — 지금까지 간헐적으로 지배 체제의 공간 및 그것에 속한 인간 전체를 지칭하는 말로 사용했지만 — 아리스토텔레스에 의거하여 일관되게 '정치 공동체koinōnia politike'로 부르기로 하자. 여기서 공동체라는 말의 핵심적인 의미는 'koinōnia'라는 희랍어에 함축되어 있듯이 그 구성원의 성격이나 자질은 각각 다를 수 있지만 '무엇인가를 공유하는' 인간집단을 지칭한다. 그런데 그러한 규정은 문제의 출발일 뿐이다. 문제의 핵심은 구성원들이 공유하면서 그들을 하나가 되게 하는 것이 바로 무엇인가다. 아리스토텔레스의 『정치학』 전체가 바로 그 무엇에 대한 설명이기도 하지만, 적어도 지배-피지배의 관계가 존재하는 한 국가로 불리는 집단만이 아니라 가족이나 마을, 부족, 민족 등 인간의 어떠한 집단도 본질적으로는 정치 공동체다. 다만 그러한 지배-피지배 질서가 어떠한 방식으로 어떠한 목적을 실현하고 있는가에 따라 그 정치성의 의미나 차원은 달라진다는 점이 중요하며, 그러한 목적이나 가치관 또는 이상을 떠나 국가 생활의 성격이 이해될 수 없고, 그러한 것을 떠나서는 그러한 집단의 존재성 자체를 운위할 수 없다. 다시 말해서 조그만 도시국가가 인간적 삶의 이상을 완벽

34 이러한 맥락에서 옐리네크Georg Jellinek를 인용할 필요가 있다. 그에 따르면 인적 요소의 측면에서 국가는 '사회적 집단 현상eine soziale Massenerscheinung'이며, 따라서 그것은 '다수의 인간eine Vielheit von Menschen'을 전제로 하고, 그것에는 인간들 사이의 모든 자연적 차이가 포함되어 있다는 것이다. 또한 국가는 계속적인 어떤 세대에 한정되지 않은 제도이기 때문에, 남성과 여성, 성인과 유아라는 자연적 차이에 의해 이루어지고 있다는 것이다(Jellinek, 1959: 83). 이 문장에서 인간이라는 존재 자체는 이미 남녀의 결합을 통해 세대로 이어지는 역사성을 전제로 하기 때문에 '다수의 인간' 이하의 규정은 부차적인 부연에 불과하다. 그리고 옐리네크는 인적 요소의 측면에서 국가란 사회적 집단 현상이라고 규정한다. 하지만 중요한 점은 다음에 설명될 바와 같이 사회적 집단 현상이란 단순히 인간의 집합이 아니라 역사적 연속성을 가진 정체성을 전제로 하는 집단이 그것의 '본질적인' 요소며, 다른 요소는 그러한 인간집단이 존속하기 위한 필수적으로 부가되는 요소라는 것이다.

하게 구현할 수 있다면 —플라톤이나 아리스토텔레스가 굳게 믿었듯이— 그러한 규모의 지배 체제만이 진정한 의미에서의 국가가 될 수 있으며, 아무리 거대하고 부유하고 세계 최강의 제국이라도 그러한 국가 생활의 영위가 인간적 삶의 이상 실현과는 거리가 멀다면 결코 진정한 의미에서의 국가가 될 수는 없다. 물론 그 반대의 경우도 가능하다. 이 점은 국가 정체성의 문제를 이해나는 데 핵심적인 부분이므로 좀더 부연 설명이 필요하다. 이를 위해 일반적으로 공법 교과서에서 국가의 세 요소로 제시되는 '국민 · 영토 · 주권'의 의미를 새롭게 이해할 필요가 있다. 설명의 편의상 앞의 2~3절에 제시된 정치 체계 이론의 비판 및 국가 개념의 논의를 환기하면서 조금 험악한 예를 들기로 하자.

조폭은 구성원과 엄격한 조직 체계와 '나와바리繩張り: 區域'를 갖고 있다. 물론 조폭은 국가권력의 통제를 받지만 국가권력이 실제로 모든 것을 통제할 수 있는 것은 아니다. 다시 말해서 불법적이지만 나름대로 특정 영역에서 어느 정도 '자율적인 권력(주권)'을 행사할 수 있으며, 그 불법성 자체가 국가라는 상위 지배 체제의 존재를 전제로 한다. 다시 말해서 국민 · 영토 · 주권의 세 요소가 별개로 존재할 수도 없을 뿐더러,[35] 각 요소의

---

35 굳이 부연하자면, 인간집단의 존재를 전제하지 않은 영토란 무의미하며 어느 정도의 수준이든지 조직화를 전제로 하지 않은 인간집단의 존재도 무의미하다고 할 것이다. 다시 말해서 영토는 국민이나 주권에 외적으로 부가된 별개의 외적 요소가 아니라 세 요소는 상호 연관 및 규정되어 있다는 것이다. 즉 한 국가의 영토 개념 속에 이미 그 국가가 향유하는 주권 및 국민의 성격이 반영되어 있다. 이 문제에 대한 가장 근본적인 해명은 물론 아인슈타인의 상대성 이론에 의해 부정된 뉴턴 물리학적인 순수 시간 및 공간 개념이 칸트 철학을 포함하여 오랫동안 근대 서구 사상에 끼친 영향에 대한 이해를 필요로 한다. 그러한 수준은 아니라도 이미 현대 지리학이나 인류학 및 동물학의 연구를 통해 공간이란 근본적으로 사회적이고 문화적인 개념으로서 동물이나 인간의 존재 자체가 이미 특정 공간 영역 즉 영토를 전제로 한다는 점은 충분히 밝혀진 바 있다(이에 관해서는 Jones, 1975: 특히 part II "concepts of space" 참조). 이러한 연구 이외에 공간에 대한 이해 또는 주관적 구성이 한 사회의 세계관이나 이데올로기의 핵심

존재성 자체도 본질적으로 상대적이다. 이 예가 조금 황당하게 느껴진다면 이 시대 민족 문제를 대표한다고 할 수 있는 터키와 이란의 접경에 위치한 쿠르드족Kurdish의 예를 들어보자. 쿠르드족은 현재의 국제법상 국가로 인정받지 못하지만 나름대로의 독자적인 문화를 가진 구성원과 더불어 어느 정도 자율적인 권력을 행사하는 조직 체계 및 어느 정도 자치가 허용된 지역을 갖고 있다. 물론 실질적으로 자치가 보장된다는 것과 국제법상 국가로 인정받는 것과는 상당한 차이가 있다. 그러나 그러한 차이 자체가 현실 정치에서는 본질적으로 상대적이라는 사실이 중요하다. 이미 앞에서 언급된 바 있는 유길준兪吉濬(1856-1914)의 저작을 통해 잘 알려져 있듯이,[36] 서세동점기에 한국이 '법적으로나마de jure' 주권 국가 간의 평등성을 전제로 하는 근대 서양의 '공법 질서'에 편입되는 과정에서 중국과의 관계가 '속국'이냐 '수호국'이냐 '증공국'이냐 '독립국'이냐의 문제가 제기되었다는 사실 자체가 주권 개념의 본원적인 상대성을 잘 증언하고 있다.

그러므로 주권이란 그러한 인간집단이 스스로의 존재성에 대한 스스로의 확인이자 타집단으로부터의 인정일 뿐이다. 그리고 중요한 점은 그와 같은 '확인'과 '인정'이 역사 및 정신사 속에서 발생하는 끊임없는 동태적인 상호작용의 과정이라는 사실이다. 어떠한 범위나 형태 및 내용이든 주권이란 이름의 자기결정권이 없는 집단이란 집단으로서의 존재 자체에 대한 부정을 의미한다. 하지만 개인의 자기결정권이 절대적이지 않듯이 절대적인 주권도 존재하지는 않는다. 개별 국가 주권의 절대성이 부각된 근

적인 요소일 뿐만 아니라 그것의 지배 체제와도 긴밀한 연관성을 갖는다는 점은 르 고프(Le Goff, 1990)가 서양 중세 시대의 연옥Purgatory 개념에 대한 치밀한 개념사적 연구를 통해 설득력 있게 제시한 바 있다.

36 특히 1885년에 저술된 그의 『국권』 참조.

대 국가의 역사에서도 결코 절대적으로 독자적이며 자의적인 주권 행사는 존재하지 않았을 뿐더러, 주권의 그와 같은 상대성 맥락에서 현대 세계에서 진행 중인 세계화나 새로운 제국 질서의 — 19세기 말에 등장한 제국주의와 같이 인종이나 민족 간의 불평등성을 전제로 한 일방적인 지배-피지배 관계가 아니라 국가에 대한 범세계적인 관리 질서로서의 제국주의 — 등장도 이해될 수 있다. 그리고 국가의 구성원에게 삶의 — 물질적 삶뿐만 아니라 교육이나 문화 또는 정서적 삶을 포함하여 — 조건이나 수단을 안정적이고 영속적으로 보장하고 획득하게 하기 위해 그들에게만 배타적인 사용이 허용되는 토지가 없이는 그러한 공동체의 존재가 영속적이 될 수 없기 때문에 영토가 국가에 필수적인 요소가 된다. 유목민 부족의 경우가 보여 주듯이, 자유롭게 이동하면서 집단적인 삶을 영위할 수 있다면 고정된 영토 공간이 반드시 필요한 것은 아니다. 그리고 만일 인간성 자체가 변해 토지가 없어도 안정된 정신 생활이 가능하고, 기술의 발달로 공간을 영속적으로 자유롭게 이동하면서 토지에 의존하지 않고도 삶의 수단을 안정적으로 공급받을 수 있다면, 다시 말해서 공간적 제약을 벗어나 자유로운 인간의 삶이 가능하다면 — 그러할 가능성은 거의 없겠지만 — 영토가 국가의 필수적인 요소가 되지 않을 수도 있다.

결국 국가의 핵심은 스스로를 다른 인간과 배타적으로 구분하는 인간집단이라는 지극히 자명한 사실에 있다. 주권과 영토란 그러한 배타적 구분의 필연적 외연일 뿐이다. 아울러 경제·사회 구조란 그들 인간집단이 물질 생활 및 정신 생활을 상호 의존 속에서 영위하기 분업 체계이며, 일반적으로 국가의 존재와 동일시되는 군대를 포함한 거대한 관료 조직이란 그러한 분업 체계를 효율적으로 관리하면서 스스로를 존속시키기 위한 지배 질서의 한 역사적 형태일 뿐이다. 그러한 요소와 국가 자체를 동일시함은 전체와 부분, 본本과 말末, 목적과 수단, 존재성과 역사성의 혼동에 불과하다. 본질적으로 중요한 것은 그것은 정치 공동체의 유지를 통해 실현해야 할 목적, 즉 가치나 이상이 무엇이며, 아울러 그러한 가치나 이상의 실현을 위해 누가 어떠한 방식으로 정치 공동체를 조직하고 이끌어 가는가의 문제다. 그러한 질문에서 가장 근원적인 것은 바로 '누구'라는 주체의 문제다. 왜냐하면 그와 같은 목적과 관련하여 보편적인 가치나 이상을 얼마나 구체적으로 제시하고, 그러한 수단과 관련하여 통치 조직이나 사회적(교육과 문화를 포함하여) 및 경제적 제도를 얼마나 체계적으로 정비하고 효율적으로 운영하는가의 문제는 바로 그 주체가 누구이며, 그 주체의 정신적 역량에 달려 있기 때문이다.

인류 역사에서 국가 사이의 영토의 구획이 끊임없이 변화한 사실에 잘 나타나 있듯이, 인류의 역사란 바로 인간집단 사이의 배타적 구분의 경계가 끊임없이 변화한 역사이자 그 구성원의 변화의 역사, 곧 그 구성원을 이끌어 가는 주체의 성격이 변화해 간 역사인 것이다. 본디부터 아무런 공통적인 요소가 없는 순수한 개인의 집합으로 구성된 국민이란 존재할 수도 없거니와 실제로 역사상 출현한 경우도 없다. 어떠한 수준 및 형태이든 역사성과 사회성 및 지배 체제를 떠난 개인이란 존재할 수 없으며, 개인의 존재성 자체에 이미 특정한 정신사적 전통과 사회적 가치관 및 집단의식 그리고 특정한 사회적 인간관계 및 이에 따른 집단의식이나 지배 질서가 내재되어 있다. 국민이란 바로 역사적 존재, 즉 역사적으로 형성되고 그 배타적 경계가 확장 또는 축소되면서 끊임없이 새롭게 변화하는 존재다.[37]

---

37 이 점은 근대 자유주의 정치사상의 초석인 근대 사회계약론의 국가 개념에 대한 정형화된 비판과 직접 연관된다. 즉 국가의 성립 이전에 개인이 존재하며, 국가는 그러한 개인의 동의에 의해 성립한다는 논리에 대한 비판이 그것이다. 좀더 구체적으로 말해서 자연 상태라는 비역사적 상황 속에서 구체적인 역사적 전통이나 정신적 공감이 없이 오직 추상화된 이성 및 감성만을 공유하는 것으로 가정된 평등한 개인의 동의에 의해 국가가 성립한다는 논리가 그것이다. 그러한 개인주의적이고 비역사적인 국가론의

바로 그렇기 때문에 개인, 집단, 민족, 국민, 국가는 한 정치 공동체의 다양한 측면일 뿐이며; 각각을 서로 분리하여 파악할 수는 없다. 개인이란 정치 공동체의 개별화된 인적 구성 요소이며, 그러한 개인은 결코 문화나 사회·경제적으로 아무런 상호 연관성 또는 의존성이 없는 단자單子들의 무의미한 집합이 될 수 없다. 그들은 어떠한 형태나 내용이든 역사적 연속성 속에서 전체를 이루는 집단으로서 민족을 구성한다. 국민이란 지배 체제를 구성하고 운영하는 통치 주체로서 집단 전체의 인격적 측면을 지칭하고, 일반적으로 이해되는 의미의 국가란 통치 체제를 운영하기 위한 공적으로 규정되고 제도화된 조직 체계를 의미한다. 그러한 점은 영어

근본적인 한계에 대해서는 근대 정치사상사의 발전 맥락에서도 흄David Hume과 버크Edmund Burke 등에 의한 고전적인 비판이 제기된 바 있다. 즉 그것이 구체적인 역사적 배경이나 특정한 정신세계를 전제로 하지 않은 개인들의 집단 및 그들에 의한 순수한 계약 행위라는 가설적인 상황의 설정을 통해 실제의 국가 성립을 설명하려는 이론적 허구성에 대한 비판이다. 이에 대한 모범적인 교과서적 설명은 새바인(Sabine, 1961: 특히 chap. 30)이 이미 제시한 바 있고, 지은이 나름으로도 다른 저작에서(양승태, 2007, 특히 3장 참조) 자세히 논의한 바 있다. 앞으로의 논의를 통해 좀더 구체적으로 설명되고 명확하게 밝혀지게 되겠지만, 서구에서 근대 국가의 출현 자체가 개인의 동의에 의해서가 아니라 바로 중세의 보편주의적 정치 질서를 기반으로 오랜 시간의 역사적 과정을 거친 그것에 대한 도전을 통해 성립되었다는 사실은 일단 사회계약론적인 국가 성립의 허구성을 현시한다(그러한 역사적 과정에 대한 고전적인 서술로는 Skinner, 1978 참조). 또한 일견 개인의 동의에 의한 국가 성립의 가능성을 찾을 수 있는 이민에 의한 국가 성립의 역사적 사례 또한 그것의 허구성을 보여 준다. 펠로폰네소스 전쟁이 친親스파르타 식민도시와 친아테네 식민도시 사이의 갈등이 집적적인 원인이듯이, 고대 그리스 시대에도 이민자들로 구성된 식민도시들은 이미 공통적인 문화나 성향 등을 공유한 특정 인간집단이 그 '국가'를 주도했음은 이미 잘 알려져 있다. 근대에서는 이민자들로 이루어진 대표적인 국가이자 로크John Locke의 사회계약론 및 자유주의적 정치사상을 국가 성립 이념의 주요 내용으로 표방한 미국의 경우도 그것이 단순히 각각 자유로운 개인이 모여 기존의 가치관이나 전통의 제약을 벗어나 순수한 합의를 통해 국가를 이룬 것이 아닌 점은 잘 알려져 있다. 이른바 '건국의 아버지들'은 'WASP'로 불리는 개신교적 세계관을 공유한 식민지의 지배 세력이지 단순히 평등한 개인의 집합이 아닌 점은 그것에 대한 또 다른 반증이다.

nation이 국가, 국민, 민족 모두를 의미할 수 있다는 사실을 통해 언어적 차원에서 확인된다. 인간집단의 조직 체계 및 질서와 그것을 운영하는 인격적 주체는 분리 불가능하며, 하나의 인간집단이 주체적으로 어떠한 내용이나 수준의 집합적 삶을 영위하고 있느냐에 따라 그 정치 공동체의 성격이나 위상은 달라진다.

이에 관한 좀더 구체적인 논의는 톨레랑스 문제를 중심으로 민족주의와 국가 정체성 문제의 한 측면을 설명한 다음 제2부 제10장에서 다룰 것이다. 어쨌든 중요한 점은 인간이라고 불린다고 해서 모두 같은 인간이 아니듯이, 국가라고 불린다고 해서 모두 동일한 국가는 아니라는 것이다. 이스턴의 정치 체계 이론의 결함도 정치 체계란 이름으로 모든 국가를 형식화된 개념적 틀에 인위적으로 맞춤에 따라 개별 국가의 구체적이고 특수한 성격을 제대로 파악하지 못하고 무차별적으로 평준화함으로써 정치 현실 자체를 왜곡시키는 데—따라서 '비과학적으로' 잘못 이해하는 데—있다. 국가란 여러 차원에서 국가적 품격이나 위상이 다를 수 있다. 그리고 그러한 품격이나 위상은 스스로 어떠한 내용이나 성격의 공동체적 삶의 목표나 이상을 어떠한 방식의 공동체적 합의를 통해 설정하고 있고, 그러한 목표나 이상을 실현하기 위해 어떠한 효율성을 갖춘 공동체적 조직을 운영하고 있느냐에 따라 달라질 수 있다.

따라서 한 정치 공동체의 역사란 당연히 그 내적 차원에서는 지배 체제나 권력 구조 및 경제·사회 구조 변화의 역사이며, 외적으로는 그 구성원이 스스로와 다른 정치 공동체와 다름을 구분하는 경계가 변화한 역사라고 할 수 있다. 수많은 다른 민족이나 인종들의 피가 유입되었어도 '한국인'이라는 '동일한' 인간들이 세대를 통해 이어지면서 한반도라는 특정한 배타적인 공간에 살아왔다는 것, 그러한 사실은 전제하지 않고는 '한국 역사'라는 말 자체를 운위함이 무의미한 것이다. 정치 공동체 사이에서 끊임없이 이루어진 영토의 병합이나 분열의 역사란 근본적으로 그와 같은 같음과 다름의 내용이나 경계 변화의 역사 이외에 다름아니다. 문제는 무엇이 그러한 변화의 근본적인 동인動因인가 하는 것이고, 그 '다름'과 '같음'을 구분하는 근거가 시대에 따라서 변화하는 이유가 무엇이고, 그와같이 '다름'과 '같음'을 구분하는 근거가 역사적으로 영속성과 안정성을 갖기 위한 조건이 무엇이냐는 것이다. 그 '다름'과 '같음'이 바로 국가 생활의 모든 문제의 근원이다. 인간 사이의 '같음'과 '다름'의 개념, 바로 동일성identity의 다른 표현인 정체성identity 문제가 국가 정체성 문제의 이해의 핵심으로 등장하는 것은 이러한 이유에서다. 그리고 '같음'의 핵심은 그러한 정치 공동체가 왜 그리고 무엇을 위해 존재하며, 그러한 공동체적 삶을 통해 인간의 삶에 어떠한 좋은 것을 가져다주고 있는가, 즉 그것이 삶의 가치의 증진이나 이상의 실현을 위해 어떠한 기여를 하는가에 대해 얼마나 '같은' 관점이나 식견을 공유하고 있느냐 하는 것이다. 다음 제4~6장은 그러한 논의 및 설명에 할애되는데, 먼저 제4장에서는 정체성이란 개념 자체에 대해 천착하면서, 왜 개인의 정체성이 개인의 영역을 넘어 필연적으로 국가, 나아가 궁극적으로는 인류 전체의 정체성, 곧 인간성의 문제로 변환될 수밖에 없는지에 대해 설명할 것이다.

제4장 | 정체성과 자아 정체성: 고대 서양 철학사에서 문제의 기원과 전개

우리말의 '참모습'이나 한자어 '정체성'에 가장 가까이 상응하는 영어는 'identity'다. 학문적 개념어로 가능한 순 우리말인 참모습이란 말 대신에 정체성이란 한자어를 사용하고 있다는 사실 자체에도 스스로의 학문적 정체성을 확립하지 못한 우리 학문의 현재의 참모습이 있다고 할 수 있다. 또한 정체성이란 한자어 또한 동양의 학문적 전통 속에서 독자적으로 사용되고 개념사적으로 발전된 용어가 아니라 서양 학문 용어의 번역어라는 사실에 동양 학문이 극복해야 할 현재의 정체성 문제도 있다. 어쨌든 현재의 그와 같은 학문적 상황은 정체성 개념 자체의 이해를 위해 참모습이나 정체성이란 말의 분석 대신에 identity란 말의 분석에서 시작할 필요성을 제기한다.

1 이하 어원에 관해서는 옥스퍼드대학출판사의 *Etymological Dictionary of the English Language; Oxford Latin Dictionary; Greek-English Lexicon* 참조.

1. 같음과 다름, 동일성과 정체성

영어 'identity'는 '같음' 또는 '동일성'을 의미하는 후기 라틴어 '*identitas*'가 그 어원이며, 이 라틴어는 다시 영어의 'the same'에 해당하는 삼인칭 지시대명사 '*idem*'이 그 어원이다.[1] 따라서 이 말 자체에 처음부터 정체성이라는 의미는 없다. 그런데 이 라틴어에 상응하는 희랍어는 'tautotēs'로서,[2] 이 희랍어는 라틴어나 영어와는 달리 '자신' 또는 '자체'를 의미하는 말(se; self)과 '같다'를 의미하는 말(idem; same)이 하나의 말로 표현된 'autos'에서 유래했다는 사실이 주목된다.[2] 이러한 사실에서 한편으로 서양 언어에서 '동일성'과 '정체성' 두 의미가 'identity'라는 하나의 말로 표현하게 되었는지 그 이유를 찾을 수 있으며, 다른 한편으로 서양 언어의 의미 체계에서 정체성은 결국 인간을 포함하여 한 개체의 동일성 차원에서 접근할 수밖에 없는 이유도 찾을 수 있다. 이에 따라 정체성은 동일성의 두 측면에서 접근하게 됨은 철학적 성찰을 떠나 일상 언어의 의미 체계상으로 필연이라 할 수 있다. 즉, 정체성에 대한 이해는 한편으로 한 개체가 공간과 시간의 변화 그리고 이에 따른 구성 요소의 변화

---

2 이 희랍어는 아리스토텔레스에 처음 등장하는데, '*identitas*'는 이 희랍어와 어원 구조가 같으므로 그것의 번역어일 가능성이 크다. 그것은 희랍어 정관사 'to'와 'self' 또는 'same'을 의미하는 삼인칭 지시대명사 'autos'가 결합한 형용사 'tautos'의 명사형이며, 아리스토텔레스(Aristoteles, 1926)의 『니코마코스 윤리학』 8권 1061b에서 형제 간의 우애philia를 부모와의 관계에서 동일성tautotēs 차원에서 설명하는 과정에 나타난다. 그런데 아리스토텔레스에서 동일성 개념은 이 용어로만 표현되는 것은 아니다. 그의 『형이상학』 5권(특히 1017b-10~1018a-19)의 존재ousia 개념 및 '동일성·타자성·차이성' 개념에 대한 설명 과정에서, 그리고 10권(특히 1054a 33~1054b4)의 '단일성(to hen; one)' 개념을 논의하는 과정에서는 'tautos(영어로 'the identical'에 해당)'라는 용어를 사용한다. 아스토텔레스의 동일성 개념에 관해서는 뒤에 가서 다시 논급한다.

및 외적 형태의 변화 속에서도 '같은' 존재로 유지시키는 고정 불변의 어떤 것에 대한 탐구로 나타났다고 할 수 있다. 다른 한편으로 그것은 한 개체가 다양한 요소로 구성되어 있음에도 불구하고, 그러한 '다른' 요소들을 '같은' '하나'로 규정할 수 있는 근거에 대한 탐구로 나타난 것이다.

정체성 개념의 그러한 성격을 스트롤Avrum Stroll은 "변화 속의 영속성permanence 및 다양성diversity 속의 통일성unity"이란 문구로 간단히 정리한 바 있다(Stroll, 1967). 정체성에 대한 이러한 규정과 관련하여 강조되어야 할 점은 정체성 개념의 그러한 두 측면은 말 그대로 한 개념의 두 측면이지 별개의 두 요소가 아니라는 점이다. 하나의 개체에 대해 변화 속의 영속성을 언급한다는 사실 자체에 이미 그 '하나'라는 단일성을 전제하고 있으며, 하나의 개체가 다양성 속에서 하나로 존재한다는 것은 그것이 시간과 공간을 초월하여 불변의 영원하고 절대적인 존재가 아닌 한 — 그러한 절대적 존재의 정체성에 대해서는 아래에서 별도로 설명될 것이다 — 이미 그것이 시간적 변화 속에서도 하나라는 영속성을 유지하고 있다는 것을 전제로 한다. 비록 지극히 추상적인 수준이지만 이것이 바로 정체성 개념의 '정체'라고 할 것이다. 여기서의 문제는 물론 변화 속의 영속성 및 다양성 속의 단일성이라는 정체성 개념이 사물이나 인간, 또는 각 개인이나 개인의 집단이나 조직체, 민족이나 국가, 나아가 이 책의 주제인 대한민국이라는 특정 국가의 이해에 구체적으로 어떤 의미를 가지느냐는 것이다.

그러한 정체성 개념은 일반 사물의 경우에는 바로 변화하는 현상과 구분되는 영원한 실재에 대한 탐구, 곧 존재론ontology을 의미한다. 즉 생성하고 소멸하며 끊임없이 변화하는 사물 속에서 진정으로 영원히 '있는' 것, 그것들의 보편적인 요소 또는 그러한 유한한 사물을 있게 하거나 변화시키는 근본 원인 등에 대한 탐구가 그것이다. 잘 알려져 있듯이, 고대 서양 철학의 경우 아리스토텔레스의 『형이상학』에 전개된 '존재ousia' 개념 및 이와 관련된 사물들의 시원archē이나 보편적인 요소stoicheion 또는 원인aition 등에 대한 논의는 그 문제에 대한 집대성이라고 할 수 있다. 특히 『형이상학』 1권(특히 983b 이하)에서 탈레스부터 플라톤에 이르는 그 이전 희랍 철학사에 대한 아리스토텔레스의 비판적 검토는 자신의 존재론을 본격적으로 전개하기 위한 예비적인 작업이며, 그 이후 전개된 서양 철학사의 주요 축 또한 바로 그에 의해 체계화된 존재론에 대한 끊임없는 재해석과 비판을 통한 새로운 존재론 모색의 역사라고 할 것이다. 그런데 이 점 또한 이미 잘 알려진 것이지만, 자연세계 사물들의 실재에 대한 탐구에 머문 자연철학자들에 대한 플라톤의 비판을 이은 아리스토텔레스의 존재론은 그와같이 '감각적인aisthētē; sensible' 사물들의 실재에 대한 논의에 머무른 것은 아니다. 영원하고 불변의 존재에 대한 탐구는 바로 스스로가 영원히 동질적이고 동일한 상태에 있기 때문에 전체와 부분이 언제나 하나일 수밖에 없으며, 또한 그렇기 때문에 다른 개체에 의해 생성되는 존재가 아니라 '최초의 운동자ti ekinēse prōton'에 대한 —중세 시대에 신에 대한 규정으로 일반적으로 사용되는 '자기 원인causa sui'에 해당하는—설명으로 나아간다. 그러한 절대적인 존재에 대한 논의는 특히 『형이상학』의 '관석the coping stone'이자 아리스토텔레스의 신학으로 간주되는 제12권에 제시되어 있다.[4] 그러한 절대적인 존재를 지칭하는 말들이 아리스토텔레스의 경우 신theos, 형상eidos, 이성nous[5] 등이다.

---

3 이 점은 독일어에도 해당된다. 영어의 'self'에 해당하는 'selbst' 또는 'selber'는 '자신'과 더불어 '같음'의 의미를 갖고 있기 때문이다. 실제로 독일 학계에서는 정체성을 의미하는 말로 라틴어 어원의 'Identität' 대신에 순수 독일어로 'Selbigkeit'를 사용하기도 한다. 앞으로 이 글에서는 사물의 'identity'일 경우에는 '동일성'으로, 개인 및 집단의 'identity'일 경우에는 '정체성'을 일관된 번역어로 사용할 것이다.

4 '관석冠石'이란 로스W. D. Ross의 표현이다.

그런데 절대적인 존재를 지칭하는 용어들이 이와같이 여러 가지가 있다는 사실에서도 암시되고 있지만, 절대적 존재에 대한 아리스토텔레스의 논의는 『형이상학』의 다른 부분이나 『영혼론*Peri Psychēs*』 등과의 총체적이면서 긴밀한 연관 속에서 명확하게 설명 및 서술되지는 않았다고 할 수 있다. 특히 '신·형상·이성'이 동일한 존재에 대한 본질적으로 무의미한 용어의 차이만이 아니라면, 각각은 절대적인 존재의 다른 측면을 지칭 및 설명하는 개념이 될 수밖에 없다. 각 개념에 대해 아리스토텔레스 스스로는 나름대로 체계적으로 설명한 것이 사실이지만, 그와 같은 개념 사이의 관계가 무엇인지—물론 그것을 추정할 수는 있으며 2000년 이상의 역사를 가진 '아리스토텔레스학'을 통해 이미 재구성된 바 있다—아리스토텔레스 스스로가 명확하게 설명하지는 않았다는 것이다.[6] 어쨌든 여기서 중요한 점은 이성을 절대적 존재로 파악한다는 것은 필연적으로 정체성과 관련하여 또 하나의 문제를 제기한다는 사실이다. 그것은 그와 같은 이성과 개별적인 인간의 정신세계에 나타나는 이성과의 관계, 아울러 그것과 개인들 정신세계의 기백이나 욕망 등 다른 부분과의 관계 문제다. 다시 말해서 영원하고 불변하며 자기 규정적이고 자기 원인의 절대적인 정신에 대비되어, 유한하고 끊임없이 성장 또는 노쇠하면서 변화하는 육체와 더불어 언제나 그 상태나 내용이 시시각각 변하는 각 개인의 개별적인 이성 내용 및 정신세계의 존재성을 어떻게 규정할 수 있느냐는 것이다. 그것은

---

5 이 희랍어는 번역하기 어려운 말이다. 영어로는 일반적으로 대문자 Reason 또는 Mind로 번역된다. 그것은 인식하고 심의하고 판단하는 지성적 사고 활동 전체를 지칭하고, 그러한 지성 활동이 이 세계의 궁극적 주체이자 근본 원인이라는 의미가 내포되어 있다. 그것은 인간뿐만 아니라 모든 생명체에 현존하는 생명력을 지칭하는 'psychē'와 구분되며, 인간의 경우 'nous'는 'psychē'의 한 부분을 이룬다. 근대에서 헤겔 철학의 중심 이념인 '절대 이성'의 개념적 뿌리는 이 희랍어라고 할 수 있다.

6 이 문제에 대한 간결한 설명은 로스(Ross, 1966: 179-186) 참조.

바로 개인들 영혼의 존재성의 문제이자 한 개인이 변화 속에서 동일한 존재로 남아 있다는 근거가 무엇인지의 문제, 즉 '개인의 자아 정체성personal identity' 문제다. 고대 서양철학사에서 이 문제가 등장하는 과정 및 그것에 대한 설명을 위해서는 별도의 절이 필요하다.

2. 성장 및 변화와 자아 정체성: 고대 서양 철학과 목적론적 자아 정체성 개념

모든 인간은 태어나서 성장하고 늙어가며, 그러한 삶의 과정에서 육체적으로나 정신적으로 끊임없이 변화한다. 그와같이 끊임없이 변화함에도 불구하고 한 개인은 일생 동안 동일한 인물로 간주되며, 그러한 전제 하에서 사회적 관계의 유지나 법의 운용이 이루어진다. 나는 어제나 1초 전의 나와 다름에도 불구하고 지극히 당연하듯이 같은 인물로 인정되는 것이다. 그것은 일단 논리적으로는 모순이다. 그럼에도 불구하고 그러한 모순이 현실세계에서는 전혀 문제가 되지 않는다는 사실 또한 적어도 논리적으로는 기이하다. 그런데 그러한 모순은 이미 오래 전에 고대서양에서 문학적으로 제기된 바 있다. 이와 관련하여 기원전 5세기 초엽에 활동한 시칠리아 출신의 희극 작가 에피카르모스Epicharmos의 작품에 등장하는 유명한 장면을 소개할 필요가 있다.[7]

---

7 에피카르모스의 작품은 전체가 아닌 단편fragment 형태의 일부분만 존재하며, 고대의 여러 문헌에 언급되거나 소개되어 있다. 이에 관해서는 세들리David Sedley가 간략하게 소개한 바 있으며(Sedley, 1982: 271 note #1), 여기서 소개되는 장면은 그가 그러한 문헌들을 토대로 재구성한 것(Sedley, 1982: 255)을 필자가 다시 축약한 것이다. 밑줄은 지은이의 첨가.

빚을 갚을 것을 독촉하는 채권자에게 채무자는 먼저 다음과 같은 논리를 전개하며 채무 변제를 회피하려 한다. 즉 사람이란 성장하거나 작아지면서 끊임없이 변화하는 존재이며, 변화하는 것들이란 변화하기 전과는 다른 것들이다. 채권자나 채무자 모두 어제와 다르고 미래에도 결코 같지 않기 때문에, 현재의 채무자나 채권자 모두 어제의 그들과 다르다. 따라서 현재의 채무자는 현재의 채권자에게 빚을 갚을 이유가 없다는 것이다. 이에 화가 난 채권자는 채무자에게 주먹을 날린다. 그러한 처사에 항의하는 채무자에게 채권자는 바로 전에 때린 채권자와 지금의 채권자는 다른 사람이기 때문에 그러한 항의는 잘못된 것이라고 논박한다는 장면이다.

위의 장면은 개인의 자아 정체성과 관련하여 '성장 논법Auxanomenos Logos; the Growing Argument'이라는 명칭까지 주어져 자주 인용되는 일종의 고전적인 사례다. 그런데 에피카르모스라는 작가의 이름은 플라톤의 저작이나 아리스토텔레스의 저작에도 등장하지만, 그의 이름이 개인적 정체성의 논의와 관련하여 언급된 것은 아니다. 그리고 더욱 중요한 사실은 이들 철학자에게 그의 작품이 제기하는 개인의 정체성 문제가 별도의 철학적 논변의 대상으로 부각되어 있지도 않다는 점이다.[8] 그러한 사실은 철학사적으로 일단 기이하다. 영혼의 문제, 즉 인간 영혼의 불멸 또는 사멸이나 사후 세계의 문제, 다른 생명체의 영혼과의 관계, 그것의 구성 요소나 각 구성 요소의 관계 등의 문제는 호메로스 이후 전개된 희랍 문학사를 포함하여 여러 자연철학자나 소피스트 그리고 소크라테스, 플라톤, 아

8 실제로 에피카르모스라는 이름은 플라톤의 대화편 『테아이테토스(*Theaitētos*, 152e)』와, 아리스토텔레스의 『시학(*Peri Poiētikēs*, 1448a 및 1449b)』에 언급되어 있다. 그것은 개인적 정체성에 대한 논의의 맥락에서가 아니라 만물은 변화하기 때문에 영원히 같은 상태에 있지 않다는 헤라클레이토스적인 세계관을 대변하는 작가의 한 사람으로서 호메로스와 더불어 소개되어 있을 뿐이다.

리스토텔레스에 이르는 철학사를 포괄하는 희랍 정신사 전반에서 끊임없이 제기되는 중심적인 주제라는 점에서 더욱 의문을 제기한다.[9] 대표적으로 플라톤의 『국가*Politeia*』는 바로 올바름 및 올바른 통치 또는 국가 체제의 이상을 영혼의 질적 차이에 따른 지배-피지배의 관계에서 찾으려는 시도이자 동시에 올바른 통치 및 올바른 교육을 통해 개인 영혼의 구원을 추구한 시도다. 그리고 아리스토텔레스의 『영혼론*Peri Psychēs*』은 바로 영혼과 관련된 그 이전의 여러 논변에 대한 아리스토텔레스 특유의 정리이자 비판적 검토라고 할 수 있다. 그럼에도 불구하고 플라톤이나 아리스토텔레스의 경우 모두 영혼에 대한 논의가 위의 장면에서 제기되는 방식의 개인적 정체성 문제로 확대되어 '적어도 직접적이고 체계적인' — 이 구절의 의미는 앞으로 설명될 것이다 — 논의의 대상으로 부각되지는 않았다.[10] 다시 말해서 두 위대한 철학자의 경우 영혼 개념과 자아 개념의 연관성이 암시되고는 있어도 '나ego'의 존재성을 영혼 개념과 연관하여 명확하게 설명하고 있지는 않다는 것이다. 개인의 자아 정체성에 대한 본격적인 논의는 기원전 3세기 들어서야 아카데미학파와 스토아학파 사이의 논쟁을 — 각각 아르케실라오스Arkesilāos와 크리시포스Chrysippos를 중심으로 — 통해 제기되었다.[11]

9 희랍 정신사 전반에서 영혼 개념의 변화 및 발전에 관해서는 스넬(Bruno Snell, 1994)의 탁월한 저작이 있다.

10 아리스토텔레스의 경우도 앞의 각주 2에 소개된 『형이상학』에 등장하는 동일성tautotēs이란 용어는 동일성과 차이성이라는 사물들 사이의 관계를 '규정하기katēgorein' 위한 개념적 틀category로서, 그것은 그의 존재론을 구성하는 하나의 필수적인 요소라고는 할 수 있어도 여기서 개인의 정체성 개념과 직접 관련된 용어는 아닌 것이다. 이와 관련하여 그의 동일성 개념은 『형이상학』 1017b~1019a에서 이질성heteros, 차이성diaphoros, 유사성homoios 및 이어지는 반대antikeimenos와 대립enantios과의 관계에서 논의되고 있음을 참조할 필요가 있다. 물론 정체성은 한 개체 스스로의 동일성 문제이며, 궁극적으로 동일성 개념의 다른 표현임은 앞서 이미 밝힌 바 있다.

11 이 점 및 그 논쟁 내용에 관해서는 세들리(Sedley, 1982) 참조.

그러한 철학사적 공백이 발생한 이유에 대해서는 당연히 설명이 필요하다. 일단 개인의 자아 정체성 문제는 희랍 정신사 전반에서 영원한 주제였던 영혼의 본질 문제와 긴밀한 연관성을 가지고 있기 때문에 기원전 4세기 이전까지 후자의 문제가 전자의 문제로까지 확대되지 않을 별도의 철학 및 정치철학적인—특히 국가 이념과 관련하여—이유 또는 역사 및 정신사적 배경이나 원인이 있는지 설명할 필요가 있다. 무엇보다도 에피카르모스의 희극에 제시된 성장 논법이 제기하는 개인적 정체성의 부정 또는 개인이란 존재의 규정 불가능성은 분명히 나름대로의 논거와 타당성이 있으며 쉽게 논파될 수 있는 성격의 주장이 아니라는 점이 중요하다. 개인의 육체나 정신세계 모두 끊임없이 변하는 것이 분명한 사실이라면, 그러한 변화의 양상 속에서 불변의 동일한 요소를 찾는다는 것은 논리적으로 불가능한 것으로 판단될 수 있다. 뒤에 가서 다시 논의의 대상이 되겠지만, 실제로 그러한 논리는 근대에 와서 흄David Hume이 제기한 개인적 정체성 개념의 부정 논리와 근본적으로 같다.[12] 아울러 에피카르모스가 희화적으로 구성한 개인의 자아 정체성 문제가 비록 일반인의 통념에는 실질적으로 영향을 끼치지 않겠지만—그렇기 때문에 채권자가 채무자에게 주먹을 날리는 행동에 일반인이라면 누구나 공감할 것이다—실정법의 운용면에서 그것은 나름대로의 이론적 정립 또는 정당화가 필요한 정치적 실천성을 내포하고 있다. 다시 말해서 개인적 정체성이 그와같이 부정될 경우, 그 희극의 장면에 나타나듯이 개개인의 행위에 대한 윤리적 판단은 물론이고 법적으로 권리의 보호나 의무의 부과 또는 책임 추궁을 할 수 없게 된다. 따라서 기원전 3세기에 이르러 그 문제가 스토아학파에 의해 본격

12 흄(Hume, 1979: book 1-chap. 4-sec. 6) 참조. 흄의 정체성 개념에 관해서는 뒤에 가서 다시 언급된다.

적으로 제기되고 논의되었다면, 어떠한 역사 및 정신사적 변화가 그 문제를 새롭게 제기하게 만들었는지, 또한 스토아학파의 어떠한 세계관이나 철학 및 정치철학적 근본 입장이 그러한 논의를 주도하게 만들었는지에 대해서도 설명이 필요하다.

물론 그러한 설명이 체계적이면서 세밀하게 이루어지기 위해서는 희랍 고전 시대 역사와 정신사 전체를 종합적으로 파악하는 별도의 방대한 연구가 필요하며, 그러한 연구는 지은이가 보기에 희랍 철학사와 관련된 기존의 연구 문헌들에 추가로 새로운 획기적인 저작의 출현을 요구하는 것 같다. 다만 그것들에 대한 개략적인 설명은 기존의 연구 업적을 토대로 가능하며, 그러한 설명을 통해서도 개인의 정체성 및 국가 정체성 문제와 관련된 고대 정치사상과 근대 및 현대 자유주의적 정치사상 사이에 존재하는 사상사적 단절과 연속이 드러나는 것 같다. 여기서 말하는 단절과 연속의 핵심은 각 개인의 주관성 또는 내면적인 정신세계에 대해 다른 개인의 그것과 구분되는 각각의 독자성 또는 독특성을 인정하면서 그것에서 개인의 정체성을 찾을 수 있는지 여부의 문제다.

여기서 일단 분명히 판단할 수 있는 것은 플라톤이나 아리스토텔레스 모두 그러한 의미의 개인의 자아 정체성은 부인했을 것이라는 점이다. 이 점은 비록 지극히 포괄적인 차원의 진단이지만 일단 개인을 포함하여 개체의 본질을 그 존재에 내재한 목적telos에서 찾는 희랍의 목적론적 세계관 전체 및 그러한 세계관의 구체적 표현인 아레테aretē[13] 개념에 비추어

13 희랍어 아레테는 영어로는 일반적으로 'virtue'나 'excellence' 또는 'moral excellence'로, 우리말로는 '덕성'이나 '훌륭함' 또는 '잘남'으로 번역된다. 지은이는 예거(Werner Jaeger, 1954)와 더불어 이 희랍어를 희랍 정신사를 관통하는 가장 핵심적인 개념으로 간주하며, 호메로스에서 소피스트 운동까지의 희랍 지성사를 sophia(앎) 개념과 aretē(잘남) 개념 사이의 변증법적 상호 작용 및 발전의 역사로 서술한 바 있다. 양승태(2006) 참조. 지은이는 영어를 포함한 다른 번역어보다 순 우리말인 '잘남'이 그

볼 경우 그러하다. 개인의 자아 정체성 문제와 관련하여 이 고대 희랍의 개념이 갖는 중요성에 대해서는 최근 들어 맥킨타이어Alasdair MacIntyre나 테일러Charles Taylor 등이 자유주의적 개인주의 및 권리 개념을 비판하는 논거를 제시하는 데 바탕이 되면서 부각된 바 있다. 즉 테일러가 근대적 자아의 '내면성inwardness' 개념과 대비되는 고대적 자아에 대해 설명하면서(Taylor, 1989: 127-142), 그리고 정체성 문제를 직접 명시적으로 논의한 저작은 아니지만 맥킨타이어가 아리스토텔레스의 아레테(영어로 virtue) 개념의 현대적 부활을 위해 희랍 고전 시대 및 스토아 철학의 아레테 개념에 대한 논의를 통해 새로운 주목을 받고 있다(MacIntyre, 1984: 131-170).[14] 이들이 논의 내용을 참고하면서 지은이 나름으로 이 문제를 간단히 정리하면 다음과 같다.[15]

목적론적 세계관에 입각할 때 일단 개개인의 진정한 실체는 —바로 개인적 정체성은—시시각각 변하고 규정 불가능한 각 개인의 욕망이나 심리 상태 및 이에 수반한 외적 행위에서 찾을 수는 없다. 각 개인이 그와 같

희랍어의 어감이나 의미를 가장 잘 전달해 준다고 믿는다. 그 기본적인 이유는 '잘남'이란 말이 '좋음'의 인격화라는 이 희랍어의 어감을 잘 전달하기 때문인데, 그 충분한 논거는 지면의 제약상 여기서 제대로 개진할 수는 없다. 다만 '잘남'이란 번역어가 아직 우리 학계에 정착되지 않은 사실을 고려하여 이 책에서는 논의의 편의상 희랍어 aretē를 소리 그대로 '아레테'로 표기하기로 한다.

14 지은이는 희랍의 아레테 개념에 대한 이들의 논의에 근본적으로 새로운 것은 없다고 본다. 무엇보다도 그들의 논의에서 스토아 철학의 개인적 정체성 개념의 내적 긴장, 즉 인간의 평등성 이념과 아레테 개념 사이의 역설적 긴장 관계가 충분히 설명되지는 않았다고 본다. 이 점에 대해서는 뒤에 가서 설명할 것이다. 아울러 고대적 정체성 개념의 핵심으로서 그 개념에 대한 설명 자체가 미흡하며, 충분한 설명을 위해서는 적어도 500쪽 이상의 저작이 요구된다고 믿는다.

15 이와 관련된 희랍 철학사 관련 서술은 그것에 대해 이미 교과서적으로 정리된 내용을 기초로 하면서 동시에 그것의 동태적 흐름에 대한 지은이 나름의 독자적인 해석을 반영한다. 그러한 해석은 지은이가 현재 별도로 작업하고 있는 『앎과 잘남: 희랍 지성사와 교육과 정치의 변증법』 2부와 3부의 기본 골격을 구성함을 밝혀둔다.

은 가변적인 욕망이나 한정된 내면세계를 초월하여 인간으로서 추구하고 실현시켜야 할 보편적인 목적의 추구에 — 그 목적의 내용은 무한하며 각 목적의 보편성 수준이나 차원 또한 다양하여 하나의 총체적인 위계를 이루고 있다 — 진정한 정체성이 있는 것으로 간주된다. 그러한 목적의 다른 표현이 '좋음agathos; good'이고, 각 개인이 스스로 추구하고 실현시키는 '좋음'의 인격화, 즉 그러한 '좋음'을 실현시키는 개인의 능력이나 자질이 각 개인의 아레테aretē)인 것이다. 따라서 개인의 아레테는 그 질적 내용이나 수준에서 차이가 있으며, 그러한 차이에 따라 각 개인의 인간적 가치도 결정된다. 이것은 곧 플라톤이나 아리스토텔레스의 경우 개인의 정체성은 현재의 정신세계 자체가 아니라 그것을 극복 및 초월하여 보편적이고 영속적인 가치의 실현을 지향하면서 스스로를 그러한 가치의 실현 주체로 발전적으로 형성시키는 데 있음을 의미한다. 즉 자기 정체성은 특정한 욕구를 추구하는 성향의 보존에 있는 것이 아니며, 자기 정체성의 실현 또한 일시적이고 감각적인 욕구의 추구 및 충족에 있는 것이 아니다. 그것은 장인 정신에 기초한 수련을 통해 습득되는 기술이나 예술 — 희랍인들이 'technē'란 말로 포괄적으로 규정한 영역들 — 또는 학문 등이 바로 개인의 정체성 실현의 목적이 되는 것이며, 그러한 목적의 정점에 '철학하기 philosophein'라는 사변적 삶이 있다.

여기서 플라톤이나 아리스토텔레스가 왜 자아 정체성 문제를 개인의 자기 동일성 차원에서 명시적으로 논의하지 않았는지 추정할 수 있다. 한 개인을 그 개인으로서 동일한 존재로 규정하게 만들면서 그 개인에게만 고유한 불변하거나 영속적인 심리적 성향이나 취향 또는 욕구란 존재하지도 않을 뿐더러, 일반적으로 인간이 자기만의 고유의 것으로 내세우는 것은 언제나 순간적이고 가변적이면서 실제로 다른 인간의 그것과 본질적으로 차이가 없는 것이기 때문에 진정한 의미에서 자기 동일성을 규정하거나 유지하는 요소는 되지 못한다. 다시 말해서 개별적 인간이라는 류類, species는 인간 존재라는 보편적 종種, genus을 떠나서 이해될 수 있는 것이 아니며,[16] 인간 모두가 공통적으로 일생을 통해 추구할 목적이 되는 보편적이고 불변의 가치나 이상과의 연관성을 떠나 개인의 특정한 성향에서 자기 동일성의 근거를 찾는 것 자체가 무의미하다는 것, 한 개인의 진정한 자기 동일성은 그 스스로가 모든 사물을 초월한 영원한 동일한 존재 또는 적어도 인간의 삶이 지속되는 한 영속적으로 동일한 존재성을 갖는 보편적인 가치 또는 이상과 스스로를 얼마나 동일하게 형성했느냐는 것, 즉 그것들의 실현에 얼마나 가까이 도달했느냐에 따라 결정된다는 것, 이러한 판단 등등이 결국 개인적 정체성 문제 자체에 대해 플라톤이나 아리스토텔레스가 침묵한 이유라는 추정이 가능하다. 그리고 여기서 중요한 점은 그러한 추정 맥락에서 이미 잘 알려진 플라톤과 아리스토텔레스 정치철학의 핵심 내용도 이해될 수 있다는 것이다.

이 두 위대한 스승과 제자 사이에는 당대의 정치 현실을 보는 근본적인 시각이나 분석 방법 및 내용, 이상적인 국가 체제의 기본 성격이나 내용, 철학자의 정치적 위상 등과 관련하여 여러 가지 차이가 존재한다. 그러한 차이에도 불구하고 이들의 정치철학은 "인간은 정치적 동물"이라는 아리스토텔레스의 유명한 명제가 표현하는 근본적인 주장은 공유하고 있다. 즉 인간 삶의 목적을 충족시키는 자족적인autarchēs; self-sufficient 존재인 국가polis에 귀속되지 않은 개인의 삶이란 삶의 목적이 충족되지 않은 삶이 아니기 때문에 인간다운 삶이 될 수 없다는 것이며, 이러한 입장에서 볼 때 국가의 구성원으로서 갖추어야 할 시민적 의무감이나 도덕의식 또

16 인간만이 아니라 사물들 사이 '종-류' 관계의 총체적인 존재 질서를 구명하려 시도한 플라톤의 대표적인 저작이 『소피스트*Sophistēs*』다.

는 교양 등과 무관한 순수한 개인의 내면적인 정신 성향이나 사적인 욕구란 본질적으로 무가치한 것이 된다. 그렇기 때문에 이 두 철학자가 공통적으로 인간 존재 자체에 근원적인 문제인 영혼의 본질이나 보편적인 도덕 이념 또는 국가 체제 및 통치의 문제 등 인간 보편적인 문제에 대한 탐색을 떠나 사사로운 개인의 정체성 문제를 논의할 필요를 느끼지 않을 수 있는 것이다. 이와 아울러 잘 알려져 있듯이 플라톤이나 아리스토텔레스가 민주 정체에 반대하는 논거 또한 개인적 정체성 문제의 맥락에서 이해될 수 있다. 즉 일반 대중이 갖고 있는 개인적인 성향이나 욕구는 가변적이고 명확한 규정이 불가능하며, 자기 성찰과 스스로의 사고를 통한 치밀한 검토 및 논증에 의거한 정확하고 엄밀한 지식epistēmē을 가질 수 없다는 것이다. 그들은 한 사회 전체의 정신적 분위기나 다른 사람들의 사고 내용에 의존하여 사고하기 때문에 부정확하고 불명확한 관념doxa의 지배를 받으며, 이에 따라 일반 대중이 통치의 주체가 된다는 것은 영속적이고 보편적인 가치의 실현이라는 국가 생활의 이상과는 양립할 수 없다는 논리가 성립하는 것이다.

그럼에도 불구하고 이들 위대한 철학자의 그러한 논거가 앞에서 소개된 에피카르모스의 희극이 제기하는 개인적 정체성 문제를 완전히 해소시킨 것은 아니다. 개인적 정체성의 문제가 삶의 목적이나 국가 생활의 이상 차원에서는 무시할 수 있을지라도 현실의 국가 생활에서는 정치적으로나 법적으로나 결코 무시할 수 없다는 것이다. 특히 노예나 여자와 아이를 제외하고는 인격이나 교양의 수준 또는 정신적 성향의 차이를 떠나 시민의 자격을 가진 개개인 모두가 통치의 주체로 등장하는 민주 정체에서는 그러한 문제가 현실적으로도 더욱 어려운 것이다. 시간과 공간의 변화에 따른 정신 및 신체의 변화를 초월하여 시민들 각각의 영속적인 자기 동일성 및 그것에 기초한 각 개인 의사의 동일성을 전제로 하지 않는 한, 적어도 논리적으로는 에피카르모스의 작품에 나타난 희극적 상황을 피할 수 없다. 한 개인이 과거의 자신의 행위에 대해 당시의 자신과 현재의 자신은 다르기 때문에 책임을 질 수 없다는 주장을 하듯이, 과거 시민들 다수의 결정에 의해 채택된 정책에 대해 현재의 시민들은 그들과 다르기 때문에 더 이상 적용될 수 없다는 논리도 성립할 수 있는 것이다. 다음 제5장에서 논의되겠지만 국민의 정체성은 자유민주주의 체제에서 모든 법이나 정책이 정치적 정당성을 갖기 위한 본질적인 요소다. 아울러 특히 플라톤의 경우 대표적으로 『파이돈*Phaidon*』에 제시된 영혼불멸론은 개개인 영혼의 정체성을 전제로 하므로, 현실세계에서 개인적 정체성 문제를 명시적으로 논의하지 않았다는 사실은 그의 철학 자체의 미완성 부분으로—비록 사소한 측면이라도—인정될 수도 있는 것이다. 어쨌든 개인적 정체성 문제는 이들 위대한 철학자에게서가 아니라 철학적 사유의 체계성이나 일관성 그리고 엄밀성이나 포괄성 면에서는 범용하지만 동시에 일반인의 정신세계 및 현실세계에 대한 영향력은 그들보다 더욱 심대하고 오랜 기간 발휘하면서 서구 철학사 및 정신사 전반에 또 다른 성격의 큰 족적을 남긴 일군의 철학자들을 통해 명시적으로 제기되고 본격적으로 논의된다. 스토아 철학자가 그들이다.

위에서 언급한 바와 같이 에피카르모스의 희극이 제시하는 상황이 현실세계에서 실제로 벌어질 가능성은 거의 없다. 따라서 특별히 개인적 정체성 문제가 스토아 철학을 통해 새롭게 부각되는 이유는 그것의 세계관적 가정이나 출발점 등 철학 체계의 근본적인 성격에서 찾을 수밖에 없다. 그 근본적인 성격이란 —광범위하고 복잡한 설명을 필요로 하는 주제를 간단히 정리하면[17]—만인은 평등하다는 믿음에서 출발하여, 이 우주를 지배

17 주요 개념을 중심으로 스토아 철학 전반의 내용을 체계적으로 정리한 저작으로는 리스트(Rist, 1969) 참조. 특히 개인적 정체성 개념과 관련해서는 chap. 12("Knowing and Willing") 및 14("The Unity of the Person") 참조.

하는 불변의 원리이자 이성이고 신의 섭리이자 도덕 원리인 자연법이 객관적으로 존재하고, 그것을 모든 개인은 누구나 '파악할katalēpsis; grasping' 수 있기 때문에 각 개인은 자연법의 시행자이자 도덕의 궁극적 주체로 파악하는 입장이다. 그것은 각 개인의 영혼에 모든 육체적 욕망이나 부도덕함 또는 악의 유혹에서 벗어나 보편적인 도덕 원리의 수행을 주도하는 '이성적 요소logistikon'이자 '주체hēgemōnikon'인 '의지synkatathesis 또는 prohairesis'가 내재하며,[18] 한 개인이 스토아 철학자들과 같이 도덕적으로 완성된 인간인 현인이 되느냐 여부는 끊임없는 자기 시험에 의한 극기를 통해 그러한 의지력을 발현하느냐 못하느냐에 달려 있다. 다시 말해서 철학자라는 현인의 경지에 도달하느냐 못하느냐의 여부는 플라톤이나 아리스토텔레스의 경우와 같이 끊임없는 자기 성찰과 앎의 확장 및 심화를 통한 정신력 또는 영혼의 성숙에—그러한 성숙의 정도가 한 개인 아레테의 수준이라고 할 수 있으며, 개인 사이의 그러한 수준의 편차는 지극히 다양할 수 있다—있는 것이 아니라, 누구나 자기의 영혼에 내재하는 보편적인 도덕성을 의지의 힘으로 실현하느냐 못하느냐의 여부에 따라 결정되는 것이다. 따라서 스토아 철학에서 개인의 자아 정체성은 일단 모든 개인에 내재하는 그와 같은 영속적인 의지력의 존재에서 그 근거를 찾을 수 있다.

스토아 철학에 제시된 그와 같은 자아 정체성 개념, 즉 개인의 영혼 속

18 '의지' 또는 영어의 'will'이 희랍어 'synkatathesis(크리시포스의 용어)'나 'prohairesis(Epiktetus의 용어)'의 적확한 번역어는 못 된다. 일상적인 의미로 전자는 '수긍assent'이나 '통제', 후자는 '선택choice'이 좀더 적확한 번역어일 수 있다. 여기서 초점은 스토아 철학의 두 용어가 기본적으로 사물에 대해 '인지한 바katalēpsis'를 다시 성찰하고 판단하면서 스스로의 행동을 결정하는 내적 능력을 포괄적으로 지칭하기 때문에 의지로 번역될 수 있다는 것이다. 참고로 'logistikon'은 logos에서 파생한 말로서 분별하고 계산하는 이성적인 능력을, 지은이가 '주체'로 번역한 'hēgemōnikon'은 영어 'hegemony'의 어원이자 지도자를 의미하는 'hēgemōn'에서 파생한 말로서 스스로 결정하는 능력을 의미한다.

에 선천적으로 주어진 요소로 존재하는 보편적인 도덕성의 주체인 의지로서의 자아 정체성 개념은 간단히 플라톤과 아리스토텔레스의 '목적론적인 자아 정체성 개념'과 대비하여 '내면성으로서의 자아 정체성 개념'으로 규정될 수 있다. 그리고 스토아 철학의 그러한 자아 정체성 개념은 일단 스토아 철학이 추구하는 정치적 이상, 즉 개별 도시국가나 왕국의 수준을 넘어 인류 공동체의 실현이라는 정치적 이상을 인성론적으로 뒷받침하기 위해서도 필수적으로 요구된다. 즉 평등한 개인의 존재 및 각 개인에 내재하는 보편적인 도덕성이 그러한 정치적 이상의 근본적인 전제라고 할 때, 그러한 근본적인 전제가 되는 개인의 존재가 규정될 수 없다면, 다시 말해서 각 개인 영혼의 독자성이 개념적으로 확립되지 않으면 스토아 철학 체계 전체의 토대가 위태로울 수 있는 것이다. 따라서 스토아 철학을 통해 개인적 자아 정체성의 문제가 부각되고, 앞에서 이미 언급했듯이 특히 기원전 3세기에 크리시포스가 에피카르모스의 희화화된 논리에 입각하여 개인적 정체성 개념을 부정하는 아카데미학파의 공격에 대해 그것을 옹호하려 한 이유는 충분히 이해할 수 있다.[19] 그런데 스토아 철학자들의 저작 대부분이 완성된 형태가 아니라 부분적인 단편들fragments의 형태로 남아 있어서 그 논의 내용 전체를 접할 수 없기 때문에 스토아 철학의 개인적 자아 정체성 개념의 한계에 대해 단정적인 결론을 내리기는 어렵다. 그러나 지은이는 스토아 철학의 자아 정체성 개념 또한 에피카르모스의 희극에 제시된 '성장 논법'을 완벽히 논파한 것은 못된다고 판단된다. 별도의 세밀한 검토를 필요로 하는 문제이지만, 잠정적인 차원에서나마 지은이의

---

19 개인적 정체성 개념을 중심으로 한 아카데미학파와 스토아학파 사이의 논쟁에 대해서는 세들리(Sedley, 1982) 참조. 다음의 논의를 통해 밝혀지게 되겠지만, 세들리의 설명은 스토아학파 개인적 정체성 개념의 근본적인 한계를 지적하지 못한 것이 아쉬운 점이라고 할 수 있다.

판단 근거를 제시하면 다음과 같다.

보편적인 도덕 원리 실현의 주체인 각 개인의 내면적인 의지는 일단 외적인 성장과 변화 속에서도 한 개인을 동일한 인간으로 간주할 수 있게 만드는 자아 정체성의 핵심 요소로 부각될 수 있음은 분명하다. 그러나 그러한 의지의 존재는 두 가지 측면에서 스토아 철학의 핵심적 이념인 평등성 이념과 갈등 관계에 있으며, 그러한 대립은 그것의 자아 정체성 개념 자체를 무의미하게 만드는 것 같다. 그 하나의 측면은 스토아 철학의 만민 평등의 주장, 곧 모든 인간이 그와같이 내면적인 힘이나 능력을 평등하게 부여받았다는 주장에도 불구하고, 그것은 왜 많은 인간은 실제로 욕망이나 부도덕한 유혹의 지배를 받는 반면에 소수 철학자들의 경우에만 그러한 의지가 발현되는지—스토아 철학자가 진정으로 그러한 인물들이라면—그러한 의지력의 차이가 제대로 설명되지 못한다는 것이다. 의지력의 차이를 의지력의 부족 때문이라고 설명하는 것은 순환 논리 또는 문제의 회피에 불과하다. 의지력의 부족이 왜 나타나고, 같은 수준이나 내용의 교육을 받는데도 불구하고 인간 사이에 왜 도덕성의 차이가 나타나는지 설명하지 못하는 한, 모든 개인이 그러한 의지를 가졌다고 주장하는 것은 수많은 다른 정신적 요소로 별도로 규정될 수 있는 것들을 의지라는 한 말로 무리하게 통합하고 한 용어로 규정하면서 동일한 말이기 때문에 동일한 것이라고 주장하는 것과 다를 바 없다.[20] 또한 모든 인간은 잠재적으

---

20 실제로 크리시포스는 인간에게 본능적인 충동이—그의 용어로 '충동적인 감정hormētikai phantasia'—있지만 그러한 충동은 인간의 의지를 지배하지는 못한다는 점을 강조한다. 다시 말해서 그러한 통제력이 바로 의지synkatathesis이며, 그러한 의지로 인간은 주체hēgemonikon가 될 수 있는 것이다. 문제는 그러한 내재적인 요소들 모두가 인간의 능동적인 정신 활동을 구성하는 것이라면, 그것들이 구체적으로 어떻게 특정한 관계 구조를 이루는가를 밝히지 못하는 한 일방적으로 인간 정신의 특정한 요소를 본질적이고 다른 요소를 지엽적인 것으로 구분 및 규정하는 것에 불과하다.

로 그러한 의지력이 있기 때문에 모든 인간은 인간으로서 평등하다는 선언 또한 그 잠재성의 발현 여부를 결정하는 것이 무엇인가를 설명하지 못하는 한 실질적으로 무의미한 동어반복적인 명제와 다를 바 없다.

이러한 문제들 이외에도 그것은 무엇보다도 에피카르모스의 희극이 제기한 성장 논법의 자아 정체성 부정 논리를 극복하지는 못했다는 점이 지적되어야 한다. 스토아 철학의 자아 정체성 개념의 핵심은 그것이 바로 각 개인에 내면적이면서 동시에 모든 개인의 자아에 보편적인 요소로 제시된 점에 있다. 그런데 그것에는 특정 개인을 다른 사람과 구분시키는 그 자신 고유한 정체성이 어떻게 규정되는지에 대한 논의는 없다. 따라서 그것은 모든 인간에 보편적인 자아 정체성 개념은 되어도 ― 다른 말로 표현해서 인간 본성의 개념은 될 수 있어도 ― 진정한 의미에서 개인적인 자아 정체성은 되지 못한다.

3. 스토아 철학의 정체성 개념에서 근대 철학의 정체성 개념으로

스토아 철학에 제시된 자아 정체성 개념의 그와 같은 근본적인 한계에도 불구하고 그것은 이후 전개된 서양 철학사 및 정신사에 결정적인 영향을 끼쳤다는 점이 중요하다. 그것은 스토아 철학의 정치사상이 일반적으로 인정되듯이 플라톤과 아리스토텔레스 정치사상이 대표하는 도시국가 등 소규모 정치 공동체 시대 정치사상과의 단절이자 그 이후 현재까지 전개된 정치사상사의 흐름의 전환점을 이룬다는 사실과도 연관된다.[21] 즉 자

21 이 점에 관해서는 새바인George H. Sabine이 일종의 표준화된 서술을 제공한다(Sabine, 1961: chap. 9 참조). 아울러 스토아 철학은 16세기에 개신교와 결합하여 신스토아 철

아 정체성을 개인 영혼 자체 내에 존재하는 보편적이고 초월적인 요소에서 찾는 시도들의 기원이자 원형이 스토아 철학이며, 스토아 철학의 자아 정체성 개념은 중세 초기 기독교 신학의 기초가 되었을 뿐더러 근대 철학을 통해 새롭게 부활하는 것이다. 이 점을 간략하게나마 정리하면 다음과 같다.

스토아 철학의 자아 정체성 개념은 일단 개인 영혼의 구원이 핵심인 기독교와 결합할 수 있는 개념적 친근성이 있었으므로 — 개인 영혼의 구원은 생전뿐만 아니라 사후에도 영속적으로 불변하는 개인의 자아 정체성이 존속된다는 것을 전제로 하므로 — 아우구스티누스St. Augustinus 등을 통해 초기 기독교 신학의 형성에 영향을 끼쳤으며,[22] 아우구스티누스 신학의 부활이라고도 할 수 있는 근대 개신교 신앙을 통해 변형된 형태로 새롭게 부활하게 된다.[23] 특히 인간의 자유 의지free will 문제를 중심으로 한 여러 철학사적 논쟁 및 그것의 근대적 변용은 스토아 철학의 자아 정체성 개념에서 그 시원을 발견할 수 있다. 그것은 곧 아퀴나스Thomas Aquinas에 의해 정통적인 가톨릭 신학으로 정립된 플라톤과 아리스토텔레스의 목적론적 세계관 및 그에 상응한 목적론적 자아 정체성 개념이 개신교 신학의 영

학neo-stoicism의 형태로 나타났으며, 그것이 근대 정치사상에서 계약, 의무, 권리 개념 등의 형성에 중요한 영향을 끼친 바 있다. 이에 관해서는 로마 스토아 철학을 재구성한 16세기 네덜란드의 인문학자 립시우스Justus Lipsius를 중심으로 그러한 문제를 다룬 외스트라이히Gerhard Oestreich의 개척자적 연구(Oestreich, 1982)가 있다. 다만 외스트라이히는 스토아 철학의 자아 정체성 개념이 그러한 정치사상사적 발전의 근저에 있음은 전혀 인식하지 못했다고 할 수 있다.

22 이 점은 스토아 철학과 대척적인 관계에 있었던 에피쿠로스주의자로서 사후의 세계에 대한 부정 및 육체의 사멸과 더불어 영혼의 사멸을 주장한 로마 시대의 시인 루크레티우스Lucretius가 기독교에 의해 최고의 적그리스도Anti-Christ로 규정된 사실을 통해서도 간접적으로 확인된다.

23 이 점에 대해서는 최근에 맥킨타이어(MacIntyre, 1984: 168-170; 234-237)와 테일러(Taylor, 1989: 특히 137-139; 147-153; 251-259 참조) 등도 기술한 바 있다.

향 및 근대 자연과학의 새로운 기계론적 우주관의 영향을 통해 스토아 철학의 내면성으로서의 자아 정체성 개념으로 대체되고 있음을 의미한다. 그와 같은 자아 정체성 개념이 이 책의 주제와 관련하여 갖는 중요한 점은 바로 그것이 근대 초기에 각 개인에 내재하는 이성이나 자연권natural right 개념으로 변용되어 나타났다는 것이다. 다시 말해서 모든 인간에게는 선천적으로 이성 능력이 있고, 모든 인간은 그러한 이성 능력을 발휘하여 정의를 실현하는 주체가 될 수 있다는 것, 곧 말 그대로 각 개인의 존재 자체에 정의right가 선천적으로natural 내재해 있다는 의미인 자연권 개념은 본질적으로 스토아 철학의 자아 정체성 개념의 변용에 지나지 않는다는 것이다.[24] 중요한 점은 그와 같은 자아 정체성 개념이 근대 자유주의적 국가 이론 형성의 인성론적 기초를 이룬다는 사실이다. 이제 자아 정체성 문제가 국가 정체성 문제의 핵심으로 등장하게 되는 것이다.

24 근대 자연권 개념의 역사에 관한 대표적인 연구로는 터크(Tuck, 1979) 참조.

제5장 자아 정체성에서 국가 정체성으로: 근대 서양 철학 및 현대 심리학에서 자아 정체성 문제

간단하게 정리하여 근대 자유주의 정치사상의 핵심은 — 홉스나 로크에서부터 벤담Jeremy Bentham이나 현대의 롤스John Rawls에 이르기까지 많은 이념적인 변용 및 접근 방법의 차이에도 불구하고 — 선천적으로 이성 능력이나 자연권을 부여받은 평등한 개인이 강제력이 없는 상태에서 자발적으로 이루어진 동의, 즉 개인 사이의 자율적인 의지will의[1] 합이 국가 설립의 근거나(홉스나 로크의 사회계약론과 같이) 정치권력의 성립(벤담의 보통선거 이념과 같이) 또는 정의의 원리(롤스와 같이) 등 정치적 정당성의 근거라는 주장에 있다.[2] 다시 말해서 궁극적으로 개인의 의지가 도덕이나

1 영어 'will'은 의지 또는 의사로 번역되지만, 두 어휘 모두 적확한 번역어는 아니라고 할 수 있다. 'will'은 인성론적으로 행위를 유발하는 마음의 기능faculty을 지칭한다. 그런데 한자어 지志가 행위의 원천인 정신적인 힘을 지칭하고, 사思는 정신의 내용을 지칭하기 때문에 두 어휘의 결합된 형태가 'will'의 적합한 번역어가 되는 것이다. 여기서는 근대 자유주의 정치사상과 고대 스토아 철학과의 연속성을 강조하기 위해 일관되게 의지란 용어를 사용하기로 한다.

2 근대 자유주의 정치사상의 인성론적 근거, 특히 자연권 개념과 근대 정치사상에서 정치적 정당성의 근거로서 의지will 개념 및 주의주의voluntarism의 상호 연관성에 관해서는 지은이도 간략하게 서술한 바 있다(이에 관해서는 양승태, 2007: 4장 3절 "자유민주

정치적 정당성의 근거라는 주의주의voluntarism가 그 핵심이다. 그러한 주의주의에 내포된 여러 가지 근본적인 쟁점을 떠나서,[3] 그것이 갖는 핵심적인 문제는 개인의 자아 정체성을 고정·불변의 것으로 전제한다는 점에 있다. 다시 말해서 국가나 정치권력의 성립에의 동의 또는 어떠한 원칙의 설정에 합의한 주체인 개인의 정체성은 그러한 동의나 합의 이전이나 이후에도 변하지 않는다는 것을 전제로 한다는 것이다. 그렇게 전제하지 않을 경우 앞에서 소개된 에피카르모스가 구성한 희극적 상황이 재현될 수밖에 없다. 즉 동의나 합의의 당사자들이 동일한 존재로 남아 있지 않고 그 자체가 언제나 변화한다면, 기존의 동의나 합의는 언제나 무효화될 수 있으며, 이에 따라 매순간 동의나 합의가 새롭게 이루어져야 하기 때문에 그러한 행위 자체가 처음부터 무의미하게 될 수밖에 없다.[4] 그런데 개인의 자아 정체성이 과연 그와같이 의지의 고정·불변 차원에서 규정될 수 있느냐의 문제를 — 이것은 곧이은 논의의 대상이 된다 — 떠나, 개인의 그와 같은 고정화된 자아 정체성 및 그러한 정체성의 다른 표현인 개인의 자연

주의적 공공의사와 자본주의적 공공의사" 에서 특히 150-164 참조). 근대 정치사상에서 의사와 정치적 정당성의 문제에 관해서는 릴리Patrick Riley가 간결하게 정리한 바 있다(Riley, 1982).

3 이에 대해서도 위 각주 2에 인용된 양승태(2007)의 같은 곳 참조.

4 뒤에 가서 다시 언급되겠지만, 이 점은 선거라는 국민적 합의 절차를 통해 정권의 교체나 존속 여부를 결정하는 자유민주주의 정치 제도의 운영과도 직접 연관된다. 그와 같은 절차를 통해 성립된 정권이 헌법을 포함한 법이라는 또 다른 국민적 합의의 결과를 위반하지 않는 한 그것에 대해 타도나 퇴진 등을 요구하는 행위는 일단 자유민주주의의 근본 이념을 부정하는 행위로서 자유민주주의를 표방하는 헌법에 대한 위반이다. 나아가 그러한 행위를 국민의 이름으로 정당화하는 것은 바로 주권자인 국민이라는 정체성 자체를 부인하는 것이기 때문에 결국 국민이라는 이름으로 국민의 존재 자체를 부인하는 자기 부정의 행위다. 혁명이 정당성을 가지는 경우는 그것이 새로운 국민적 및 국가적 정체성을 내세우면서 국민으로부터 명시적 또는 묵시적 동의를 받을 때인 것이다.

권 이념을 기초로 성립되는 자유주의 정치사상은 바로 그러한 성립 근거 자체가 스스로 해결할 수 없는 또 다른 문제를 제기한다는 점에 이론적 딜레마가 있다. 이 점은 사회계약론 체계에 대한 이미 정형화된 비판과 연관되므로 그 점을 먼저 소개할 필요가 있다.

사회계약 개념 자체에 대한 일반적인 비판의 핵심은 다음과 같이 요약된다. 그것은 실제의 국가 성립과는 무관한 비역사적인 허구이고, 계약 참여자의 설정 자체가 이미 인간집단 사이의 특정한 공간적 경계 및 배타성을 전제로 하고 있기 때문에 진정한 의미에서의 자연 상태가 아니며, 계약이라는 개념 자체가 이미 법적 범주에 속하기 때문에 그것은 이미 국가 질서를 전제로 하므로 그것의 발상을 설명하는 개념적 장치는 되지 못하고, 설사 그와같이 국가가 성립되었다고 하더라도 모든 개인에게 국가를 떠날 수 있는 자유가 허용됨은 물론이고 자유를 실현할 수 있는 능력이 부여되어 있지 않는 한 자유로운 계약으로서의 의미가 없다.[5] 그런데 설사 그와 같은 사회계약이 성립할 수 있다고 하더라도, 그러한 이론의 실천성 또는 일단 성립된 사회계약이 영속성을 갖기 위한 필수적인 조건과 관련하여 새로운 문제가 발생한다는 점이 중요하다. 즉 개인의 자발적인 동의가 사회계약 성립 정당성의 근거인 한, 본래 계약 당사자의 후손들은 또 다른 독립된 개인으로서 그들 선조가 합의한 계약을 준수할 의무가 주어진 것은 아니라는 것이다. 따라서 사회계약론의 근본 전제인 개인주의적인 주의주의 및 각 개인 자아 정체성의 고정·불변성이 일관되게 적용되려면, 매번 새로운 후손이 탄생할 때마다 기존의 사회계약론은 끊임없이 새롭게 합의되어야 함을 의미한다. 그것은 현실적으로 불가능할 뿐더러, 개인의

5 사회계약 개념에 대한 일반적인 비판에 관한 소개로는 레빈(Levin, 1978) 및 고흐(Gough, 1957: 특히 "Introduction" 및 chap. 12 "The Contract Theory in Decline") 참조.

자아 정체성을 고정·불변의 것이 아닌 변화하는 것으로 가정될 경우 필연적으로 나타나는 결과인 에피카르모스의 희극적 상황이 재현됨을 의미한다.

그와 같은 이론적 궁경을 피하고 일단 성립된 사회계약의 영속성 및 실효성의 근거를 찾기 위한 유일한 이론적 탈출구는 그들 후손에게서 본래의 사회계약을 준수할 의무를 부과할 수 있는 도덕적 근거를 찾는 것이다. 그러한 도덕적 근거란 결국 그들 후손이 바로 선조들의 생명을 이어받은 후손으로 태어났다는 사실 자체에 이미 선조들의 의사에 묵시적으로 동의한 것으로 간주될 수 있다는 논리가 될 수밖에 없다. 그런데 그러한 논리는 사회계약론의 근본적인 개념 체계와 모순되는 새로운 이질적인 개념의 추가를 통해—코페르니쿠스의 과학혁명 이전에 프톨레마이오스의 천문학 패러다임에 집착한 중세 시대의 천문학자들이 행성의 움직임을 설명하기 위해 끊임없이 새로운 주전원周轉圓, epicycle을 그린 것처럼—[6] 문제를 해결해 보려는 시도에 지나지 않는다. 그것은 바로 개인주의적 주의주의의 핵심인 각 개인의 독립적인 자기 의사 결정권과 직접적으로 모순된다. 그리고 그와 같은 자기 모순적인 변형을 통해서만 사회계약론이 실천성을 유지할 수 있다는 것은 그것이 기초하고 있는 개인주의적 주의주의 및 고정화된 자아 정체성 개념 자체의 타당성에 대한 근본적인 반증이다. 그런데 그와 같은 고정화된 개인주의적 자아 정체성 개념에 대한 부정이 근대 사회계약론의 대표적인 정치사상가인 로크John Locke에게서 나타난다는 점에 근대 자유주의 정치사상에 내재하는 근원적인 역설이 있다.

로크는 전제정의 결론에 이른 홉스의 사회계약론 체계에 대한 수정을

6 이러한 과학사적 사실에 대해서는 쿤Thomas S. Kuhn의 탁월한 저술(Kuhn, 1957)이 있다.

통해 제한적 통치권의 이념 및 불가양도의 자연권 이념을 제창하면서 근대 헌정주의 및 자유주의 정치사상의 근간을 마련한 인물로 일반적으로 간주된다. 그런데 로크가 그의 정치사상을 집약한 『시민정부론*Two Treatises of Government*』에서 그것의 인성론적 근거가 될 수 있는 저작이자 먼저 출간된 『인간오성론*An Essay Concerning Human Understanding*』에 대해 전혀 언급하지 않은 점은 철학사적 사실로서 잘 알려져 있다. 철학적인 논증 차원에서 필연적으로 연관되기 때문에 논의의 종합이 필연적으로 시도되어야 할 작업을 전혀 수행하지 않았다는 사실은 로크 철학 체계의 결정적인 결함으로 지적되어야 할 사항이다. 어쨌든 그러한 사실이 자아 정체성의 문제와 관련하여 제기하는 중요한 문제는 이 점이다. 후자의 저작에서 논의되는 자아 정체성 개념은 전자에서와 같이 고정된 존재가 아니라 오히려 그 반대라는 것이다. 즉 후자의 저작에서는 그의 경험주의 인식론을 상징하는 유명한 말이 되어 버린 인간 정신의 본원적인 '백지 상태*tabula rasa*' 개념을 기초로 인간을 본질적으로 '가변적 또는 조형 가능한 존재'로 파악하는 인간성 개념이 제시되어 있다는 것이다.[7] 이 점은 그를 통해 의식consciousness이라는 말이 철학 용어로 본격적으로 등장하게 되는 또 하나의 철학사적 사실과도 연관된다. 그런데 그러한 철학사적 사실은 서양 근대 철학사의 거대한 주제 가운데 하나이지만, 개인의 자아 정체성과 국가 정체성의 관계를 설명하는 데 필수적으로 언급되어야 하므로 간단하게나마 별도의 서술이 필요하다.

7 영어로 인간성에 대한 'malleability(혹은 plasticity) principle'이라고 표현된다. 인간을 가변적이고 조형 가능한 존재로 파악하는 인간성 개념은 일반적으로 사회계약론의 전통과는 대립되는 근대 역사주의의 기초를 이루는 것으로 이해된다. 그러한 관념의 역사에 대한 대표적인 사상사적 서술로는 만델바움(Maurice Mandelbaum, 1971: 특히 part 3 참조)의 저작이 있다. 그러나 로크의 인성론은 그의 사회계약론적 정치사상과는 달리 역사주의의 맹아를 갖고 있다는 점이 여기서 전개되는 기본적인 논지다.

1. 근대 서양 철학사에서 의식의 문제와 자아 정체성

인성론의 핵심적인 요소로서 로크를 통해 본격적으로 전개되는 의식의 문제에 대한 논의의 기원은 그가 특히 '본유 관념innate ideas'의 존재와 관련하여 비판의 대상으로 삼은 데카르트René Descartes라고 할 수 있다. 데카르트는 일반적으로 근대 기계론적 세계관 및 물질과 정신의 이원론을 정립하여 근대 서양 철학의 기원으로 간주되지만, 자아 정체성 개념사 차원에서도 혁명적인 전환을 이룬 철학자로 간주된다. 데카르트에 이르러 인간을 이해할 때 더 이상 고대의 물활론이나 범신론의 의미를 함축한 '영혼anima; soul"이란 용어 대신에 '마음mens; mind'이란 용어가 독립된 개개인의 정신을 지칭하는 용어로 사용된다. 이제 만물에 내재하는 생명력으로서의 정신 개념은 철학의 중심에서 사라지고 —근대 독일 철학의 전통에서 칸트에 대한 비판자들인 하만Johann G. Hamann이나 헤르더 Johann G. von Herder 등에서 기원하여 피히테Johann G. Fichte, 셸링Friedrich W. J. Schelling 등을 거쳐 헤겔Georg W. F. Hegel에 이르러 정신철학Geistes Phiosophie으로 부활할 때까지—객관적인 세계와 대립되는 주관적인 의식 또는 객관적인 세계를 인식하는 사고 활동의 주체를 지칭하는 정신 개념이 철학의 중심으로 등장한다. 이 점은 자아의 본질을 "나는 생각한다, 따라서 존재한다cogito ergo sum'라는 데카르트의 유명한 명제 속에 간결하게 축약되어 있으므로 그것에 대한 간략한 검토가 필요하다.

"나는 생각한다, 따라서 존재한다"라는 명제는 나의 존재성과 사고한다는 행위의 동일성에 대한 인식이다. 데카르트의 그러한 인식은 특히 『방법서설*Discours de la Méthode*』 제4부(Descartes, 1931: 100-106) 및 『성찰*Meditationes de prima philosophia*』 제2부(Descartes, 1931: 149-157)에서 치밀한 논증을 통해 제시된 바 있다. 그러한 논증을 통해 데카르트는 '나'라는 한 개인의 존재성을 '생각하는 행위를 스스로 의식하는 정신 활동', 곧 '스스로 생각함에 대해 생각하는 자의식'에서 찾고 있음을 분명히 표현하고 있다. 그것은 바로 자신의 사고 내용 자체를 스스로 검토하고 판단하면서 자신의 정신세계를 형성해 나가는 정신 활동에서 한 개인의 정체성을 찾는 시도라고 할 수 있다. 그런데 자아 정체성에 대한 그러한 접근을 통해서는 모든 개인을 포괄하는 추상적인 자아는 규정할 수 있어도 개별적인 인간의 각각 다른 자아는 규정할 수 없다는 근본적인 문제가 제기된다. 실제로 위에서 언급된 데카르트의 대표적인 저작들 자체가 한편으로 데카르트 자신의 정체성을 찾으려는 정신적 모색과 관련된 자전적 고백의 성격을 갖고 있음에도 불구하고,[8] 그의 철학에는 '정체성'이라는 개념이 별도로 확립되어 있지도 않다. 나아가 집단 차원은 물론이고 개인 차원의 정체성 문제를 명시적이고 체계적으로 구명하려는 시도, 즉 '변화 속의 영속성 및 다양성 속의 단일성' 문제를 다른 개인과의 관계, 나아가 다른 집단에 속한 개인 사이의 관계 문제 등 추상화되고 고립된 자아 개념의 한계를 넘어서 좀더 포괄적이고 구체적으로 파악하려는 시도조차 발견되지 않는다. 이 점은 그의 철학에 별도의 체계적인 정치사상이 없다는 사실의 다른 측면일 수 있다. 어쨌든 데카르트의 자아 개념에 내포된 그러한 한계는 근대 철학 및 근대 정치사상에서 개인의 존재가 점차 중심적인 위치를 차지하게 되면서 당연히 극복되어야 할 과제로 나타나게 되며, 로크의 이원화된 자아 정체성 문제는 그러한 극복 노력의 한 흐름으로 간주된다. 여기서 로크의 문제로 다시 돌아갈 필요가 있다.

로크가 대표적으로 『인간오성론*An Essay Concerning Human Understand-*

8 이에 관해서는 비교적 최근에 새롭게 출간된 고크로저(Stephen Gaukroger, 1995: 특히 제4장 "The Search for Method, 1619~1625")의 데카르트의 전기에 잘 기술되어 있다.

ing』(1959)을 통해 데카르트의 '본유 관념'에 대한 부정과 더불어 인간의 의식세계를 의식 외부의 인상이나 자극에 의해 나타난 관념idea들 사이의 결합 및 연상association 작용의 산물로 파악함으로써 이른바 경험주의적 인식론의 토대를 마련한 것은 잘 알려져 있다. 그는 정체성 개념 또한 그러한 경험주의의 관점에서 파악한다. 즉 그에게 '정체성'이란 하나의 경험을 통해 형성되는 관념 가운데 하나일 뿐이며, 따라서 그것 또한 인간의 정신에 본디부터 내재하는 것은 아니다(특히 Locke, 1959: 1권 3장 3~5절). 한 사물의 정체성에 대한 관념은 그것 '자체'에 대한 시간 및 공간상의 비교를 통해 형성된다고 한다. 즉 한 사물이 시·공간의 변화에도 불구하고 동일한 것으로 간주될 수 있는지 여부는 그것이 시·공간상 동일한 기원에서 유래하는지 여부에 따라 결정된다는 것이다(Locke, 1959: 2권 27장 1절).

로크의 그와 같은 정체성 개념은 물질을 단순히 불변의 객체로서 파악하는 당시 물질관의 반영이기도 하지만, 그것이 결코 엄밀하지 못한 사고 판단의 결과임은 분명하다. 일단 물체란 에너지를 잃거나 획득하면서 끊임없이 변화하는 존재이므로, 시·공간의 특정한 기점을 특정한 한 사물의 기원으로 설정할 수는 없다. 아울러 시·공간의 특정한 기점에 나타난 한 사물의 특정한 형태 및 구성 요소를 그것의 정체성으로 설정하는 것 자체가 이미 그 사물의 정체성에 대한 특정한 이해를 전제로 하기 때문에 정체성을 정체성으로 설명하는 순환론에 불과하다. 그와 같은 근본적인 문제를 떠나 여기서 주목할 점은 로크는 그와 같은 정체성 개념을 물체, 생명체, 인간의 경우를 각각 구분해서 파악하고 있다는 사실이다. 로크는 먼저 단순한 물체의 경우와는 달리 식물이나 동물의 경우는 정체성을 그것을 구성하는 요소들의 차원에서가 — 로크의 용어로 'substance'로서 물질적 및 정신적 요소 모두에 적용될 수 있는 개념이다 — 아니라 그러한 구성 요소를 통해 구현되는 생명 자체에서 찾아야 한다고 주장하는 것이다(Locke, 1959: 5절). 왜 그래야 하는지에 대한 설명은 단순한 물질과 구분되는 생명이라는 현상의 본질에 대한 논의를 필요로 한다. 로크는 그러한 논의를 제공하지 않고 있다는 점에서 다시 그 철학적 사유의 빈곤성이 비판받아야 한다. 어쨌든 그러한 관점에는 생명체의 경우 그것의 정체성 또는 더 나아가 그것의 존재성 자체가 그것을 구성하는 물질의 합과는 별개의 것이라는 인식이 바탕에 있다는 점이 중요하다. 그것은 로크 스스로가 의식했는지 여부를 떠나 정체성을 한 개체의 구성 요소나 외면적인 상태가 아니라 그러한 것들을 포괄하는 동시에 초월하면서 그것들을 하나의 통일된 개체로 유지하게 만드는 어떠한 원리에서 찾음을 의미하기 때문이다. 그러한 관점은 로크가 인간의 자아 정체성 문제에 대해 해명하는 과정에서 더욱 분명하게 드러난다.

로크에 의하면, 개인적 정체성personal identity은 —그의 경우 이 용어는 자아self라는 용어와 동일하다— 한 개인을 구성하는 여러 가지 가변적인 '요소'가 아니라 생각하는 의식의 존재 자체에서 찾아야 함을 주장한다(Locke, 1959: 특히 10절 참조). 적어도 개인의 정체성에 관한 한 의식 내용의 변화는 정체성의 변화와는 무관하다는 논리를 제기하는 것이다(Locke, 1959: 12~17절). 따라서 본유 관념의 문제를 제외한다면, 개인의 자아 정체성에 관한 한 로크는 데카르트 철학을 계승 및 발전시킨 사람으로 이해될 수 있다. 아울러 인간의 의식이란 스스로 생각하는 내용을 의식하고 그것에 대해 생각한다는 의미로서 자의식의 존재를 자아 정체성 개념의 핵심으로 파악하는 한 로크는 근대 독일 철학에서 발전시킨 '자아철학Ich-Philosophie'을 예고한다. 그러나 그의 경우 자아 정체성의 핵심으로서 그와 같은 자의식 내용이나 형태가 어떻게 변화·발전하는지 자아 정체성 개념과 관련하여 필연적으로 제기되어야 할 문제를 그의 『인간오성론』에서는 전혀 설명하지 않고 있다는 근본적인 한계를 지닌다. 그러한 한계는 위에서 이미 지적한 철학사적 사실, 즉 그는 『시민정부론』에서 『인간오성론』에 대해 전혀 언급하지 않았다는 사실과 연관된다. 다시 말해서 한 개인의 자의식 형성이나 변화 및 발전 과정은 필연적으로 그것이 다른 개인의 그것과의 상호 작용은 어떻게 이루어지는지에 대한 설명이 요구되며, 그러한 설명은 자의식의 사회성 및 이와 연관된 윤리적 규범의식이나 도덕적 이념 또는 더 나아가 정치적 의식이나 이념 등의 문제들에 대한 검토 및 설명을 필연적으로 요구한다. 그러나 그와 같은 의식의 내용이 자의식과는 별개의 또 다른 관념으로 간주되는 한 그의 『인간오성론』 자체에서 정치사상의 논의를 기대할 수는 없다. 그런데 그와 같은 근본적인 문제를 떠나 더욱 근본적인 문제는 본유 관념의 존재를 부정하는 그의 경험주의 인식론 체계에서는 그와 같은 자아의 정체성 개념이 일관되게 설명될 수 없다는 점에 있다. 그리고 바로 이 점이 경험주의 철학의 전통에서 흄David Hume에 의해 자아 정체성 개념 자체에 대한 부정을 예고하는 부분이기도 하다.

앞서 언급했듯이 로크의 경험주의 체계에서 '의식'이나 '자아' 자체란 하나의 관념일 뿐이다. 그의 체계에서는 인간의 모든 관념이란 외부로부터의 인상이나 자극의 결과일 뿐이다. 그렇다면 인상이나 관념들의 집적 이외의 순수 의식이나 자아란 존재할 수 없으며, 가변성을 본질로 하는 그러한 집적을 떠나 영속성을 갖는 의식이나 자아 또한 성립할 수 없다. 결국 그의 경험주의의 근본 전제에 철저할 경우 사물의 정체성 개념과 마찬가지로 자아 정체성을 전제로 자아 정체성을 설명할 수밖에 없는 논리적 순환에 빠질 수밖에 없다. 그리고 실제로 바로 이 점이 경험주의 철학의 근본 전제에 더욱 철저한 흄에 의해 결국은 정체성 개념은 그 개념의 성립 자체가 부정당하게 되게 만드는 요인이기도 하며, 동시에 실용주의란 이름의 또 다른 경험주의의 전통에서 제임스William James에 의해 부활될 때까지 자아 정체성의 논의가 거의 등장하지 않은 이유기이기도 하다.

흄은 그의 대표작인 『인성론*A Treatise of Human Nature*』의 논의를 통해 개인을 포함한 사물에 대한 정체성 관념에 대해 분석한다(Hume, 1978: 특히 1권 4부 2절 및 6절). 그의 경우도 로크와 마찬가지로 인간의 관념이란 사물이 인간의 마음에 투영되는 인상에 불과하다. 그리고 다른 경우와 마찬가지로 정체성이란 관념의 본질에 대해서도 그와 같은 경험주의적 인식론의 논리를 일관되게 적용한다. 즉 객관적인 사물 자체에 정체성이란 존재하지 않으므로 하나의 관념으로서 정체성이란 사물로부터 직접 유래한 인상에 기초하여 형성된 것은 아니다. 따라서 정체성이란 관념과 관련하여 그가 내린 결론은 간단히 말해서 그것은 시간의 변화 속에 있는 사물에 불변성invariableness을 부여하려는 마음의 성향propensity이 만들어 낸 허구fiction일 뿐이라는 것이다. 그런데 흄의 회의주의와 관련하여 일반적으로 언급되듯이, 인간의 마음에 그러한 성향이 있다는 흄 자신의 경험적 관찰 자체의 보편적 근거가 무엇인지 밝히지 못하는 한 그러한 주장 자체는 흄이라는 개인의 마음에 떠오르는 또 하나의 주관적인 인상에 불과하며, 사물의 존재성 자체를 부인할 수밖에 없게 만든다. 아울러 정체성 개념 자체에 대한 부정은 궁극적으로 그와같이 주장을 개진하는 흄이란 사람이 그것이 흄이라는 개인의 주장이라는 근거 자체를 부정하게 만들 뿐이다. 개인의 자아 정체성이 부정될 경우 흄이란 개인은 존재하지 않고 오직 무수하고 규정 불가능한 인상들의 집적만 있을 따름인 것이다.

결국 데카르트의 추상화되고 고립된 자아 정체성 개념에 대한 비판 차원에서 로크와 흄 등을 중심으로 추구된 경험주의적 자아 정체성 개념의 모색 과정은 정체성 개념 자체의 부정에 이르게 되었다고 볼 수 있다. 그리고 흄의 그러한 부정을 기점으로 영국의 경험주의 철학사에서 자아 정체성 문제는 실질적으로 철학의 영역에서 사라지게 되고, 연상심리학의 발전과 더불어 정신의 모든 문제는 그 형이상학적 의미에 대한 탐구가 배제된 채 단순히 경험적이고 관찰 가능한 심리적 현상의 문제로 환원되어 경험과학 연구의 대상으로 변질되는 것이다.[9] 반면에 로크에 의해 본격적으로 제기된 정신의 구체적인 내용으로서 의식의 문제는 칸트 이후 전개된 근대 독일 철학을 통해 새로운 발전을 이루게 된다. 그리고 그러한 발전이 흄에 이르러 이론적 궁경窮境에 이른 경험주의 철학의 근본 전제에 대한 철저한 비판적 검토를 통해 이루어지게 됨은 철학사적 필연이라고 할 수 있다. 그러한 철학사적 발전을 통해 경험주의적 자아 정체성 개념의 자기부정성 및 이에 따른 자아 개념의 무화無化에 대한 비판적 극복 노력도 나타나게 되며, 바로 그러한 노력이 칸트에게서 피히테와 셸링을 거쳐 헤겔에 이르는 독일 '자아철학'의 발전 과정으로 해석될 수 있다. 그리고 그러한 자아철학의 핵심은 바로 플라톤과 아리스토텔레스의 목적론적인 자아 정체성 개념의 근대적 부활이자 재해석 및 새로운 체계화라는 점이 중요하다. 이 점 또한 비록 지극히 방대한 철학사의 흐름과 관련되지만 이 책의 목적상 간단하게나마 정리하고 지나갈 필요가 있다.[10]

---

9 개괄적인 수준의 기술이지만 18~19세기 영국 경험주의 철학의 이러한 측면에 관해서는 마틴(Martin, 2008: 201-222, 296-303) 참조.

10 자아철학Ich-Philosophie의 발전을 철학사적 필연의 차원에서 칸트에서 헤겔까지의 근대 독일 철학사를 서술한 대표적인 업적으로는 크로너(Kroner, 1961)의 대저가 있다. 그리고 앞에서 이미 인용되고 언급된 테일러(Taylor, 1989)의 저작은 자아 개념의 발전에 대한 근대 서구 정신사 차원의 접근으로서 근대 독일에서 이루어진 자아철학 발전에 대한 좀더 구체적이고 풍부한 이해를 제공한다. 크로너Richard Kroner의 저작이 자아 개념의 철학사적 발전의 필연성에 서술의 초점을 맞추었기 때문에 그러한 철학사적 발전의 바탕 및 배경을 이루는 좀더 구체적인 정신사의 변화 과정과의 연관 속에서 그것을 설명하지 못한 한계가 지적될 수 있다. 반면에 테일러의 저작은 내면성, 자유, 개별성 등 자아 관념을 구성하는 요소들의 구체적인 변화·발전 과정 및 각 요소 사이의 갈등이라는 방대한 주제를 풍부한 문헌적 근거를 토대로 상세히 서술한 장점은 있지만, 구

2. 근대 서양 철학사에서 목적론적 자아 정체성 개념의 부활

칸트의 자아 정체성 개념은 일단 스토아 철학의 또 다른 새로운 변용이라고 할 수 있다. 특히 그의 많지 않은 정치철학 저술 가운데 대표적인 것으로서 말년의 칸트가 자신의 완숙하고 포괄적인 철학적 지성세계를 표현한 『영구평화론*Zum ewigen Frieden*』에 제시된 정치적 이상, 즉 이성의 주체로서 평등하고 성숙한 시민의식Mündigkeit을 가진 개인으로 구성되고 통치되는 공화국republic으로 이루어진 연방국가 이념은 적어도 외면적으로는 스토아 철학이 2천 년 전에 제시한 세계국가 이념 그대로의 부활이라고 단정할 수 있을 정도다. 그런데 그의 자아 정체성 개념이 새로운 철학사적 흐름의 전환점으로 간주될 수 있는 이유는 그것이 한편으로는 스토아 철학에 의해 예고된 것이면서 동시에 다른 한편으로는 스토아 철학의 자아 정체성 개념을 부정한 새로운 자아 정체성 개념의 맹아를 내포하고 있기 때문이다. 그와 같은 철학사적 발전의 핵심은 바로 이중적인 자아 개념이다.

잘 알려져 있듯이 서양 철학사에서 일반적으로 말해지는 칸트적 대전환의 핵심은 지식과 윤리 및 판단의 근거를 종래의 형이상학과는 달리 인간 정신이 스스로의 정신세계 자체에 대한 성찰을 통해 밝힌다는 점에서 자

체적인 정신사의 맥락에서 정체성 및 자아 관념의 변화 과정에 집중한 나머지 스스로 고백하듯이(Taylor, 1989: x-xi) 그러한 변화의 인식론적 근거를 해명하지 못한 한계를 지닌다. 특히 그러한 맥락에서 테일러가 크로너의 저작을 전혀 참고하지 않은 사실이 아쉽다. 어쨌든 두 저작 모두 국가 정체성 개념을 자아 및 정체성 개념의 확장·발전 차원에서 서술 및 설명하지 못한 것은 분명하다. 헤겔에게서 하이데거Martin Heidegger에 이르는 철학사를 같은 차원에서 크로너의 그것에 비견될 만한 탁월한 저작의 출현과 더불어 크로너 및 테일러 저작의 한계를 극복한 저작의 출현 역시 앞으로 기대된다. 여기서 시도되는 근대 독일에서 전개된 자아철학의 발전 과정에 대한 설명은 이들 두 학자의 탁월한 업적을 참고하면서 지은이 나름으로 정리한 것이다.

아의 문제를 철학의 중심으로 등장시킨 데 있다. 그런데 그의 3대 '비판서'에서 자아의 개념 자체가 체계적이고 포괄적인 논의의 형태로 제시된 것은 아니다. 한편으로 『순수이성비판』에서는 스스로를 의식한다는 자의식의 존재를 통해 자아 정체성 문제를 간략하게 다루고 있으며, 다른 한편으로 칸트의 윤리철학이 집약된 『실천이성비판』의 '머리말' 등 몇몇 곳에서 자아의 이중성 문제, 즉 '현상Phänomenon'으로서의 자아와 그러한 현상을 인지하고 그것에 대해 판단하고 행동하는 궁극적인 주체인 '지성' 또는 '본체'로서의—그의 용어로 'Noumenon'—자아라는 이중성을 통해 간략하게 설명한 내용이 그것이다.[11] 그러한 간단한 언급도 칸트 철학 전체의 맥락에서 고찰할 경우—특히 그의 자율성Autonomie 및 자유의 이념과 관련하여—일관되고 심원한 의미를 갖는 것은 분명하고, 특히 칸트 이후 전개된 자아철학의 발전 맥락에서도 중요한 맹아의 의미를 갖는 것은 사실이다. 먼저 『순수이성비판』에서 개인적 정체성과 관련하여 칸트가 제시한 자의식과 자아의 관계를 지은이 나름으로 정리하여 소개하면 다음과 같다.

칸트는 영혼의 문제에 대한 기독교 및 전통적인 형이상학적 접근을 '초

---

11 칸트 철학에서 'noumenon'은 번역하기 까다로운 용어라고 할 수 있다. 칸트 '3대 비판서'의 한국어 번역자인 백종현 교수는 'noumenon'을 '예지체叡智體'로 번역하고 있으나(칸트, 2003), 이 번역은 조금은 지나친 의역이라고 할 수 있다. 'Noumenon'의 어원은 희랍어 'nooumenon'으로, 그것은 지각이나 인식의 주체로서의 마음을 의미하는 희랍어 'nous'에서 파생한 동사 'noeo'의 수동태 현재분사passive present participle다. 따라서 말 그대로는 '지각되고 있는 것'을 의미하며, 감각적으로 인지되는 대상과 구분되어 지적 성찰을 통해 인식되는 대상을 지칭한다. 칸트의 경우 이 말은 마음을 구성하는 요소들 가운데 가변적인 요소와 대비되어 근원적이고 불변의 것을 지칭하기 위한 용어로 사용하고 있다고 할 수 있기 때문에 마음의 '본체'로서 '지성'을 의미한다. '예지'는 그러한 지성의 완성된 형태를 지칭하는 어휘이기 때문에 조금 지나친 의역이 된다. 이 책에서는 자아를 구성하는 육체나 행위 등 경험적인 요소들과 대비되며 그것들을 결정하는 주체로서 자아 자체를 의미에서 본체라는 번역어를 사용하기로 한다.

월적 심리학transzendentale Psychologie'으로 명명하면서, 그것을 추론상의 오류, 즉 'paralogism'으로 규정한다. 그러한 접근과 대비되어 그는 한 개인의 정체성, 즉 변화 속에서의 동일성을 단순히 초월적인 영혼의 존재에서가 찾는 것이 아니라 스스로에 대한 내적 감각innere Sinn 또는 직관Anschauung 행위에서 찾는 것이다. 이미 아리스토텔레스의 경우와 관련하여 앞에서 언급된 바와 같이, 칸트도 사물의 동일성은 변화 속에서도 불변하는 영속적인 요소의 존재에서 그 근거를 찾는다. 하지만 변화 속에서도 '끊임없이 이어지면서 각각의 '나'로 결정되어 나타나는 모든 형태alle und jede meiner suksessiven Bestimmungen는 언제나 내적 감각 또는 내적 직관의 대상이자 그러한 감각이나 직관의 형태에 불과하다. 따라서 영혼의 인격성은 추론되는 것이 아니라 "시간 속에 나타나는 자의식과 전적으로 동일하며ein vollig identischer Satz des Selbstbewusstseins in der Zeit," 나 자신에 대한 의식 속에 각각 다른 시간에 나타나는 여럿의 '나'들을 하나로 규정하는 나의 정체성이 나타날 수밖에 없다는 것이다(이상 『순수이성비판』, A362). 그런데 여기서 중요한 점은 칸트는 그러한 자의식으로서의 자아 정체성을 각각 다른 시간에 나타나는 '나'라는 개인의 생각 및 그것들의 통일성이 성립하기 위한 형식적인 조건이기는 해도 행동하는 주체로서의 '나', 즉 시간과 공간의 변화 속에서 끊임없이 변화하면서 행동하는 수많은 '나'의 정체성을 증명하는 것은 아니라고 강조한 점이다(『순수이성비판』, A362-363). 그러한 주체의 정체성이 『실천이성비판』에서 간략하게 제시된 본체로서의 자아 개념이다.

칸트의 윤리철학에서 자유는 도덕 법칙이 존재하기 위한 선험적인 조건이다(『실천이성비판』, A5). 그러한 선험적인 조건이 부인될 경우 모든 행위나 판단은 기계적인 인과율의 필연성에 종속되며, 도덕성 자체를 운위할 근거를 잃어버리게 된다. 따라서 경험적 현상이 아닌 자유가 실천이성의 영역에서는 객관적 실체성Realität을 부여받게 되며(『실천이성비판』, A9), 이에 따라 자유의 주체로서의 자아는 '본체'로서 인식되지만 육체적 행위 등 자연과 관련된 '현상'으로서의 자아는 자신의 경험적 의식의 대상이 되어야 하는 역설적인 요구가 성립된다(『실천이성비판』, A10).[12] 이것이 칸트의 이중적 자아 개념과 관련된 핵심적인 진술이라고 할 수 있다.[13] 여기서 현상적 자아란 로크나 흄의 마음 또는 의식 개념과 같이 욕망의 주체이자 사물과 관련된 다양한 경험 및 행동들 각각의 개별적인 주체이며, 아울러 그러한 욕망이나 인식 및 행동을 스스로 의식하는 개별적 인간 각각에 다르게 나타나는 다양한 내용이나 성격의 자의식이다. 반면에 본체적 자아란 그와 같은 개별적이고 다양한 경험이나 행동의 궁극적인 주체로서, 모든 개인은 그러한 본체적 자아의 소유자라는 점에서 본질적으로 아무런 차이가 없다. 모든 인간은 현상적 자아의 주체로서 욕망이나 상황에 종속되어 비도덕적인 행위의 주체가 될 수도 있지만, 동시에 본체적 자아의 소유자로서 현상으로서의 자아를 넘어서서 모든 목적 전체를 통할하는 사물의 질서에 스스로를 융합시킬 수 있는 능력의 소유자가 될 수도 있다. 후자의 능력이 바로 인격성Persönlichkeit의 핵심, 즉 자연의 기계적 법칙으로부터의 자유 및 독립성을 향유하는 존재가 되게 하는 핵심적인 요소인 것이다(『실천이성비판』, A154-155). 이에 따라 각각의 개인적 자아는 모두가 보편적인 도덕 법칙을 수립할 수 있는 동일한 의지, 곧 동일한 실천이성 능력을 지닌 평등하고 자연권을 향유하는 주체로서

---

12 "die paradoxe Forderung, sich als Subjekt der Freiheit zum Noumen, zugleich aber auch in Absicht auf die Natur zum Phänomen in seinem eigenen empirischen Bewusstsein zu machen."

13 이 밖에 같은 책의 "순수 실천이성 원칙들의 연역에 대하여" 장(A72~73)에 비슷한 진술이 제시되어 있다.

모두가 수단이 아닌 목적이 되는 공화국, 다시 말해서 기독교의 '하늘 나라hē Basileic tōn Ouranōn; the Kingolom of Heaven' 개념의 계몽주의적 변형이라고 할 수 있는 이른바 '목적의 왕국das Reich des Zwecks'의 구성원이 되는 것이다.[14]

이상은 지극히 방대한 의미를 내포한 칸트의 이중적 자아 개념을 간략히 정리한 것이다. 그것의 핵심은 결국 자아를 스토아 철학에서와 같이 이성의 주체로서 파악하는 것도 아니며, 영국적 자유주의의 전통에서와 같이 인간을 본질적으로 욕망의 주체로 파악하면서 이성을 그러한 욕망이 지시하는 바를 합리화하거나 그것의 실현을 위한 수단적인 방법을 산출하는 수동적인 계산자로 파악하는 입장과 대비된다. 그의 자아 개념은 한편으로 이성 능력 및 자연권의 담지자이자 보편적인 도덕성이나 양심의 실행 주체로서의 인간, 다른 한편으로 상황 종속적이고 이기적이고 비도덕적인 행위의 주체가 될 수 있는 인간, 인간성에 내재한 그러한 이중적 요소를 이성 개념에 대한 비판적인 분석을 통해 새롭게 종합적으로 설명하려는 시도라고 볼 수 있다. 다시 말해서 인간의 자아에는 한편으로 개개인의 욕망이나 심리적 성향 또는 인식 행위 및 지식 형태로 나타나는 다양하고 구체적인 정신 현상의 총체로서의 자아와, 다른 한편으로 그러한 다양한 정신 현상을 나타나게 하는 근원이자 그것들을 초월하면서 다양성을 하나로 통일시키는 초월적인 자아, 그 두 자아가 다르면서 하나로 존재함에 대한 칸트 나름대로의 해명이다. 문제는 그러한 시도가 과연 인간성의 실체를 충분히 해명하고 있으며, 그러한 자아 개념이 특히 현실 속 인간의 자아세계의 변화 및 형성을 충분히 설명할 수 있는지 여부에 있다.

14 칸트의 '목적의 왕국'에 대한 논의는 주로 『윤리형이상학 정초*Grundlegurg zur Metaphysik des Sitten*』(1969)에 제시되어 있다. 기독교의 '하늘 나라' 개념에 관해서는 이 책 제2부 7장에서 별도로 논의될 것이다.

일단 칸트의 이중적 자아 개념은 칸트 나름으로 현실 속에서 인간의 생각이나 행위에 나타나는 내적 갈등이나 대립을 추상화한 것이라고는 볼 수 있다. 그러나 그의 논의는 그러한 갈등이나 대립의 구체적인 원인이나 각 개인 사이에 나타나는 차이를 설명하고 있지는 않다. 그것은 그가 심리학자나 사회과학자가 아니라 단순히 철학자이기 때문이라는 이유로 설명될 수 있는 것이 아니다. 그의 시대에 그러한 학문적 구분 자체가 존재하지도 않았지만, 중요한 것은 그의 자아 개념 자체에 역사성이나 사회성은 존재하지 않는다는 사실이다. "양심에 따라 행동하라"거나 "남이 자신에게 하기를 원하지 않는 바를 남에게 하지 말라"는 그의 유명한 정언 명령에 나타나 있듯이, 그의 도덕적 명령은 물론 다른 인간을 향하는 사회적 성격의 것이다. 하지만 그의 자아 자체는 역사성이나 사회성을 떠나 존재할 수 있는 것으로 설정된 고립된 개인의 그것이다. 그러한 개인은 비역사적이고 추상적으로 규정된 도덕의 주체일 뿐이며, 그러한 개인의 개념으로는 한 개인이 구체적인 역사 및 사회적 상황에서 어떻게 스스로를 정신적으로 성장시키면서 도덕성의 완성을 지향하는지, 또는 같은 상황에서 스스로를 타락시키거나 도덕성 자체에 무관심할 수 있는지를 설명하지 못하는, 다시 말해서 개인의 역사적 및 사회적 존재성을 설명하지 못하는 추상화된 자아의 개념이다. 이 점은 그의 국가론에도 나타난다. 칸트의 사회계약론은 자유주의적 사회계약론과 같이 자연 상태로 존재하는 개인들이 합의하여 국가를 이룬다는 허구성은 배제되어 있다. 그러나 그의 경우에도 국가란 본질적으로 개인 의사의 총합이 그 설립의 바탕이라고 강조한 점에서는 자유주의적 사회계약론의 근본 구조를 공유하는 것이며, 바로 그러한 점에서 앞 장에서 설명한 그것의 근본적인 한계를 벗어나지 못한 것이다.

그것은 곧 칸트 철학의 미완성성을 의미한다.[15] 그리고 그의 철학 체계의 그러한 미완성성이 그 이후 전개된 독일 철학사의 발전 방향을 예고한다. 그것이 바로 플라톤과 아리스토텔레스의 목적론적 자아 정체성 개념의 새로운 형태의 부활이며, 근대 서양 철학사 및 정치사상사의 또 다른 흐름, 곧 피히테 이후 본격적으로 전개되어 헤겔을 통해 완성에 이른 근대 독일의 '자아철학' 및 이에 기초한 국가철학의 발전이라는 것이다. 칸트 이후 피히테에서 셸링을 거쳐 헤겔에 이르는 ―그들과 괴테Johann W. von Goethe와 슐레겔K. W. F. Schlegel 등 이른바 낭만주의운동의 문학가들이나 야코비Friedrich H. Jacobi 등 역사법학자들과의 상호 영향을 통한―독일 철학의 전개는 실제로 그와 같은 자아의 이중성에 내포된 역사성 및 사회성에 대한 체계적인 철학적 해명 시도의 역사라고 할 수 있다. 거대하고 광범위한 내용을 갖는 그러한 철학사를 지은이 나름으로 간단히 정리하면 다음과 같다.

칸트의 자아 개념에 나타난 경험적 자아와 본체적 자아의 공존이라는 이중성은 피히테를 통해 일단 스스로 자신의 존재를 의식하고 규정하는 자의식의 존재 및 활동 속에 통합된다. 다시 말해서 로크의 자아 개념을 통해 본격적으로 주목받기 시작한 의식의 문제가 피히테에 의해 칸트적 자아의 이중성을 극복하기 위한 개념적 원천으로 등장하고 있는 것이다. 새로운 자아 개념의 핵심으로서 피히테가 주목한 자의식은 로크나 흄에서 주목받지 못한 의식의 '자기규정성Selbstbestimmtheit'이다. 의식의 본질은 단지 수동적으로 마음에 떠오르고 보존되는 인상의 집합에 있는 것이 아니라, 자아가 아닌 대상에 대해 스스로를 끊임없이 새롭게 인식하고 규

15 그러한 철학적 미완성성이 물론 칸트 철학의 위대함을 훼손시키는 것은 아니다. 철학사란 바로 지성사적 세대 교체를 통해 끊임없이 전 세대의 철학적 미완성성을 극복하려는 시도의 역사이며, 새로운 철학사적 극복의 대상을 제공했다는 사실 자체가 결코 범상한 철학자는 수행할 수 없는 위대한 과업이다.

정하며 행동하는 주체로서 활동하는 의식이다. 그러한 의식이 바로 '나Ich' 속에서 '나 아닌 것Nicht-Ich'을 의식하고 그것과의 대립 속에서 끊임없이 새로운 '나Ich'를 역동적으로 형성하는 존재, 곧 주체와 객체가 통일되는 자의식Selbstbewusstsein이다. 그와같이 행동하는 자의식의 속성 때문에 인식과 실천은 자의식의 활동 속에 통일되며, 아울러 인간은 자유 의지를 갖는 자유로운 존재로서 스스로를 끊임없이 새롭게 형성해 나가는 존재가 될 수 있다. 그러한 자기 형성Selbstbildung이란 — 괴테의 '성장 소설Bildungsroman'에 구체적으로 극화되어 있듯이—곧 삶과 앎의 실천적 통일을 추구하면서 자아의 세계를 심화 및 확대하는 과정이며, 그것의 목적은 고대 목적론적 철학과 같이 도덕성의 완성에 있다. 다시 말해서 그의 경우에도 칸트의 정언 명령과 같이 도덕성의 근원은 양심에 있지만, 양심은 어디까지나 자아 완성을 향한 출발일 뿐이며 끊임없는 자의식의 확장 및 심화를 통해서만 도덕성의 완성에 나아갈 수 있는 것이다.

피히테 철학의 그러한 논의 구조에 바로 그의 도덕철학을 고대의 목적론적 철학의 부활로 해석할 수 있는 근거가 있다. 고대의 목적론적 철학에서 개인의 도덕성의 완성이 당시에는 인간이 공동체적 삶을 완성시킨다고 믿은 도시국가라는 공적인 삶에 대한 봉사와 헌신을 떠나 생각할 수 없듯이, 피히테의 경우에도 한 개인의 자아 정체성의 완성이자 도덕성의 완성은 개인적 자아의 바탕이자 그것을 초월한 자아로서 영속적이며 역사적 실체인 민족 및 민족국가의 삶에 대한 참여를 떠나 생각할 수 없는 것이었다. 또한 그러한 도덕성의 이념에서 피히테의 자연권 이념의 핵심도 파악될 수 있다. 즉 개인의 자연권은 도덕적 존재로서의 인간의 존엄성을 상징하지만, 그것은 자유주의 정치사상의 경우에서와 같이 각 개인에게 절대적으로 주어져 있으면서 사회나 국가를 초월하여 향유될 수 있는 권리가 아니라는 것이다. 그것은 도덕성의 잠재적 형태일 뿐이다. 인간은 본질적으로 다른 인간과의 결합 및 상호 교류 속에서 그 존재성을 획득하는 '유적 존재Gattungswesen'로서, 자연권의 구체적 실현이나 도덕성의 현재화顯在化 또한 그러한 관계 속에서 이루어진다. 다시 말해서 그것의 구체적인 실현은 사적 욕망의 일방적인 추구 차원을 넘어 언제나 다른 사람의 존재를 의식하고 인정하는 가운데 제기되는 개인적인 '요구Aufforderung'가 다른 사람과의 '상호 작용Wechselwirksamkeit' 속에서 충족되는 물질 및 정신적 교류 체계인 공동체적 생활 속에서 이루어진다는 것이다. 그리고 그러한 공동체적 삶의 정점에 국가 생활이 있으며, 그것의 궁극적인 완성이 인류 공동체다.[16]

그러한 논의 내용은 본질적으로 플라톤과 아리스토텔레스 정치철학의 재현이다. 다만 고대의 철학자들에게서는 오직 잠재적인 형태로만 존재했던 민족주의 및 민족국가의 이념이 이 근대 철학자를 통해 개인의 자연권 이념과 결합하여 새로운 국가 이론으로 나타나는 것이다. 피히테의 경우 타인과 유리된 배타적인 개인의 존재 및 독자적인 삶은 성립할 수 없다. 다시 말해서 각 개인에게 생명을 부여하고 선조와 후손을 이어가면서 개인의 삶을 영속화시키며, 사회적 분업 노동을 통한 물질 생활의 교환 체계를 통해 삶을 유지시키고, 나아가 정신적 전통과 문화 그리고 사회적 규범과 관습의 습득을 통해 자아 정체성을 구성하는 주요 요소인 세계관이나 가치관을 형성시키고, 아울러 사적 및 공적 교육을 통해 개인들 자아세계의 구체적인 형태와 내용을 체계적으로 결정하며, 그와같이 자아 정체성을 변화 및 발전시키는 궁극적 원천인 모국어Muttersprache의 주체이자 문화 및 정치적 공동체의 총체적인 형태인 민족국가, 나아가 궁극적으로는

16 이에 대한 논의는 1796년에 출간된 *Grundlage des Naturrechts nach Principien der Wissenschaftslehre*(Fichte, 2000)에 체계적으로 제시되어 있다.

그러한 민족국가의 삶을 바탕으로 수행될 수 있는 인류 사회 전체에 대한 —그의 표현으로 '인류 자체der menschlichen Gattung selber'에 대한 —일체감 및 다양한 형태 및 수준의 헌신과 봉사를 통해서만 —그의 용어로 '사명Bestimmung'의 수행을 통해—자연권의 완성이자 도덕성 및 자아 정체성의 완성이 현실화될 수 있는 것이었다.[17]

피히테는 결국 칸트의 본체적 자아와 현상적 자아가 대립 및 상호 작용 속에서 존재하는 변증법적 자기 발전 및 그러한 자기 발전 또는 성장의 지향 속에서 자아 정체성을 파악하고 있음을 의미한다. 즉 한 개인의 마음에 인상, 욕망, 기억, 지식, 동경 등의 형태로 나타나는 구체적인 정신 내용으로서의 의식세계, 그러한 의식세계 자체를 의식하면서 동시에 그것을 초월하여 끊임없이 새롭게 형성시키는 정신적 힘의 원천, 이 두 정신세계가 불안정하고 동적인 상호 작용 속에서 바로 한 개인의 마음에서 하나로 존재하게 만드는 자의식에서 자아 정체성의 근원을 피히테는 파악하고 있다. 그것은 스스로를 스스로가 규정하는 '나'라는 존재 자체에 대한 의식 및 그러한 능동적인 규정을 통해 그러한 '나' 스스로를 변화 및 발전시키면서 한정된 '나'를 넘어서 보편적인 '나'에 이르려는 인간 정신 활동의 능동적 지향성에 대한 다른 표현이다. 그와같이 동태적인 자기 형성·발전의 차

17 피히테의 그러한 자아 정체성 개념 내용의 집약이자 스스로의 자아 정체성 형성에 대한 고백적 성격을 가지면서 일반 독자를 위한 저술이라고 할 수 있는 저작이 1800년에 출간된 『인간의 사명*Die Bestimmung des Menschen*』(피히테, 1996)이며, 특히 그의 민족주의 이념 및 이와 연관된 교육철학이 집약된 저작으로서 1807~8년 사이에 그의 대중 연설을 통해 개진된 내용이 출간된 것이 『독일 국민에게 고함*Reden an die deutsche Nation*』(피히테, 1998)이다. 전자의 저작 제목에서 사명 또는 소명을 의미하는 독일어 'Bestimmung' 자체가 그의 자아 정체성 개념의 핵심을 나타낸다고 할 수 있다. 즉 그 말에는 한 개인의 진정한 사명이란 진정으로 자신의 것을 '구체적으로 결정하는bestimmen' 행위라는 의미가 함축되어 있다. 그러한 자기규정성의 의미는 이 책의 논의가 진행되면서 좀더 구체적으로 밝혀질 것이다.

원에서 파악되는 피히테의 자아 정체성 개념은 일단 변화 속에서도 변하지 않는 요소를 설명하고 있다는 점에서 에피카르모스의 희극이 제기한 자아 정체성 부정 논리에 대한 극복이라고 할 수 있다. 그것은 또한 앞에서 언급한 자아 정체성 개념과 관련된 고대 철학의 논쟁에 대한 해명의 성격을 갖는 획기적인 철학사적 공헌이다. 다시 말해서 플라톤과 아리스토텔레스 철학에서 제기되지 않은 채 남겨져 있던 문제이자 동시에 스토아 철학이 제기는 했지만 체계적으로 설명하지 못한 자아 정체성 문제와 관련된 두 철학 체계 사이의 대립을 해소했다는 철학사적 의미를 갖는다.

지은이는 적어도 그 핵심적인 구조 및 내용에 관한 한 자아 정체성 개념은 피히테를 통해 충분히 해명되었다고 판단한다. 다만 그러한 개념에 함축된 의미 모두를 그가 해명했다고 보기는 어려우며, 나아가 그가 자아 정체성 문제를 인간과 자연 및 정신과 물질을 포괄하는 총체적인 철학 체계로 종합했다고 보기도 어렵다. 후자의 작업은 근대 독일 철학사에 대한 일반화된 평가 및 헤겔 스스로 표명한 바와 같이 셸링의 자연철학과의 융합을 거쳐 헤겔의 거대한 변증법 철학 체계를 통해 수행되었다고 할 수 있다. 헤겔 철학의 경우 자아 정체성 문제는 정신이나 사물 모두를 보편적으로 포괄하는 변증법의 핵심 원리인 '동일성과 비동일성에 의한 동일성Identität von Identität und Nicht-Identität' 원리에 포섭되어 있으며,[18] 특히 그

18 이 원리에서 동일성과 비동일성은 물론 각각 정체성과 타자성으로 번역될 수 있다. 이 심원한 원리를 헤겔 철학을 별도로 공부하지 않은 사람에게 간단히 설명하기는 어렵다. 다만 여기서는 그 원리를 '자아sich' 개념을 중심으로 표현할 때 변증법적 삼위dialectical triad인 '즉자an sich-대자für sich-즉자 및 대자an-und-für-sich'의 관계로 치환될 수 있다는 사실 정도만 밝히고자 한다. 즉 인간의 자아는 스스로가 순수한 의식으로서 객체와 대립되는 주체인 즉자적인 존재이자, 스스로를 '대상으로für sich' 규정하는 대자적 존재이며 동시에 그러한 대상화된 자아를 주체적으로 자아 내에 포섭하는 역동적인 즉자 및 대자적 존재라는 것이다. 그리고 변증법이란 말은 어떤 의미에서 많은 학자도 그 개념에 대한 진지한 이해 노력이 수반되지 않은 채 편의대로 사용되는 경향이 강

러한 변증법적 원리에 기초하여 전개된 정치철학이 헤겔의 『법철학 *Philosophie des Rechts*』이다. 그것은 개인의 순수한 정신세계로부터 도덕, 윤리, 시민사회, 국가, 국제 관계를 넘어 세계사에 이르는 자아의 보편화 과정을 변증법적 발전 차원에서 기술한 것으로서, 그 개념 체계의 기본 틀은 피히테의 자아 정체성 개념인 것이다. 아울러 자연철학과 철학사를 제외한 헤겔의 윤리 및 정치철학, 역사철학, 예술철학, 종교철학의 기본 개념 또한 그 기본적인 틀은 피히테의 철학을 통해 정립되었다고 할 수 있다.

자아 정체성 개념의 역사적 발전 맥락에서 파악할 경우 헤겔 이후의 서양 철학사는 그와같이 칸트를 거쳐 피히테에 의해 근원적으로 해명 및 정초되고 헤겔을 통해 좀더 보편적인 철학 체계로 승화된 자아의 개념에 대한 부분적인 이해, 왜곡, 몰이해, 또는 의도적인 무시의 역사로 판단된다. 물론 그러한 현대 서양 철학사에 대한 비판적 논의는 또 다른 방대한 논의를 요구하며, 이 책에서 시도될 성격의 것은 아니다.[19] 다만 중요한 점은

한 용어다. 그러나 변증법에 대한 체계적인 이해는 깊은 철학적 성찰을 요구한다. 특히 고대적 변증법의 발생에서부터 플라톤, 중세의 아우구스티누스, 근대의 피히테 및 헤겔을 거쳐 현대의 가다머Hans-Georg Gadamer에 이르는 서양 철학에서 변증법 개념의 역사에 대한 서술은 지극히 방대하고 복잡한 철학사적 논의를 필요로 하며, 아직 학계에서 제대로 수행되지 못한 과제라고 할 수 있다. 비록 자아 개념의 분화 및 발전 과정에 초점을 맞추지는 않았지만 칸트 철학에 내재한 변증법의 맹아가 피히테, 셸링, 횔덜린 Friedrich Hölderlin 등을 거쳐 헤겔에 이르러 완성에 이르는 변증법의 발생 및 발전에 관해서는 콘딜리스(Kondylis, 1979) 참조.

19 자아의 문제와 관련된 현대 철학사의 흐름에 대한 지은이의 기본적인 입장을 개진하면 다음과 같다. 후설의 현상학이나 실존철학의 경우는 피히테의 철학사적 공헌이나 그의 자아 정체성 개념의 중요성을 이해하지 못하거나 또는 외면한 채 이른바 현상학적 환원을 통해 '선험적 자아', '순수의식', '현존재Dasein', '반성 이전의 의식prereflective consciousness' 등에 도달할 수 있다는 논리를 제시하고 있다고 볼 수 있다. 따라서 그것은 자아 내에서 현상적 자아와 본체적 자아의 공존 및 긴장 관계 속의 변증법적 통일성을 이해하지 못하고 있음을 의미하며, 결국 피히테 이전 칸트 자아 개념의 한 측면인 본체적 자아 개념으로 회귀했다고 볼 수 있다. 분석철학의 경우 자아 정체성이란 개념

자아 문제에 대한 현대 심리학의 해명은 피히테와 헤겔의 자아철학의 발전 내용을 경험적 연구를 통해 추인해 주고 있다는 사실이다.

3. 현대 심리학에서 자아 정체성 연구와 목적론적 자아 개념, 그리고 국가 생활의 문제

다른 경험과학과 마찬가지로 심리학 연구 및 인식 대상은 실제로 인간의 구체적인 심리나 성격 또는 자전적autobiographical 사실 등의 정신 현상이 인식 주체에 직관적으로 주어져 있다고 믿는 데서 출발한다. 따라서 그러한 경험주의적 근본 전제 자체를 비판적으로 성찰하지 못하는 한, 다시 말해서 그러한 객관적인 정신 현상 자체 및 연구하는 주체의 인식 행위 자체의 존재론 및 인식론적 근거를 종합적으로 탐색하지 못하는 한, 심리학은 지식 체계로서 근본적인 한계를 갖는다. 또한 동일한 사회적 환경이나 비슷한 정신적 상황에서도 정신분열 등 병리 현상으로 나타나는 경우와 그러한 환경이나 상황을 극복하고 삶의 이상의 실현으로 나타나는 정신 능력의 차이, 즉 의지력의 강약이나 판단 능력의 차이에 따른 잘남과 못

의 존재 자체가 무시됨은 그것이 본질적으로 앞에서 자기부정성으로 규정한 흄 경험주의 철학의 또 다른 형태를 의미한다. 그리고 푸코Michel Foucault나 데리다Jacques Derrida 등으로 대표되는 이른바 탈근대주의 철학의 경우나 프로이트Sigmund Freud의 지적 후예인 라캉Jacques Lacan의 경우 자아세계에 대한 탁월한 통찰력을 보여 주면서 그것을 좀더 심층적으로 이해하는 데 새롭고 획기적인 공헌을 한 점은 인정된다. 그러나 그들의 경우 자아의 존재 자체는 부정되고 있기 때문에, 그러한 철학은 자아 정체성의 문제에 관한 한 본질적으로 철학사적 시대착오로 규정될 수도 있다. 이미 앞에서 설명했듯이 자아 정체성이 부정될 경우 그들 스스로의 철학 행위나 논변 자체가 무의미해질 수 있는, 따라서 '푸코의' '데리다의' '라캉의' 이론이라는 말 자체가 무의미해질 수 있는 이론인 것이다.

남, 정신세계 자체의 깊이나 넓이의 차이 등 인간성 면에서 개인 사이에 뚜렷이 나타나는 천부적인 능력 차이를 설명하지 못하는 한, 심리학은 인간에 대한 보편적인 학문으로서의 위치가 약화될 수밖에 없다. 다만 심리학의 경우는 연구 대상인 경험적 현상이나 사실 자체에 내포된 또 다른 구체적인 사실이나 의미에 대한 탐구 또는 그것들에 대한 분류나 인과율적 관계 등에 대한 기술이나 설명 행위를 나름대로 진지하게 추구하므로, 그것이 인간의 심리에 대한 새로운 사실의 발굴이나 인간성에 대한 새로운 이해에 공헌하고 있음도 사실이다. 이 점은 자아 정체성의 경우에도 해당된다.

심리학에서 정체성 문제를 학문적 관심사로 부각시키는 데 결정적으로 공헌한 인물은 에릭슨Erik H. Erikson(1902-1994)이다.[20] 그런데 그에게 정체성 문제는 자아 정체성 개념 자체가 아니며, 심리 및 사회적 현상으로서의 정체성, 즉 정체성 의식의 형성이나 변화와 발전 또는 정체성 위기 현상에 대한 경험적 연구가 핵심이다. 그런데 에릭슨의 연구와는 반대로 심리학에서는 한편으로 웟슨John B. Watson(1878-1958)이나 스키너Burrhus F. Skinner(1904-1990) 등으로 대표되는 행동주의 심리학과 같이 인간의 행동을 동물의 그것과 본질적으로 동일한 것으로 규정하기 때문에 자아 정체성의 문제를 떠나 자아 개념 자체를 무시한 학파도 있다. 행동주의 심리학은 동물행동학과 마찬가지로 인간의 행동이 동물의 그것과 '전적으로' 다를 것이라는 잘못된 가정이나 인간의 존엄성 또는 우월성과 관련된 고착된 관념을 타파하는 데 기여한 학문적인 공헌은 높이 평가된다. 그러나 바로 '나' 또는 자의식이라는 심리 현상이나 자아 개념 자체에 대한 무시는 스스로 연구 대상으로 삼은 동물과 구분되는 '인간의' 행동이라는 연구

---

20 에릭슨의 저작에 관해서는 뒤의 참고 문헌 참조.

대상 자체를 무의미하게 만드는 근본적인 오류에서 벗어날 수 없다.[21] 그런데 다른 심리학파들의 경우는 적어도 그러한 오류에서는 벗어나 있으며, 에릭슨과 같이 인간의 사회적 성장 과정에서 나타나는 정체성 의식이나 그것의 위기 문제 등이 주요 연구 대상은 아니라도 자아의식이 심리 현상의 중심으로 간주되고 있음이 사실이다.

에릭슨의 경우도 그러하지만, 에릭슨의 정체성 연구의 바탕이 된 다른 심리학파들의 경우에도 위에서 설명한 자아 정체성 문제나 자아의 본질 또는 정신 현상 일반의 존재론적 문제에 대한 탐구는 대체로 형이상학이라는 이름으로 배척되고 있음이 사실이다. 그러나 적어도 심리 현상으로서 '나'라는 의식 자체는 바로 모든 인간이 갖고 있고 모든 인간에게서 발견되는 경험적 현상이므로 정상적인 심리학자라면 결코 무시할 수 있는 것이 아니다. 이 점은 피히테의 제자로서 심리학과 교육학 중심으로 피히테 철학의 실천적 측면을 발전시킨 헤르바르트Johann Friedrich Herbart(1776-1841)의 자아형성론에 의해 어느 정도 예고되기도 했지만,[22] 현대의 심리학사는 실제로 이 점을 확인하고 있는 것이다. 여기서 심리학에서 자아 정체성에 대한 연구의 출발로 간주되는 제임스William James(1842-1910)의 『심리학의 원리*The Principles of Psychology*』에 대해 논급할 필요가 있다.[23]

자아 정체성의 문제를 떠나서, 제임스의 저작은 심리학사에서 획기적인

21 이에 관해서는 지은이도 다른 논문(양승태, 1986)에서 좀더 자세하게 논구한 바 있다.

22 인간의 성장을 자아 개념 또는 주체의식의 습득 및 형성 과정으로 파악하는 것으로, 본질적으로 피히테의 자아 정체성 개념을 경험적으로 서술한 것으로 이해될 수 있다(헤르바르트의 저작 및 학문 세계에 관한 전반적인 소개로는 W. Kinkel, *J. F. Herbart: sein Leben und seine Philosophie*, 1903 참조).

23 제임스(James, 1981) 및 제임스(2005). 원래는 1890년 출간. 심리학에서 수행된 정체성 연구의 역사에 관해서는 애시모어 등(Ashmore et. al., 1997b) 및 로센버그(Rosenberg, 1997) 참조.

의미를 갖는다. 그 이유는 심리 현상을 별개의 독립적인 현상으로 받아들였던 종전까지의 심리학 연구에서 벗어나 그것을 뇌의 활동이라는 인간의 생리 현상 및 다른 신체 활동과의 연관 속에서—그것에의 환원이 아니라—총체적으로 접근한 점에 있다. 다시 말해서 심리 현상은 그를 통해 단순히 개별적인 영혼의 문제가 아닌 의식의 문제로서 인간의 삶 전체 차원에서 파악하기 시작하게 된 것이다. 이제 경험은 전통적인 경험주의에서처럼 단순히 의식에 주어진 단편적인 감각적 자극을 기초로 추상화하여 관념으로 변화하는 과정이—전형적으로 흄의 경험주의 인식론에서 '인상impression'과 '관념idea'과의 관계와 같이—아니라, 의식이 능동적이고 총체적으로 파악하는 활동으로 '새롭게'—적어도 제임스가 자신이 속한 정신적 계보로 규정한 전통적인 경험주의와는 달리—파악하는 인식론적 전환을 이루었다. 따라서 자아의 문제 또한 객관적 세계와 분리된 순수한 영혼의 문제가 아니라 활동적이고 복합적인 요소로 구성된 자아의식 차원에서 접근하게 된다. 즉 그는 자아를 칸트와 비슷하게 '경험적 자아empirical self'와 '순수 자아pure self'로 분류한 후, 전자를 다시 세 가지 하위 범주, 즉 물질적 자아the material self, 사회적 자아the social self, 영적 자아the spiritual self로 분류하여 서술 및 분석했다.[24]

여기서 제임스 심리학의 방대한 내용을 자세히 검토할 수는 없겠지만, 그의 주장에서 분명한 점은 자아 정체성을 자아 내부의 신비스러운 영역

---

24 이에 관한 논의는 『심리학의 원리*The Principles of Psychology*』(제임스, 2005: 1권)의 9장("의식의 흐름; On the Stream of Consciousness"), 10장("자기의식; The Consciousness of Self)"에 제시되어 있다. 참고로 그의 자아 개념은 이 책 제1부의 모두에서 금언으로 인용된 다음의 진술에 축약되어 있다. "We feel and act about certain things that are ours very much as we feel and act about ourselves. Our fame, our children, the work of our hands, may be as dear to us as our bodies are, and arouse the same feelings and the same acts of reprisal if attacked"(James, 1981: 279).

이나 요소에서 찾는 노력이 잘못되었다는 점, 그리고 경험적으로 규정되는 자아와 그러한 경험적 자아를 규정하는 자아의 동태적인 이중성이 심리학에서 인정되고 있다는 사실이다. 이 점은 자아를 욕구나 충동 등 이른바 리비도libido가 지배하는 영역인 이드id와 사회적으로 규정된 에고ego 그리고 도덕적 추구의 대상인 초자아superego 또는 ego-ideal의 세 영역으로 나누어 정신분석을 시도한 프로이트Sigmund Freud(1856-1939)의 경우에도 확인된다.[25] 프로이트의 경우 일단 이드와 에고 또는 의식과 무의식의 세계는 결코 절대적으로 분리된 영역이 아니며, 그 경계 또한 고정된 것이 아니라는 점이 중요하다. 그 두 영역을 구분하고 둘 사이의 경계를 설정하는 것은 자아의 스스로에 대한 인지 행위perception다(Freud, 1957: 14). 다시 말해서 무의식의 특정 요소가 어린 시절에 겪었던 심리적 상흔trauma의 결과인지 또는 성적 욕구에 대한 사회적 억압의 결과인지 등의 차이를 떠나서, 스스로의 자아 세계에 존재하는 그러한 요소를 정면으로 접하고 인지하고, 즉 하나의 대상에 대한 집착에서 벗어나 그것의 존재를 객관화 — 그의 용어로 "대상집착an object-cathexis을 찾아냄identification으로 대체"(Freud, 1957: 35) — 하고, 더 나아가 무의식의 요소들을 스스로 극복하는 자아의 정신적 능력의 존재는 궁극적으로 이드와 에고 또는 의식과 무의식 영역의 구분을 무의미하게 할 수도 있다. 이에 따라 그러한 영역의 구분이나 경계는 자아의 세계에 본질적이 아닌 부차적인 요소에 불과할 수도 있게 된다. 문제는 프로이트 스스로는 그와같이 스스로를 '알려는' 행위, 즉 피히테의 자기 규정적 행위 자체가 무엇인지 설명하지 않

25 대표적으로 프로이트(Freud, 1957; 본래는 *Das Ich und das Es*의 제목으로 1923년에 출간) 및 프로이트(1997; 1987). 참고로 'id'로 번역되는 독일어 'das Es'는 'ego'로 번역되는 'das Ich'와 대비되어 '그것' 곧 객체로서의 자아를 표현하려는 프로이트의 의도가 반영되어 있다.

았을 뿐더러, 그의 경험주의적 심리학 체계 내에서는 그와 같은 능동적인 인지 행위의 존재가 제대로 설명할 수 없다는 사실에 있다. 이러한 난점은 에고와 초자아의 관계에 대한 프로이트의 설명에도 나타난다.

프로이트의 초자아 개념은 그 이전에 이루어진 나르시시즘Narcissism에 대한 연구가 그 바탕이다. 초자아 형성의 출발은 '대상에 대한 욕구object-libido'가 '자기도취적 욕구narcissistic libido'로의 변환이며, 그러한 변환은 '성적 욕구로부터의 일탈 과정desexualization process'이자 일종의 '승화sublimation'다(Freud, 1957: 37-38). 그리고 그러한 승화 과정 속에 초자아 형성의 요체가 있다. 왜냐하면 자기도취에서 도취의 대상이 되는 그 자기는 희랍 신화의 나르키소스Narkissos의 경우처럼 아름다운 자태부터, 좋은 머리, 가문, 건강, 학벌 등 무한한 형태로 나타날 수 있으며, 그것은 일단 자기 것이면서 동시에 자기를 초월하여 존재하는 것이기 때문이다. 이제 자기도취는 자기 사랑으로 승화될 수밖에 없으며, 프로이트는 인간의 성장 과정에서 그러한 자기 사랑의 일반적인 형태가 아버지에 대한 사랑, 즉 자신과 아버지를 동일시하는 형태로 나타나게 됨을 발견한 것이다(Freud, 1957: 39). 그 아버지는 이제 스스로를 승화시킬 목표가 되는 가치나 이상의 구현체로 등장하기 때문에, 그러한 과정은 이른바 오이디푸스 콤플렉스의 해체 및 극복을 의미한다(Freud, 1957: 41-48 참조). "어린아이가 성장하면서 아버지의 역할은 선생이나 다른 권위를 가진 인물에 의해 수행되며, 그들이 부여하는 훈령이나 금제가 초자아 속에 귀속되면서 양심의 형태로 도덕이라는 검열을 행사하는 것이다"(Freud, 1957: 49). 그와같이 자기 안에 내재하는 자기 극복을 추구하게 하는 또 다른 자아가 바로 초자아이며, 그것은 노년의 프로이트가 집중했던 도덕 및 종교적 감정의 핵심이자 그 스스로는 충분히 해명하지 못한 사회적 존재로서의 자아의 핵심을 이룬다.

결국 프로이트 심리학은 결코 고정된 체계가 아니라 그 스스로 일생 동안 자신의 심리학 체계를 끊임없이 새롭게 수정하고 변화·발전시킨 동적 체계이며, 그 핵심에 자아 개념 자체의 변화·발전이 있다. 그리고 그러한 변화·발전의 핵심은 바로 자아의 본질을 이드나 에고의 한정된 세계를 넘어 초자아의 세계를 추구하는 정신적 노력—후설Edmund Husserl 식으로 표현하여 의식의 지향성intentionality—자체에 찾은 데 있다고 할 수 있다. 그 지향성의 과정은 궁극적으로 앞에서 설명한 괴테나 피히테 등을 통해 개념화된 자아 형성Selbstbildung으로서의 교육 이념이며, 그 목표는 사회적, 국가적, 인류 공동체적 자아의 형성일 수밖에 없다. 프로이트의 큰 공헌이 그들 문학가나 철학자들이 제대로 설명하거나 기술하지 못한 그 과정의 구체적인 심리적 문제를 상세하게 기술한 데 있다면, 그의 근본적인 한계는 그 지향성의 목표인 초자아의 세계가 도덕이나 종교의 영역으로 모호하게 나타나 있을 뿐 교육철학이나 윤리학 및 정치철학의 형태로 일관되고 명시적인 체계로 제시하지 못한 데 있다.

프로이트에게 미완성의 연구 영역으로 남아 있던 사회적 자아의 문제는 일단 제임스의 연구 전통을 직접 이어받으면서 동시에 피히테와 헤겔의 자아 개념을 '어느 정도' 수용한 미드George H. Mead(1863-1931)의 '사회적 상호 작용social interaction' 및 '사회화socialization' 개념에 기초한 사회심리학 연구의 전통을 통해 확인된다.[26] 행동주의 심리학의 근본 가정인 사회적 맥락을 떠난 파편화된 개인 행동behavior의 존재에 대한 부정 및 비판에서 출발한 미드의 사회화 개념이란 본질적으로 피히테의 철학과 프로이트 심

26 대표적으로 미드(Mead, 1956; 1934). '어느 정도'라는 유보적 표현의 의미는 뒤에 가서 설명한다. 실제로 미드는 칸트 이후 19세기까지의 사상사를 저술한 바 있으며, 그 저작에서 피히테와 헤겔의 철학에 대해서도 기술하고 있다(Mead, 1936: 특히 85-152 참조).

리학의 사회과학적 외연이라고 볼 수 있다.[27] 그것은 한편으로 피히테의 자기규정성으로서의 자아에서 '스스로를mich; me' 규정하는 주체로서의 '자아ich; I'가 다른 사람에게서 스스로를 발견하거나 다른 사람과의 상호작용을 통해—특히 교육이나 도제 또는 직업 훈련 등을 통해 스스로가 되고자 하고 일생 동안 추구하고자 할 이상을 선생이나 대가大家 등에서 발견하고 그들을 모방하는 과정을 통해—자아의 세계를 확대하고 심화하면서 '스스로를 형성하는Selbstbildung' 과정을 바로 구체적인 사회적 맥락에서 밝혀 준 것 이외에 다름아니다. 또한 다른 한편으로 그것은 "사회적 감정이란 다른 사람들과의 동일성에 근거하며, 그들과 공유하는 초자아에 기초한다"(Freud, 1957: 49)는 프로이트 명제를 사회과학적으로 확인하고 그 의미를 좀더 구체적으로 밝혀내는 작업이라고 할 수 있다. 어쨌든 미드의 사회심리학은 하버마스Jürgen Habermas가 평가한 바와 같이 개인은 단순히 고립되고 원자화된 단자로서가 아니라 자아의 사회적 분화 과정을 통해 진정한 의미의 개별화 또는 개성을 획득할 수 있다는 것, 즉 그의 용어로 '사회적 개별화gesellschaftliche Individualisierung'의 전반적인 의미를 개념적으로 파악할 수 있는 가능성을 보여 준 유일한 연구다(Habermas, 1997: 189-190 참조). 다시 말해서 사회과학의 맥락에서 자아 정체성에 내재한 사회성의 의미를 다양한 경험적 사실을 토대로 밝혀 준 연구로 평가된다.

미드 이후의 미국 실증주의적 사회학자들이 미드의 그와 같은 심오한 사회심리학 이념을 단편적으로 파악한 데 그친 것은 지성사적으로 유감이다.[28] 어쨌든 미드의 경우에도 핵심적인 쟁점으로 등장하는 것은 사회화

---

27 행동주의 심리학의 행동 개념에 대한 미드의 비판에 관해서는 미드(Mead, 1925) 참조.

28 현재 미국의 실증주의적 사회학에서 수행되는 사회심리학 연구는 미드의 그것과는 이름만 공유한다고 할 수 있다. 즉 그것은 사회심리의 문제를 미드와 같이 사회 전체의

의 궁극적 지향점이나 목적이 무엇인가의 문제다. 스스로의 학문 세계를 사회과학자로 한정시킨 때문인지는 모르겠으나, 미드의 경우 자신이 개념화한 사회화의 궁극적 목표로서 국가 생활의 이상이나 인류애 등 보편적 도덕의 문제를 깊이 탐구한 것 같지는 않다. 다시 말해서 피히테나 헤겔의 철학에서 핵심적인 위치를 차지하는 보편적 자아의 문제가 비과학적인 형이상학적 논변으로 간주되어 무시되고 있는 것이다. 그럼에도 불구하고 미드의 경우에는 피히테나 헤겔이 강력한 지적 영향력을 발휘하고 있음은 분명하다. 그런데 제임스나 프로이트의 경우는 피히테 또는 헤겔의 철학사적 위상을 인지하고 그들의 저작을 숙독하거나 그들의 자아 정체성 개념 자체를 깊이 탐구하지는 않았다는 사실이다. 그들은 오히려 그러한 철학 전부를 비과학적이고 비합리적인 형이상학 정도로 간주했던 것이다.[29] 역설적인 사실은 그와 같은 전반적인 부정에도 불구하고 그들이 경험적인 심리 현상 연구 차원에서 수행한 자아의식 또는 정체에 대한 연구들 또한 실질적으로는 피히테에 의해 정초된 자아 정체성 개념의 의미를 여러 경험적 측면에서 좀더 구체적으로 밝히고 그것의 타당성을 확인하는 점에 있다.[30] 이 점에 대해서는 좀더 부연 설명이 필요하다.

정신 현상 및 사회와 개인 사이의 역동적인 정신 활동 차원에서 접근하지 못하고 정태적이고 파편화된 개인의 사회 행동의 심리 차원에서 접근한다. 이 점은 그러한 사회학을 모방한 미국의 행태의적 정치학이 수행한 이른바 '정치사회화political socialization'에 대한 연구에도 해당된다.

29 심리 현상 연구에서 전통적 형이상학적 방식을 배제하고 자연과학적으로 접근하겠다는 태도는 제임스에게서 뚜렷이 나타난다. 그러한 태도는『심리학의 원리』1권 '머리말'에 축약되어 나타나 있으며, 아울러 칸트의 초월적 자아 개념과 관련하여 그것과 자신의 순수 자아의 개념 사이의 유사성을 인정하면서도 초월성 자체에 대해서는 '이성의 비극one of Reason's tragedies' 정도로 폄하한 태도, 그리고 피히테와 헤겔의 철학을 '광기의 열정a raging fever' 정도로 과감하게 무시하는 태도에 잘 나타나 있다(James, 1981: 345-346 참조). 참고로 프로이트와 그의 제자 융Carl Jung의 학문적 결별도 전자가 후자의 심리학을 '형이상학적'인 것으로 간주한 데 따른 것임은 잘 알려져 있다.

그들 심리학파의 자아 이론에 공통되는 요소로서—그들 서로가 그러한 공통적인 요소를 의식하는지 여부를 떠나서—먼저 언급되어야 할 것은 바로 피히테의 철학에서 자아 정체성의 핵심인 자아의 본원적 이중성과 사회성과 동태성에 대한 인식이다. 즉 이들 심리학 연구가 자아의식과 관련하여 발견한 것도 자아의식이 결코 단일한 구성체가 아니라 여러 복합적인 의식이나 정신적 요소가 대립이나 조화 또는 갈등의 긴장 관계 속에 공존하면서 변화 및 발전하는 동태적인 현상이라는 것이다. 또한 그들 기술하고 설명하는 자아의식과 관련된 좀더 구체적인 심리 현상 역시 피히테의 자아 정체성 개념의 구체적이고 현실적인 표현이기도 하다. 즉 한편으로—특히 프로이트의 경우와 같이—사회적으로 규정되고 규범적으로 준수되어야 할 자아와 본능적 욕망 추구의 원천인 이드 사이의 괴리 및 갈등에 따른 여러 가지 정신적 병리 현상, 예를 들어 자살에도 이를 수 있는 스스로의 존재 가치에 대한 부정이나 좌절감 또는 열등감, 아울러 정신분열, 히스테리, 노이로제, 편집증, 공격성 등 다양한 형태 및 수준의 정신병리 현상이란 근본적으로 자아가 스스로를 능동적이고 조화롭게 규정하고 형성하는데 실패하거나 그러한 노력이 불완전한 상태에 머문 것을 의미한다.

그러한 심리 현상에 대해 피히테 스스로도 아마 심각하게 탐구하려는 의도가 없었을 것이다. 그것들은 단순히 객관적으로 존재하는 현상이 아

---

30 물론 이에 대한 자세한 논의는 현대 심리학 전반의 문헌에 대한 체계적인 검토를 수반하는 방대한 작업을 요구한다. 지은이는 현대 심리학의 역사에 대한 비판적인 지성사적 검토 작업은 아직 제대로 수행되지 않았다고 믿는다. 앞에서 인용한 바 있는 마틴 등(Martin et. al., 2008, 296-353)에는 비록 개괄적인 소개 수준이지만 현대 심리학에서 자아 연구의 역사가 기술되어 있으므로 기초적인 이해를 위해 참고할 만하며, 아울러 에릭슨Erik H. Erikson이 *International Encyclopedia of the Social Sciences*에 기고한 '심리사회적 정체성' 항목(Erikson, 1968)에는 그 개념의 역사 및 기본적인 내용에 대한 간략한 해설이 제시되어 있으므로 참고할 만하다.

니라 그의 자아 정체성 개념의 부정적 외연으로서, 여러 차원의 교육을 통해 극복되어야 할 불완전하고 미성숙한 정신세계로 파악했을 것이기 때문이다. 이와 대조적으로 —특히 제임스나 미드의 경우와 같이— 개인과 개인 사이의 상호 정신적 교류 및 개인과 사회와의 상호 작용 속에서 문화, 도덕, 예술, 종교, 정치, 학문 등 여러 차원과 내용 및 형태로 나타날 수 있는 자아의식 자체의 혁신이나 확대 및 심화를 통해 자아세계가 끊임없이 새롭게 형성 및 발전하는 과정은 피히테의 자아 정체성 개념의 적극적 외연이라고 할 수 있다.[31] 실제로 그와 같은 적극적 외연이 바로 에릭슨의 자아 정체성 연구를 통해 종합적으로 제시되고 있다.

에릭슨이 수행한 정체성 연구의 핵심은 다음과 같이 정리할 수 있다.[32] 그것은 유아기나 소년기에서 특정한 대상에 대한 집착이나 특정한 인물에 대한 일방적인 모방 수준에서 시작하여, 대체로 청년기에 이르러 프로이트가 말하는 이른바 '내적 정체성inner identity'의 형성을 통해 그 기초적인 모습을 드러낸다. 그러한 내적 정체성의 핵심은 개인이 한편으로는 다수 인간의 일반적 성향이나 취향 및 사고 방식에서 독립하여 사고하고 행동할 수 있는 능력의 형성을 의미한다. 그러한 내적 정체성이 구체적이면서 적극적인 형태로 나타날 때 특정한 일이나 작업에의 열중에서부터, 특정한 직능 또는 직업과 자신의 정신세계 및 삶을 일치시키는 직업의식, 특정한 사회적 역할에 대한 소명의식, 나아가 예술이나 종교 또는 보편적인 이념에 대한 헌신 등의 다양한 형태 및 수준으로 발전할 수 있다. 물론 그러

31 이와 관련하여 제임스, 프로이트, 융 등 현대 심리학의 대가들 모두가 학문적 원숙기에 이르러는 개인의 심리에 대한 연구의 확대 차원에서 종교나 문화를 다루었다는 점에 주목해야 한다.

32 1956년에 출간된 그의 논문(Erikson, 1956)에는 그의 정체성 연구가 총체적으로 간결하게 정리되어 있다.

한 형성 과정이 누구에게나 자동적으로 이루어지는 것은 아니다. 많은 사람이 기초적인 내적 정체성도 형성하지 못하고 일생 동안 육체적인 쾌락이나 도박 등 순간적인 향락에 탐닉하거나 일생 동안 정신적으로 방황할 수도 있다. 또는 에릭슨(Erikson, 1959)이 '부정적 정체성negative identity' 개념으로 전체주의 체제 하의 인간형을 설명한 바와 같이, 외면적으로는 종교나 이념에 대한 헌신으로 보일 수도 있지만 실제로는 특정 인물이나 조직 또는 고착된 교설에 자신의 정체성을 일방적으로 의탁하거나, 자신의 정체성에 대한 의식 자체를 기피하면서 일생 동안 타자 지향적 행동을 보이거나, 더 나아가 맹목적인 우상 숭배에 빠지는 경우도 있다.[33] 물론 이와는 정반대로 내적 정체성이 형성된 후에도 특히 청년기에 그와같이 형성된 정체성 자체에 대한 회의 속에서 정체성의 위기가 나타날 수도 있다. 이에 따라 경우에 따라서는 일생 동안 좌절감이나 정신분열 증상에서 헤어나지 못하거나, 또는 그러한 위기를 적극적으로 극복하여 — 당대의 학문이나 예술 또는 종교 등 기존의 정신적 체계에 만족하지 못하는 데 기인하여 정체성 위기를 겪은 위대한 인물들에서 자주 발견되듯이 — 폭넓고 깊은 자아의 세계를 새롭게 형성할 수도 있다.[34]

33 그 우상의 형태나 내용은 물체에서부터 인물, 단체, 이념, 종교까지 지극히 다양할 수 있다. 우상 숭배의 핵심은 그 대상에 대한 고착화된 이해와 더불어 그것과 자신을 맹목적이고 일방적으로 동일화시키는 데 있다. 지은이는 한 저작에서 이념에 대한 지향은 언제나 우상화의 위험이 있으며, 일반인의 정치의식은 고착화되고 맹목적인 동경의 대상인 우상과 자기 성찰적이고 비판적인 탐색의 대상인 이상 추구의 사이에서 유동적으로 존재함을 밝히면서 현재 한국 민주화 시대의 여러 정치 이데올로기들을 분석한 바 있다(양승태, 2007 참조).

34 그러한 사례에 대한 에릭슨의 대표적인 연구가 그에게 학문적 명성을 가져다 준 '청년 루터'에 대한 저작(Erikson, 1958)이다. 루터 이외에도 에릭슨은 자신 학문의 원천인 프로이트 또한 그러한 사례의 하나로 제시한 바 있다. 이들 이외에 아우구스티누스, 단테, 밀 등의 예를 들 수 있다.

결국 에릭슨이 프로이트의 자아 개념에 기초하여 발전시킨 심리학적 자아 정체성 이론의 귀착점은 바로 프로이트 '초자아' 개념의 구체화라고 할 수 있으며, 그 내용 또한 노년의 프로이트가 자신의 리비도 개념이나 자아 개념을 확장 및 심화시키면서 집단심리나 문명의 심리학 및 이른바 초심리학Metapsychology 문제를 논의한 저술 속에 어느 정도 예고된 것이다.[35] 그것은 자아가 사회적 차원에서 형성 및 발전되거나 좌절 또는 왜곡되는 양상을 구체적으로 서술 및 설명하는 동시에, 자아가 궁극적으로 정립시킬 정체성의 목표로서 단순히 본능적 욕구로서의 자아인 '이드'나 사회적으로 규정된 자아인 '에고'를 넘어서 '초자아' 즉 궁극적으로 지향해야 할 보편적인 가치나 이념의 실현 주체인 자아세계의 역동적인 내용이다. 리비도가 단순히 성적 욕구가 아니라 타자와의 융합이고, 거기서의 타자는 단순히 성적 욕구 충족의 대상이 아니라 에고가 자신의 한계를 초월하여 지향해야 할 가치나 이상이라는 점은 잠재적인 형태이지만 노년의 프로이트 저술들에 특징적으로 나타나 있다. 그리고 이 점은 마르쿠제Herbert Marcuse가 프로이트의 초심리학을 철학적으로 재구성한 저작인 『에로스와 문명*Eros and Civilization*』에서 고전적으로 설명된 바 있다.[36] 다만 마르크스주의자인 마르쿠제의 경우 문명과 리비도 사이의 관계를 근원적인 갈등으로 해석한 프로이트를 비판하면서 자본주의 문명의 억압 구조를 넘어선 인간 해방의 새로운 문명의 창출 가능성에 논의의 초점을 맞추었기 때문에, 그의 이론은 프로이트의 리비도 개념에 잠재된 자아나 집단

---

35 대표적으로 『문명 속의 불만』(프로이트, 1997b)에 수록된 논문 가운데 특히 "집단심리학과 자아 분석Massenpsychologie und Ich-Analyse"과 "문명 속의 불만Das Unbehagen in der Kultur" 참조.

36 마르쿠제(Marcuse, 1955: 특히 chap. 5 "Philosophical Interlude" 및 chap. 10 "The Transformation of Sexuality into Eros") 참조.

또는 국가 정체성 문제를 명시적으로 다루지는 못한 것으로 판단된다. 에릭슨의 심리학은 이와 대비된다.

에릭슨은 프로이트 스스로가 초자아란 용어를 '자아 이상ego-ideal' 또는 '초자아의 이념ideologies of super-ego'이라는 용어로 대치하면서 그것에 '이념적 의미ideational contents'를 부여한 바 있음을 지적하고, 이념이란 바로 역사적이고 사회적이며 가족이나 계급 또는 민족에 공통적인 이상을 구성하므로 개인 차원을 넘어서 단체 심리의 이해에 중요하다는 점을 강조한다(Erikson, 1959: 104). 실제로 에릭슨은 "정체성과 이념은 동일한 과정의 두 측면identity and ideology are two aspects of the same process"이라고 단정하면서, 그것들은 "개개인의 성숙maturation에 필수적이며, 그러한 성숙을 통해 좀더 높은 수준의 정체성의 형태, 즉 공통적인 정체성들을 연결하는 연대the solidarity linking common identities"라는 점을 강조한다(Erikson, 1956: 113). 그리고 바로 여기에 심리학의 정체성 연구와 피히테의 자아 개념이 융합될 수 있는 접점이 있다.

간단히 말해서 심리학의 정체성 연구가 도달한 것은 앞서 논의한 피히테의 자아 개념, 즉 그가 자아의 본질로 파악한 목적 지향적인 자기결정Selbstbestimmung 개념의 다른 표현이다. 피히테가 제시한 바와 같이, 자신의 삶을 여러 차원의 가치의 실현 및 직능 수행을 거쳐 궁극적으로는 민족국가에 대한 헌신 또는 더 나아가 인류 보편적 삶 및 이상과 일치시키는 자아 정체성의 성장이란 에릭슨이 제시한 정체성 형성의 궁극적 목표와 본질적으로 동일하다. 다만 경험적 자아의 총체적 표현인 본능적 욕구나 사적 욕망에 본체적 자아의 종속, 경험적 자아와 본체적 자아 사이의 갈등, 스스로 설정한 자아의 이상에 도달하지 못한 채 좌절하거나 미완성의 자아와의 대립을 극복하려는 노력 속에서 이루어지는 자아 완성의 추구 등, 그와 같은 정신적 상황에 대한 서술 내용에서 그들 사이에 차이가 있다. 즉 자아의 적극적인 자기결정 과정이 피히테의 경우에는 추상화된 서술에 머물렀다면, 심리학의 경우에는 경험적 연구를 통해 그러한 과정의 여러 측면이 다양한 사례 연구를 통해 구체적으로 제시되었다고 할 수 있다. 아울러 전자의 경우에 자아 개념이 근거한 존재론 및 인식론 체계가 후자를 통해 형이상학적인 요소로 간주되어 배제되었고, 전자를 통해 체계적으로 제시된 도덕 및 정치적 이상들이 후자의 연구를 통해서는 그 이상의 구체적 의미가 탐색되지 않은 채 개괄적으로 암시하는 수준에 머무른 차이가 있을 뿐이다. 실제로 에릭슨은 ― 체계적인 논의가 아니라 바로 개괄적인 암시의 수준이지만 ― "간디가 인도에 정체성을 부여했다"는 네루의 말을 인용하면서 다음과 같이 언급한 바 있다. 즉 진정한 정치지도자의 역할이란 '연대solidarity' 즉 집합적 정체성을 창조하는 데 있으며, 아울러 개인적 정체성과 집합적 이데올로기 사이의 상호 보완성 및 상대성은 과거의 고착화된 "낡은 도덕주의나 독단주의의 전제정the tyranny of old moralisms and dogmatism"에 빠질 수 있는 위험과 함께 그와 같은 도덕적 전제정專制政에서 배태될 수 있는 '타자성otherness'의 배척 가능성도 있다는 것이다(Erikson, 1968: 65).

그러한 차이에도 불구하고 분명한 것은 자아 정체성 문제는 분명히 심리적 차원을 넘어 사회적 차원, 더 나아가 국가적 차원의 문제로 자연스럽게 이행되고 있음이 발견된다. 다시 말해서 자아를 고정적이고 정태적인 존재로 파악하는 입장에서 벗어나 자기 변화 및 자기 완성을 지향하는 목적론적 시각에서 접근하고 있는 것이다. 고대의 정치철학에서 개인을 고립된 존재가 아니라 '본질적으로' 국가라는 정치 공동체의 구성원으로 이해했듯이, 정체성 자체 및 개인적 정체성 문제는 이제 필연적으로 정치 공동체에서 '공동성', 즉 '함께 같음'이라는 집합적 동일성, 다시 말해서 국가 정체성 문제로 이행한다는 것이다. 이제 이 책 논의의 초점은 왜 그러한지 그 학문적 필연성 및 당위성과 더불어 개인적 정체성, 집단적 정체성, 국가 정체성 사이의 관계를 좀더 구체적으로 설명하는 데 있다. 그러한 설명 과정에서 국가 정체성 논의는 왜 국가의 본질 문제를 비롯해 국가생활의 규범적 이상 및 정치 체제의 이상, 이념적 갈등, 역사관, 교육, 문화 등의 문제를 망라해 정치철학 및 사회과학적으로 새롭고 총체적으로 접근해야 하는지 드러나게 될 것이다.

제6장 국가 정체성 위기의 역사로서의 대한민국 근·현대사

앞 장들의 논의를 통해 밝혀진 것은 다음과 같이 정리할 수 있다. 소극적 차원에서 개인의 정체성은 스스로를 규정하는 자기 인식 및 자기규정성 그 자체이며, 적극적 차원에서 그것은 그 내용이 무엇이든 적어도 자의식의 경험적 내용을 초월하여 스스로가 자신의 존재와 동일시하는 지속적 또는 영속적인 가치나 이상의 추구 행위를 통해, 그리고 바로 그 때문에 그러한 가치나 이상과 양립할 수 없는 가치나 이상에 대한 적극적인 부정의 행위를 통해서밖에 규정될 수 없게 된다는 것이다. 이 점에 대해서는 앞에서 이미 언급한 바 있는 테일러Charles Taylor도 다음과 같은 진술을 통해 간략하게 정리하고 있다. "나의 정체성은 하나하나의 경우에 접하여 무엇이 좋고 가치 있는지 혹은 무엇이 행해져야 하거나 무엇을 내가 승인하고 반대하는지를 결정할 수 있도록 하게 만드는 틀이나 시각을 제공하는 소명이나 결심으로 규정된다"(Taylor, 1989: 27).[1] 같은 맥락에서 국가

1 원문을 직접 인용하면 다음과 같다. "My identity is defined by the commitments and determinations which provide the frame or horizon within which I can try to determine from case to case what is good, or valuable, or what ought to be

정체성은 일단 국가 전체가 추구하는 소명이나 결심 및 그것의 대상이 되는 가치나 이상 이외의 다른 차원에서 규정될 수는 없을 것이다. 바로 그것들이 무엇이냐를 구명함이 국가 정체성 문제에 대한 해명의 핵심이다. 그런데 그러한 규정 때문에 새롭게 해명해야 할 많은 문제가 발생한다.

1. 개인적 정체성, 집단적 정체성, 국가 정체성, 그리고 회의, 갈등, 좌절, 헌신의 동태론

먼저 개개인은 그러한 소명이나 결심 및 그것의 대상이 되는 가치나 이상, 그리고 그것과 대립되는 가치나 이상을 어떻게 인식하면서 자신의 정체성을 형성하는가의 문제가 제기된다. 동서양 문학에서 공통적으로 고리대금업자들을 통해 형상화되듯이, 돈이 자기 자신을 규정하고 자신의 존재와 동일한 영속적인 가치나 이상이 될 수 있는 인간도 있다. 다만 그러한 경우 그가 돈이라는 가치의 본질을 제대로 인식한 결과인가가 문제로 제기되며, 아울러 그가 과연 언제나 돈이라는 '영속적' 가치를 위해 자식에 대한 사랑이나 사회적 체면 등 다른 가치를 일관되게 희생시킬 수 있을 만큼 자신의 그러한 정체성을 일관되게 유지할 수 있느냐가 문제될 것이다. 셰익스피어의 『베니스의 상인*The Merchant of Venice*』에서 샤일록이 채권액의 두 배를 받을 수 있는데도 불구하고 채무 변제의 대가로 안토니오의 가슴살을 요구하는 데에 희화적이면서도 전형적으로 나타나듯이,[2] 아

---

done, or what I endorse or oppose."

2 샤일록이 그러한 행동을 한 이유는 여러 가지 해석이 가능하다. 그것은 유대인이 기독교도에 대해 갖는 오래된 반감이나 증오감의 표현일 수도 있다. 어쨌든 아무리 돈만 아는 고리대금업자라도 돈에 앞서는 나름대로의 가치나 이상이 없을 수 없음이 샤일록의 '기이한' 행동 속에 나타나 있다.

무리 극도로 상업화된 사회에서도 실제로 오직 돈만을 위해 모든 것을 무시하거나 희생하는 인간은 존재할 수 없다. 다시 말해서 아무리 '배금 사상'의 '진리성'을 확신하는 인간이라도 실제로는 돈이라는 최고의 '이상'은 자신이 추구하는 또 다른 가치와 갈등을 일으키게 마련이다. 따라서 삶의 과정에서 추구하는 여러 가치가 상호 조화를 이루면서 자신의 정체성을 — 이러한 의미에서의 정체성은 순수성integrity으로 나타난다 — 확립할 수 있는지 여부가 언제나 개인적 삶의 가치를 결정하는 관건이 되는 것이며, 수많은 차원에서 무한한 변용을 보일 수 있는 가치나 이념의 갈등 및 그것에 대한 해소의 노력이 실제로 문학 작품의 보편적인 주제라고 할 수 있다.

따라서 에릭슨을 비롯하여 심리학의 정체성 연구가 개인의 정체성에는 언제나 가치관의 분열이나 심리적 갈등 등 정체성의 위기가 수반할 수 있다는 사실을 풍부하게 예시하고 있음은 당연하다. 이미 앞에서 언급한 바와 같이 단테Alighieri Dante, 루터Martin Luther, 밀John S. Mill 등 많은 위대한 지성, 즉 위대한 자아 정체성을 확립한 사람들이 젊은 시절에 자신의 존재성 자체에 대한 폭넓고 깊은 회의를 수반한 정체성의 위기를 겪은 사실 또한 이러한 차원에서 이해될 수 있다. 그리고 그와같이 위대한 인물이 겪은 자신의 존재성 자체에 대한 폭넓고 깊은 회의까지는 아니라도, 정도의 차이는 있지만 많은 사람이 청소년 시절에 나름대로의 정체성 위기를 체험한다. 그들은 그러한 위기를 대체로 특정한 직능의 추구와 자신의 삶의 목적이나 가치를 동일시하면서 그것에 대한 열정적인 헌신을 통해 정체성의 위기를 극복하고 나름대로의 정체성을 정립하거나 확인하며, 그러한 정립이나 확인을 기초로 스스로의 삶에 만족하거나 더 나아가 사회에 공헌하는 사람도 많다. 물론 이와 반대의 경우도 또한 같은 맥락에서 이해될 수 있다. 스스로의 정체성 자체에 대한 성찰이나 탐색은 물론이고 그러한 문제 자체의 존재조차 인식하지 못할 수도 있으며, 순간적이거나 충동적인 욕구에 따라 행동하거나 또는 그와 반대로 고착된 관념에 지배를 받아 한 사회의 가치관이나 관습 또는 관행을 무조건 수용하거나 무조건 거부할 수 있고, 더 나아가 스스로의 판단력을 포기한 채 최고급 상품의 획득을 인생에서 추구할 최고급의 가치로 여기거나 일시적이고 대중적인 유행 등에의 무조건적인 추종을 자신의 정체성으로 믿는 인간도 존재한다.[3]

그와 같은 다양한 개인의 존재 및 그와 관련된 개인적 정체성의 문제를 떠나 국가 정체성 문제가 해명될 수 없음은 물론이다. 다만 앞 장의 논의를 통해 밝혔듯이 개인 차원의 정체성은 그 자체 내에 사회성 및 이념 문제를 내포하고 있기 때문에, 개인 차원의 정체성 문제가 바로 개인의 심리나 행동에 국한된 연구로 해명될 수는 없다. 무엇보다도 자명한 것은 개인은 결코 홀로 존재하는 것이 아니며, 필연적으로 사회적 분업 체계 속에서 집단 구성원으로 살아갈 수밖에 없다는 사실이다. 이에 따라 개인이 추구하는 가치나 이념은 필연적으로 그가 속한 집단이 추구하는 가치나 이념의 문제와 필연적으로 연관될 수밖에 없고, 개인적 정체성의 문제는 집단의 정체성의 문제로 나아갈 수밖에 없다. 여기서 문제를 복잡하게 만드는 것은 개인이란 결코 하나의 집단에만 속하는 것이 아니라 동시에 여러 집단의 구성원으로 활동할 수도 있다는 사실이다.

기본적으로 모든 개인은 가족이라는 집단 구성원으로 활동한다. 하지만 대가족·핵가족 논의에서 잘 나타나 있듯이 그 가족의 범위가 어디인가에

---

3 이러한 인간이 19세기 이후 서양 철학사에서 대중의 본질을 설명하는 개념으로 표상되었다고 할 수 있다. 키에르케고르의 '열정 결핍의lacking in passion 인간', 토크빌의 '자질구레한 세속적 쾌락petits et vulgaires plaisirs에 도취하는 인간, 니체의 '가련한 안락erbarmliches Behagen'에 도취하는 '말종의 인간der letzte Mensch', 하이데거의 '일반인das Man' 등이 그것이며, 그러한 인간의 존재와 국가 정체성 문제의 관계는 뒤에 이 책의 '맺는 말'에서 논급된다.

따라 개인적 정체성과 가족적 정체성 사이에 여러 차원의 갈등이나 대립이 존재할 수 있다. 특히 대가족 제도와 일반적으로 연관된 전통적인 규범이나 관습 등이 그러한 갈등과 대립의 주요 원천일 수 있음은 사회학적 연구를 통해 널리 알려졌다. 그리고 그러한 갈등과 대립은 개인과 직업 활동이 이루어지는 집단 사이에도 존재한다. 다수의 개인은 일반적으로 기업이라는 직장을 통해 경제 활동을 하면서 삶의 물질적 욕구를 충족시킨다. 그런데 그러한 조직화된 경제 활동이 개인에게 부과하는 이익 추구 우선의 집단적 정체성은 그것에 순응하는 개인에게는 문제가 되지 않을 수 있다. 그러나 개인적으로 다른 가치나 이념을 추구할 수도 있는 인간에게 그러한 집단의 정체성은 억압의 요소로 작동하면서 여러 가지 사회적 갈등과 대립의 원천이 된다.[4] 이와 더불어 학자, 문학가, 예술가, 종교인 등 한편으로 직접적으로 또는 표면적으로 조직화된 경제 활동의 제약에서 벗어난 개인과 그들이 소속된 집단 사이의 관계, 또는 일반적으로 자율적인 시민사회 운동의 명분으로 조직되는 집단, 권력 추구를 명시적으로 내세우는 정당이라는 집단, 국가 통치 조직이라는 집단 등과 개인 사이의 관계도 개인적 정체성과 집단적 정체성의 관계 차원에서 접근할 학문적 필요성 및 당위성이 있다.

위에서 언급한 개인적 정체성의 형성과 관련된 문제는 집단적 정체성과 관련해서도 동일하게 제기된다. 집단의 형성 및 조직화와 관련된 가치나

---

4 비록 정체성 개념 및 이에 기초한 국가 정체성 문제 자체가 명시적이고 체계적인 철학적 성찰의 대상은 아니지만, 이러한 차원의 정체성 문제가 마르크스의 '사적 유물론의 재구성Rekonstruktion des historischen Materialismus'을 통해 자본주의 사회·경제 체제의 억압 구조를 해명하려는 하버마스 등으로 대표되는 후기 프랑크푸르트학파의 학자들이 수행한 연구 기획의 핵심이기도 하다(대표적으로 Habermas, 1976 참조). 물론 하버마스가 앞 장에서 논의한 바와 같이 미드Georg H. Mead의 주체성Subjektivität의 문제를 다룬 것도 그러한 연구 기획의 일환이다.

이념의 형성 배경, 또는 그러한 가치나 이념의 존재성에 대한 사회적 또는 법률·제도적 인정과 관련된 한 사회나 국가의 정신사적 변화 문제 등이 집단적 정체성의 이해를 위해 해명되어야 할 핵심적인 주제로 등장하는 것이다. 특히 그 구성원의 변화에도 불구하고 그들 구성원이 스스로를 하나이며 영속적인 개체로 인식하는 집단 차원의 '자의식'이 어떻게 형성 및 유지되는가가 그것의 현실적 문제다. 즉 집단적 정체성의 경우 그 구성원이 서로 공유하는 가치나 이상이 구체적으로 무엇이고, 개인이나 사회적 차원에서 어떠한 과정을 통해 그리고 어떠한 역사적 맥락을 통해 형성 및 공유되고 있으며, 그 구성원이 그러한 가치나 이상의 본질에 대해 얼마나 깊이 이해하고 있고, 공유하는 이상과 가치의 변화 및 새로운 이상과 가치의 공유 또는 분열에 따른 내부적 갈등 및 이에 따른 집단 자체의 분열이나 해체 등이 왜 그리고 어떠한 상황에서 구체적으로 어떻게 이루어지느냐의 문제가 제기된다.

국가 정체성 문제는 그와 같은 개인적 정체성 및 집단적 정체성과의 관계를 떠나서 해명될 수 없다. 특히 개인 및 집단의 정체성이 국가 정체성의 형성과 어떠한 관계를 갖느냐의 문제는 국가 정체성 위기의 문제를 이해하는 데 핵심으로 등장한다. 왜냐하면 국가 정체성의 위기란 근본적으로는 국가 차원의 소명이나 결심 및 그것의 대상이 되는 가치나 이상과 관련하여 개인이나 집단이 서로 대립 또는 분열하고 있음을 의미하며, 그것은 결국 국가 정체성을 각각 자신들의 정체성과 동일하게 만들기 위한 대립 및 갈등일 수도 있기 때문이다. 나아가 집단 구성원이 바로 집단의 경계를 넘어 국가의 구성원으로서 어느 정도의 강한 독자적인 자의식을 갖고 있으며, 그들이 정부나 국가 지도자 또는 지배층이 제시하는 국가의 정책 목표 등의 형태로 구현되는 국가 정체성의 내용에 대해 어느 정도 신뢰를 갖고 있느냐 등의 문제도 국가 정체성 및 그 위기의 구체적 의미를 이해하고 해명하는 데 핵심적이다. 예를 들어 이슬람의 '자살폭탄 테러' 조직과 같이 그 구성원이 자신의 생명 자체와 동일시하거나 그것의 존립 근거로 내세우는 궁극적인 이상이나 본원적인 가치가 존재할 경우, 그러한 이상이나 가치가 어떠한 사회적 및 역사적 과정을 거쳐서 형성되었고, 그 구성원이 그러한 이상이나 가치의 본질에 대해 얼마나 깊이 이해하고 있으며, 그 구성원 개인이나 단체 스스로가 어떠한 교육 과정이나 사회적 영향으로 그러한 정신세계를 갖게 되었고, 근본적으로는 얼마나 '진지한' 자기 인식 및 성찰을 기초로 그러한 정체성이 형성되었는지 등이 검토 대상이 되어야 한다.

실제로 이러한 의미의 국가 정체성이 정치 현실 속에서 실제로 작동하는 국가 정체성 개념이기도 하다. 그리고 국가 정체성 문제를 그러한 차원에서 접근하지 않을 경우, 특히 그것을 이념이나 가치 차원이 아닌 경험적 현상으로만 다루려고 할 경우, 그것은 정치 현실에서 쉽게 폭력을 동반하는 절박한 문제이면서도 연구 과정에서는 개념 자체가 실종되는 양상이 나타나게 된다.[5] 그런데 국가 정체성을 이와같이 국민이라는 그 구성원이 공유하는 영속적인 이상이나 이념 및 가치의 차원에서 접근하는 것이 타당하다고 하더라도, 그러한 개념 규정 또한 국가 정체성 연구의 출발점일 뿐이며 그것 자체 내에 해명해야 할 수많은 문제를 함축하고 있다. 일단 이념이나 가치는 무한한 내용이나 형태로 나타날 수 있기 때문에, 앞의 제1장에서 인용한 헌팅턴도 지적했듯이 일단 정체성의 원천은 무한하다

5 바로 이 점이 이 책 제1부 1장에서 검토한 1960년대 미국 비교정치학이 정치발전론 연구 맥락에서 수행한 국가 정체성 연구의 근본적인 한계와도 직접 관련되는 것이다. 또한 그 점이 서양 학계에서도 'identity' 개념이 "불가피하면서도 불분명하고, 다층적이면서도 정의하기 어렵고 많은 일상적인 측정 방법을 벗어난," 에릭슨의 표현대로 그것은 "어디에나 있으면서도all-pervasive, 모호하고vague, 불가해한unfathomable 개념"으로(Huntington, 2004: 21에서 재인용) 규정되는 이유이기도 하다.

(Huntington, 2004: 47).[6] 그리고 정체성의 변화 가능성은 어떠한 특정한 가치나 이상을 특정 국가의 정체성과 고정적으로 연결시키는 것에 언제나 현실을 왜곡시킬 위험이 있다는 점이 중요하다.

여기서 앞의 제1부 1장에서 언급했던 부분에 돌아갈 필요가 있다. 서양 학계에서 국가 정체성과 관련된 연구의 대부분은 인종이나 종교적 갈등이 심하거나 짧은 시간에 정치적 변화를 겪는 국가에서부터, 미국과 같이 본디 다인종·다민족·다문화 국가로서 정치·사회적 갈등은 언제나 있어 왔지만 최근 들어 국가 정체성의 위기를 논할 만큼 심각한 분열 양상이 보이는 국가 등을 중심으로 이루어져 왔다는 사실을 지적한 바 있다. 즉 어떠한 차원이나 정도이든 정체성 문제가 정치·사회적 논란의 대상이 되고 있는 국가와 관련하여 그러한 위기나 논란의 성격이나 정체성과 관련된 갈등 및 분열 현상의 경험적 양상이나 원인 및 이유에 대해 서술이나 설명하는 성격의 연구인 것이다. 그리고 국가 정체성이 연구되고 있다는 것은 대체로 그것이 정치·사회적으로 쟁점이 되고 있다는 사실의 반영이다. 다만 그것이 일률적으로 고정된 문제를 제기하는 것이 아니며, 그러한 문제는 다차원적일 수 있고 그 심각성의 정도가 국가마다 다양할 수

---

6 그는 그 수가 무한할 수 있는 정체성의 원천을 여섯 개의 범주로 분류한다. 즉 "귀속적(ascriptive: 성별이나 인종 같이 태생적으로 주어진 요소), 문화적, 영토적, 정치적, 경제적, 사회적" 범주가 그것들이다. 그런데 그의 범주는 상호 중첩될 수 있는 성격의 것일 뿐만 아니라, 그가 제시한 어떠한 요소도 자동적으로 정체성의 원천이 되는 경우는 없다는 점이 중요하다. 바로 정체성 자체가 문화적이면서 역사적으로 규정되고 또한 그렇게 이해되어야 한다는 것이며, 그러한 점에서 정체성의 이해에는 한 국가의 정신사 및 정치사상사적 접근이 본질적이 되어야 할 이유를 찾을 수 있다. 헌팅턴이 미국의 정체성과 관련하여 기술한 내용은 실제로 그러한 접근 방식에 기초해 있다. 다만 그 스스로는 그 점을 명확하게 인식했다고 볼 수는 없다. 헌팅턴의 경우 미국적 가치의 형성 및 변화를 정신사 및 정치사상사의 연속성 차원에서 서술하지 못하고 비역사적 설명과 나열에 그친 점은 비판받아야 한다. 다시 말해서 그의 미국 정체성 연구는 개관 차원의 시론은 되어도 그 근원적인 문제에 대한 해명은 되지 못한다.

있다. 더 나아가 정체성에 대한 '위기의식'의 존재도 대체로 정체성 위기의 경험적 양상일 수는 있으나, 그것이 언제나 위기 자체, 즉 정체성의 해체나 파괴의 위험에 직면해 있음을 반드시 의미하지는 않을 수도 있다는 점이다. 위에서 논의한 국가 정체성의 개념적 본질과 더불어 정치 현상으로서 국가 정체성에 함축된 이러한 요소는 대한민국이란 무엇인가의 문제 및 국가 정체성 위기에 대한 연구가 어떻게 진행되어야 하는지 제시해 준다.

2. 대한민국 정체성 연구를 향해

현재 대한민국에서 국가 정체성의 위기가 논란이 되고 있다는 사실은 이념적 논쟁의 형태이든 거리에서 행동의 형태이든 그 쟁점에 참여하는 사람들의 사고가 어떠한 수준이든 국가 생활의 근원을 향하고 있음을 의미한다. 바로 그러한 점이 대한민국 국가 정체성에 대한 연구가 어떻게 시작되어야 하는지 제시해 준다. 즉 국가 정체성에 대한 연구는 어떠한 이념이나 가치관 또는 세계관이 대한민국이라는 국가의 정체성을 구성해야 하는가 하는 추상적인 규범 탐구의 차원에서 시작함이 아니라, 왜 그리고 어떻게 그러한 정체성의 위기가 초래했고, 왜 정체성이 정치·사회적 문제로 부각되었는지를 먼저 구명하는 것이 연구 목적상 타당하면서도 효율적이라는 것이다. 그러한 상황의 도래는 한편으로 현실 정치에서 갈등과 반목을 의미하지만, 다른 한편으로 그것은 대한민국 국민의 정치적 사유가 나름대로 한 단계 높게 성숙할 수 있는 가능성의 표현이기도 하다. 따라서 그와 같은 정신적 성숙의 가능성을 내포하는 대한민국 국민의 실제적인 사고 내용에 대한 검토를 통해서만 실현 가능하면서도 궁극적으로 추구해야 할 국가 정체성의 이념 내용을 밝힐 수 있는 작업의 토대가 마련될 수 있다. 그러한 검토 연구의 기본 방향을 좀더 구체적으로 제시하면 다음과 같다.

현재와 같은 특정 시점에서 국가 정체성이 정치적으로 첨예한 쟁점이 되거나 정체성의 위기의식이 등장했다는 것은 바로 대한민국에서 국가 생활의 근본적인 가치관 및 방향과 관련하여 국가적 차원의 갈등이 발생하고 있음을 의미하며, 그것은 곧 일시적인 정치적 쟁점이 아니라 오랜 역사적 과정을 통해 진행된 결과일 수밖에 없다. 그것은 가장 근원적으로는 한국 민족의 시원과 관련된 건국 신화 및 그것에 함축된 세계관이 어떠한 정신사적 연속성 속에서 현재 대한민국 국민의 정신 속에 실제적으로 작동하고 있는지의 문제와 관련된다. 나아가 그러한 토착적 세계관이 외래의 세계관이나 사상과의 접합 속에서 어떠한 변용을 보이면서 정신 및 사상사적 연속성이나 발전 또는 쇠퇴나 단절 양상을 보였으며, 이에 따라 어떠한 세계관 및 그것에 기초한 국가관이 한 국민의 정신세계를 오랫동안 지배하면서 전통적 세계관 및 국가관을 형성했는지 여부의 문제에 대한 이해 또한 국가 정체성의 문제를 근원적으로 파악하는 데 필수적이다. 대표적으로 단군 신화, 토속신앙, 불교, 유교 사이에 존재했던 조화와 대립 및 긴장 관계의 역사적 변화가 그 핵심이다. 그리고 한국 근·현대사란 조선의 성리학이 특히 인조반정 이후 교조적이 되고 고착화되면서 현실 적응력을 잃어가고 통치 이데올로기로서의 기능이 약화되고 무력화되는 과정이며, 그러한 정신사적 과정에서 그것을 대체할 만한 뚜렷한 이념이 새롭게 정립되지 못한 채 서구의 학문과 이념 및 종교 등이 유입되면서 국가적 차원에서 지배적인 이념 및 가치관의 혼란이 지속된 국가 정체성 위기의 역사로 해석될 수 있다. 특히 한국의 현대사란 전통 사상과 전통 학문의 무력화 속에서, 외래 사상 사이의 대립이 정체성의 위기를 논의할 수 있는 기회조차 갖지 못한 채 국가 정체성의 위기가 분단이라는 국가의 분열로 나타났거나 현재와 같은 '남남분열'로 나타났다고 볼 수 있다.[7]

이것은 물론 한국 근·현대사의 큰 흐름에 대한 하나의 정신사적 해석이며, 그러한 해석과 관련된 구체적인 정신사적 서술과 설명 및 그러한 해석의 타당성 여부에 대한 깊은 논의는 이 책의 후속 저작을 통해 이루어질 것이다. 어쨌든 국가 정체성의 문제를 근원적으로 이해하기 위해서는 그러한 정신사적 변화 과정에 대한 깊은 연구가 절대적으로 필요함은 물론이며, 특히 전통과 근대의 상호 작용 및 근대적 요소들 사이의 대립·갈등의 역사에 대한 세밀한 연구가 그러한 연구에 중추를 이루어야 함은 물론이다.

그러나 국가 정체성 연구는 그와 같은 정신사 및 정치사상사 차원의 연구만으로 완결될 수는 없다. 그것의 완결은 궁극적으로 정치철학 차원의 연구를 통해서만 추구될 수 있다. 정치철학적 연구란 주지하듯이 인간이 국가 생활을 통해 추구해야 할 궁극적 이상이나 가치가 무엇이며, 그러한 이상이나 가치의 실현을 위해 어떠한 제도적 장치나 정책이 요구되며, 현실 속에서 그러한 이상이나 가치의 실현을 저해하는 요소는 무엇인지에 대한 탐구를 의미한다. 한편으로 그와 같은 궁극적이며 보편적인 이상이나 가치와 다른 한편으로 대한민국이라는 국가의 국민이 현실 속에서 실제로 자신의 정체성으로 믿으며 추구하는 이상이나 가치 사이에 존재할 수 있는 괴리가 존재한다고 할 때, 바로 그러한 괴리가 나타나게 된 역사, 정신사 및 사상사적 원인에 대한 연구가 국가 정체성 문제에 대한 정치철학적 연구의 바탕이 되어야 한다. 아울러 그러한 연구에는 한국 민족의 정

7 일부 이슬람 국가의 경우에는 교조적인 형태이지만 전통 사상이 외래의 그것을 압도하는 형태로 나타난 결과가 현재의 이른바 이슬람 근본주의다.

신사 및 사상사에서 인류의 정신사 및 사상사에 창조적으로 기여할 수 있는 요소를 탐색해 내고 그것들을 이념적으로 체계화하는 작업도 당연히 포함될 것이다.

결국 대한민국 국가 정체성에 대한 연구는 대한민국이라는 국가의 국가생활 전반과 관련된 사회과학적 연구이자 현재의 대한민국을 형성시킨 역사 및 정신사적 연구, 특히 정치사상사 및 정치철학 연구 자체일 뿐더러, 더 나아가 한국의 정치학이 수행할 수 있는 창조적인 학문적 능력이 시험되는 연구라고 할 것이다. 자신이 속한 국가가 국가로서 진정한 정체성을 확립하도록 추구하는 것 이상의 궁극적이면서도 근본적인 정치학 연구가 무엇이 있겠는가. 그리고 한국사에서 국가 정체성이 시초로 형성되는 과정과 그 역사적 변화 과정, 특히 한 시대에 확립되고 지배적이었던 국가 정체성에 분열과 갈등이 발생하고, 그러한 갈등과 대립을 극복하면서 새로운 국가 정체성을 구성 및 확립하는 역사 및 정신사적 과정은 한국 정치사상사 자체라고 볼 수 있다. 그리고 그러한 한국 정치사상사는 단순히 사상의 표면적인 흐름을 기술하는 수준의 연구와는 다른 새로운 성격 및 차원의 연구를 필요로 한다. 간단히 말해서, 그러한 한국 정치사상사 연구란 일반인의 정치적 관념의 변화나 사상가 자신의 정신적 변화와 더불어 그들 사이의 상호 작용에 의한 한국인 전체의 정신사적 변화 과정, 그러한 정신사적 변화와 사회 구조 및 권력 체제 사이의 상호 작용의 과정 등 이념과 현실 사이의 변증법적 긴장 관계의 역사를 탐구하는 연구로 규정된다. 다시 말해서 그것은 국가의 본질이나 정체성과 관련된 한국인의 정치적 관념의 형성 과정이나 지식인에 의해 체계화된 사상의 형성 과정, 그러한 관념과 사상 사이, 그러한 관념이나 사상과 현실 사이, 특히 한편으로 정치권력이나 사회적 지배 세력이 표방하는 정체성과 관련된 관념이나 이념과 다른 한편으로 기존의 권력 질서나 사회적 지배 세력에 도전하는 집단이 표방하는 관념과 이념, 이 둘 사이의 조화, 갈등, 또는 대립 속의 공존 등 변증법적 긴장 관계를 설명·서술하는 연구라는 것이다.

유감스럽게도 국가 정체성과 관련된 정치사상의 그와 같은 역사적 역동성을 밝히는 차원의 한국 정신사 또는 한국 정치사상사 및 정치철학 연구는 아직 없는 것 같다. 그리고 그러한 연구가 없이는 대한민국이란 무엇인가의 문제는 해명될 수 없다는 사실 속에 현재 국가 정체성 위기의 가장 근본적인 원인을 찾을 수 있다. 왜냐하면 현재 대한민국 정체성 위기는 한국 근·현대사를 통해 지속된 국가 정체성 위기의 연속성 속에서 해명될 수밖에 없으며, 그러한 위기 연속성의 근원은 궁극적으로 스스로의 위기 자체를 체계적으로 인식하고 그것을 근본적으로 해결하기 위한 실천적인 제안을 마련하지 못한 학문적 빈곤에서 찾을 수 있기 때문이다. 다시 말해서 한국 근·현대 지성사란 한국 국가 정체성 위기의 역사와 별개의 흐름이 아니며, 전자가 바로 후자의 가장 근원적인 측면인 것이다.

결국 대한민국 정체성의 위기는 대한민국이라는 국가 성립 및 그 이전과 이후에 전개된 역사 및 정신사적 흐름, 즉 현재 대한민국 국민의 정신세계를 지배하는 사회문화적 가치관이나 정치적 이념의 실체 및 그것의 역동적인 역사적 형성 과정, 그러한 역사적 형성 과정 자체를 국가적 자의식 차원에서 인식하고 해명하며 실천적 제안을 제시하면서 국민을 정신적으로 이끌어 가는 한국 근·현대 지성사 흐름의 실체에 대한 구체적이면서 총체적인 해명을 떠나서는 충분히 해명될 수 없다. 그러한 연구가 '책머리에'에서 언급한 바와 같이 이 책의 후속 연구인 '대한민국 국가 정체성의 정신사'의 주요 내용을 이룰 것이며, 그것을 이은 또 다른 후속 연구인 '대한민국 국가 생활의 이상과 현실'에서는 국가 정체성을 새롭게 정립하기 위해 요구되는 여러 가지 이념적 해소 방안과 그에 부수되는 제도적 장치에 대한 정치철학적 연구가 이루어질 것이다. 다음 제2부 실천적 성찰은 그러한 후속 연구에 대한 예비적인 논의이자 그것과 관련된 주요 실천적 쟁점을 개관 차원에서 검토하는 작업이다. 제2부는 그 실천성의 좀더 구체적인 의미에 대한 설명으로 시작될 것이다.

제2부
실천적 성찰

"결국 우리는 우리가 만들어 놓은 것들에 의존하게 된다."

"Am Ende hängen wir doch ab von Kreaturen, die wir machten."

— 괴테G. H. W. Goethe

앞의 '책머리에'의 말미에서 언급한 바와 같이 이 책은 지은이의 졸저 『우상과 이상 사이에서: 민주화 시대의 이데올로기들에 대한 비판적 성찰』(양승태, 2007)의 '맺는 말' 부분에서 제기했던 문제에 대한 해명의 성격 또는 그 책 논의의 연속성의 성격도 갖는다. 이 제2부의 시작을 위해서는 그 책의 핵심적인 논지와 마지막 '맺는 말' 부분에서 제기된 문제들을 여기서 다시 정리할 필요가 있을 것 같다.

그 책은 노무현 정부의 정부 정체성을 표현하는 모토였던 '참여정부'의 바로 '정치 참여' 이념에 대한 분석으로 시작했다. 정치 참여는 필연적으로 정의, 인권, 자유, 평등, 인류애, 평화, 안보, 복지 등 국가 생활을 통해서 추구해야 할 이념이나 기본적 가치와의 연관 속에서 그 이상이 모색되고 추구되어야 함을 지적하면서, 정치 참여는 그것의 구체적인 형식이나 내용 및 다른 이상이나 가치와의 연관성을 떠나서는 그 진정한 의미가 이해될 수 없으며, 그러한 연관성을 떠나서는 진정한 의미에서의 실천성 역시 갖지 못한다는 점을 설명했다. 따라서 정치 참여에 대한 반성적 성찰이 없이 정치 참여는 무조건 좋고 바람직하다는 명분을 내세우면서 일반 국민의 의사 및 욕구 표출 행위를 무조건 장려하고 무조건 수용하려는 태도는 정치 참여라는 관념의 고착화이자 더 나아가 그것에 대한 독단적인 신앙 이외에 다름아니라는 것이다. 그것은 곧 정치 참여라는 우상에 대한 숭배이며, 종교의 역사에서 우상 숭배가 언제나 그러했듯이 정치 참여라는 우상을 내세운 또 다른 세속적 지위 및 이익의 영속화 시도일 수 있다. 그런데 그러한 관념의 고착화 및 우상화 위험은 정치 참여에만 국한되지 않는다는 점이 중요하다. 그 책의 논의를 통해 설명했듯이 민주화라는 관념 자체를 비롯하여 '민주주의와 시장경제'라는 구호, 시민사회, 보수주의, 여성 해방 등 민주화 시대의 주요 이데올로기란 바로 정치적 이상의 실현과 우상화의 위험에 사이에 놓여 있으며, 이 점은 인권·정의·자유·평화 등 모든 정치적 관념에도 해당된다. 다시 말해서 모든 정치적 관념은 한편으로 정치적 이상 실현의 추구 형태로 나타날 수 있지만, 동시에 언제나 한 언어의 특정한 의미에 대한 집착에 따른 고착되고 맹목적인 가치의 추구 곧 우상화 가능성을 내포하는 것이다. 국가 정체성 문제의 역사 및 정신사적 측면은 일차적으로 그러한 맥락에서 드러난다.

앞서의 논의를 통해 여러 차례 지적했듯이, 국가 정체성이 정치적 쟁점으로 등장한 직접적인 계기는 이른바 진보와 보수 또는 좌파와 우파 사이 대립·갈등의 심화이며, 그러한 대립·갈등의 배경에는 여러 계층이나 직능, 지역을 배경으로 하는 여러 집단의 가치관이나 이념 차원의 대립과 갈등이 있다. 다시 말해서 단순히 개인이나 집단 사이의 이해관계 차원의 갈등은 사례별로 행정이나 사법적 차원에서 해결 가능하며, 그러한 차원의 갈등은 영속적이지 않다. 그러나 가치관이나 이념의 차이 또는 그러한 차이를 수반한 이해관계의 갈등이나 대립은 바로 그러한 차이의 본질에 대한 깊은 성찰을 통한 새로운 이념적 융합이 아니면 진정으로 해결할 수 없다. 가치관이나 이념 또는 관념은 — 체계성이나 명증성明證性이 상대적으로 부족한 사고 형태로서 — 모두 바로 '생각하는 행위'라는 살아 있는 정신 활동의 구체적인 내용이며, 그것은 그와같이 살아 있는 정신 활동의 주체인 개인의 정신세계 내부에서 상호 규정되고 상호 조화와 대립·갈등의 공존이라는 긴장 관계 속에서 존재한다. 즉 그것은 각각 별도로 분리된 독립된 존재로서 각각 독자적인 의미의 세계를 갖는 것이 아니라 상호 규정하는 관계 속에서 한 인간의 총체적인 정신세계를 구성한다. 그런데 가치관이나 이념 및 관념이 그와 같은 긴장 관계 속에서 나타나는 총체적인 정신세계는 한 개인에게만 해당되지 않는다. 그것은 개인을 넘어 또 다른 차원의 통일적인 주체인 집단, 나아가 국가의 경우에도 해당된다. 다시 말해서 개인뿐만 아니라 사회단체나 국가 등 인간집단의 본질적 성격은 각각의 정신세계를 구성하는 가치관이나 이념 또는 관념이 일사불란하고 조화로운 완벽한 단일체가 아니라 통일성 속의 분열 또는 분열 속의 통일성이란 내적 긴장이 그 핵심이다.

그러한 내적 긴장이 극단적으로 통일이라는 한 방향으로만 나아갈 경우, 개인 차원에서는 맹목적인 우상 숭배나 사고의 독단 또는 특정 사물에 대한 광적인 집착으로 나타나며, 국가 차원에서는 광적인 전체주의 체제로 나타날 수 있다. 반대로 극단적인 분열의 방향으로 나아갈 경우 개인 차원에서는 자아 정체성의 위기로 나타나며, 그것의 극심한 병적인 상태가 정신분열증이다. 또한 국가 차원에서 나타날 경우 그것이 바로 국가 정체성의 위기를 의미한다. 국가 정체성 위기의 한 형태가 현재 남남분열로 표현되는 보수와 진보의 대립이라면, 한국 역사에서 그것의 극단적인 형태의 예는 6·25전쟁과 같은 내전이라고 할 수 있다. 물론 그러한 긴장이 해소된 완벽한 조화로운 상태가 개인의 경우는 성인의 경지라고 할 수 있고, 국가의 경우 바로 이상국가라고 할 수 있다.

그러나 개인이나 국가 차원 모두에서 그러한 이상적인 상태에 도달함이 쉽게 이루어질 수 없지만, 무엇보다도 어려운 점은 그러한 상태 자체가 무엇인지 자체가 쉽게 규정될 수 없다는 것이다. 과연 어떠한 상태가 완벽한 조화로움인가를 규정하는 것 자체가 어려우며, 정치철학사란 바로 그것에 대한 탐구 노력의 역사이기도 하다. 하지만 개인이나 국가 차원에서 모두 그러한 긴장성이 특히 앞서 언급한 한 극단으로 치우칠 때, 그러한 상태를 어떻게 극복하면서 진정한 의미에서 내적 조화와 통일을 이루는 방향으로 나아가느냐가 바로 가치관이나 이념 또는 관념의 우상화를 극복하고 진정한 의미에서의 이념으로 발전하느냐의 핵심이라고 할 수 있다. 그러한 우상화의 극복 속에 국가 정체성 위기의 해결을 위한 실천적 상찰의 핵심이 있는 것이다.

여기 '제2부 실천적 성찰'에 수록된 글은 지은이가 이미 다른 학술지에 출간된 것들을 이 책의 논의 체제에 맞추어 수정 및 보완한 것이다. 그것들은 지은이 나름으로 그와 같은 우상화 극복을 위한 모색 노력의 일부이며, 현재 한국인의 정신세계를 지배하는 관념 가운데 세계관, 역사의식, 민족의식, 헌법, 지도력 등 가장 근본적이면서 동시에 실천적인 함의가 큰 요소를 검토했다. 그 가운데 가장 포괄적인 의미를 함축하고 있는 것은 물론 세계관의 문제다.

제7장 | 국가 정체성과 서구적 세계관의 문제*

"고난과 미혹에 빠진 사람들아 다 내게로 오라.
내가 너희들에게 진리를 밝혀 줄 것이며 세상은 더
이상 너희들을 슬프게 하지 않을 것이다."

— 크리시포스Chrysippos(B. C. 280-207)

"고생하며 무거운 짐을 지고 허덕이는 사람은 다
내게로 오라. 내가 편히 쉬게 하리라."

— 예수, 『마태복음』 11: 28-29.

1999년에 이르자 한국 사회는 '밀레니엄'이란 영어 단어 하나가 부리는 주술呪術에 휘말려 있었다고 할 수 있다. 일반인뿐만 아니라 기업인, 정치인에서 일부 지식인에 이르기까지 사회 전체가 그 말이 부리는 마법에 빠져 있었다는 것이다. 새로운 숫자의 연도와 함께 새로운 시대가 자동적으로 도래할 것으로 믿는 일반인의 들뜬 분위기에 편승하여, 기업인은 그것을 이익 추구의 호기로, 정치인은 대중적 지지를 확보하기 위한 정치적 수사의 보고로 이용하느라 여념이 없었다. 특히 일부 지식인은 지금까지 인류가 비문화와 비정보 또는 상극相克의 시대만 살아왔다는 듯 새로운 연도의 숫자와 더불어 문화와 정보와 상생相生의 시대가 펼쳐진다는 등 학문적 혹은 묵시론적 외양을 띤 온갖 예측과 희망과 예언들을 토해내고 있었다.

물론 '2000'이란 숫자 자체가 본질적으로 의미를 갖는 것은 아니다. 십진법 숫자 세기의 무한한 매듭 가운데 하나인 그 숫자를 시대의 매듭과 동

---

* 이 장은 앞의 '책머리에'에서 언급했듯이 지은이가 "헬레니즘과 헤브라이즘: 서구 정신사에서 신-인간-역사의 변증법"이라는 제목으로 『계간사상』 1999년 겨울호에 기고한 글을 수정 및 보완한 것이다.

일시하는 것은 심리적 미혹에 지나지 않는다. 또한 21세기나 '새 천년'이란 관념이 결코 우리 고유의 정신세계에서 연유한 것도 아니다. 누구나 잘 알듯이 서기西紀란 서구 역사의 산물이며, 서구 정신과 서구 문명에 내포된 서구인의 시간관과 역사관 및 세계관의 표현일 뿐이다. 우리는 시간을 측정하는 방식조차 우리의 척도를 쉽게 버리고 서구의 것을 보편적이며 세련되고 진보된 것인 양 받아들였다. 다음 제8장에서 설명하겠지만, 시간의 측정을 남의 것에 의존한다는 것은 역사를 남의 시각에 의존하여 파악하는 것이며, 역사를 남의 시각에 의존하여 파악하는 것은 다른 민족의 사고 체계 및 역사관에 의거하여 이 세계와 현실을 이해하고 있다는 것이다. 그것은 곧 우리가 우리의 삶을 주체적으로 살아가고 있지 못함과 아울러 바로 스스로의 정체성을 확립하고 있지 못함을 증언하는 것이다.

그와 같은 정신사적 빈곤 상황은 단순히 서구의 제국주의적 팽창이나 자본주의적 세계 체제의 성립에 따른 필연적 결과만은 아니다. 여러 가지 복잡하고 전문적인 논의를 필요로 하지만,[1] 그것은 궁극적으로 우리의 전통 학문과 사상이 오랫동안 고착화 및 독단화 과정을 거친 결과 획기적인 자기 변용과 발전을 하지 못해 서구의 학문과 세계관에 대해 주체적으로 대응할 수 있는 자신감과 정신적 역량을 소진했기 때문이라고 할 수 있다. 한 민족의 전통 학문과 사상이 자기 발전의 에너지를 소진하고 자신감을 잃어 무력감에 빠진 상황에서는 일반인이 통일된 가치관을 정립하지 못하고 정신적으로 방황하게 되는 것은 필연적이다. 그러한 정신사적 상황에서 그들이 학문이든 종교나 예술이든 외래의 정신 사조라면 무엇이든지 쉽게 그것에 의탁하게 됨 또한 필연적이다. 우리 사회가 '새로운 밀레니엄'의 주술에 사로잡혀 있는 상황도 결국은 그와 같은 우리의 정신사적 상

1 이에 관한 이론적 논의의 하나로 양승태 외(1998) 참조.

황의 반영일 뿐이다.

그렇다고 해서 시간과 역사를 측정하는 척도가 민족에 따라 전적으로 상대적이라는 논리나 남의 것이라고 해서 무조건 배격하라는 논리는 성립하지 않는다. 역사를 재는 척도에는 한 민족의 세계관이나 역사 및 정신적 체험이 용해되어 있으며, 그 민족이 자기 역사를 보는 관점뿐만 아니라 미래 역사에서 실현시켜야 할 목적이나 이상이 담겨 있다. 이 장의 맺는 부분에서 좀더 구체적으로 논의되겠지만, 5·16 쿠데타 이후 공식적으로 폐기되어 버린 단기檀紀 연호에는 비록 신화의 형식이지만 고조선의 건국 이념에 함축되어 있는 세계관과 도덕 및 정치적 이상이 담겨 있으며, 또한 그것은 역사 속의 모든 단절적 양상이나 변화 또는 시련 및 발전을 그와 같은 세계관과 이상의 실현 과정이라는 역사적 연속성 속에서 민족사의 과거·현재를 이해하고 미래를 설계하려는 민족의식의 발로이기도 하다. 그리고 '단군 신화'는 세계의 다른 어느 민족의 건국 신화에 비교해도 탁월한 보편적이고 체계적인 세계관과 인간관을 담고 있다. 다만 우리 민족은 그와같이 탁월한 내용의 '신화'를 보편화된 사상 체계와 철학으로 승화·발전시키지 못한 정신사적 책임을 면할 수 없다. 다시 말해서—이 장의 마지막 절에서 논의될 내용을 미리 간단히 정리한다면—신神과 인간의 관계, 특히 현실세계의 모순이나 결함과 관련된 역사 속의 신의 의미, 홍익인간의 이념이 현실적으로 구현될 수 있는 구체적인 정치·사회 제도의 문제 등과 관련하여 단군 신화 속에 내재된 이념을 구체적이고 체계적으로 해명하고 발전시키지 못한 점은 특히 한국의 지성사가 민족사 전체의 흐름 앞에서 질책받아야 마땅한 부분이다. 이 점은 '새 밀레니엄' 유행의 원천인 서기 연호, 그리고 그것을 뒷받침하고 있는 서구의 세계관과 정신사의 전체적인 흐름 및 자기 발전과 대비된다. 바로 여기에 '새 밀레니엄 주술'로 대변되는 우리 자신의 정신사적 현주소를 밝히기 위한 작업의 핵심적인 대상으로서 헬레니즘Hellenism과 헤브라이즘Hebraism이 등장한다.

고대 희랍 정신과 문명의 총체로서 헬레니즘과 유대·기독교적 세계관의 총체로서 헤브라이즘은 일반적으로 서구 문명의 두 정신적 기둥으로 이해된다. '새 천년'이 단순히 시간 세기에서 숫자상의 큰 매듭이 아니라 '새로운 시대의 열림'이라는 적극적이고 역사적인 의미를 갖게 된 결정적인 계기는 로마 시대에 기독교가 제도적으로 공인됨에 이어 국교가 되고, 이에 따라 그것이 유일하고 정통적인 종교로서 서구 사회에 뿌리를 내리게 되면서부터다.[2] 다시 말해서 그것은 헤브라이즘의 소산이며 기독교가 초월적인 신앙으로서뿐만 아니라 세속적 정치 및 사회 질서를 지배하는 정통적인 세계관과 윤리·규범의 체계로서 자리를 잡게 된 것이 그 근본적인 동인이다. 그것은 일단 헤브라이즘의 요체로서 이 세계의 절대적인 주체로서 유일신唯一神의 개념, '신의 왕국'[3] 그리고 무엇보다도 유대교 특유의 '일방통행 운동으로서의 시간one-way time' 개념과 역사의식, 아울러 기독교에서 예수의 재림 및 '천년왕국'의 신앙으로서 종말론eschatology적 세계관과 관련되어 있다. 다만 현재의 '새 천년' 열풍은 르네상스 이후 본격적으로 전개된 서구 문명에서 헬레니즘의 부활 및 발전과도 연관되어 있으며, 특히 반反기독교적이면서 초월적 신앙이 아닌 세속적 이성을 이 세계

2 서력 기원은 물론 예수의 탄생을 서구 역사에서 가장 중요한 의미를 지닌 획기적인 사건으로 보는 역사관의 표현이다. 서기의 창안자는 로마의 수도승이자 신학자인 디오니시우스 엑시구스Dionysius Exiguus(AD. 500-560 추정)로 알려져 있다. 그는 성서를 근거로 예수 탄생을 로마 건국 후 753년 12월 25일로 계산해 내었는데, 후대의 연구는 예수의 출생의 그의 계산보다 4년 정도 착오가 있었던 것으로, 다시 말해서 기원전 4년을 정확한 출생 연도로 파악하고 있다. 서양에서 서기 연호가 공식화된 것은 지금과 같은 서기 연호가 공식화된 것은 1582년 교황 그레고리우스 13세Gregorius XIII에 의해서다(이에 관해서는 Teres, 1984 참조). 서기의 의미에 관해서는 다음 장에서 좀더 자세히 다룰 것이다.

3 이 개념에 관한 좀더 구체적인 논의는 뒤에 가서 제시될 것이다.

의 주체로 파악한 18세기 계몽주의의 역사적 진보 이념의 소산이기도 하다. 바로 이 점에 현대의 '새 천년' 열풍이 서구 사회에서 기원후 1000년에 즈음한 비슷한 열풍과의 근본적인 차이가 있으며, 또한 여기에 현대 서구 문명의 내적 긴장과 아이러니의 요체가 있다.

그러므로 헬레니즘과 헤브라이즘 각각의 본질적 내용 및 둘 사이의 관계에 대한 이해는 '새 밀레니엄'이라는 주술의 실체를 파악할 뿐만 아니라 현대 서구 문명의 근본 성격을 파악하기 위해 필수적으로 요구된다. 물론 이것은 서구 문명 전반과 관련된 지극히 포괄적이고 거대한 주제이며, 이 짧은 글에서 본격적으로 다룰 수 있는 것은 아니다. 다만 여기서는 개괄적이나마 신과 인간의 본질 및 둘 사이의 관계와 그러한 관계의 구체적 양상으로서 역사 이념을 중심으로 그것에 내포된 핵심적인 쟁점을 검토하면서, '새 밀레니엄'의 문제뿐만 아니라 우리의 정신사적 근본 문제를 제기하고, 국가 정체성의 새로운 정립을 모색하기 위한 지적 자극제로서의 역할에 만족하고자 한다.

1. 헬레니즘의 세계관

'새 천년'의 문제를 헤브라이즘과 헬레니즘에 연관시키는 것은 일견 현재의 현실이나 사건을 정신사적 유산과 억지로 결부시키려는 무리한 해석학적 시도로 비춰질 수 있다. 그러나 '새 천년'과 관련하여 제시되는 새로운 시대에 대한 전망이나 예측 등의 의미를 좀더 깊이 검토하면 둘 사이에 정신사적 필연성이 존재함을 알 수 있다.

새로운 천년을 '문화의 시대', '정보의 시대', '상생의 시대' 등으로 예측 또는 규정하는 태도에는 미래의 세계가 과거나 현재보다 질적으로 발전하고 진보한 시대가 될 것이라는 희망이 담겨 있다. 그러한 희망이 단순히 즉흥적이고 헛된 바람이 아니라면 그것에는—그러한 예측이나 희망을 토로하는 사람들의 의식 여부를 떠나서—그것을 가능하게 하는 인간성이나 존재론적 근거가 전제되어야 한다. 예를 들어 '문화의 시대'가 열린다는 예측이 예측으로서 의미 있으려면 인간은 물질적 가치에 대한 예속에서 벗어나 문화적 가치라는 좀더 차원 높은 삶을 영위할 능력이 있다는 것을 전제로 한다. 또한 문화가 문화적 가치를 감상하고 즐길 능력이 있는 소수인의 전유물에서 벗어나 '문화의 시대'를 이룰 정도로 모든 인간에게 보편화될 수 있다면, 새 천년이 되면서 왜 지금까지 인간에게서는 가능하지 않던 일이 가능하게 되었는지 인간성 자체의 변화가능성 여부 또는 지금까지 인간의 잠재력을 억눌렀던 외적 요인에 대한 설명을 제시해야 한다. 그러한 의문에 대한 해명 없이 단순히 새로운 시대가 어떠할 것이라고 예측하는 것은 지성이라는 이름으로 본질적으로 의미 없는 숫자의 매듭에 현혹당하고 있음을 스스로 드러내는 것이다.

이 점은 '정보의 시대'나 '상생의 시대'에도 마찬가지로 해당된다. 각각의 예측과 관련하여 여기서 다시 길게 부연 설명할 필요는 없을 것이다. 간단히 말해 '정보의 시대'는 그것으로 인간의 삶에 진정으로 어떠한 가치의 증진을 가져오며, 그것이 인간성의 측면에서 왜 바람직하고 또한 어떠한 근거에서 가능한지 여부가 그러한 예측의 타당성을 입증하기 위해 필수적으로 요구된다. '상생의 시대'의 경우에도 사물 간의 존재론적 관계로서 상극의 관계는 왜 '새 시대'와 더불어 소멸하는 것인지 당연히 먼저 해명되어야 한다. 그러한 문제에 대한 철저한 해명이나 논리적 뒷받침 없이 새로운 시대에 대해 예측한다는 것은 무책임하거나 지적 경박성의 표현에 지나지 않는다. 다만 그 모든 문제를 접어두고 그러한 희망이나 예측이 묵시적으로 또한 필연적으로 전제하고 있는 세계관적 가정은 극복될 필요가 있다. 그것은 어쨌든 역사가 어떠한 내용이나 형태이든 완성의 상태를 향해 전진하고 있다는 믿음이다. 그리고 그러한 믿음의 근저에 헤브라이즘의 종말론적 역사관과 세계관이 있다. 이 점을 이해하기 위해서는 왜 이성 중심의 반反헤브라이즘 계몽주의에 의해 제기된 역사적 진보 이념 역시 궁극적으로는 헤브라이즘의 종말론에 귀착될 수밖에 없는지 설명이 필요하다.

모든 역사적 진보가 기독교적 종말론에 귀착될 수밖에 없으며, 니체Friedrich W. Nietzsche에 의한 영원회귀ewiger Wiederkehr의 순환론적 역사관만이 진정으로 헬레니즘에 복귀한 반反기독교적 사상이라는 논리는 뢰비트Karl Löwith에 의해 이미 고전적으로 개진된 바 있다. 따라서 이 책에서 그 점을 다시 자세히 반복해 논의할 필요는 없겠지만(Löwith, 1981 참조), 여기서도 진보 혹은 발전 개념 자체와 관련해서는 간단한 논급이 필요하다.

먼저 상식적으로 호소력이 있고 경험적 확실성과 함께 과학적 외양을 갖고 있으며 현대 경제학의 주된 관점이기도 한 '물량적 생산의 지속적 증가'로서의 진보 개념을 살펴보기로 하자.[4] 그러한 진보 개념은 일단 왜 물량적 증가가 인간의 삶에 무조건 가치 있는 것인지 '과학' 외적 영역인 가치 판단의 차원에서 설명하지 않는 한 불완전한 개념 정립이다. 그러나

---

4 현대 경제학의 일부 학자들은 그와 같은 발전 개념에 후생·복지나 환경 개념 등을 포함시키면서 개념의 경직성을 탈피하고 개념의 현실적응력을 높이려 시도하고 있다는 것은 사실이다. 그러한 시도란 본질적으로 절충론일 뿐이며 문제에 대한 근본적인 해명이 되지 못한다. 무엇보다도 그들이 '과학적' 이론이나 개념의 현실에 대한 설명력이나 적응력에는 가치 판단이 필수적이라는 점은 묵시적으로 인정할 수밖에 없다면, 가치 판단을 배제한다는 하나의 '사상' 체계에 일방적으로 의존하면서 '과학'을 한다고 주장할 것이 아니라 가치 판단 자체가 무엇이고 그것이 왜 현실에 대한 엄밀한 인식에 필수적으로 따를 수밖에 없는지 깊이 성찰해야 할 것이다.

더욱 중요한 것은 그러한 개념 정립은 진보 개념 자체를 무의미하게 만든다는 점이다. 수의 증가는 그 한계가 없는 만큼 양적 증가는 개념상 그 궁극적 목표가 설정될 수 없다. 예를 들어 국민총생산이 어떤 일정한 목표액에 도달하더라도 그러한 차원의 진보 개념은 또 다른 높은 목표를 설정할 수밖에 없으며, 새롭게 더 높은 목표의 설정은 논리적으로 영원히 계속될 수밖에 없다. 다시 말해서 목표가 경험적으로 확실하고 자명한 듯하지만, 진정한 의미에서 그것은 도달할 궁극적인 목표가 처음부터 존재하지 않는다는 자기 모순을 내포하고 있다. 그리고 그와 같은 자기부정성은 '과학의 발전' 등과 같이 수단적 가치나 특정한 경험적 지표를 기준으로 진보를 판단하려는 모든 시도에 해당된다. 정의상 수단적 가치는 그것이 봉사하는 목적의 존재를 전제로 하며, 모든 경험적인 대상은 역시 정의상 유한성을 내포하므로 유한적인 목표에의 도달은 양적으로 더 높고 큰 또 다른 유한적인 목표의 존재를 끊임없이 새롭게 전제로 할 수밖에 없는 무한회귀infinite regress의 오류에 빠질 뿐이다.

결국 개별적인 영역에서의 진보뿐만 아니라 역사라는 궁극적이고 보편적인 차원에서의 진보는 필연적으로 역사의 변화가 도달해야 할 완벽하고 절대적인 상황의 존재를 전제로 하며, 그것은 또한 절대적인 존재나 목적, 가치에 대한 인식을 요구하기 때문에 초월적이고 존재론적이고 목적론적이 될 수밖에 없다. 그리고 바로 그렇기 때문에 서양 정신사의 맥락에서는 어떠한 역사적 진보의 관념도 —그것이 계몽주의나 마르크스주의처럼 반反기독교적 외양을 띠거나 과학주의나 문화주의와 같이 기독교와는 무관계한 것으로 나타나는 경우에도 —헤브라이즘의 종말론적 세계관이 묵시적으로라도 그 바탕에 있는 것이다. 그런데 흥미로운 사실은 헤브라이즘의 종말론이 1992년에 한국에서 있었던 '휴거교회' 사건과 같이 희화적이며 '무지막지한' 모습이 아니라 세계관적 이념으로서 점차 일관성과 체계성을 갖추게 되는 과정 자체가 서양 정신사의 발전 과정 그 자체를 대변한다는 것이다. 그러한 정신사적 발전 과정의 원동력은 헬레니즘과 헤브라이즘이 서양 정신사에서 두 개의 별개의 흐름이 아니라 상호 교류와 상호 작용을 통한 대립과 긴장 관계 속의 발전이라는 점에 있다는 사실이 중요하다. 바로 이 점에 서양 정신사의 요체가 있으며, 또한 이 시대 서양 문명에 내포된 변화의 근본적인 동인이 무엇인가를 밝히는 데 두 흐름 사이의 변증법적 관계의 인식이 왜 필수적인지를 말해 준다.

현재는 서양 문명의 정신사적 원천으로서 헬레니즘과 헤브라이즘이 당연한 사실로서 받아들여지고 있다. 그와같이 받아들여지게 된 것은 물론 오랜 역사적 과정의 결과다. 잘 알려져 있듯이 그것은 물론 알렉산더의 정복과 그의 후계자 왕조들에 의해 이루어진 희랍 문화의 동방 세계로의 전파와 로마제국의 희랍 문화 수용, 기독교가 공인되고 국교가 됨에 따른 게르만 세계로의 전파, 그리고 중세 시대에 기독교가 서구 세계의 보편적인 종교가 되면서 기독교 공동체라는 서구 중세의 특이한 보편주의가 등장하게 된 것이 그것의 역사적 근본 배경이다. 특히 르네상스 시대를 통해 본격화된 희랍·로마 문화의 부활과 종교개혁에 의한 기독교 교회의 분열에 따른 중세적 보편주의의 붕괴에 따라, 그것들 사이의 상호 대립과 교호 작용을 촉진하면서 서양 문명이 이성과 신앙, 철학·과학과 종교, 세속성과 초월성 사이의 내적 대립과 긴장 관계 속에서 변화·발전한 결과다. 그런데 역사를 거슬러 올라가 독자적인 희랍 문화가 싹트기 시작한 기원전 6세기의 정신사적 상황을 살펴보면 그와 같은 역사적 결과에 사상 발전의 내적 필연성도 발견되지만 그와 동시에 우연과 아울러 운명적인 요소도

연출되고 있음이 발견된다.[5]

일반적으로 희랍 문화는 서구의 합리적 정신의 모티브로서 또는 서구 철학과 과학 및 인간 중심적 사고의 원천으로서 이해된다. 그리고 그러한 정신과 사고의 출발자로서 탈레스Thales의 이름이 거론되는 것 또한 일반적인 경향이다. 그러한 이해가 물론 잘못된 것은 아니다. 탈레스 이후 전개된 자연철학적 탐구, 그리고 소크라테스, 플라톤, 아리스토텔레스를 거쳐 완성된 자연과 인간 및 국가에 대한 합리적 탐구 및 이해의 전통은 학문을 신화와 종교의 세계로부터 독립시키는 — 이른바 '신화에서 철학에로의 이행from myth to philosophy'으로 정형화되어 표현되는 — 한 차원 높은 전환이 서양 정신사뿐만 아니라 인류 정신사 전체의 맥락에서도 혁명적인 의미를 갖는 사건이다. 실제로 희랍 철학사나 지성사의 흐름과 발전 내용은 헬레니즘의 정수이자 그것의 최고도로 고양된 표현이다. 그러나 그와 같은 최고 지성적 문화를 헬레니즘 자체와 동일시하는 것은 부분과 전체를 혼동하는 것일 뿐만 아니라 그것의 생성 및 발전과 번영 및 쇠퇴 과정에 따르는 정신사적 변화의 역동성을 설명하지 못하게 만든다.

헬레니즘은 말 그대로 '헬레네스Hellēnes'로 불리었던 고대 희랍인의 삶의 내용 전체다. 그것은 단순히 추상화되고 형식화된 정신 질서나 이념 및 문화 · 문명이 아니라 고대 희랍인의 삶 전체 속에서 변화하고 발전한 역동적인 세계관, 신앙, 가치관, 삶의 양식 및 방법의 총체다. 중요한 것은 희랍의 철학이나 문화, 예술 등 고급문화 혹은 고급 정신세계는 이른바 신화적 단계의 헬레니즘이라는 원초적인 정신세계의 승화를 통해, 즉 그것에 뿌리를 두되 이집트나 바빌로니아 등 당시 선진 문화를 창조적으로 수

---

5 이하 헬레니즘의 형성에 대한 좀더 자세한 논의는 양승태(2006: 특히 2~3장) 참조. 그 책에 제시된 희랍 종교의 역사 및 정신사적 발전 과정에 대한 지은이의 설명과 논의의 골간은 1999년에 작성된 이 글이라고 할 수 있다.

용하면서 그것을 지양 · 발전시킨 데서 출발했다는 사실이다. 그리고 그와 같이 생성 · 확립된 희랍의 고급문화는 한때는 헬레니즘이라는 총체적인 삶의 세계와의 변증법적 긴장 관계 속의 상호 작용을 통해 서로를 발전시키기도 했고, 다른 한편으로는 전자가 후자에 종속되면서 헬레니즘 전체가 활기와 생명력을 잃고 쇠퇴의 길을 걸었다는 사실 또한 주목해야 한다. 소크라테스의 죽음은 헬레니즘의 역사에서 그와 같은 긴장 관계 속의 발전과 종속 관계 속의 쇠퇴의 분기점을 상징하는 사건으로 이해할 수 있으며, 특히 그것은 희랍 정신사에서 신 · 인간 · 역사의 변증법적 관계를 압축적으로 표현하고 있다. 이 문제를 희랍 종교와 희랍 철학의 연속성 차원에서 설명해 보기로 하자.

고대 희랍인의 다신교적 신앙은 수렵과 농업 등 자연에 직접 의존하여 삶을 영위하는 모든 민족의 종교와 공통된 기반에서 출발한다. 그것은 자연세계나 물체에 접할 때 느낄 수 있는 – 현대의 물리학자도 그럴 수 있듯이 – 초월적이고 불가항력적인 '힘'에 대한 외경심이다.[6] 그 힘은 단순히 물체들 사이에 상대적으로 존재하는 물리력(희랍어로 kratos)과 구분되며, 우리 민족이 얼 또는 영靈으로 부르는 것에 해당하면서 희랍인이 만물에 내재하고 있다고 믿은 생명력vital power으로서의 '프시케psychē'다. 그런데 기독교의 영혼soul 개념과는 달리, 그리고 우리의 얼이나 영과는 비슷하게, 희랍인의 프시케는 물질이나 육체와 대립되고 수동적이고 정적인 존재가 아니라 바로 만물을 움직이고 활기차게 하는 능동적인 주체다. 그리고 그들이 인간의 정신도 프시케로 불렀다는 사실이 보여 주듯이 인간

6 뒤에 가서 헤브라이즘과 관련된 논의에서 다시 거론하겠지만 유대인들의 신의 명칭으로서 '야훼'보다 좀더 일반적으로 쓰인 말이 '엘로힘'으로서, 이 말의 본래 의미는 '힘'이다. 다만 그 '힘'이 유대교의 경우에는 만물에 내재하는 생명력으로서보다는 인간이 거역할 수 없는 압도적인 권위의 의미가 강하다는 점이 헬레니즘과 헤브라이즘의 두 세계관의 근본적 차이 가운데 하나다.

의 정신은 무생물, 식물, 동물들의 프시케와 함께 만물에 깃든 정신이 인간의 모습 속에 나타난 것으로 파악하고 있다는 사실을 의미한다. 다시 말해서 인간이 자연과의 대립과 단절이 아니라 자연과의 동질성 및 연속성의 차원에서 파악되고 있는 것이다. 만물의 본질로서 그러한 프시케의 개념으로부터 이른바 신인동형론anthropomorphism적 종교가 출현하게 됨은 어떤 의미에서 필연성의 소산이라고 할 수 있다.[7]

일반적으로 신과 인간을 동일한 형태를 갖는 것으로 믿는 신앙은 고대 희랍 종교의 특징으로서, 그리고 특히 기독교가 서구의 정통적인 종교로 정착된 후에 우상 숭배적 이교도 종교의 표본으로서, 또는 종교가 아닌 미신으로 간주되었다. 그러나 그것은 절대자에 대한 진정한 묘사는 아닐 수 있어도, 희랍인만의 특징도 아니며 전적으로 종교적 진지성이 배제된 미신이나 우상 숭배만도 아니다.[8] 그것은 종교 발전의 필연적 단계일 뿐만 아니라 개개인의 믿음이 사회화되고, 더 나아가 국가 종교로 제도화되는 과정에서 불가피하게 나타나는 현상이다.

우리나라의 토속신앙에서도 오직 혐오와 공포의 대상이거나 그 정체를 규정할 수 없는 초월적 현상은 흔히 귀신이나 도깨비처럼 대체로 기괴한

7 '프시케'의 개념으로부터 신인동형론의 종교, 이어지는 제우스 중심의 올림피아 종교 체제의 확립으로 이어지는 희랍 종교사에 대한 설명은 지극히 방대한 논의를 요한다. 이 글에서는 희랍 정신사의 발전 맥락에서 종교와 세계관과 관련된 문제들의 핵심만을 다룬다.

8 물론 무엇이 우상 숭배인가의 문제 자체가 실제로 쉽게 결정될 수 있는 것이 아니다. 경우에 따라서는 물체에 대한 우상 숭배보다 말이나 문자에 대한 우상 숭배가 더 심각하게 어리석고 사회적으로 더 심각하게 위험할 수 있다. 이 문제는 뒤에 가서 더 논급될 기회가 있겠으나, 우상 숭배를 배격한다는 유대교나 기독교의 역사가 사실은 여러 가지 형태의 우상 숭배로—이 경우 특정 교파의 교리를 절대시하거나 특정 성경 문구에 대한 독단적인 해석에 기초한 일방적인 의존을 포함하여—점철된 역사임에 주목해야 할 것이다.

모습으로 형상화된다. 반면에 산신령이나 삼신할머니처럼 비록 경외의 대상이지만 인간의 삶을 결정하는 자연의 힘은 위엄 있거나 다정한 인간의 모습으로 그려진다. 비슷한 양상은 수많은 신을 가진 힌두교에서 전형적으로 발견되며, 희랍인의 경우도 같은 맥락에서 이해할 수 있다. 다만 우리는 그러한 토속신앙과 단군 신앙을 종합하여 하나의 보편적 내용과 체계를 갖춘 민족적 종교로 승화·발전시키지 못한 데 비해, 희랍인은 토테미즘의 자연 신앙에서 공동체적 제의와 축제로서의 컬트cult 단계, 올림피아 신들로 표상되는 국가 및 민족 종교의 단계, 소크라테스로 대표되는 종교와 철학의 융합 단계 등의 정신사적 발전을 보여 주고 있다는 점이 다르다. 희랍인의 그러한 발전 과정을 간단히 살펴보면 다음과 같다.

먼저 개인 차원의 믿음이 공동체 차원의 신앙으로 발전하기 위해서는 공동으로 향유될 수 있는 신앙의 표상이 필수적으로 요구된다. 호메로스Homeros가 출현하기 이전, 즉 올림피아의 신 및 그들 사이의 관계가 종교적으로 정착되기 이전의 희랍 정신사는 그러한 종교적 표상이 계속 출현하면서 자연의 여러 '힘'이 신격神格을 갖게 되는 여러 단계의 변형을 거치는 구체적인 과정이었다. 예를 들어 이 시기의 하늘의 신으로서 제우스는 호메로스나 헤시오도스Hesiodos가 묘사한 것과는 다른 모습으로 표상된다.[9] 아테네의 '디아시아Diasia'는 제우스를 위한 축제였는데, 이 축제의 초기 단계에서 그는 수염 난 뱀으로 묘사되었다가 점차 인자한 아버지의 모습으로 바뀌게 된다. 그것은 곧 천둥과 번개, 폭풍우를 내리는 공포의 대상으로서 하늘에—'수염 난 뱀'은 번개 치는 모습의 형상화로 이해될 수 있다 —대한 관념이 단순히 공포를 주는 존재만이 아니라 만물을 주재하

9 제우스의 신격 변화뿐만 아니라 희랍 정신사 전반에 관련된 제우스의 의미에 관해서는 그 문제에 관한 쿡A. B. Cook의 기념비적 저작(Cook, 1940)이 있다.

는 존재로서의 인식이 일반화되고 있음을 반영한다. 전자로서의 제우스가 우리의 토속신앙에 비추어볼 때 도깨비 같은 존재였다면, 후자로서의 제우스는 산신령 할아버지에 상응한다. 물론 대중적 제의나 축제는 공동의 신앙 대상이 되는 존재를 공동으로 표상할 '사회적' 필요를 제기한다고 할 때, 후자로서의 제우스를 인간 이외의 하등 동물이나 기괴한 물체로서 저급하게 표상한다는 것은 논리적으로 불가능하다.

결국 일반인이 정서적으로 공감할 수 있고 존엄성을 갖춘 형체로서 가능한 유일한 표상은 인간의 모습일 수밖에 없다. 그러므로 희랍 신화에서 신들의 가부장적 권위나 아름다움, 용맹성, 잔인성 등 도덕적 자질에서부터 각종 기예技藝 등 각 신의 신격을 적절히 표상하는 표정과 자태 및 각 신에 부수적인 물체들과 —예를 들어 제우스의 독수리, 아테네의 부엉이, 아폴로의 까마귀, 디오니소스의 뱀 등[10] —함께 인간의 모습으로 형상화되었다. 이러한 신의 '인간화' 과정은 오랜 시간에 걸친 정신사적 진화 과정의 결과이며, 일단 '인간화'의 과정이 촉발되었을 때 새로운 의미 있는 자연 현상의 발견이나 인식 또는 새로운 공동체의 출현이나 새로운 사회 관계나 도덕 관념의 형성에 따라서 각각에 상응하거나 상징하는 신들이 인간의 상상력에 의해 생성·출현하게 되었음은 필연적인 귀결이라고 할 수 있다.

희랍 세계의 기원전 8세기는 —앞으로 이 장에서의 연대는 별도의 표기가 없는 한 기원전임을 의미 —미케네 문명을 멸망시킨 도리안족의 이동이 야기한 오랜 희랍판 전국 시대가 끝나면서 도시국가 체제가 그 모습을 드러낸 시기다. 정치·사회 체제의 안정은 그것에 상응하는 세계관의 정립도 요구한다. 바로 이 시기 즈음에 호메로스나 헤시오도스 등 위대한 문

10 학자들의 연구에 의하면 이러한 부속물들이 원래는 각 신들이 인격화되기 이전의 본래의 형상이었으며, 희랍인이 이주하기 전 그곳의 원주민이었던 펠라스기아Pelasgoi족의 물신숭배fetishism가 원형인 것으로 추정된다.

학가들이 출현하여 인격화된 수많은 신의 상호 관계를 정립하고 신들의 질서를 체계화하게 되었음은 우연이 아니다. '올림피아 신화'가 우주 탄생의 기원 및 역사에 대한 설명을 포함하여 세계관의 체제를 갖춘 제도화된 종교로 희랍 세계에 등장하게 된 것은 거의 전적으로 이들 문학가의 상상력과 아울러 탁월한 수집과 정리 능력 덕분이라고 해도 과언이 아니다. 이로써 올림피아 신화는 하나의 세계관 및 역사관으로 완성되었고, 그것은 기독교에 의해 대치될 때까지 희랍인뿐만 아니라 로마인의—본질적인 차이 없이 신들의 이름만 바뀌거나 지중해 세계 각지의 토속 신을 '마구 수입하면서' 신의 수가 대폭 늘어남으로써—토속신앙, 국가종교 또는 세계관 및 이데올로기로서 존속하게 된 것이다.

이러한 올림피아 신화는 헬레니즘의 원형이다. 그것의 핵심은 신·인간·자연을 본질적으로 동일한 '프시케'의 발현으로 간주하면서, 그러한 프시케의 발전과 완성의 정도에 따라서 자연 전체를 절대적으로 완성된 신으로부터 영웅, 인간, 생물, 무생물에 이르는 위계 질서로 파악한 데 있다.[11] 그리고 우라노스Uranos와 크로노스Cronos의 '잘못된' 시대를 극복하고 탄생한 제우스의 시대는 모든 자연 및 사회 질서가 조화kosmos를 이룬 완벽한 시대다. 따라서 자연의 일부로서 인간은 완벽한 시대의 신이 부과한 자연 질서와 운명에 순응하는 것이 도덕적 의무이자 스스로를 보존하고 행복을 찾는 길이다. 소크라테스Socrates의 일생의 화두였던 "너 자신을 알라gnothi seauton"는 델포이Delphoi의 아폴로 신전 입구에 새겨져 있던 경구였다. 그 말은 본디 인간으로서 자신의 한계와 분수를 알고 신의 명령에 따르라는 것이었으며,[12] 고대archaic 헬레니즘의 세계관을 가장 간결하

11 자연을 의미하는 희랍어 'physis'는 '생성하다', '성장하다' 의미의 동사 'phyō'에서 파생한 말이다.

게 축약시킨 말이라고 할 수 있다.

만일 헬레니즘이 그와 같은 원형 상태에 머물렀다면 그것은 고대 사회의 여타 문화와 본질적으로 다를 바가 없었을 것이다. 엘리아데Mircia Eliade가 고전적으로 서술했듯이(Eliade, 1959), 고대 사회에 ― 유대인들을 포함해 ― 공통적인 세계관은 신에 의해 직접 부과되고 신의 의사가 성현聖顯, hierophany된 원형prototype의 시대를 상정하고 있다는 점이며, 고대 희랍인도 올림피아 신화를 통해 비슷한 유형의 세계관을 보여 준다. 그들이 동시대의 다른 민족과 달라지는 것은 이 점에 있다. 그와 같은 고대 사회의 안정성이 여러 가지 이유와 원인 등으로 ― 여기서는 그러한 세계관 자체의 내적 모순이나 긴장, 상업의 발달에 따른 생산 양식의 변화, 다른 이질적인 사회와의 교류를 통해 새로운 지식 · 정보나 이질적인 가치관의 유입 등이 포함될 것이다 ― 흔들리게 되었을 때, 그들 희랍인은 그와 같은 세계관적 위기를 극복하는 과정에서 다른 민족과는 다른 양상을 보여 주었다. 그러한 과정을 통해 희랍의 고전 시대classical period가 열리며 헬레니즘의 정수가 펼쳐지게 되었다. 물론 헬레니즘의 원형은 일반 대중의 삶과 의식 속에서 지속되며, 고전 시대의 전개와 함께 헬레니즘 내에서 대중문화와 엘리트 문화 사이의 대립 · 긴장 관계도 본격화되는 것이다.

올림피아 신화가 정통적인 제도 종교로 정착되었다는 것은 먼저 그것에 부수되는 종교 의식宗教儀式이 사회나 국가적인 행사로서 도덕적 혹은 법적 구속력을 가지고 시행되고 있음을 의미한다. 아울러 그러한 사실에는

12 '너 자신을 알라' 경구와 관련된 희랍 사상의 흐름과 관련해서는 에렌부르크Victor Ehrenburg가 탁월하게 정리한 바 있다(Ehrenburg, 1967: 특히 334-383).

또한 그 신화에 반영된 세계관이 자연세계와 인간세계의 움직임과 변화를 설명하는 데 궁극적인 준거 틀 혹은 정통적인 패러다임으로 기능하고 있음도 함축되어 있다. 그것은 한편으로 본디 삶에 직접적이고 감각적으로 생생한 자연의 '힘'에 대한 동경과 그것과의 합일을 위한 정신적 에너지의 분출 행위였던 토속적인 컬트 신앙이 이제 형식화되고 규격화된 국가적 차원의 제의 절차로 변질되었음을 의미하며, 다른 한편으로는 세계 및 사물과 인간에 대한 이해가 종전까지 개별적이고 비체계적이지만 동시에 자발적이고 감각적이며 직관 차원에서 이루어졌다면, 이제는 그러한 이해가 정치·사회적 규율을 바탕으로 한 형식화된 체계로 대체되고 있음을 의미한다. 그것은 희랍 정신사에서 최초로 인식과 행동의 표준이 되고 지배적인 정신 질서로서 하나의 이데올로기가 신화의 형식으로 등장한 것을 의미한다. 제도화된 이데올로기의 등장은 그것에 대한 도전도 본격적으로 시작되고 있음을 시사한다. 그러한 도전의 정점에 소크라테스의 죽음이 있으며, 소크라테스의 그러한 도전의 핵심은 델포이 신전의 '너 자신을 알라'에 대한 비판으로서 제시한 '너 자신을 알라'라는 유명한 격률이 있다. 그리고 바로 그러한 사실에 희랍 정신사 및 지성사의 역설과 아이러니가 압축되어 있다.

이 글에서 다시 호메로스 이후 소크라테스·플라톤에 이어지는 희랍 정신사의 모든 과정을 다시 기술할 필요는 없을 것이다. 그것은 지극히 방대하고 복잡하며, 이미 희랍 정신사 전반이나 희랍 철학사의 연구를 통해 자세히 정리되고 널리 알려진 부분이다. 다만 여기서도 그 과정을 올림피아 신화의 세계관과 인간관에 대한 도전의 차원에서 먼저 간략히 요약할 필요는 있다. 그러한 도전은 상호 연관되기도 하며 대체로 시기적으로 순서를 갖는 세 차원으로 나눌 수 있다.

첫째 차원은 제도화된 종교로서 올림피아 신화의 형식성에 대한 도전이다. 그것은 토속신앙에 바탕을 둔 것이기도 하지만 집단적이고 배타적이며 대체로 비밀스러운 교리 체계와 의식을 통해 영적으로 신과 직접 교류하거나 신의 세계를 체험하는 밀교esotericism나 신비주의mysticism 형식 종교의 출현이다. 오르페우스교Orphism나 아폴로 신앙, 데메테르Demeter 신앙의 대두는 그것의 전형적인 예다.[13]

두 번째 차원은 일반적으로 '신화에서 철학으로from myth to philosophy'로 정형화되어 표현되면서 '신화적 사고'에서 '철학적 혹은 합리적 사고'로의 전환과 관련된다. 곧 탈레스의 이름과 동일시되는 자연철학의 발생과 발전에 따른 도전이다. 그것의 '혁명성'은 물론 물질 자체에서 찾으려는 시도에 내포된 사고 방식의 전환에 있지만, 더욱 중요한 것은 탈레스 이후 희랍 철학은 먼저 탈레스의 제자인 아낙시만드로스Anaximandros의 스승에 대한 비판 및 후자에 대한 아낙시메네스Anaximenes의 비판을 통해 촉발된 본격적인 철학사적 발전에 있다. 즉 기존의 사유 내용에 대한 비판과 검토를 통해 사유를 진전시키는 ―아리스토텔레스가 간결하게 '생각에 대한 생각'을 통한 생각의 발전 ―사유의 운동이 전개되기에 이르렀다.

세 번째 차원의 도전은 궁극적으로 올림피아 신화 자체의 부정에 이르게 한 6세기 말 시인인 크세노파네스Xenophanes의 호메로스에 대한 격렬한 비판에서 비롯된다. 즉 그는 비록 탁월한 문학적 상상력의 소산이기는

13 피타고라스Pythagoras가 이탈리아 남단의 희랍의 식민도시 크로톤Kroton에 설립한 종교학원은 의사儀似 대학이면서 그러한 아폴로 신앙의 종교단체이기도 하다. 이에 관해서는 앞에서 언급된 지은이의 저작(양승태, 2006: 특히 제4장) 참조. 고대 희랍에서 제도적 신앙과 비제도적 신앙의 대비는 아테네의 아크로폴리스에 있는 파르테논 신전과 아테네 근교 평야 지대인 엘레우시스Eleusis에 있는 ―현재는 둘 다 서울과 같이 무계획적으로 팽창한 아테네라는 메갈로폴리스의 일부다 ― 데메테르 신전의 존재가 상징적으로 보여 준다. 후자는 국가적인 종교기관은 아니었지만 엘리트주의적이며 신비주의 신앙의 본산이기도 했다.

하지만 신을 인간과 다름없이 감정적이고 비도덕적인 존재로 묘사하고 있다는 호메로스에 대한 비판을 통해 신인동형론의 올림피아 신화 체계 자체에 대한 도전을 제기하게 된 것이다. 그의 그러한 비판은 5세기에 이르러 한편으로 파르메니데스Parmenides의 일원론적 존재론으로 — 그것은 곧 절대적 존재로서의 신 개념과 함께 다원화된 신들의 세계에 대한 부정을 내포한다 — 다른 한편으로는 레우키포스Leucippos와 데모크리토스Democritos의 원자론을 거쳐서 프로타고라스Protagoras의 '실제적인'[14] 무신론으로 이어지게 되었다고 할 수 있다.

올림피아 신화라는 기존의 세계관 및 종교 제도에 대한 이러한 도전과 새로운 정신사 및 지성사적 모색의 맥락에서 플라톤에 의해 만개되며 그 이후 희랍 정신사의 전개에 절대적 영향을 미치는 소크라테스 철학이 등장하며 그의 죽음의 의미가 이해된다.

앞에서 언급되었듯이 소크라테스의 격률 "너 자신을 알라"는 델포이 신전의 돌에 새겨진 경구에서 유래한 것이다. 그런데 그 격률의 아이러니는 — 어찌 보면 이 점이 소크라테스적 아이러니의 축약판이라고 할 만하다 — 그 '명령어'의 직접적인 대상이 바로 그 경구 자체를 향한 데 있다. 종교가 사회 제도로서 형식화되고 신앙의 내용이 제도적 신관이나 성직자의 견해에 의해 일방적으로 결정될 때, '너 자신을 알라'는 '괜히 조금 안다고 또는 알면 얼마나 안다고 신에 관해 왈가왈부하지 말고 전통적인 종교적 관행을 준수하고 신으로부터 권위를 부여받은 신관의 말을 따르고 복종하라'는 의미가 될 수 있다. 그것은 겸손이라는 도덕적 외양 속에서

14 단편短片, fragments으로 남아 있는 그의 논문 '신들에 관해'에서 프로타고라스는 명시적으로 신의 존재를 부정하지는 않았다. 다만 신의 문제가 중요한 인간의 문제와 무관하며 그들이 존재하는지 아닌지 알 수 없다고 말함으로써 올림피아 신화적 세계관에서 완전히 벗어난 인물로 평가될 수 있다(이에 관해서는 양승태, 2006: 특히 제6장 참조).

이루어지는 제도적 권위에 대한 타율적 복종의 강요다. 소크라테스의 '너 자신을 알라'는 바로 '너 자신을 알라'의 이름으로 실제로 '너 자신을 알아서는 뭣 하나'를 설복하려는 이율 배반에 대한 비판이며, 그러한 이율 배반을 통해 유지되는 종교나 도덕이라는 이름의 세속적 권위에 대한 도전이다.

물론 그러한 차원의 아이러니가 '너 자신을 알라'라는 격률에 내포된 의미의 전부는 아니다. 그것의 핵심은 그 '명령어'의 대상이 바로 자연 및 사회 현상을 관찰하고 이해 또는 해석함과 아울러 종교와 도덕 또는 국가 생활과 관련하여 판단하고 행동하는 주체로서의 인간 자신에 향한다는 사실에 있다. 특히 그것은 기존의 권위나 제도에 대해 맹목적인 신봉이나 일방적인 거부 등 무반성적 독단이나 자기 확신 위에서 '씩씩하게' 행동하는 인간과 그러한 정신적 상황에 대한 반성적 자기 성찰의 요구였다. 즉 신의 개념이나 존재 및 인식의 근원에서부터 도덕적 가치나 사회 제도의 본질 등 일생을 통해 진지하게 탐구해도 해명하기 어려운 문제에 대해 남의 의견에 의존하거나 불명확하고 거친 사고 판단을 통해 쉽게 결론을 내리는 사고의 경박성에 대한 깨우침의 경고인 것이다.

잘 알려져 있듯이 소크라테스의 그러한 경고 대상은 정치가나 종교가, 문학가 등 당대에 똑똑하다는 사람들 대부분이 포함되어 있지만, 이론적 논쟁의 주요 대상은 직업 자체의 이름이 '지식인'이고 직업적인 개인 교습가였던 소피스트들이었다.[15] 그들이 비판의 주요 대상이 된 이유는 전통 종교에 대한 앞의 도전과는 달리 초월적 세계에 대한 부정과 함께 철저하게 세속주의를 지향하는 데 있었다.

프로타고라스의 유명한 명제 "인간은 만물의 척도다"로 표현되는 그의

15 이에 관한 자세한 논의도 양승태(2006: 특히 제6장) 참조.

인간중심주의는 일단 그 이전 자연철학자들의 사유세계에서 주변부에 있던 인간을 이 세계의 주체이자 철학적 사유의 중심으로 부각시킨 계기를 만들었다는 점에서 위대한 철학사적 공헌으로 평가될 수 있다. 그러나 동시에 그것은 '척도'가 되는 '인간'을 인간 자체 혹은 본성이 아니라 일상적으로 인간이 원하는 것, 즉 인간의 세속적 욕망에서 찾음으로써 결국은 도덕적 상대주의와 함께 ─ 일반인이 원하는 것은 무엇이든지 가치 있다는 논리가 성립하므로 ─ 공동체 생활을 부정하는 개인주의를 부추겼으며, 지식 추구 자체를 오직 그러한 세속적 욕망에 봉사하는 수단으로 전락시켰다는 비판도 면할 수 없다. 실제로 5세기 후반의 아테네는 상업화된 도시 생활 속에서 민주주의는 대중의 욕구와 인기에 영합하는 대중민주주의가 되고, 전통적 종교와 도덕은 형식화된 관행이 되면서 실질적으로는 쇠퇴 또는 약화되었으며, 이에 따라 버릇없고 경박한 젊은이들이 다수 출현하는 등,[16] 소피스트들이 부추기고 합리화한 정신적 분위기가 지배적인 상황이었다.

플라톤의 철학 체계로 구체화되는 소크라테스의 사상은 이와 같은 희랍의 정신사적 상황에 대한 비판적 극복의 시도였다. 그것은 전통적인 신관 및 종교 생활, 전통적인 도덕과 가치, 전통적인 학문을 옹호하면서도 동시에 비판하고, 새로운 종교·학문·이념을 제창하면서도 현실적으로 새로운 것으로 '나타나는' 사조나 생활 양식·태도에 대한 비판이었으며, 전통적 자연철학과 신비주의의 전통 및 소피스트의 이념에 대한 지양·종합의 시도였다. 그러한 비판과 종합의 결과로서 플라톤의 철학이 보여 준 것은 인간은 이성의 주체로서 스스로의 능동적인 사유 작용과 판단을 하는 존재이되, 그 주체성은 스스로의 한계를 끊임없이 자기 반성을 통해 자각하

16 소크라테스를 고발한 멜레토스Melētos는 그러한 젊은이의 전형적인 모습이다.

면서 초월적이며 절대적인 세계를 지향하고 지향해야만 하는 존재로 파악된다. 또한 인간의 욕망은 그것 자체가 인간 내에 독립적으로 존재하는 것이 아니라 자연이라는 인간을 초월한 질서에 종속되어 있고, 어떠한 욕망의 추구도 언제나 그 목적과 관련된 사고 판단이 수반될 수밖에 없으므로, 욕망이나 쾌락은 그것 자체의 가치가 부정될 이유는 없으나 그것의 진정한 실현이나 즐김은 이성의 통제 하에서 이루어질 때만 가능한 것으로 이해된다. 그리고 제도적 종교가 설파하는 '신의 존재에 대한 이성적 접근의 불가능성'이나 '계시'의 영역은 신과 관련된 기존의 관념이나 제도, 관행의 의미에 대한 철저한 검토와 비판적 사고 활동이 이루어진 후 최후에 도달할 수 있는 정신의 경지이지, 결코 기존의 종교적 권위 및 이념이나 사고 체계에 대한 '겸허하고' 맹목적인 수용과 순응이 자동적으로 가져오지는 않는다는 것이었다. 자연과 사회에 대한 진정한 지식은 기존의 세계관 및 전통과 관행의 진지성을 무조건 믿거나, 현인이나 지식인으로 불리거나 똑똑하게 보이는 사람들이 제시하는 지식이나 정보의 일방적인 수용이나 획득에 의해 이루어지는 것이 아니다. 그것은 스스로 지식이라고 생각되거나 아는 것으로 믿는 것들의 성립 근거 및 한계에 대한 비판과 끊임없는 깨달음을 통해서만 이루어질 수 있다. 그와 같은 완전한 깨달음에 도달한 사람이 바로 진정한 의미에서 '철학자'인 것이다.

이와 같은 옛 것에 기초한 새로운 철학의 탄생은 새로운 역사 의식으로 이어진다. 즉 전통적인 올림피아 신화가 당대를 제우스의 시대로서 신의 의사가 구현된 완벽한 시대로 규정했다면, 타락하고 비판적으로 극복되어야 할 시대로서 당대는 진정한 신의 시대로서 신의 의사가 '성현hierophany'된 시대로의 복귀를 요구한다. 플라톤이 그의 『프로타고라스』에서 신화적으로 기술한 바와 같이 그 '황금 시대'는 크로노스의 시대로 새롭게 개념화된다. 다시 말해서 제우스의 시대가 타락한 시대라면 전통적인 신화 내용과는 달리 타락하기 이전의 시대로서 크로노스의 시대가 새롭게 설정되는 것이다. 그러므로 자연의 운행이 끊임없이 순환하는 것처럼 역사도 순환한다.[17]

결국 기존의 제도나 관념을 비판적으로 지양·극복하려는 소크라테스의 철학과 삶의 태도가 그를 특히 대중적 가치관과 의식 수준이 지배적이 될 수밖에 없는 민주 정체 하의 일반 시민에게 비판의 대상이자 귀찮은 존재로, 더 나아가 아테네의 공적公敵으로 만들게 되었음은 필연적이라고 할 수 있다. 또한 전통과 관행은 실제로는 제대로 준수하지 않는 경우에도 그것의 기초가 되는 이념 자체에 대한 비판은 용납하지 않는 법이다. 소크라테스는 그와 같은 상황에서 희랍 역사상 처음으로 처형당한 지식인이 되었다.[18]

소크라테스의 처형은 헬레니즘의 역사에서 지식인과 정치·사회적 권력 및 대중 사이의 긴장 관계가 첨예하게 맞선 상황의 표현이며, 이전 시대의 지식인상인 '현인'들과는 달리 헬레니즘의 정신사가 지식인과 권력 및 일반 대중 사이의 이중적 흐름으로 나타나게 되었음을 의미한다. 두 흐름은 완전히 분리·독립된 것이 아니라 공존 속에서도 대립 및 상호 작용이라는 긴장 관계 속에서 변화와 발전을 보게 된 것이다. 소크라테스의 죽음은 그러한 긴장 관계의 전형이 깨진 것을 의미하지만, 그의 제자인 플라톤에 의한 아카데미의 설립은 중세 시대의 대학으로 다시 재현되듯이 세속 권력 및 제도 종교와 현실에 바탕을 두되 세속성을 지양하고 초월성을

17 이러한 순환론은 플라톤이 그의 『국가론』에서 그가 완벽한 정치 체제로서 그토록 옹호한 철인왕哲人王의 통치 체제도 필연적으로 타락할 수밖에 없음을 인정하는 데서 압권에 이른다.

18 소크라테스 이전에 아낙사고라스Anaxagoras와 프로타고라스Protagoras는 그와 비슷한 상황에서 처벌을 받을 뻔 했으나 아테네를 탈출하여 화를 모면한 것으로 전해진다.

추구하는 학문 사이의 그러한 긴장 관계가 최초로 제도화된 역사적 사건으로 평가될 수 있다.[19]

소크라테스의 사상은 플라톤의 아카데미학파와 아리스토텔레스의 뤼케움Lyceum학파에 의해 정통적인 계승이 이루어진다. 그러한 그의 인품과 사상의 다양한 요소는 한편으로 —특히 그의 끊임없는 문답법을 통한 기존 이념이나 지식에 대한 비판과 도전은 — 그의 제자인 안티스테네스Antisthenes와 그를 이어받은 디오게네스Diogenes 등 이른바 견유학파cynicism의 회의주의로 이어지며, 다른 한편 — 그의 자연적 본성으로서의 도덕관 및 그러한 도덕성의 완성자로서 철학자 이념은 — 안티스테네스의 제자인 제논Zenon을 통해 스토아학파로 이어진다. 이들 지식인 집단은 데모크리토스와 프로타고라스의 전통을 계승한 에피쿠로스Epikuros의 쾌락주의학파와 함께 기원전 4세기 후반, 특히 알렉산더의 동방 원정 이후 기독교가 헬레니즘을 공식적으로 대치할 때까지 헬레니즘의 정신사를 주도하게 된다.

알렉산더 이후의 헬레니즘 시대에도 — 보통 본래 5세기의 헬레니즘과 구분하기 위해 헬레니스티시즘Hellenisticism 시대로 불리는 시대에도 — 민간 신앙에서는 전통의 인격적 다신교 신앙을 계속 준수했지만 적어도 공적 영역에서는 점차 그 영향력은 쇠퇴하게 된다. 그것의 주된 이유는 전통 신앙의 주체인 도시국가 체제가 몰락했기 때문이며, 쇠퇴한 전통 종교는 일반인으로 하여금 새로운 신앙을 찾게 했다. 이러한 상황에서 에피쿠로스주의같이 무신론적 세계관을 토대로 나름대로의 '계몽주의적' 입장에서

---

19 중세 시대에는 그러한 전형이 이른바 Regnum(왕권) — Sacerdotium(교권) — Scholarium(교권)의 삼각 관계로 나타났으나, 전자의 두 권력이 분리되지 않은 고대 사회에서는 학문과 세속사회의 긴장 관계로 표현될 수 있다. 특히 플라톤 아카데미의 근본적인 성격은 학문이 현실적이면서 초월적이라는 이중적인 의미를 갖는 데 있다.

잘못된 전통적 신관에 집착을 버리고 현세의 즐거움과 쾌락을—그 중에서도 가장 지속적이고 최고의 쾌락을 주는 정신적 활동을—추구하도록 권유하는 정신적 흐름도 나타났다. 그러나 이미 지중해 세계가 하나의 문화권으로 통일된 상황에서 인격적 다신교 신앙을 부정하면서 조화로운 자연질서의 궁극적인 원리로서의 신 개념과 함께 그러한 신의 의사를 전달할 수 있는 진정한 아는 자로서 스스로를 내세우는 스토아 철학자들은 전통의 약화와 도시공동체의 쇠퇴 속에서 정신적으로 방황하는 일반인에게 새로운 종교적 호소력을 갖게 된다. 일반 대중에게 아카데미학파와 소요학파의 학술적이고 현학적인 태도나 에피쿠로스학파의 비종교적 태도가 심리적으로 거부감을 주었다면, 스토아 철학자들의 엄격한 도덕성과 함께 자연주의적 삶 및 신적인 권위는 전통 종교의 영향력 감퇴와 도시공동체의 쇠락 속에서 정신적으로 의지할 곳을 찾던 그들에게 이상적인 안식처가 될 수 있었다. 실제로 알렉산더의 초영웅적 행동 및 업적에 압도된 일반 대중은 그를 곧 신격화할 정도로 직접적이고 생생한 '구원자' 개인으로 인격화된 신 혹은 신의 대리인을 갈망하는 분위기였으며, 스토아 철학자들 또한 희랍 세계뿐만 아니라 중·근동 지역에서 정신적 구세주로서 경배의 대상이 되었다. 다시 말해서 그리스와 중·근동 세계 전체를 아우르는 코스모폴리탄적 문화와 분위기 속에서 유일신을 내세우며 신의 의사를 전달할 능력이 있는 것으로 자부하는 스토아 철학자들의 이념과 태도는 당시의 시대적 분위기와 적절히 조화를 이루었다.

이 장의 모두에 금언으로서 인용한 스토아 철학자 크리시포스와 예수의 말 및 그 말에 반영된 일반인을 태하는 태도의 유사성에도 나타나 있듯이, 서구 정신사의 두 축으로서 헬레니즘과 유대주의로서 헤브라이즘을 본격적으로[20] 접하게 되는 것은 이 시기다. 그리고 예수 자신이 직·간접적으로 헬레니즘으로부터 어떠한 정신적 영향을 받았느냐의 문제를 떠나, 예수 사후 기독교가 유대인 사회의 경계를 넘어 헬레니즘의 세계로 확대될 수 있었던 정신사적 배경도 그러한 상황에서 찾을 수 있다. 그런데 헬레니즘과 유대주의 사이의 직접적인 교류나 상호 영향과 관련된 역사적 사실 문제를 떠나서,[21] 더욱 중요한 점은 유대교의 자기 변신이라고 할 수 있는 기독교의 신·인간·역사관은 앞에서 기술된 헬레니즘의 그것과 외면적인 유사성과 함께 내적인 통일성도 존재한다는 사실이다. 다시 말해서 헬레니즘과 헤브라이즘은 단순히 서구 정신사에서 별개의 독립된 두 축이나 흐름이 아니며, 서로의 융합 가능성이 바로 두 흐름이 접한 상황에서 이미 배태되어 있었다는 것이다. 아울러 현대 서구 문명의 근본적인 문제도 두 흐름을 어떻게 체계적으로 승화·종합시키느냐에 달려 있다는 점 또한 중요하다. 이를 설명하기 위해서는 간단하게나마 유대교적 세계관의 본질과 특성을 일별할 필요가 있다.

---

20 당시 중·근동 지역 헬레니즘의 본거지인 알렉산드리아의 유대인 학자 아리스토불로스 Aristoboulos(기원전 2세기경 사람)는 피타고라스나 플라톤, 아리스토텔레스 등의 신 개념은 그들이 읽은 구약성서의 영향으로 주장하기도 한다. 그러나 그것은 희랍 쪽 문헌에서 확인된 사실은 아니다. 비슷한 주장은 기원 후 같은 지역 유대인 학자 필론Philon 에게서도 나타난다.

21 학자들의 연구는 유대교 및 유대인 사회 전체가 알렉산더 및 그의 후계자들에 의한 헬레니즘의 보편화 과정에서 결코 예외로 남아 있었던 것이 아님을 충분히 밝혀 주고 있다. 『구약』의 「마카베오Macabee서」가 증언하듯이 그들은 로마의 정치적·군사적 지배 및 문화적 침략에 대한 저항이 있었으나 유대인의 정신·문화 생활에 헬레니즘은 상당한 영향을 미쳤던 것이다. 이에 관한 기념비적 연구로는 Martin Hengel, *Judaism and Hellenism*(London, 1974)이 있으며, 이 밖에도 Edwyn Bevan, *Hellenism and Christianity*(London, 1921), Lee Levine, *Judaism and Hellenism in Antiquity* (Seattle, 1998) 등이 그 방면 연구의 주요 업적으로 평가될 수 있다.

2. 헤브라이즘의 세계관

20세기 후반의 짧은 기간을 제외하고 유대 민족은 세계사를 통해 그 유례를 발견하기 힘들 정도로 역사적으로 초라한 민족이다. 종종 유대 민족의 우수성을 나타내는 징표로 내세우는 스피노자Baruch Spinoza나 마르크스, 프로이트 등의 천재성은 유대 민족 고유의 정신세계와 직접적인 관련이 없는 – 대부분 유대교의 정신사적 맥락에서는 벗어나 헬레니즘의 영향하에서 – 개인적이며 근대 서양 학문사 발전의 일면이라는 점에서 그리 의미 있는 증거로 내세울 것들은 되지 못한다. 유대 민족 역사의 '초라함'은 그들 자신의 역사서인 『구약』 자체가 증언하기도 하지만, 무엇보다도 알렉산더가 동방 원정을 할 때 중·근동 지역의 모든 주요 도시를 정복하고 지나갔으면서도 예루살렘은 한 번도 방문조차 하지 않았다는 사실이 좀더 극적으로 표현해 준다. 다시 말해서 이 민족은 비록 다윗과 솔로몬의 통치 기간에 – 대체로 1000~920년 사이의 기간 – 어느 정도 세속적 번영을 구가한 적은 있지만,[22] 유대인과 유대교는 이 곳 중·근동 지역의 역사와 문명·정신사 전체의 차원에서 볼 때는 그 존재가 무시될 수 있을 정도로 그 영향력은 미미했다는 것이다. 알렉산더 시대에 예루살렘이란 자신의 민족 신만을 배타적으로 숭배하는 부족으로 구성된 부족연합체의 중심 도시 가운데 하나에 지나지 않았다.

그와같이 조그만 부족에 국한되었던 유대교가 기독교라는 범세계적인 종교를 파생시킬 수 있었던 것은 앞에서 언급한 헬레니즘 말기의 정신사적 상황에 기인한다. 하지만 근본적으로는 유대교 자체에 헬레니즘 세계

---

22 학자들의 연구는 솔로몬 시대 40년이 채 안 되는 기간 성서의 기록과는 달리 영토 자체가 다윗 시대보다 상당히 축소되었고 솔로몬의 사치와 방탕 때문에 국력이 쇠퇴했으며, 이어지는 이스라엘과 유대로의 민족적 분열도 이 시기에 준비되어 있었다고 한다.

관 및 철학과 융합될 수 있는 요소들이 내재되어 있었기 때문이다. 그러한 요소들의 핵심으로서 「출애굽기」에 기록된 인류 정신사에서 최초로 제시된 절대적 존재로서의 신 개념, 이와 함께 신과 인간과의 약속이라는 신약神約 이념, 그리고 일방통행적인 시간의 흐름 속에서 인간사에 신의 의사가 그러한 신약과 관련하여 구현된다는 특이한 역사의식이 제기될 수 있다. 그런데 여기서 중요한 것은 흔히 유대주의의 본질적인 요소로서 그러한 신·인간관이나 역사관도 본래부터 유대 민족에게 주어져 있었던 것이 아니라는 사실이다. 비록 희랍 정신사의 경우에서와 같이 철학적 성찰 위에서 획기적인 정신사적 전환이 일어난 것은 아니지만, 그들의 세계관도 다른 민족 문화와의 교류와 스스로의 역사적 경험 속에서 서서히 생성·변화된 결과다. 이 점에 대해서는 먼저 간략히 서술할 필요가 있다.

잘 알려져 있듯이 현재의 『성경』 자체가 수많은 역사 및 문헌학상의 연구와 교파 간의 대립에 의한 정본·위본 논쟁에 따라 이루어진 편집 과정의 결과다.[23] 또한 1945년 '사해문서死海文書, Dead Sea Scrolls'의 발견이 가져온 신학적 충격이 증언하듯이, 『성경』은 새로운 역사적 사실이나 문헌의 발견 그리고 지성사적 발전에 따라서 기존의 지식이나 해석 체계가 언제나 변화될 수 있는 본질적으로 현재진행형의 열린 체계다. 비록 체계적인 철학적 사유의 자기 발전 결과는 아니지만 『구약』의 내용 자체가 유대인의 신 개념의 발전적 변화를 보여 주며, 특히 20세기의 성서 문헌학 연구는 비록 사상적 진화의 오랜 역사적 과정의 결과이지만 유대인의 신앙도 결코 배타적인 유일 신앙의 불변 체계가 아니라 헬레니즘의 경우와 같

23 이에 관해서는 버트릭George A. Buttrick이 1952년도까지 발표된 성서 문헌학 연구 논문들을 망라하여 전 12권으로 편집 및 출간한 *The Interpreter's Bible* 제1권, 3~83에 수록된 파머Herbert Farmer, 제프리Arthur Jeffery, 굿스피드Edgar Goodspeed, 콜웰Earnest Colwell 등의 논문 참조.

이 비슷한 세계관적 변화 과정을 거쳐 왔음을 증언한다.[24]

『구약』은 하나의 민족으로서 유대인의 기원을 아브라함(헤브루어로 본디 '조상'이라는 뜻)과 신 사이의 신약神約, covenant의 성립에서 찾고 있음은 잘 알려져 있다. 특히 신의 구체적인 행위가 바로 인간과의 '약속'이기 때문에 인간사에 개입하는 것이 신의 한 본질적인 속성으로 이해한 점에 유대 민족 신 개념의 특이성이 있다. 그런데 모세의 '언약궤'를 보존하기 위한 성전이 다윗 왕 시대에서야 건립되고 최초의 『구약』 성경이자 유대인 최초의 역사서라고 할 수 있는 『야훼 문서(통칭 'J 문서')』의 집필이 솔로몬 시대 즈음한 950~850년경에 이루어진 사실이 시사하듯, 야훼 신앙으로서 유대교가 유대 민족의 제도 종교로 어느 정도 정착된 것은 그들이 부족연합을 벗어나 통일왕국을 세운 것이 직접적인 계기가 된 것 같다. 물론 「출애굽기」에서 모세를 괴롭혔던 '금송아지'로 표상되는 근·중동판 디오니소스 신앙이었던 '바알(Baal)'신 숭배 등 유대 민족 내부의 이교 신앙의 존재, 그리고 『구약』 전체에서 지속적으로 등장하는 —주로 번영기나 평화 시에[25]—그들의 이교 신앙 숭배의 사실 등은 모세 이전 유대 민족이 영위했던 종교 생활의 실체를 충분히 짐작하게 한다. 실제로 학자들의 문헌학 및 고고학적 연구에 따르면 초기 유대 민족은 물신 숭배에서 조상신 숭배, 신인동형론 신앙 등 여타 민족에서도 공통적으로 나타나는 종교

24 이에 관한 소개로는 대표적으로 심슨(Simpson, 1952) 참조.

25 이와 관련된 학자들의 일반적인 견해를 소개하면 다음과 같다. 야훼 신앙을 정립한 것은 모세이지만 그것은 이교 신앙과 계속 공존했으며, 아시리아의 침입 시기에 유다왕국 히스키아Hezekiah 왕의 종교개혁을 통해 야훼 신앙 중심의 배타적인 종교개혁이 이루어졌고, 유대인의 야훼 유일신 신앙이 완전히 정착된 것은 이른바 '바빌론 유수'가 끝난 즈음인 539년경으로 추정한다. 다시 말해서 현대까지 이어졌던 나라 없는 유대인의 삶을 결속시킬 수 있었던 유일한 방법은 유일신 신앙을 통한 결속밖에 없음을 유대인 지도자들의 각성과 더불어 일반인도 공감한 결과라고 할 것이다.

생활을 영위한 것으로 알려져 있다. 이러한 상황에서 아브라함의 신은 씨족 차원의 '또 하나의' 신은 될 수 있어도 유대 민족 전체의 통일적인 신이나 절대자로서의 신은 결코 아니었다. 그와 같은 정신사적 상황에 혁명을 가져온 사람은 잘 알려져 있듯이 이스라엘 역사상 최고의 지도자라고 할 수 있는 모세다.

과연 야훼 신앙이 유대 민족 내부에서 정확히 언제부터 유일신으로 배타성을 갖는 종교로서 정착되었느냐의 문제를 떠나서, 여러 판본에[26] 공통된 『구약』 내용 자체에 의거할 경우에도, 모세는 그 영웅적 면모에서뿐만 아니라 신학적으로도 아브라함 등 그 이전의 조상 혹은 신의 계시를 받은 사람들과는 확연히 구분된다. 그것은 그 이전 조상이 단순히 계시된 신의 의사와 명령을 수동적으로 전달받고 준수하는 인물들이었다면, 모세는 「출애굽기」 3장이 증언하듯이 신의 정체에 대해 물으면서 신의 이름이자 본질로서 "나는 나다" 를[27] 제시한 점이 혁명적인 의미를 갖는다는 것이다.

"나는 나다"라는 언명은 형식 논리상으로는 의미 없는 동어 반복의 명제일 뿐이다. 그러나 절대자에 대한 서술은 정의상 동어 반복이 될 수밖에 없다는 점에 '모세 혁명'의 의미가 있다. 즉 '신이 A다' 할 때 그 'A'가 무엇이든 신에 대한 다른 규정이라면 그것은 신의 한 속성을 표현할 수는 있어도 신 자체에 대한 정의는 되지 못한다. 만일 어떤 별개의 사물이나 속

---

26 『구약』은 앞에서 인용된 「야훼 문서」를 필두로 700년경 집필된 것으로 추정되는 「엘로힘 문서(통칭 'E 문서')」, 7세기 중엽으로 추정되는 「신명기 문서('D 문서')」, 570년경의 「H 문서」, 500년경의 「P 문서」 등 다섯 판본이 존재한다. 특히 야훼 숭배가 모세 이후의 신앙인지 혹은 그 이전부터 존재했는지 여부는 아직도 학문적 논란의 대상이다.

27 헤브루어 'YHVH'. 원시 헤브루어가 모음이 없어 말의 의미 자체가 해석상의 논란이지만, 대체로 그리스어 번역어를 기초로 'Yahveh' 즉 'I am'의 의미로 해석함이 정설인 것 같다. 『공동번역성서』 「출애굽기」 3장의 관련 구절은 다음과 같다. "하느님께서는 '나는 곧 나다'라고 대답하시고 이어서 말을 했다. 나는 '나를 너희에게 보내신 분은 나다'라고 하시는 그분이다' 하고 이스라엘 백성에게 일러라."

성이 신 자체라면 그것은 곧 절대성에 대한 부정을 내포하는 것이다. 그러한 경우 절대자는 이미 상대적 존재로, 다시 말해서 타자에 의해 규정될 수밖에 없는 존재로 바뀌게 되므로 절대자의 절대성 자체를 부정하게 된다. 그러므로 절대자로서의 나는 바로 '나다I am'라고밖에 자기의 본질을 밝힐 수 없는 것이다.

이러한 논증은 파르메니데스에서 플라톤으로 이어지는 희랍 철학사가 절대자, 즉 절대적 존재의 규정 불가능성 및 절대적 초월성과 관련된 논의를 간단히 정리한 것이다.[28] 물론 예언자이자 현실 정치가로서 모세 스스로 그러한 철학적 논증을 구체적으로 제시한 것은 아니다. 그러나 중요한 것은 그의 야훼 신앙 속에는 이미 유일자 또는 절대자로서의 신 관념이 뚜렷이 나타나고 있다는 사실이며, 또한 그것이 자연물로서의 신이나 신인동형의 신 개념, 더 나아가 아브라함의 경우에서와 같이 인간을 압도하는 초월적이고 강력한 '힘(엘로힘)'으로서의 신 개념 등을 넘어선 것은 분명하다는 점이다.

모세에 의한 그와 같은 한 차원 높은 신 개념의 보편화가 아브라함이 수행한 신약의 차원을 넘어선 새로운 신약으로 나타나게 됨은 필연적이다. 아브라함의 경우 신약의 핵심이 할례라는 사적이면서도 소극적인 육체적 표징이라면, 모세의 경우 신 개념의 보편화는 도덕적·사회적 율법의 실행과 같이 공동체적 이념과 질서의 확립이라는 좀더 보편적이고 적극적인 윤리적 행동으로 한 차원 높게 승화되어 나타난 것이다. 잘 알려진 바와 같이 「출애굽기」 20장~40장에서 '십계명'과 함께 제시된 신이 부과한 율법으로서 상세한 법률 체계가 그것인데, 이제 신약을 통한 인간사에의 신의 개입은 개인적 차원이 아니라 공동체 전체 차원의 행동을 통해 이루어

28 그러한 논증이 플라톤의 대화편 『파르메니데스』의 핵심 내용이다.

지게 된 것이다. 이제 신약의 주체로서 유대 민족이 등장하며, 이와 함께 신학적 차원을 떠나서 유대 민족으로서 통일된 세계관과 역사의식, 규범 체계가 나타났다. 모세에 의한 민족 종교의 확립 및 그러한 신앙의 구체적인 실천 규범으로서 율법의 제정이 유대 민족이 '자주적인' 세계관을 확립하게 된 결정적인 계기가 되었다. 그런데 도덕적 실천성과 역사성이 결합된 그와 같은 세계관의 성립은 동시에 그것의 내적 긴장이 본격적으로 표출하는 출발점이기도 하다는 점에 역설이 있다. 그리고 그러한 내적 긴장의 핵심은 바로 신과 인간 사이의 계약이라는 신약 개념 자체에 있다는 점에 또 다른 역설이 있다.

아브라함의 신약에서와 같이 신이 압도적인 힘과 권위로서 인간에게 군림하며 인간은 단순히 그것에 대한 수동적인 순종자에 불과하고, 그 신약의 내용 또한 할례와 같이 자신의 신체에 국한된 행위에 그칠 경우 신약의 수행에 심각한 문제가 제기되지는 않는다.[29] 다만 그러한 경우 신약은 두 당사자 이상 사이의 자발적인 의사의 결합이라는 약속의 본래 의미는 퇴색된다. 그러한 약속은 신이 보호나 번영의 대가로 왜소하고 약한 인간에 부과하는 일방적인 계약이다. 그러한 계약에서 인간이 할 수 있는 것은 소돔과 고모라를 멸망시키겠다는 신의 의사에 대한 아브라함의 태도가 보여주듯이,[30] 저항할 수 없는 힘을 향한 애원과 호소일 뿐이다. 다시 말해서

29 그것 자체가 심각한 문제를 제기하게 되는 상황은 잘 알려져 있듯이 기독교가 유대 지역을 벗어나 서쪽으로 전파되고 로마 세계 전체로 확산되는 기독교의 '세계화' 과정에서 등장한다. 「로마서」 등 사도 바울의 서간문에 잘 나타나 있듯이, 그러한 세계화 과정에서 할례라는 행위가 유대인 기독교도와 이방인 기독교도들 사이에서 각각의 고유한 습속상 서로 양보할 수 없는 첨예의 갈등 요소로 등장하게 된다. 바울의 이른바 '이신칭의(以信稱義, justification by faith)' 교설은 그러한 갈등을 신학적으로 해결하기 위한 모색의 결과다.

30 「창세기」 18~19장, 특히 18장 22~33절 참조.

신약의 한 주체로서 신의 절대적 권한과 힘이 강조될 때 신약의 준수나 이행의 문제는 발생하지 않으나 약속은 사소한 의미밖에 지니지 못한다. 그런데 신약의 역설은 약속 당사자, 특히 인간 의사의 자율성을 강조할 경우 이제는 신의 절대성 자체가 훼손된다는 점에 있다.

앞에서 기술된 바와 같이 아브라함의 그것과 달리 모세의 신약은 단순히 한 민족의 조상이 아닌 통치자로서 맺은 계약이며, 그것에는 명시적으로 도덕성과 사회성이 표현되어 있다. 또한 그러한 도덕성과 사회성은 유대 민족의 공동체 생활의 근간이 되는 십계명과 함께 구체적인 행위 규범과 의무나 의례가 망라되어 있다. 문제는 그와 같은 성격의 신약에서는 신이라는 존재의 절대성과 신의 의사가 구현되는 구체적이고 상대적인 상황 사이에는 본질적으로 긴장 관계가 존재하며, 인간이 단순히 신의 명령에 수동적으로 따르고 기계적으로 복종한다는 것은 도덕성의 본질상 성립하지 않는다는 점에 있다. 이 점에 대한 충분한 설명은 절대와 상대, 자연법과 실정법의 관계 등 광범위한 철학적 문제에 대한 논의를 필요로 하지만, 간단히 예를 들어 설명하면 다음과 같다.

십계명에 제시되어 있는 '살인'이나 '도둑질' 등을 하지 않는 행위는 신의 의사의 표현일 수 있지만, 그 역이 성립하는 것은 아니라는 점이 먼저 지적될 수 있다. 다시 말해서 한 사람이 살인이나 절도를 하지 않는다고 해서 그 사람이 신의 의사를 완전히 구현하고 있다는 것을 의미하지는 않는다는 것이다. 그리고 어떤 행위가 신의 의사에 반하는 비도덕적 행위로서 '살인'이나 '절도'에 해당되느냐 여부는 도덕적 판단의 대상이지 기계적으로 결정되는 것은 아니다.[31] 모세 시대에 그의 영도 하에 유대인들이

31 이 점은 이미 홉스Thomas Hobbes가 —바로 성경 구절 자체가 자동적으로 특정한 도덕적 행위를 지시한다고 믿는 사람들과 관련하여— 그의 *De Cive*, VI-16에서 자연법과 시민법civil laws의 관계 맥락에서 잘 설명한 바 있다. 즉 구체적으로 어떤 행위가 도둑질로

수많은 전투를 하면서 '살인'을 했다는 것이 바로 『구약』에 기록되어 있다는 사실 자체가 사람을 죽이는 행위가 반드시 신약을 깨뜨린 행위가 아니라는 점을 신학적으로 정당화하는 것이다.

그렇기 때문에 어떠한 신약의 이행이나 신이 부과한 어떠한 계율의 실현에도 그것을 집행하는 인간이 각각의 구체적인 상황에서 신의 의사라는 절대적인 도덕적 정언명령을 어떻게 해석해 내느냐 하는 정신적 능력이 전제되어야 한다. 그러나 누가 그러한 능력을 갖춘 자인지 구분해 내는 것은 현실적으로 결코 쉬운 일이 아니다. 모세 시대의 유대 민족의 경우에는 모세라는 카리스마를 갖춘 —물론 그의 그러한 카리스마가 확립되기까지에는 자신의 권위에 대한 수많은 도전을 극복하는 어려운 과정이 필요했다 —초월적인 지도자가 있을 경우나, 여호수아Joshua와 같이 그로부터 직접 후계자로 지명되고 자신의 군사적 탁월성으로 물려받은 권위를 공고히 한 경우에는 현실적으로 문제가 되지 않는다. 그러나 그렇지 못한 상황에서는 필연적으로 신의 진정한 의사가 무엇이냐의 문제와 관련하여 해석상의 논쟁이 끊임없이 지속될 수밖에 없으며, 상황에 따라서 그러한 논쟁이 권력 투쟁이나 내전 또는 국가의 분열로까지 발전할 수 있다.

유대 민족의 그와 같은 분열 가능성을 무엇보다 우려한 정치적인 의도가 게재되었는지 여부는 단언할 수 없으나, 모세는 '야훼'라는 말에 내포된 혁명적인 정신사적 전환에도 불구하고 십계명 1, 2조에서 '야훼'는 절대자로서 이 세계의 보편적인 신이 아니라 한 민족의 신이자 질투하고 분노하는 인격신으로 묘사된다. 다시 말해서 모세의 '야훼'는 '신약'의 보편

성립하느냐의 여부는 전적으로 실정법으로 규정하기에 달렸다는 것이다. 이와 관련하여 『신약성경』에 제시된 율법학자들에 대한 예수의 질책이 참고할 만하다. 그는 「이사야서」의 다음 내용을 인용하고 있다. "그들은 나를 헛되이 예배하며 사람의 계명을 하느님의 것인 양 가르친다"(「마태복음」 15장 9절; 「마가복음」 7장 7절).

적 의미가 무엇인지 또는 절대자의 진정한 의사가 무엇인지 탐구하고 검토하는 인간을 요구하는 존재가 아니다. 그는 형식화된 계율을 묵수하고 순종하는 인간을 요구하며, 그러하지 않은 인간에 대해 응징을 위협하는 막강하고 군림하는 존재로서의 성격이 좀더 부각된다. 여기에 유대교적 신 개념에 함축된 내적 긴장의 핵심이 있다.

만일 모세를 통해 부과된 신적 질서가 절대적이고 영원 불변의 것이라면 역사 자체가 무의미해진다. 그러할 경우 신의 의사는 누구에게나 같은 의미로서 명확하게 전달되고, 모든 인간은 신의 명령에 수동적으로 순종하는 존재이며, 이에 따라 모세 시대는 고정 불변의 영원하고 이상적인 초역사적 상황이 된다. 설사 일부 인간에 의한 신약의 부분적인 위반이 있다고 하더라도 그들은 곧 응징을 받기 때문에 그러한 초역사적 상황에 근본적인 변화는 일어날 수 없다. 그러할 경우 신의 인간사에 대한 개입은 어디까지나 그와 같은 상황의 본원적인 영속성 속에서 이루어지는 것이지, 신약의 파기나 파기한 인간의 죄에 대한 구원을 기다리는 역사란 존재할 수 없다. 문제는 모세의 신약 개념에는 절대적으로 군림하고 명령하는 신만 존재하는 것은 아니라는 점에 있다. 위에서 논급했듯이 절대적인 신의 의사를 해석하고 실행해야 하는 도덕적 주체로서의 인간 개념은 인간의 본원적 속성으로서 자유 의사 혹은 자율성을 전제로 할 수밖에 없다. 결국 절대자에 대해 타율성과 자율성이 공존하며, 스스로의 비이성적인 욕구나 잘못된 도덕적 판단 때문에 죄를 범할 수 있으면서 동시에 다시 그러한 죄로부터의 복속을 바라는 인간의 이중성이 —제1부의 논의 내용에 기초하여 자아 개념의 이중성으로 규정될 수 있다— 모세의 신약 속에 내적 긴장으로서 존재한다. 바로 유대 민족 특유의 '한 방향으로서의 시간' 개념 및 '구원의 역사' 개념은 그러한 내적 긴장의 존재에 근거한다.

어느 민족의 정신사에서나 그 구체적 내용이나 세계관적 의미는 달라도 앞에서 인용된 엘리아데가 말하는 '성현聖顯, hierophany'의 시대가 역사의 원형prototype으로 존재하며, 현실의 역사는 그것으로부터 타락이나 일탈로 이해된다. 우리의 단군 시대나 중국에서의 요순 시대가 그에 해당하며, 유대 민족의 경우 모세의 신약은 아담의 시대와 아브라함의 시대에 이은 세 번째 성현의 시대를 의미한다. 그리고 그들에게도 현실의 역사는 신약의 준수에 의한 성현 시대의 계속의 역사가 아니라 그것으로부터의 단절이자 신약에 대한 파기의 역사다. 다만 모세 이후 다른 민족의 역사와 다른 유대인 역사의 특이한 사실은 그러한 파기를 질책하는 예언자들이 지속적으로 출현하면서 유대 민족 역사 및 정신사적 정체성을 이어갔다는 점이다. 그들 가운데는 사뮤엘Samuel과 같이 부족연합의 제사장 정치 체제에서 통일왕국을 성립하는 데 결정적인 계기를 마련한 사람도 있고, 나탄Nathan과 같이 다윗 왕의 조정에서 왕의 부도덕을 지탄하는 사람도 있고, 이사야Isaiah와 같이 환란기의 이스라엘 백성에게 구원의 미래를 약속하면서 희망을 불어넣은 예언자도 있다. 유대 민족의 '초라한' 역사에도 불구하고 그들을 단일 민족으로서 역사적·정신사적 정체성을 유지하는 데 결정적으로 기여한 사람이 바로 그들 영적인 지식인인 예언자들이다.[32] 그런데 유대 민족의 정신사에서 '한 방향으로의 시간' 및 그것의 완결점이 존재하는 종말론적 역사관이 구체화되기 시작하는 것은 이들 예언자 가운데 이사야를 필두로 유대 민족의 고난과 환란의 시대에 구원의 미

32 물론 『구약』에 기록된 예언자들은 수많은 엉터리 '야훼 무당' 예언자의 수에 비하면 극히 소수라고 할 것이다.

래를 약속하는 예언자에게서 비롯된다.

앞에서는 유대인의 세계관에서 신과 인간관계의 특이성은 절대적으로 군림하여 명령하는 신과 유한하고 상대적인 존재로서 그러한 신에 종속되어 있으면서도 도덕적 판단의 자율성을 갖는 인간 사이의 긴장 관계에 있음을 논급했다. 또한 절대적인 도덕적 주체로서의 신은 인간의 모든 일에 개입하기 때문에 인간의 모든 세속적 행위는 신의 영향력에서 벗어날 수도 없다. 다시 말해서 인간사에 개입하는 신의 절대적 의사 및 신과의 계약은 바로 그 절대성이라는 개념상 취소되거나 계약 이전 상태로 회귀한다는 것은 논리적으로 불가능하다. 헬레니즘에서와 같이 절대성을 자신의 존재에 잠재적으로 갖고 있는 인간이 그러한 잠재화된 능력을 스스로의 자유 의사를 통해 실현하면서 본래의 '성현의' 시대로 되돌아간다는 논리 또한 유대교적 세계관에서는 성립할 수 없다. 결국 신의 인간사에의 개입은 회귀할 수 없는 한 방향으로 흐르는 시간의 흐름 속에서 표현될 수밖에 없다. 인간사에 적극적으로 개입하는 신의 의사와 더불어 순환이 아닌 한 방향으로 흐르는 시간 개념을 핵심으로 하는 유대 민족의 역사관은 유대교적 신과 인간 개념의 필연적인 결과다. 그리고 그러한 역사관으로부터 구원과 종말의 신앙이 출현하게 됨 또한 필연적이라고 할 수 있다.

다시 정리하자면 유대 민족의 신은 인간의 역사 속에서 자신의 존재를 항상 나타내게 되어 있는 전능한 존재다. 인간은 그러한 신에 예속된 존재이지만 동시에 절대적인 신의 의사를 파악하고 그에 따라 행동할 수 있는 자율적이고 자유 의사를 소유한 도덕적인 주체로서 이해된다. 인간이 신의 의사를 거부하고 죄를 범할 수 있다는 것을 상정하는 것 자체가 그와 같은 도덕적 자율성의 한 표현이다. 그런데 만일 한 번의 도덕적 잘못이라도 바로 신의 절대적인 명령을 거부한 대가로서 신의 응징이 영원히 계속된다면, 인간을 언제나 무오류의 절대자로 상정하지 않는 한 —이러한 상정 자체가 신의 절대성과 모순된다—모든 인간은 지상에서 파멸하는 것이 숙명이다. 그러한 역설을 극복하는 유일한 방안은 인간은 죄와 오류를 범하되 스스로의 회개를 통해 다시 신의 용서를 빌고 복속을 구할 수 있는 존재로 파악하는 것이 될 수밖에 없다. 그와 같은 구원이 개인 차원이 아니라 민족 전체의 차원에서, 그리고 구원의 실현이 즉각적이 아니라 상당한 시간 간격의 시련 과정을 통해 이루어지는 것으로 믿어질 때 종말론적 역사관이 성립된다.

유대인의 구원 및 종말론적 역사관은 한편으로 도덕적 절대자인 신과 다른 한편으로 유한하면서 자율성을 가진 인간이라는 두 존재 사이의 긴장 관계를 세계관 차원에서 해소하기 위한 정신사적 모색의 결과라고 할 것이다. 그리고 그와 같은 구원 및 종말론적 역사관이 구체적으로 그 모습을 드러낸 시기가 유대 민족이 분열하고 쇠퇴하며, 아시리아에 침공당하여 국가의 존립이 위태로워질 즈음인 9세기 중엽 경이었음은 역사적 상황과 관련하여 충분히 이해될 만하다. 바로 엘리아Elijah를 출발로 아모스Amos, 호세아Hosea로 이어지는 이스라엘 민족에 대한 회개를 위한 질책과 구원의 약속, 그리고 이사야Isaiah에 의해 명시적으로 드러나는 고난과 환란의 역사에서 유대 민족을 구원하는 구세주 신앙은 유대 민족의 정신사에서 구원과 종말의 이념이 그들의 역사관으로서 정착되는 시기다. 그러한 종말론이 조로아스터교 종말론의 영향에 의해 형성된 것인지 여부의 문제는 떠나서, 역설적인 것은 이러한 구원과 종말의 역사관이 다시 그들의 신 개념 자체의 변화를 초래하게 되었다는 사실이다.

인간이 스스로의 도덕적 잘못이나 타락에 대해 회개하면서 신의 구원을 기대하는 행위가 의미를 가지려면 인간이 처한 그러한 상황을 불쌍히 여기고 구원을 베풀 의사가 있는 신의 존재를 전제로 한다. 다시 말해서 자신이 부과한 계율에 대한 준수와 복종을 절대적으로 요구하면서 그에 반한 행위에 대해서는 무조건 응징하는 엄격함과 두려움의 존재로서 신이 아니라, 자신의 계율을 어기는 잘못을 범하더라도 자비와 용서를 베풀 수 있는 존재가 되어야 함을 전제로 한다. 또한 자비와 용서로서의 신의 본성은 유대 민족의 신이 더 이상 유대 민족에게만 국한되고 타민족에는 배타적인 신으로 머물게 하지 않는다. 자신의 계명을 준수하지 않고 파기하거나 자신을 섬기지 않고 다른 신마저 섬기는 자신의 신민에 대해 자비롭게 관용과 용서를 베푼다는 것은 비록 최초 신약의 당사자도 아니며 자신을 숭배하지 않았던 민족도 '회개'와 '반성'을 통해 자신을 숭배한다면 그들도 포용할 수 있다는 의미를 함축하고 있다는 것이다. 유대 민족이 처한 역사적 상황 또한 그와 같은 신 개념의 변화를 필수적으로 요구했던 것이며, 실제로 8세기 이후 본격적으로 전개되는 예언자 시대는 그들의 신 개념의 변화와 시대적 변화 사이의 연관성을 보여 준다.

솔로몬 왕의 사후 9~6세기 사이에 전개된 유대 민족의 쇠퇴와 멸망이라는 역사적 상황, 즉 922년 유다왕국의 설립에 의한 통일왕국의 분열 이후 아시리아 제국의 침략과 식민지 예속, 이어지는 586년 바빌론에 의한 국가의 멸망, 바빌론 유수, 그리고 이 시기에 본격적으로 시작된 이른바 디아스포라 등 유대 민족의 역사적 환란은 그들로 하여금 모세 시대의 세계관을 수정하지 않을 수 없게 만들었다. 이제 계율의 준수와 응징이 아니라 이미 범한 '죄악'으로부터 어떻게 복속되느냐가, 잘못된 과거가 아니라 희망의 미래가, 그리고 그러한 희망의 미래를 지칭하는 '신의 왕국'이 어떻게 도달할 수 있느냐가 세계관적 문제의 중심 과제로 등장한다. 실제로 엘레아 이후 세례자 요한에 이르기까지 본격적으로 전개되는 예언자 시대에 유대 민족의 정신사는 그와 같은 세계관적 문제에 대한 대응과 해명 과정의 역사라고 할 수 있다. 다만 초기의 예언자들이 신약의 파기에 대한 도덕적 질책과 신의 응징의 예고가 주류를 이루었다면, 특히 〈아모스〉 이후에는 그러한 질책과 응징이 점차 이스라엘 민족에 대한 신의 사랑의 표현으로 해석되고, 응징 이후에도 신의 자비와 용서에 의해 새롭게 시작되는 구원의 시대에 대한 희망의 예언이 점차 지배적인 경향으로 나타난다. 또한 〈에제키엘Ezekiel〉이나 〈예레미아Jeremiah〉 등에서 발견되듯이, 현실적으로 불가능할 것 같은 민족 전체의 구원 대신에 회개와 기도를 통한 개인 차원의 구원으로 대치하는 경향도 나타난다.

6세기까지의 이들 대예언자 이후에도 수많은 군소 예언자가 출현했지만 그들 역시 선배 예언자들이 제시한 새로운 세계관의 틀을 벗어난 것 같지는 않다. 오히려 현실에 대한 도덕적 질책과 규범적 진단이라는 지적으로 어려운 작업을 회피하고, 구원의 미래에 대한 일방적인 묘사가 주된 내용인 '값싼' 묵시론적 예언이 5세기에서 예수 시대 사이의 주류를 이룬다. 어쨌든 이들 예언자나 선각자에 의해 유대교는 내적 변화의 계기가 마련되었다고 할 수 있다. 앞에서 언급했듯이 그것의 핵심은 유대교가 한 민족의 종교로서가 아니라 인류 보편의 종교로, 계율과 묵종의 종교만이 아니라 사랑과 구원의 종교로, 현세적 질서에의 순종이 아니라 미래에 실현될 새로운 질서에 대한 희망의 종교로 승화될 가능성을 내포한다.

물론 변화의 계기가 내적으로 충만했다고 해서 자동적으로 새로운 세계관이 옛것을 대치하고, 그에 따라 새로운 제도나 의식·규범이 자동적으로 마련되고 정착되는 것은 아니다. 어느 민족 또는 어느 시대에도 일반적으로 발견되듯이—앞에서 논급된 6~5세기의 아테네 상황과 어느 정도는 비슷하게—정치나 종교 영역에서 전통과 기존의 신앙 체계 및 형식과 제도를 보수하려는 세력의 행동은 이중성을 갖고 있다. 그것에는 한편으로 스스로 표방하는 '보수주의'가 자신들의 세속적 기득권을 유지하는 데 기여하는 측면이 있기 때문이며, 다른 한편으로 전통적 세계관이나 제도에 내포된 보편적 가치를 유지하겠다는 나름대로의 굳은 신념도 작동한다.

예수 시대의 유대교 전통적 종교지도자들의 행동은 그러한 차원에서 이해될 수 있다. 한편으로 그들은 전통적 신앙 체계의 유지가 민족적 환란 속에서도 그들의 사회적 지위나 삶의 안락함을 유지하는 데 기여함은 사실이다. 그러나 다른 한편으로 그들에게 신의 절대성이란 신이 부과한 율법의 절대성을 의미하므로, 율법의 절대적 준수는 절대자에 대한 신앙의 절대적인 요체라는 믿음의 표현이기도 하다. 그러므로 예수 자신이 증언하듯이(「마태복음」 5:12) 예언자들은 ― 대표적으로 이사야와 세례자 요한의 순교와 같이 ― 기존 체제로부터 박해를 받는 경우가 많았으며, 유대 민족의 정신사에서 예언자 시대는 새로운 세계관의 모색과 변화의 시기이면서 동시에 억압과 저항 속에서 구시대의 세계관과 새로운 세계관 사이의 긴장과 갈등의 역사이기도 하다.

그와 같은 세계관적 갈등 시대에 일반 민중의 정신 생활에는 특유의 역설적인 상황이 전개된다. 그들은 한편으로는 전통에 대한 불신과 집착의 이중적 태도와 함께 새로운 세계관에 대한 거부와 호기심 및 열광이 공존하는 또 다른 이중성을 보이는 것이다. 이 시대가 현실의 고난 속에서 과거 모세가 정립한 세계관이나 가치관 및 제도가 불안정해지고 정신적 활력이 쇠퇴했을 때, 유대 민중은 실제로는 그것을 깊이 신봉하거나 준수하지 않으면서도 외적으로 그것에 대한 집착을 보인다. 반면 그들은 그와 같은 형식화된 믿음에 따르는 정신적 공허감을 예언자들의 감각적이고 생생한 언어와 미래의 환상에 대한 열광을 통해 채우려 하지만, 동시에 그것이 세속적 삶의 이해관계에 반할 때는 또한 원색적인 거부 대상이 되기도 한다.[33]

---

33 이 점은 예수의 생전에 그에게 열광하고 따르던 군중이 그의 사후 대부분 본래의 유대교로 복귀했으며, 베드로나 바울 등에 의한 초기 기독교 교회의 선교 활동이 안티오크 Antiocheia 등 이스라엘 이외의 지역에서나 성공을 거두기 시작했다는 사실이 잘 말해준다. 이 점은 뒤에 가서 다시 논의될 것이다.

그러한 여러 가지 갈등이나 차이에도 불구하고 이 시대에 유대 민족 전체에 공통되는 신앙으로 자리를 잡은 것은 구세주 사상이었다. 다시 말해서 민족적 환란의 시대에 그러한 상황에서 구해 줄 인물이 미래에 출현할 것이라는 희망을 신학적으로 부정할 명분은 누구에게도 없었다. 다만 플라톤의 철인왕 이념과 마찬가지로, 누가 구세주이며 어떠한 상황이 구원받은 상태인가는 세속적 이해관계에 따라서 그 내용이 달라짐은 필연이었다. 특히 구세주의 출현은 그에게 모든 인간이 복종하고 그에 의해 모든 것이 새롭게 변혁될 수 있다는 것을 의미하기 때문에, 특히 보수 지배층에게 구세주란 실제로 출현하는 것보다는 언제나 미래에 올 사람으로만 남아 있는 상태가 가장 편하고 바람직한 것이기도 하다.[34] 기독교의 탄생이라는 서양 문명·정신사에서 대전환이 되는 사건은 그와 같은 유대인의 정신사적 상황에서 이루어진다.

기독교 탄생의 핵심인 예수라는 인물의 신성神性 문제, 그의 종교적 메시지, 그와 관련된 여러 가지 신비스러운 일화나 극적인 죽음 등에 관해 이 글에서 다시 논의한다는 것은 불필요할 것이다. 또한 근자에 와서 지적 호기심을 불러일으킨 그의 사상 형성에 불교가 미친 영향의 가능성에서부

34 예수 탄생 당시의 유대인 사회에서 제사장 계급인 사두개Saducees파는 성전 안에서 신과 만남 자체가 구원이라는 신앙도 갖고 있었다는 사실은 이와 관련하여 참고할 만하다. 이런 신앙을 현대 신학에서 이른바 '실현된 종말론realized eschatology'으로 부른다. 서구 사회에서 기독교가 지배적인 종교가 된 후 끊임없이 출현한 '재림 예수들'을 예외없이 이단시한 것도 같은 맥락에서 이해할 수 있다. 지은이는 예수의 재림 문제에 대한 최고의 문학적 상상력과 성찰은 — 철학적 또는 신학적 성찰과 구분된 — 도스토예프스키의 『카라마조프가의 형제들』, 「대심문관」 편에 제시되었다고 평가한다.

터, 에세네파 일원으로서의 예수, 헬레니즘과 헤브라이즘의 관계와 관련하여 간혹 제기되는 희랍 신비주의mysticism의 계승자로서의 예수, 또는 그에 대한 헬레니즘 철학과 문화의 영향 가능성 등등, 그의 정체성과 관련된 여러 문제를 검토하는 것 또한 이 글의 범위를 넘어선다. 그와 같은 신학적 및 역사적 문제를 떠나서 분명한 사실은 이 점이다. 기독교의 탄생은 예수라는 인물의 강력한 카리스마와 강렬한 인간적 호소력 및 종교적 메시지를 떠나서 생각될 수 없지만, 그것만으로 새로운 종교로서 기독교의 성립은 불가능했다는 것이다. 예수의 제자들에 의한 초기 교회의 선교 활동이 유대인 사회에서는 성공하지 못하고 이교도 지역인 안티오크, 다마스쿠스 등 이미 헬레니즘 문화의 영향에 있었던 소아시아 지역에서 시작하여 점차 희랍 본토 및 로마 지역으로 확산되었다는 사실은 이미 앞에서 언급한 바 있다.[35] 그러한 사실이 증언하는 것은 당시 헬레니즘 세계의 정신사적 상황과 분리하여 기독교의 성립과 발전을 논의할 수 없다는 점이다. 이 문제는 결국 표면적인 상호 대립의 양상에도 불구하고 두 세계관은 본원적으로 융합될 수 있는 가능성이 존재하느냐의 여부를 검토할 필요성을 제기한다.

먼저 전통 유대교의 율법주의와 관련하여 예수의 기본 입장은 결코 그것에 대한 부정이 아니라 그것의 발전적 승화를 통한 완성에 있다는 점이다.[36] 「마태복음」 5장 17절~7장 27절 및 그것과 비슷한 예수의 설교 내용을 전하는 다른 복음서에 나타난 예수의 핵심적인 주장은 다음과 같이 해

35 기독교 교회사에서는 사도 바울의 희랍 본토 방문의 첫 지역인 필리피Philippi의 외항 네아폴리스Neapolis에의 상륙을 교회사적 대전환점으로 간주한다(이에 관해서는 Otto F. A. Meinardus, *St. Paul in Greece*, Athens, 1972 참조).

36 "내가 율법이나 예언자의 말씀을 없애려고 온 줄로 생각하지 말라. 없애러 온 것이 아니라 완성하러 왔다"(「마태복음」 5장 17절).

석될 수 있다.

그것은 계율을 준수하되 그러한 준수의 절대성은 그것의 표면적이고 일상적인 의미를 '절대화'하여 행동하는 데 있는 것이 아니라 —그것 자체가 하나의 우상 숭배가 될 수 있다—그 계율에 담긴 보편적인 의미, 즉 인간의 공동체적 삶의 근본 원리로서 사랑과 호혜의 정신이 항상 나타나게 행동하라는 것이 될 것이다. 그것은 곧 신에 대한 복종이 율법의 표면적인 의미를 무반성적으로 그대로 받아들이면서 수동적으로 행동하는 데 있는 것이 아니라, 율법에 내포된 보편적인 의미를 —부분적이고 현실 사회의 정의가 아니라 보편적이고 신적인 정의를 —반성적으로 성찰하고 이해하면서 그것의 보편적 원리를 능동적으로 실행하는 데 있음을 의미한다. 다시 말해서 그것은 도덕적 주체로서 인간의 본질에 대한 강조이며, 바로 그러한 맥락에서 "하늘에 계신 아버지께서 완전하신 것같이 너희도 완전한 사람이 되어라"(「마태복음」 5장 48절)는 예수의 언명도 이해될 수 있다. 절대자에 대한 신앙과 복종의 진정한 핵심이 절대자의 권위에 압도된 피동적인 존재가 되는 것이 아니라, 오히려 유한자로서 자신의 한계를 끊임없이 극복하려고 노력하면서 절대성을 지향하는 데 있다는 역설이 성립한다. 예수가 가장 근본적인 계명으로서 새롭게 제시한 "네 마음을 다하고 목숨을 다하고 뜻을 다하여 주님이신 너희 하느님을 사랑하라"와 "네 이웃을 네 몸같이 사랑하라"도[37] '사랑agapē'의 의미를 인간이 절대적인 대상에 대한 존재론적 지향 차원에서 자신과 타인을 대하는 마음으로 이해할 때 이러한 역설과 조화를 이룬다고 할 것이다.[38] 기독교적 종말론의 핵심으로서 '신의 나라' 이념도 그러한 역설과 같은 맥락에서 이해될 수 있다.

---

37 「마태복음」 22장 37~40절 및 「마가복음」「누가복음」의 해당 구절.

38 이 글에서 자세히 논의하기 어렵지만, 실제로 그러한 사랑의 개념이 아우구스티누스가 『신국론*Civitas Dei*』에서 설파한 기독교 신학의 핵심이기도 하다.

우리말로 '천국', '하늘나라', '하느님의 나라'로 번역되는 신약성서의 희랍어는 'hē Basileia(왕국) tōn Ouranōn(하늘)' 혹은 'hē Basileia tou Theou(신)'이다. 두 말은 『신약성서』에서 개념적으로는 같은 의미로 쓰이지만, 후자는 예수가 비유적으로 사용한 성격이 강하다.[39] 그 말은 오랫동안 문학적 상상력을 자극하기도 했지만 일반인으로 하여금 무분별한 환상을 불러일으킨 진원지이기도 하다. 어쨌든 중요한 점은 흔히 '천국'이라는 말과 함께 이 말이 연상시키는 '죽은 후의 아름다운 세계'라는 관념은 모세의 정통적인 야훼 신앙과는 배치된다는 사실이다.[40]

'신의 왕국'이라는 말은 모세가 체계화한 야훼와 유대 민족 사이에 '체결한' 신약의 개념적 외연들 가운데 하나일 뿐이다. 즉 신이 선택한 민족이자 신의 율법을 지키면서 그에 따라 신의 보호를 받는 집단으로서 유대 민족은 '신의 왕국'이다. 그런데 유대 민족의 환란이 당연히 신약의 파기에 대한 신의 응징으로 해석될 때, 신의 왕국은 잃어버린 왕국이자 죄의 복속을 통해 새롭게 건설되고 재현되어야 할 대상이 된다. 그러한 역사적 및 정신사적 상황에서 유대인 대부분이 그들에게 유일한 영광의 시대였던

39 이 말 그대로는 『구약성서』에 전혀 등장하지는 않지만, 탈무드에는 '다가올 시대the coming age' 등 이에 상응하는 표현은 있다(Craig, 1952: 145). 그리고 예수가 사용했던 언어인 아람Aram어로 어떤 말에 해당하는지 자료가 없기 때문에 그것의 미묘한 뉘앙스가 무엇인지 확실히 알 수는 없다. 또한 복음서에서 예수 스스로 그 말에 대해 명확하게 정의를 내린 바 없음도 분명하다(Craig, 1952: 147). 다만 『신약성서』가 희랍어로 쓰인 사실 자체가 증언하듯이 예수가 살아 있을 당시의 이스라엘은 헬레니즘화가 상당히 진행된 것은 분명하며, '하늘나라'란 표현은 '지하 세계(hadēs)'와 함께 희랍적 세계관과 표현 방식이 유대인 언어 생활에 의식적 또는 무의식적으로 스며든 결과가 아닌지 추정해 볼 수는 있다.

40 유대 민족의 정신사에서 야훼 신앙의 확립 자체가 조상 숭배 등 죽은 자나 내세에 대한 찬양을 금기시하고 신과의 언약에 의한 현세의 절대화에서 출발하고 있음에 주목해야 한다(이에 관한 훌륭한 역사 및 문헌학적 — 신학적 연구와 구분하여 — 연구로는 McDannel & Lang, 1988 참조).

다윗 왕의 시대를 부활되어야 할 '신의 왕국'의 원형으로, 그리고 그들은 역사적 환란으로부터 구해 줄 구세주를 다윗왕의 재림으로 믿었다는 사실은 충분히 수긍될 만하다. 또한 『신약성서』 복음서의 저자들이 예수를 다윗 왕의 후손임을 애써 증명하려 한 점 역시 그러한 역사적 맥락에서 이해할 수 있다. 이와 더불어 예수의 사후 유대인 사회에서 그의 존재가 잊혀지고 무시된 것도 그가 적어도 '현실적으로는' '실패한' 구원자라는 사실에 연유한 것이라고 할 수 있다. 어쨌든 예수의 그와 같은 '현실적' 실패를 떠나 유대 민족의 정신사에서 예수의 혁명성은 그가 율법주의의 비판적 극복과 함께 그와같이 전통적이고 세속화된 '신의 왕국' 개념을 넘어서서 그것을 도덕적 엄격함만이 아니라 자비, 사랑, 관용의 주체인 새로운 신 개념과 조화시킨 데 있다는 것이다.

예수가 설파했던 '신의 왕국'의 진정한 의미가 무엇이냐의 문제는 이 문제와 관련된 그의 설교 내용 자체가 특히 비유로 가득할 뿐만 아니라 성서해석학이나 신학적으로 아직도 논란의 대상이자 지극히 방대한 주제이기 때문에 이 글에서 자세한 논의와 검토의 대상은 아니다.[41] 다만 그가 국권 회복 자체를 구원으로 믿는 열심당Zealots과 같이 폭력 혁명을 시도하지 않았다는 점, 율법 준수와 제의 행위 자체를 구원으로 믿는 사두개파나 율법의 준수가 영혼을 정결케 함으로써 부활과 영적 구원을 믿는 바리새파 등 당시 유대인들에 일반화된 '신의 왕국' 신앙을 모두 비판했다는 점, 그리고 그의 '신의 왕국' 개념을 압축적으로 표현한다고 할 수 있는 「마태복음」 22장 32~33절 및 이와 동일한 내용을 기록한 다른 복음서의 구절은[42] 그 문제와 관련된 그의 근본적인 신앙 내용을 어느 정도 밝혀 준다.

---

41 이에 관한 논의로는 대표적으로 칠턴(Chilton, 1984) 참조.

42 「마가복음」 12장 26~27절 및 「누가복음」 20장 37~38절.

먼저 위에서 언급된 『신약성서』 구절은 다음과 같다. "죽은 사람의 부활에 관하여 하느님께서 너희에게 하신 말씀을 아직 읽어본 적이 없느냐? …… 이 말씀은 하느님께서 죽은 이들의 하느님이 아니라 살아 있는 이들의 하느님이라는 뜻이다." 이 구절에서 명백히 드러나는 것은 이 세계 내적 존재로서의 신이라는 모세의 전통적 세계관의 확인이다. 다만 신의 세계 내적 존재성이 현 세계에서 일어나는 모든 일이 신의 의사의 구현으로서 정당화되는 것은 아니라는 점이 중요하다. 다시 말해서 신의 의사를 이해하고 실현할 수 있는 존재로서 인간의 도덕적 자율성 개념과 세계 내적 존재로서 신의 개념은 종합될 필요가 있다. 복잡한 논의를 필요로 하지만 그러한 종합은 결국 신의 의사와 현실적으로 구현되는 인간의 세속 질서 및 도덕적 행위가 일치하는 상황이 '신의 왕국'의 본질적인 내용으로 규정될 수밖에 없게 된다. 다시 말해서 그것은 인간의 비보편적이고 편파적인 율법의 실천이 신의 이름으로 정당화되는 상황은 아니며, 이 세계로부터의 도피 속에서만 실현되는 상황도 아니라는 것이다. 그러한 상황들의 존재 자체가 인간사에 개입하는 존재로서의 유대교 신관이나 신의 절대성에 대한 부정이다. 또한 그것은 현실의 부도덕과 모자람이 범람하는 가운데 형식화된 율법과 제의의 준수를 통해 개인적인 구원을 얻으려는 태도와도 양립할 수 없다. 그것 자체가 도덕적 주체로서의 인간 개념과 상반되며, 구원되지 않은 다른 '개인들'의 존재를 전제하는 불완전한 구원이므로 신의 절대성과 모순되는 것이다.

예수의 '신의 왕국'은 그러므로 단순히 특정 시대 세속 사회의 영광이 재현된 시대도 아니며, 외세의 억압으로부터 해방된 상태만도 아니다. 일반인이 세속적으로 영광으로 간주하는 대상이 진정한 의미에서 영광되고 가치 있다는 것을 보장하지 않으며, 외세의 해방 후에 오는 자주민에 의한 통치가 인간 사회의 보편적 가치가 실현되고 있음을 자동적으로 의미하지도 않는다. 또한 개인 차원의 영생 자체가 유한자로서의 인간 개념과 모순되며 절대성에 대한 도전이다. 결국 예수가 설파하는 신의 왕국은 진정한 의미에서 도덕성과 공동체의 완성과 다른 것이 아니며, 비록 개개인은 유한자로서 끊임없이 태어났다가 사라지더라도 인간성에 내재한 지고의 가치가 완벽하게 실현되면서 신이 부과한 질서와 일치하는 절대적인 상황에 다름아닌 것이다.

3. 서양적 세계관과 한국적 세계관의 문제

현재 일반인이 받아들이고 있는 기독교의 종말론은 예수 자신의 메시지에 근거한 것이라기보다는 「사도행전」의 처음 부분이나 「요한계시록」에 대표적으로 나타난 바와 같이 베드로나 사도 바울 등 그의 제자들이 절대자로서 그의 스승에 대한 동경과 희망의 산물이라고 할 수 있다. 그것은 예언자 시대 유대교의 구원론이 예수의 재림설과 결합된 이중적인 종말론이다. 물론 미래의 어떤 시기에 메시아가 출현하여 인류를 구원한다는 신앙 자체가 처음부터 부정될 이유는 없다. 이성이 증명할 수 없다고 해서, 다시 말해서 모른다고 해서 그러한 초월적 신앙이 틀렸다는 것을 증명한 것은 아니다.[43] 다만 비유나 상징을 사실 자체로 오인하거나 과학적으로 확실히 증명된 사실과 배치되는 것마저도 신앙의 이름으로 옹호하는 것은 독단이나 맹목적인 오만 이외에 다름아니다. 그리고 예수의 죽음 자체가 암시하듯이 구세주가 재림했다고 해서 그가 자동적으로 구세주로서 일반인에 의해 받아들여지는 것이 아니며, '신의 왕국'도 그의 출현과 함께 자

43 바로 그러한 논리는 '무지에 호소하는 주장argumentum ad ignoratiam'에 해당된다.

동적으로 건설되는 것도 아니다. 무엇보다도 기독교의 출발 자체가 예수의 본질을 그의 육체나 외양에 있는 것이 아니라 그의 불변의 영혼에 있다는 믿음에 기초한다면, 설사 예수가 재림한다고 해서 상상으로 그려진 예수의 생전 모습으로 출현한다고 믿는 것은 신앙을 내세운 어리석음에 다름아닐 것이다.

결국 인간이 도덕적 주체로서 신의 의사와 합일되는 완전한 조화로운 공동체적 삶을 이 세계에서 실현시키는 것에 '신의 왕국'의 본질적인 의미가 있고, 구세주란 다름아닌 그러한 '신의 왕국'을 이끄는 존재라고 할 때, 헬레니즘과 헤브라이즘의 두 세계관은 비록 다른 세계관적 전제에서 출발했다고 하더라도 역사가 도달해야 할 궁극적인 목적에서 동일한 관점으로 귀결되고 있는 것 같다. 물론 이것은 영혼과 물질의 본원적 동일성 및 범신론적 전제에서 출발한 헬레니즘과 영혼과 물질 사이의 배타적 대립 및 절대적인 유일신 신앙에서 출발한 헤브라이즘이 결코 그것 자체로서 완전한 것이 아니라 자체 내의 한계와 모순을 극복하면서 스스로가 좀 더 보편적인 세계관으로 자기 변화를 추구할 때 나타날 수 있었던 상태다. 그렇기 때문에 두 세계관은 상호 대립과 비판 속에서 서구 정신사의 자기 발전에 원동력으로 작용하기도 했지만, 다른 한편으로 각각의 세계관이 고착화된 합리성이나 형식화된 절대성에 집착할 때 서로가 서로를 배척하면서 서구 정신사나 문명사 전반의 발전을 저해하는 요소로 작용하기도 한 것이다.

어떠한 세계관도 처음부터 완전한 것은 아니다. 서구 문명의 현재가 바로 그와 같은 두 세계관이 오랜 기간 동안 서로 긴장과 대립 관계 속에서 정신사적으로 변증법인 발전을 이룬 결과일 뿐이다. 그러므로 정신사적 전개가 새로운 역사적 상황에 접하면서 끊임없이 새로운 자기 변용을 통한 새로운 변증법적 발전을 추구하지 못할 때 서구 문명은 비록 현재로서는 세계를 지배하는 양상을 보일지라도 발전이라는 외양 속에서 쇠퇴를 거듭할 수밖에 없다. 특히 기독교적 사랑의 이념을 인권의 명분으로 인간의 욕구에 대한 무조건적인 옹호나 인간 이외의 생명에 대한 무시와 더불어 유한한 인간 생명에 대한 맹목적인 집착으로 변질될 때, 공동체적 생활의 위기나 생태적 위기는 끝없이 지속될 수밖에 없는 것이다. 그리고 서구 문명의 그러한 정신사적 배경에 대한 철저한 이해나 검토 없이 그것이 발현시킨 외양의 화려함에 대한 일방적이고 주술적인 도취 속에서 스스로의 정체성을 찾지 못하는 민족은 서양 문명의 정신적 충복의 지위에서 영원히 벗어날 수 없다. 물론 스스로의 시간관을 확립하지 못한 채 본질적으로 시간 계산상의 숫자놀음에 불과한 '새 천년'이라는 그들이 벌이는 수사의 향연에 탐닉하는 민족은 더할 나위도 없다. 다만 주체적인 세계관의 결여는 어느 민족에게나 있고 없고의 문제가 아니라 자기 민족의 정신사에 내재한 보편적 요소를 얼마나 체계적으로 발전시켰느냐의 여부에 달려 있다면, 현재와 같은 우리의 정신사적 빈곤 및 이에 따른 정체성의 미확립이나 불안정성은 숙명이 아니라 극복 가능한 정신적 상황일 뿐이다.

모두에서 언급한 바와 같이 한국 민족은 세계 어느 민족보다도 탁월한 세계관을 잠재적으로 향유한 민족이다. 그것은 이 글에서 다룬 원시 헬레니즘이나 원시 헤브라이즘과 비교될 경우에도 그러하다. 단군 신화에는 유일하고 절대적인 존재로서 하느님桓因의 개념이 이미 확립되어 있으며,[44] 헤브라이즘에서와 같이 만물의 탄생이나 인간의 출현 또한 신이 숙

44 지은이는 다른 책에서 순 우리말이자 본래는 기독교의 주신이 아니라 우리의 토속신앙

달된 장인匠人, craftsman이 '뚝딱뚝딱' 무엇을 손쉽게 만들어 내듯 '거칠게' 묘사되어 있지 않다. 곰이 마늘과 쑥만을 백일 동안 먹은 후 인간이 되었다는 신화적 설정 속에 나타나 있듯이, 그것에는 하등 동물이 지극히 고통스러운 자기 변혁의 과정을 통해 인간이라는 고등 동물로 될 수 있다는 가능성이 상징적으로 표현되어 있다. 그것은 낮은 차원의 존재가 자기 부정이라는 혁신을 통해 높은 차원의 존재가 된다는 심오한 세계관적 통찰을 보여 준다. 간단히 말해서 그것은 진화론적이고 변증법적이다. 그러한 세계관적 통찰에는 자연세계와 인간이 단순한 합일도 아니며, 서로가 대립 속에서 누가 지배하느냐의 차원에서 파악되지 않는다. 그러한 세계관 체계에서 신 · 인간 · 자연은 합일 속의 차이, 연속성 속의 단절이라는 변증법적 발전 관계에서 인식된다. 자연과의 관계가 그러할 때 인간과 인간 사이의 상호 대립이나 이용 또는 공동체적 유대와 호혜의 관계로 인식됨은 당연하며, 그것이 이른바 홍익인간弘益人間의 이념이라고 할 수 있다.

물론 그러한 세계관은 위대한 세계관의 단초이기는 해도 결코 보편적이고 체계화된 것은 아니다. 이미 단군 신화로 표현된 세계관 속에 서구의 헬레니즘이나 헤브라이즘을 능가할 수 있는 보편적인 요소가 내재한다면, 그것을 체계적으로 승화 · 발전시켜서 보편적인 세계관으로 성립시키지 못한 것은 한국 지성사가 민족사 앞에서 책임질 일이다. 바로 '밀레니엄'

에서 절대적인 신을 지칭하는 '하느님'이란 말의 절묘한 언어적 의미세계에 대해 언급한 바 있는데 그것을 여기에 소개하면 다음과 같다. "이 말은 하나님(하나), 한님(큼), 한알님(큰 알), 한얼님(큰 얼), 한우리님 또는 하누리님(큰 집)에서 유래한 것으로 해석될 수 있다. …… 그러한 다양한 어원을 갖는다는 사실 자체가 오히려 그 말의 절대자의 개념어로서의 탁월성을 보여 준다고 여겨진다. 즉 유일자로서의 하나님, 가장 위대한 존재로서의 한님, 만물의 근원으로서의 한알님, 지고의 정신으로서의 한얼님, 만물이 귀속되는 가장 큰 틀로서의 한우리님 등 (절대자의 여러 본질적인 측면들을 함축하는) 각각의 의미들이 바로 한 말 속에 모두 함축되어 있으니 …… 절묘한 언어라 할 수 있다"(양승태, 2006: 82, #19).

이란 외래어의 주술에 휩싸여 있는 현대 한국의 빈곤한 정신사적 상황을 극복하기 위해 그 책임은 막중하다. 그리고 더 나아가 그러한 책임을 제대로 수행할 경우에만 국가 정체성의 문제를 근본적으로 해결할 수 있는 계기가 마련된다는 점에서 그것은 이 책의 주제와도 직접 연관된다. 그것이 제기하는 국가 정체성과 관련된 문제들 가운데 하나는 '서기 2천 년'이란 연호 및 이에 따른 '밀레니엄'이란 수사에 함축된 시간의식이다. 시간의식은 바로 자아 정체성 개념 나아가 국가 정체성 개념의 핵심적인 요소이기 때문이다. 왜 그러한지 다음 제8장에서 논의 및 설명될 것이다.

제8장 시간의식, 역사의식, 국가 정체성: 단기연호의 문제*

앞 장에서 언급한 바와 같이 지난 1999년 정치인, 대중 매체, 일부 지식인이 함께 '부화뇌동'하여 한국 사회 전체를 주술적 열기에 빠뜨렸던 '밀레니엄 광풍'은 한국 사회가 국가 생활의 근본 문제에 대해 얼마나 철저히 무반성적이고, 얼마나 광범위하게 서구 중심적 커뮤니케이션 체제에 종속되어 있으며, 많은 지식인을 포함하여 현재의 한국인이 서구적 세계관 및 가치관과 이에 따른 시간 · 공간 개념에 얼마나 깊숙이 지배받고 있는가를 극명하게 보여 준 사례다. 물론 '밀레니엄 광풍'은 서구적 정신 질서에 대한 그와 같은 종속의 표현이 아닐 수도 있다. 그것에는 분명히 새 시대가 전개된다는 믿음이나 희망 또는 기대가 일반 대중이나 대중정치인의 의식 속에 투영되어 있다는 사실이 반영되고 있으며, '민주화' 시대에 일반 대중의 그러한 의식이나 욕구가 국가 전체 차원에서 결코 무시될 수 없기 때문에 나타난 필연적인 현상이다. 그럼에도 그것이 10진법상의 숫자 세기에

---

* 이 장은 지은이가 2001년 "연호와 국가 정체성: 단기연호 문제의 해명을 위한 정치철학적 논구"라는 제목으로 『한국정치학회보』 제35집 4호에 게재했던 논문을 이 책의 체계에 맞게 수정 및 보완한 것이다.

서 천 단위라는 한 큰 매듭이 이루어지고 또 하나의 매듭이 새로 시작되고 있다는 사실에 대한 대중적 흥분 심리의 표출에 지나지 않음은 분명하다. 숫자의 매듭과 시대의 매듭을 동일시하는 것은 본질적으로 심리적 미혹에 지나지 않는다. 그리고 그와 같은 숫자상의 매듭에 대한 축하가 그와같이 '범국가적' 차원의 '광풍'으로 나타났다면, 그것은 국가 전체적 차원의 우매함 이외에 다름아니다. 여기서 문제는 무엇보다도 '단기 4333년'이라면 대체로 무심하게 지나쳤을 사람들을 '서기 2000년'에 대해 그토록 열광하게 만든 — 태양과 달 등 자연세계는 똑같이 움직이고 있는데도 불구하고 — 세계관적 가정이나 믿음의 실체가 무엇이냐다. 바로 단기 또는 서기라는 연호年號의 본질, 특히 국가 생활과 관련하여 그것의 의미가 무엇이냐의 문제는 이러한 맥락에서 당연히 제기된다.

연호에 대한 현재 한국 사회의 일반적인 인식은 그것이 시계와 같이 가치 중립적이고 객관적인 시간 측정 수단이기 때문에 국가 생활의 목적과는 본질적으로 무관하며, 따라서 연호란 편의에 따라 아무렇게나 사용해도 된다는 논리인 것 같다. 특히 '국제화' 또는 '세계화' 시대를 맞이하여 세계적인 연호인 서기 대신에 고유 연호인 단기 사용을 고집하는 것은 편협한 민족주의의 소산일 뿐만 아니라 국가 운영의 효율성을 저해한다는 판단이 지배적인 것으로 보인다. 실제로 현재 사용되는 서기의 기원인 5·16 군사정권의 단기연호 폐지 논리는 근본적으로 이와 같았다. 즉 당시 국가재건최고회의가 공식적으로 단기연호 폐지의 주요 이유로 제시한 것은 단기 사용이 "외교면을 비롯하여 일반 행정에 많은 애로와 결점이

---

1 이것이 1961년 11월 21일 국가재건최고회의에서 가결되어 1961년 12월 2일 공포된 775호 '연호年號에 관한 법률法律'의 제안 이유다. 참고로 단기연호는 1948년 9월 25일 공포 번호 4호 '연호에 관한 법률'로 시행되어 왔었다. 위의 폐지 법률안의 제안이유서는 이 법률안이 최고회의 의장 박정희의 지시에 따라 발의된 것이라고 밝히고 있고, 별

있다"[1]는 논리였다. 그런데 연호란 과연 그러한 것인가?

이 장은 이 질문에 대해 해명하면서 단군연호의 사용과 관련된 정치적 및 사회적 논란을 학문적으로 해결함과 동시에 그것과 관련된 국가 정체성 문제를 해명하려는 데 목적이 있다. 그러한 목적을 위해 다음의 논의들이 차례대로 제시될 것이다. 연호는 물론 시간 측정 기준의 하나이며, 그것은 필연적으로 시간의식을 전제로 한다. 그러므로 연호 사용과 관련하여 먼저 논의해야 할 것은 개인 차원에서 시간의식이 어떠한 의미를 갖느냐의 문제다. 따라서 1절에서는 개인적인 차원에서 시간의식은 사회적이면서 동시에 자율적인 자아의식과 정체성 형성의 본질적인 요소임을 발달심리학의 연구 결과를 근거로 밝힐 것이다. 연호는 또한 국가 차원의 시간의식이다. 그런데 역사적으로 볼 때 국가 차원의 시간의식이 반드시 연호 사용이라는 방법을 통해 표현된 것은 아니다. 따라서 2절은 연호의 등장

도로 첨부된 「참모연구서」를 통해 서기연호 사용의 필요성을 제시하고 있다. 그것에 의하면 국제기구와 선진국에서는 서기연호를 공통으로 사용하고 있으며, 소수 아세아적 국수주의 국가에서만 건국의 개국 기원과 왕의 즉위 연대에 의한 연호를 사용하고 있다고 주장하고, 대외문서는 서기로 국내 문서는 단기로 연호가 이중으로 사용되는 애로가 있으며, 국사는 단기로 서양사는 서기로 표기되므로 한국사의 세계사적 이해에도 혼란이 있다고 주장했다. 이 연구서에는 또한 "단군 기원은 신화적 비합리성에 입각한 것이고 서기를 사용하는 것에 적극 찬동한다"는 당시 서울대 총장서리 유홍렬 교수와 사학계의 의견을 덧붙였다. 참고로 당시 언론계에서는 각각 사설을 통해 각 언론사의 입장을 밝혔는데, 『동아일보』와 『경향신문』은 군사정권과 같은 논리로 단기연호 폐지에 찬성했고 『조선일보』는 반대했다.

별도의 연구를 통해 밝힐 문제지만, 이와 같은 논리는 관료 특유의 단순화된 '실용적' 사고의 표현일 뿐더러, 무엇보다도 1948년 9월 단기연호 제정 당시 국회에서 전개된 심도 있는 논의와 비교해 볼 때 ─그 논의는 3절에서 자세히 설명될 것이다─ 당시의 군사정권이 연호 문제에 내포된 정신사적 중요성에 대해 얼마나 무지했는가를 보여주는 부분이기도 하다. 어쨌든 구한말에서 현재에 이르는 단기연호의 제정과 폐지 및 단기연호 부활운동과 관련된 이념, 논쟁, 정치성에 대한 연구는 근대 한국 정신사의 실체를 이해하는 데 중요한 단서가 될 것으로 판단된다.

과 관련된 과학사 및 정치사적 의미를 역법曆法의 발전 맥락을 통해 기존 역사학계의 연구 결과를 토대로 간단히 정리한 후, 그러한 정리를 통해 역법 자체가 특정한 세계관을 전제로 하며 가치 중립적이고 객관적인 시간 측정 기준이란 존재할 수 없으며, 나아가 연호는 국가적 차원에서 형성되는 적극적인 시간의식, 즉 역사의식의 표현임이 논증될 것이다. 그런데 역사의식은 단순히 시간의식을 넘어서며, 그 속에는 세계관이나 국가관이 함축되어 있기 때문에 어느 사회 또는 국가에서나 완벽하게 단일화되어 있는 역사의식은 존재하지 않는다. 그것에는 계급 갈등이나 권력 갈등이 반영되어 있기도 하며, 기존의 사회 체제나 국가 권력은 스스로가 옹호하는 하나의 통일된 역사의식을 강요하거나 조장하는 것이 속성이므로 역사의식의 활성화나 발전은 국가권력과의 긴장 관계 속에서 이루어질 수밖에 없다. 다시 말해서 역사의식은 국가 정체성 문제의 핵심적인 요소이기도 하다. 이에 대한 논의가 제4절을 구성할 것이다. 마지막으로 단기연호의 부활이 이루어져야 한다는 궁극적이고 단정적인 결론은 유보하더라도, 한국인이 하나의 민족이나 독립된 국가로서 정체성을 유지하기 위한 필요조건의 하나로서 독자적인 연호의 확립 모색은 역사적 당위임을 결론으로 제시할 것이다.

1. 개인의 존재성과 시간의식, 자아의식, 그리고 주체성

인간의 정신 현상에 대한 경험적 연구로서 심리학 연구는 연구 주체인 심리학자 자신의 사유 구조와 내용의 보편성 문제를 검토의 대상으로 다루지 않는 한 연구 결과의 인식론적 보편성은 필연적으로 제약될 수밖에 없다. 물론 사유 구조 자체와 판단 과정 및 결과에 대한 검토는 사유 영역 자체에 속하므로 경험적 대상과의 직접적인 연관성을 벗어난다. 따라서 그러한 검토는 바로 경험적 연구와 분리된 철학 연구의 영역에 속하며, 경험적 현상 차원을 넘어서서 정신 혹은 심리 현상의 본질에 대한 탐구 및 궁극적인 이해 역시 철학적 사변을 통해서만 가능하다고 할 수 있다. 다만 심리학적 연구는 일단 생생한 심리적 체험과 경험적 자료 또는 감각적 현실에 바탕을 두기 때문에, 그것은 그와 같은 경험적 연구 결과를 '보지하면서 승화시키는'—독일어로 'Aufheben'으로 표현되는—차원의 연구가 아니라 그것들과 분리되고 대립된 사변의 영역에 머무는 철학적 연구가 범하기 쉬운 추상성이나 독단성에서 벗어날 수 있는 가능성을 제공한다. 이와 관련하여 시간의식뿐만 아니라 인지 발달 과정 전반에 대한 심리학적 연구의 개척자적이면서 독보적인 공헌을 한 피아제Jean Piaget 및 그의 지적 후예들이 이룩한 연구 결과를 간단하게나마 참고할 필요가 있다.

피아제의 연구에 의하면, 유아기의 인간이 외부 세계에 대한 이미지가 '기본적'으로 완성되는 것은 생후 1년 6개월 정도가 지나서다.[2] 여기서 '기본적'이란 말은 피아제 자신의 직접적인 표현은 아니다. 그러나 그의 설명은 인간이 이 시기에 이르러야 외부 세계에 대한 이해에 필수적인 대상, 공간, 인과관계, 시간 개념 등이 비록 범주적 차원은 아니지만 외부 세계에 대한 감각적 직접성을 넘어서서 적어도 '표상representation'의 형식으로 파악할 수 있다는 것이기 때문에 그러한 표현이 가능하다고 할 수 있다. 즉 이 시기에 이르러 유아는 대상이 감각적 확인 영역에서의 출몰이나 공간적 이동에 따른 변화 속에서도 '영속성permanence'을 갖는다는 사실, 다시 말해서 공간적 변화가 대상 자체의 동일성identity을 변화시키는 것이

2 이에 관해서는 피아제(Piaget, 1954) 참조. 별도로 인용 부분이 제시되지 않는 경우 이 논의에서 소개되는 피아제의 이론은 같은 책의 전체 내용을 근거로 지은이가 이해한 바를 요약한 것이다.

아니라는 사실을 인지하게 된다는 것이다. 이것이 그의 유명한 '대상 영속성object permanence' 이론의 핵심이다.[3] 이에 따라 공간세계 전체가 감각적 대상이 아닌 표상의 형식으로 등장하며, 유아는 자신을 공간 속의 한 위치로서 바라볼 수 있게 된다. 다시 말해서 피아제 스스로가 구분하듯이 개별적인 대상이 차지하는 장소로서의 개별화된 공간은 이제 단순한 공간space이 아니라 '공간장spatial field'으로 인지의 차원이 달라진다. 중요한 점은 그와 같은 대상 개념 및 공간 개념의 초보적인 형성과 인과관계의 개념 및 시간 개념의 형성이 '동시적'으로 이루어진다는 사실이다. 이 점은 시간의식과 자아의식 곧 자아 정체성 형성 사이의 직접적인 관련성을 이해하는 데 중요하므로 좀더 부연 설명이 필요하다.

위에서 유아의 경우 대상 개념의 형성은 대상의 존재에 대한 순간순간의 감각적 확인 차원에서 벗어나 그와 같은 순간순간의 공간적 변화를 넘어 대상의 영속성을 인지하면서 발생한다는 피아제의 관찰을 소개했다. 대상의 영속성은 물론 시간 개념의 표현이다. 그것은 대상 개념의 형성에는 그것에 상응하는 시간 개념의 형성이 수반될 경우에만 가능하다는 논리다. 그러므로 대상 개념의 형성 과정에는 대상 사이의 시간적 선후 관계로서 인과율 개념의 형성 과정이 수반되고 있음을 뜻한다.[4] 그런데 한 대

---

3 이 이론을 좀더 부연 설명하면 다음과 같다. 대체로 생후 18개월 이전의 어린아이는 하나의 물건을 눈앞에서 사라지게 했다가 다시 보일 경우 새롭게 등장한 물건이 바로 전의 그것과 동일한 물건이라는 사실을 인지하지 못한다. 다시 말해서 그는 공간적 및 시간적 이동에 따른 변화를 각각 다른 사물의 새로운 출현으로 받아들인다. 그러한 변화에도 불구하고 하나의 사물이 동일성을 유지한다는 사실의 인지가 '대상의 영속성'에 대한 인지인 것이다. 앞으로 좀더 설명되겠지만 그러한 동일성의 인지가 흥미롭게도 자아 정체성 의식 형성의 —이미 제1부에서 설명했듯이 영어 'identity'로 동일하게 표현되는—출발이다.

4 좀더 이해를 돕기 위해 예를 들어 설명하면 다음과 같다. 인과율 인지의 가장 초보적인 형태로서 시간의 순서에 따른 행동은 식물을 포함하여 생명체 모두에게 본능적으로 주

상의 존재에 대한 인지는 공간 개념을 전제로 하지만 단순히 그 대상이 차지하는 개별적인 자리로서의 공간이 아니라 그것을 포함한 여러 대상을 포괄하는 '공간장'으로 인지의 차원이 바뀌면서 새롭게 공간 개념이 형성된다. 시간 개념 역시 비슷한 발전을 통해 새로운 차원의 시간 개념이 형성된다. 즉 '자기중심적'이고 감각적인 행위의 대상인 개별적인 사물과 자신과의 관계에서 형성되는 개별화된 인과율 및 이에 따른 시간의식에서 벗어나 개별적인 대상 및 개별적인 인과율을 포괄하는 총체적인 '시간장temporal field' 차원에서 인지 수준이 상승하고 발전하면서 새로운 시간 개념 및 의식이 형성된다. 최초의 자아의식 또는 자아 정체성은 바로 그와 같은 '장' 차원의 시간 · 공간 개념의 형성과 궤를 같이한다는 점이 중요하다. 먼저 이 문제와 관련된 피아제 자신의 진술을 인용하면 다음과 같다.

> ……바로 주체가 가장 자기중심적self-centered일 때 그는 자신을 가장 잘 모르며, 그리고 그가 자신을 발견하는 정도만큼 그는 자신을 세계 속에 위치시키고 그러한 사실을 토대로 자신을 건설하는 것이다. 다른 말로 표현하여, 자기중심주의는 자기인지self-perception와 객관성 모두의 부재를 의미하며, 반면에 대상 자체를 획득하는 것은 자기인지의 획득과 병행하는 것이다. ……일반적으로 태어난 후 첫 몇 개월 동안 외부 세계와의 동화과정assimilation이 주체의 유기체적 행위에 집중되어 있는 한 이 세계는 결코 영속적인 대상도 아니며, 사건을 연결하는 객관적인 공간이나 시간도 아니고, 개인적 행위 외적인 인과율도 아닌 것이다(Piaget, 1954: xii).

어져 있다고 할 수 있다. 식물의 암술은 수술에서 꽃가루를 받은 '후'에 열매를 맺기 시작하는 것이지 그 반대는 아니다. 어린아이는 입을 벌린 '후'에 음식을 먹지 입을 벌리기 '전'에 음식을 입 속에 넣으려는 행동을 하지는 않는다. 피아제가 제시한 좀더 따스한 예를 들어보자(Piaget, 1954: 222). 엄마의 젖꼭지에 뺨을 갖다 댄 '후' 젖을 먹을 수 있다는 사실을 영아는 '알듯이,' 대상 사이 혹은 행동과 대상 사이의 선후 관계에 대한 감각적인 차원의 인지는 갓 태어난 영아에게도 본능적으로 주어져 있다.

위의 문장에서 "가장 자기중심적일 때"의 극단적인 경우는 바로 유아가 오직 사물을 자신의 감각적 욕구나 충동적 행위의 대상으로만 다루는 시기이며, 그러한 시기는 오히려 자기 자신의 존재에 대한 인지가 없는 상태다. 결국 최초의 자아의식 형성, 즉 유아가 자신을 하나의 독립적인 존재로서 의식하는 상황은 유아가 자기 자신을 외부 세계 여러 대상 가운데 하나로서 인지하면서 시 · 공간적 위치의 변화 속에서도 자신과 사물의 동일성과 영속성을 총체적으로 표상할 수 있을 때 발생한다고 할 수 있다.[5]

이와 같은 피아제의 시간 개념의 발달심리학적 연구가 보여 주는 것은 결국 인간에게서 자아의식 또는 주체성은 인간이 자신의 공간적 존재를 시간적 연속성 속에서 파악할 수 있을 경우에만 성립 · 존재한다는 사실이다. 다시 말해서 시간의식은 인간의 주체성 또는 자아 정체성의 ― 단순한 하나의 객체로서의 존재성과 구분되어 ― 본원적인 요소이며, 시간의식을 떠난 자아의식이나 자아 정체성은 존재할 수 없다는 것이다. 물론 생후 1년 6개월 정도에 형성된 자아의식이 한 인간의 자아의식의 전부는 아니며, 한 인간의 지적 · 정신적 성장은 그 때부터 본격적으로 시작된다. 그 때부터 한 인간은 본격적으로 감각적 표상들을 언어로 치환하고, 언어 능력의

---

5 물론 1년 6개월 된 유아가 언어를 자유롭게 구사한다거나 앞서의 대상, 공간, 인과율, 시간 등을 사물을 엄밀하게 인식하기 위한 범주로 사용할 수 있다는 것은 아니다. 다만 이 시기의 유아는 분명히 사물을 감각적인 직접성에서 벗어나 일반적인 표상으로서 파악할 수 있으며, 바로 그렇기 때문에 이 시기부터 그러한 표상을 소리로 표현할 수 있는 언어 능력이 본격적으로 발달하기 시작한다. 또한 시간과 공간에 대한 물리학적 측정이나 계산은 총체적인 표상적 세계 질서로서의 시 · 공간 개념의 형성을 전제로 한다. 다만 시 · 공간을 표상의 차원이 아닌 사물을 인식하기 위한 개념적 범주로 이해하는 시기는 대체로 8~9세 즈음이라고 한다(이에 관한 자세한 실험적 연구로는 Piaget, 1969: 1970 참조). 참고로 그의 연구 결과로서 흥미있는 사실을 소개한다면, 그 시기 이전의 아동은 시·공간을 뉴턴 물리학 식의 절대적인 불변의 구조로서가 아니라 아인슈타인 물리학 식의 상대성 개념으로 이해한다는 것이다(이러한 측면의 피아제의 이론에 대한 좀더 보충적인 연구로는 Friedman, 1982 참조).

발전과 병행하는 지식의 습득 및 확대 과정을 통해 그는 자신과 세계에 대한 이해의 폭을 넓히고 깊이를 더해 나가면서 더욱 구체적이고 포괄적이고 체계적인 내용을 갖춘 자아의식을 형성 · 발전시킨다. 그렇다면 자아의식이 그와같이 형성 · 발전하는 궁극적인 목표는 무엇인가의 문제가 당연히 제기되어야 한다. 과연 그것은 어린아이의 인지 발달 차원에서 충분히 해명될 수 있으며, 또한 일상적으로 표현되듯이 한 인간이 '정상적인 사회인'으로 성장했으면 그것으로서 그의 자아의식의 형성은 종결될 수 있는지 여부의 의문이 함께 제기되어야 한다. 그리고 바로 여기에서 피아제 심리학의 근본 한계가 나타난다. 피아제 스스로가 자신의 연구 분야를 '형성인식론genetic epistemology'으로 명명했듯이, 그의 심리학은 인간의 지적 성장을 지식의 획득 · 소유의 차원이 아니라 어디까지나 'genetic'이라는, 즉 '싹이 터서 성장하는' 차원에서 설명하려는 시도다. 다시 말해서 그의 심리학은 인간의 지적 성장이—조금 표현이 속되지만—주민등록증을 받았다고 완성되는 것이 아니라 그 후에도 끊임없이 계속될 수 있음을 암시한다. 그러므로 피아제가 이론적 일관성을 유지하려면 자아의식의 핵심인 시간의식 역시 끊임없는 성장 · 발전의 맥락에서 접근하는 것이 요구되며, 만일 그러한 접근을 포기할 경우 적어도 시간의식의 성장은 어떠한 시점이나 관계에서 멈추거나 완성되기 때문에 더 이상의 발전을 논의한다는 것은 무의미하다는 점을 논증하는 것이 필수적이다. 피아제가 그러한 논증을 제공한 것은 아니며, 또한 인간의 인지 발달이 성인이 되면 완성된다고 믿은 것 같지도 않다. 왜냐하면 만일 그러할 경우 그는 자신의 일생에 걸친 학문적 성장 자체를 부인하는 것이 될 것이기 때문이다. 그렇다면 그가 자신의 '형성인식론'을 완성시키기 위해서는 당연히 다음의 질문을 제기하고 해명했어야 할 것이다. 즉 시간의식의 성장이 지향해야 할 방향이나 궁극적으로 도달해야 할 목표는 무엇이고, 그것은 어떠한 과정을 거치고, 그 지점에 도달하는 것을 촉진시키거나 제약하는 개인의 내적 혹은 외적 요인이 있다면 그것이 무엇인가 등등의 질문이다.

결국 시간 자체가 과거 · 현재 · 미래의 특정 시점을 통해 한정되어 있는 것이 아니며 시간의식 역시 그것이 포괄하는 범위가 시간적으로 한계가 지어져 있는 것이 아니라면, 특정한 공간에 내포된 시간성에 대한 인식은 물리적 공간을 넘어서서 사회적 공간의 연속성 차원에서의 인식으로 심화 · 확대될 수밖에 없다. 다시 말해서 시간의식의 발전은 필연적으로 역사의식으로 이행한다는 것이다. 이에 따라 피아제 자신의 이론에 내포된 그와 같은 인간의 인지 발달의 필연성은 유아의 발달심리학 차원을 넘어서 바로 피아제 스스로가 다루지 않거나 다루기를 기피했던 성인의 '인지 발달', 다시 말해서 성인의 정신적 성장 과정과 목표가 무엇이냐의 문제로 이행한다. 비록 거대한 주제이기는 하지만 고대 문명에서 역법의 탄생에 내포된 우주론적 의미, 그리고 그러한 역법으로부터 연호의 등장에 이르는 시간의식, 역사의식의 발전 과정은 이러한 맥락에서 간단하게나마 검토할 필요가 있다.

2. 역법曆法과 연호 탄생의 과학사와 정치사

역법이나 연호 모두가 시간에 대한 측정 수단이므로 시간의 본질에 대한 현대 물리학의 상식화된 지식을 간단하게나마 정리할 필요가 있다. 그것의 핵심은 데카르트 · 뉴턴적인 절대 공간 및 절대 시간의 존재에 대한 부정이다. 편의상 그것을 대표하는 아인슈타인의 상대성 이론에 대한 하이데거Martin Heidegger의 간략한 요약을 인용하면 다음과 같다.

공간 자체, 즉 절대적 공간이란 존재하지 않는다. 그것은 오직 그것에 속해 있는 물체와 에너지를 통해 존재한다. 시간 역시 마찬가지다. 그것은 오직 발생하는 사건들의 결과로서 존속할 뿐이다. 절대적인 시간도 없고 절대적인 동시성同時性도 없다(Heidegger, 1992: 3).

하이데거(Heidegger, 1992: 3-4)도 지적했듯이, 아인슈타인의 이러한 상대성 원리는 적어도 시간과 공간의 관계에 관한 한—무엇보다도 중력이나 중력장 및 물질과 에너지의 변환 개념 등을 제외한다면—시간을 물체의 움직임 및 변화의 차원에서 파악한 아리스토텔레스의 물리학 이론의 재현이다(Aristoteles, 1929: Book IV, chap. xi 참조). 다시 말해서 공간이란 시간적 연속성 속에서 존재하며, 시간이란 공간을 구성하는 물체와 에너지의 변화나 운동 속에서 존재한다. 시간과 공간의 본질이나 둘 사이의 관계가 그러하기 때문에 문명의 탄생이 곧 역법의 탄생이라는 역사의 일반적 현상은 단순한 우연성의 산물이 아니라 존재론적 필연성의 산물로 이해될 수 있다.[6]

역법의 탄생은 일반적으로 태양이나 달 등 천체의 운동에 따른 위치의 변화에 대해 연, 월, 일, 시 등 규칙적인 시간적 단위를 부여함으로써 이루어진다. 그런데 시간 측정이 천체의 위치 변화를 기준으로 이루어져야 한다는 절대적인 필연성은 없다. 특정한 새가 나타나는 주기를 시간의 한 단위로 전할 수도 있으며, 극단적이며 신화적인 성격의 예이지만 불교에서 겁劫을 설명하기 위한 방법으로 제시되는 여러 가지 비유에 나타나는 시간 단위도—예를 들어 사방의 둘레가 40리 되는 바위를 100년에 한 번씩 내려오는 선녀가 옷소매로 스쳐서 그 바위가 닳아 없어지는 시간—공간

6 과학사적으로 상식화된 내용이지만 참고로 고대 이집트문명과 잉카문명은 태양력을, 바빌로니아, 중국, 인도는 태음력을 창조 및 사용했음을 다시 한 번 상기할 필요가 있다.

적 변화의 규칙성에 기초한 시간 측정 기준임에는 틀림없다. 결국 현재까지 이어지는 천체의 운행을 기초로 한 시간 측정 방법, 즉 우리가 일반적으로 이해하는 의미의 역법 탄생은 해나 달이 공간 속의 물체 가운데 가장 규칙적으로 운동한다는 사실을 인간이 발견한 결과일 뿐만 아니라, 그와 같은 천체 운행의 규칙성 및 그에 따른 자연 현상의 규칙적 변화와 인간의 삶이라는 또 다른 '공간적' 움직임 사이의 상호 연관성에 대한 발견의 결과이기도 하다는 사실이다.[7] 그러므로 역법의 탄생은 고대 문명의 생산 기반이자 자연 변화의 규칙성에 의존할 수밖에 없는 농경 생활의 정착을 떠나서 생각할 수 없다. 그리고 역법을 통해 구체화되는 시간의식은 바로 다양한 변화나 움직임 속에서는 변하지 않는 삶 자체의 영속성을 인간이 인식한 결과이기도 하다는 것이 더욱 중요하다. 실제로 중국에서는 일찍이 고대부터 이와 같은 인식이 존재했다. 예를 들어 최초의 세습 왕조인 고대국가 하夏 왕조가 건국되면서 현재 우리가 사용하는 음력 1월을 정월正月로 정하고 일 년의 기준으로 삼은 데 비해, 이후의 새 왕조들인 은殷과 주周는 이를 변형하여 각각 12월과 11월을 정월로 삼은 바 있다.[8] 새 왕조들이 이렇게 일 년을 헤아리는 시간 측정 기준을 바꾼 것은 구왕조의 시간 측정 방식에 기초한 시·공간의식이 새로이 건설한 국가의 목적과 방향의

---

7 그러므로 역법은 단순히 천체의 운행에 기초한 기계적인 시간 측정으로 끝나지 않고 자연 질서 전체 또는 인간과 직접 관련된 생명 현상과 유기적으로 결합하여 나타날 수 있다. 중국의 은대殷代부터 사용되기 시작했다는 10천간天干, 12지지地支의 조합으로 구성된 '60간지'의 역법이나, 『주역周易』에서 시간의 경과를 표현하는 역수 원리曆數原理와 자연 현상의 변화를 표현하는 괘효 원리卦爻原理의 유기적 연관성을 통한 변화의 설명, 그리고 비록 추상화된 원리 차원이 아닌 신화의 형태이긴 하지만 바빌로니아 역曆에서 열두 달을 인간의 삶을 관장하는 각 신과 결합시킨 것 역시 시간과 공간의 유기적 통일성이 역법으로 표현된 것이라고 할 수 있다(『주역』의 역법에 관해서는 김만산, 1997, 바빌로니아 역법에 관해서는 임현수, 1996 참조).

8 『書傳』「泰甲」. 蔡沈 注 참조.

실천을 저해하리라고 의식한 행위임에 분명하다. 그리고 바로 이러한 사실은 고대 지성인들도 포착했다. 즉 하, 은, 주 삼대三代 중에서도 특히 주周의 문물을 따르겠다고 했던 공자孔子가 —주가 후발 국가의 이점利點으로 하와 은의 문물을 집대성한 문명이라는 의미에서—시간 측정의 기준인 정삭正朔만큼은 '하夏의 제도를 따르겠다'고 한 예를 들 수 있다.[9] 다시 말해서 공자는 자연의 운행 주기에 따른 역법과 인간의 인위적인 시간 측정의 기준인 정삭 제도가 가장 일치하는 것은 하의 정삭법이고, 후대의 것은 정치적 의도에 따라 인위적으로 변경시킨 것임을 명확히 인식하고 있었다.

그런데 그와 같은 역법의 존재가 자연 질서와 삶의 질서의 연속성 및 둘 사이의 유기적 통일성을 표현하기는 하지만, 그것이 문명 탄생의 또 다른 필수적인 요소인 국가 또는 권력 구조의 연속성을 필연적으로 함축하지는 않는다. 물론 권력 구조가 자연과 융합된 인간의 공동체적 삶의 구조와 분리·독립되어 존재해야 할 절대적인 필연성은 없다. 별도의 연구를 통해 깊이 고구考究되어야 할 주제이기는 하지만, 도가道家의 '무위지치無爲之治'나 유가儒家의 '대동사회大同社會'의 이상이 암시하듯이 인간이 권력이나 물질적 이익에 대한 이기적인 집착이나 과도한 욕망 추구 없이 인간의 공동체적 삶이 자연 질서에 순응하며 그것과 조화를 이루는 삶을 영위할 경우 통치자와 피치자가 별개의 독립된 계급으로 분리될 이유는 없다. 이에 따라 권력 구조가 공동체적 삶의 구조와 분리된 별개의 시간적 연속성을 가질 이유도 없는 것이다. 그러나 '불행하게도' 고대 문명의 국가들은 예외 없이 절대화된 세습 왕권의 확립으로 나아가며, 이에 따라 인간 삶의 시간적 연속성은 단순히 자연의 변화를 반영하는 역법으로 표현하는 것만

9 『論語』「衛靈公」. "顔淵問爲邦 子曰 行夏之時 乘殷之輅 樂則韶."

으로는 불충분한 상황이 전개되었다. 바로 역법 이외의 시간 측정 기준으로 역사학이 탄생한 이래 근대에 이르기까지 역사 기술에서 일반화된 '~왕 ~년' 또는 '~집정관 ~년' 식의 연대 표기가 등장하게 된 것이다.

그러한 연대 표기는 한편으로 역법보다 좀더 분화된 시간 측정 방법의 등장이기도 하지만, 다른 한편으로 인간의 문명사회에 지배-피지배의 권력 체제가 삶의 구조의 중심으로 등장했음을 의미한다. 또한 권력의 유지나 획득을 위한 투쟁이 인류 역사에 영속적인 요소가 되었음을 의미한다. 다시 말해서 그와 같은 연대 표기는 권력 구조나 지배-피지배 체제가 삶의 공간과 시간 질서의 중심인 동시에 영속적인 구성 요소라는 사실을 함축한다. 그렇지만 그것이 더 나아가 특정 권력 또는 지배 공간에 대한 적극적인 차원에서의 절대화 혹은 무조건적인 도덕적 정당화만을 의미하지는 않는다. 그것에는 특정 정권이나 국가권력이란 인간 사회에서 시간적으로 언제나 출현해 왔고 앞으로도 계속 출현할 권력 구조 가운데 하나일 뿐이라는 인식 또한 내포되어 있다. 그러므로 특정 권력 구조 또는 지배 질서에 대한 절대화나 적극적인 정당화 시도는 그것보다 앞선 시기에 존재했던 것에 대한 부정이나 비하와 함께 스스로 부과하는 공간 및 시간 구조에 대한 절대화를 필연적으로 수반하기 마련이며, 그와같이 정치·사회적 맥락에서 이루어지는 시·공간 구조의 절대화는 물론 또 다른 새로운 권력이나 새로운 지배 질서에 의해 언제나 부정되고 상대화될 수 있는 운명에 처해 있다. 어쨌든 그러한 절대화의 시도에는 바로 역사의 연속성 속에서 현재를 이해하고, 그러한 이해를 바탕으로 미래를 기획한다는 의도가 함축되어 있기 때문에, 그것은 시간의식을 넘어선 체계적인 역사의식의 원초적 형태이며, 그와 같은 역사의식이 이념적 표상으로 나타난 것이 연호라고 할 수 있다.

왜 연호의 사용이 동양의 한자 문화권에서 일찍이 시작되었으며, 반면에 서양에서는 그 개념조차 형성되지 못했는가 하는 이유는 동·서양 정치사상사뿐만 아니라 철학사 및 정치사 전반의 차원에서 구명될 문제다.[10] 다만 이 글에서 잠정적으로 다음과 같은 설명은 가능할 것 같다. 즉 중국에서는 절대 왕권의 등장 및 소멸이 역사적으로 일찍이 반복되는 과정에서 천명 사상에 기초한 반란반정反亂反正의 논리가 유학 체계 내에서 확고히 자리를 잡게 되었으며, 이에 따라 새로운 정권이 등장할 때마다 새로운 절대화된 시·공간 구조의 설정이 이념적으로 요구되었고, 그러한 이념적 요구가 연호라는 이념적 표상을 수반한 역사의식을 낳게 했다는

10 한국, 중국, 일본에서 연호의 사용과 관련된 개괄적인 사실 구명 차원의 역사적 연구는 몇 가지 있으나 — 예를 들어 박성래(1978), 정운용(1998), 이호영(1979) — 그것과 관련된 철학사나 정치사상사 차원의 연구 및 개별 연호의 등장과 존속, 폐지와 관련된 좀더 구체적인 정치사적 동인을 밝힌 연구는 거의 없다고 할 수 있다. 참고로 박성래의 경우 중국 문화권에서 역법이나 연호가 천명天命 사상과 관련된 정치적인 의미가 있다는 진술을 하고 있고(박성래, 1998: 135), 중국에서 기원전 140년 한무제漢武帝가 '건원建元'이란 연호를 처음 쓰게 된 것이 당시 동중서董仲舒를 비롯한 유학자들이 받아들인 전국戰國 시대 음양陰陽 사상의 영향이라는 지적을 하고 있으나 구체적으로 어떠한 세계관이나 이념 및 정치적 배경에서 그러한 작업이 이루어지게 되었는지 밝히지는 못하고 있다. 서기西紀 연호는 개념적으로는 분명히 연호이기는 하지만 그것의 찬양자인 로마의 수도승이자 신학자인 디오니시우스 엑시구스Dionysis Exiguus(A.D. 500-560)가 동양적인 연호의 개념을 명시적으로 갖고 있었던 것 같지는 않다. 지금과 같은 서기연호가 공식화된 것은 1582년 교황 그레고리우스 13세Gregorius XIII에 의해서이며, 그것은 곧 스페인, 프랑스, 이탈리아의 여러 공국과 왕국 등 가톨릭 국가에 의해 채택되었고, 영국은 1752년, 일본은 1873년, 터키는 1927년에 그것을 공식적으로 수용했다. 한국은 미군정기에 그것을 공식적으로 사용하다가 건국 후 단기연호를 사용했으며 그것을 다시 폐지되게 된 과정은 앞에서 이미 설명된 바 있다. 그레고리우스 13세의 서기 연호 사용에는 아마도 종교개혁 이후 분열된 기독교 세계의 정신적 통합을 위한 의도가 있었던 것으로 추측되며, 그러할 경우 서기의 본원적 의미인 '기독교 시대Christian Era'라는 시간의식은 바로 동양적 의미의 연호 개념에 상응한다. 어쨌든 위의 사실이 보여 주는 것은 서기연호 사용 국가의 확대 과정은 곧 서구 제국주의의 팽창 및 이에 따른 서구적 세계관, 즉 서구 중심적 시·공간의식의 전파·확대 과정이라는 점이다(서기 연호의 창안 및 확산 과정과 관련된 역사적 사실에 대한 정리로는 Meyer, 2000 참조).

것이다. 반면에 서구에서는 자연법 사상에 기초한 절대 왕권의 – 도시국가 차원의 참주적인 절대 권력이 아니라 알렉산더 제국과 같은 코스모폴리턴 규모의 절대 왕정 – 정당화 논리는 주로 스토아 철학자들에 의해 제시되었다고 볼 수 있다. 그러나 그 이후 전개된 중세 역사에서 서구 역사 특유의 가톨릭 교회라는 초월적이며 기독교 공동체를 정신적으로 대표한다는 이념적 보편성을 표방하는 세속적인 권력의 존재가 언제나 권력의 정당성을 제공해 줄 수 있었기 때문에, 세속 권력 자체는 별도의 정당화 논리를 개발할 현실적 필요성을 느끼지 못했을 것이라 추정된다. 바로 그렇기 때문에 현재 서기연호의 시행자가 교황이라는 사실이 더욱 흥미롭다.

어쨌든 여기서 중요한 것은 동양이나 서양이나 연호의 등장은 한편으로 특정 권력이나 지배 질서에 대한 절대화 또는 정당화를 시간성 속에서 추구하는 이데올로기적 기능을 하는 것도 사실이지만, 다른 한편으로 그러한 권력에 의해 통치되는 민족이나 국가가 스스로의 독자적인 시 · 공간의식, 즉 앞 절에서 다룬 개인 차원의 정체성이나 주체성이 민족이나 국가 차원에서 형성될 수 있는 가능성도 시사한다는 사실이다. 다시 말해서 연호의 사용이 중국의 경우와 같이 왕조가 바뀔 때마다 또는 동일한 왕의 치세 기간에도 반란의 진압 등 정치적 대사건이 있은 후 정치적인 '국면 전환용' 등으로 수시로 바뀌면서 일반 백성에게 새로운 시대로서의 진정한 설득력을 잃지 않는다면,[11] 연호라는 적극적인 역사의식의 표상은 민족이나 국가적 정체성 및 주체성의 고양, 즉 자연이나 사회적 삶의 다양한 변화 속에서도 또한 타민족이나 국가의 시 · 공간 체계에 종속되지 않으면서 영속적으로 존재하는 민족이나 국가에 대한 의식을 고양시킬 수 있는

11 이에 관해서는 박성래(1978) 참조.

도덕적으로 정당한 수단이 될 수 있다는 것이다. 이 점은 역사의식과 국가권력의 관계라는 또 다른 문제를 제기하므로 별도의 논의가 필요하다.

3. 역사의식의 정치와 정치철학

시간 개념과 역사의식 및 역사주의와 관련된 고대 이래의 방대한 철학사 및 지성사의 모든 논의 및 논쟁을 떠나서,[12] 역사의식은 간단히 표현하여 자기의식으로서의 시간의식이 자신의 삶 전체—자신의 개인 및 사회적 삶뿐만 아니라 스스로의 사고 내용 자체를 포함한—와 외부 세계 전체로 확대될 때 나타난다. 다시 말해서 그것은 "자신 및 외부 세계 존재 전체에 내포된 시간성을 인식하는 데 있으며, 그것은 곧 자신의 사고 내용, 가치관, 사회 제도, 관행, 이념, 권력 구조 등 삶과 세계 전체가 과거로부터의 어떠한 시간적 과정을 거쳐서 현재에 이르게 되었으며, 그와 같은 형

12 지극히 방대하고 지난한 작업을 요구하기 때문이겠으나, 18~19세기의 역사주의의 발전 과정과 관련된 훌륭한 연구 업적들은 많지만 — 예를 들어 셰델바흐(Schädelbach, 1986), 만델바움(Mandelbaum, 1971), 마이네케(Meinecke, 1936) 등 — 시간 개념의 철학사적 발전 과정이나 역사의식의 발전 과정을 시간 개념과의 연관 속에서 철학사 및 지성사적으로 면밀하고 체계적으로 서술·정리한 연구는 아직 없는 것 같다. 좀더 범위를 좁혀서 시간 개념의 주관적 본질을 본격적으로 제기·전개했던 칸트에서 헤겔을 거쳐 하이데거에 이르는 근대 철학의 한 흐름을 시간 개념 및 역사의식의 발전 맥락에서 정리한 연구도 아직 없는 것 같다. 예를 들어 하이데거는 『존재와 시간』(Heidegger, 1962)의 예비적 연구에 해당된다고 할 수 있는 시간 개념의 역사에 관한 그의 저서(Heidegger, 1992)는 그가 분명히 그러한 연구의 필요성을 절감하고 있었음을 보여 준다. 그러나 그것은 서론 격의 개괄적 수준의 연구에 그친 아쉬움이 있다. 따라서 시간 개념의 역사와 관련된 이 글의 논의는 지은이 자신의 철학사 이해에 기초한 개괄적이고 총론 수준의 것임을 밝힌다. 다만 서양 철학사에서 시간 개념의 변천 과정에 관한 사전적 용어 해설의 수준이지만 간결한 정리로는 인우드(Inwood, 1992: 293-295)의 "time, space, eternity" 부분이 참조할 만하다.

성 과정에 내포된 모순이나 갈등 등을 인식하고 그러한 인식의 토대 위에서 미래에 실현시켜야 할 삶의 가치 및 질서에 대한 조망과 실천 의지의 총체"라고 정의내릴 수 있다. 여기에는 물론—19세기 역사주의의 공통된 특색이듯이—시간적으로 유한한 자기 자신은 사라지더라도 자신의 자아와 동일시되고 그와 같은 모든 인식과 행위의 궁극적 주체가 되는 국가나 민족 또는 인류 전체 등 시간적으로 영속적인 보편적 존재를 전제로 한다.

시간의식은 그러므로 역사의식의 형태로 완성되며, 역사의식을 떠난 이 세계와 자신의 삶에 대한 총체적이며 보편적인 인식은 불가능하다. 다만 현재의 삶 자체뿐만 아니라 미래의 삶에 대한 조망이나 실천 의지에 필연적으로 내재하는 역사성에 대한 인식은 고정적으로 주어지는 것이 아니라 자신의 사고의 한계에 대한 극복 노력을 통한 끊임없는 보편성의 추구를 의미하기 때문에, 무엇이 보편적인 내용을 갖는 역사의식이냐의 문제는 현실적으로 최종적인 결론을 내리기가 어려운 것은 사실이다. 또한 그렇기 때문에 역사성이나 역사의식에 대한 논쟁은 '이렇게 해석될 수도 있고 저렇게 해석될 수도 있다는' 식의 상대주의적 결론으로 끝나는 경우가 많다. 그러나 한 개인이 갖는 역사의식의 보편성 문제를 떠나서, 어떠한 형태나 내용이든 자신의 존재의 역사성을 이해하지 못하고 독자적인 역사의식을 형성하지 못한 인간은 진정한 의미에서 자아의식이나 정체성 및 주체성을 갖지 못하고 있다는 점은 부인할 수 없다.

물론 그와 같은 역사의식은 과거의 사실에 대한 지식과 정보의 축적과는 구분되어야 한다. 아무리 역사적 사실에 대한 해박한 지식이 축적되어 있더라도, 과거가 현재와는 본질적으로 무관한 지나간 시간일 뿐이고 미래는 현재의 단순한 연장이나 반복에 불과한 것으로 받아들이는 정신적 태도 속에서 역사의식은 존재할 수 없다.[13] 또한 과거의 사실에서 도덕적 또는 실용적 교훈을 찾으려 노력한다고 하더라도, 과거를 현재와의 시간적 연속성이 아닌 본질적으로 단절된 지나간 시간으로 파악하는 경우에는 진정한 의미에서의 역사의식은 존재하지 않는다. 그러한 정신적 태도는 인간이 현재의 삶의 구조나 방식을 절대적이고 고정 불변의 당연한 것으로 받아들이고 믿는 데 연유하며, 그러할 경우 과거란 사라진 현재이고 미래란 다가올 또 하나의 현재이거나 기껏해야 현재 실현되고 있지 못한 욕망이 이루어지기 위한 시간적 거리에 불과하다. 하이데거 식으로 표현하여 그것은 인간의 의식이나 사고 수준이 '일상성Alltäglichkeit'(Heidegger, 1979: §. 59)에 매몰되어 있음을 의미하며, 이에 따라 과거·현재·미래를 끊임없는 '지금jetzt의 연속Nacheinander'으로밖에 이해하지 못하는 수준을 지칭한다(Heidegger, 1979: §. 81). 하이데거 자신이 그와 같은 일상성에서 '벗어나지ekstatisch[14]' 못한 인간을 '일반인das Man'으로 명명한 사실이 암시하듯이, 개인 차원에서는 스스로의 역사적 판단을 기초로 독

---

13 그러한 역사의식이 가다머Hans-Georg Gadamer가 그의 철학적 해석학(대표적으로 Gadamer, 1982)에 제시된 현재의 인간과 과거의 인간 사이에 존재하는 동시대성Gleichzeitigkeit 개념의 핵심이라고 할 수 있다.

14 명사형은 'ekstase'(Heidegger, 1979: §.65). 이 표현은 하이데거가 희랍어 'ekstais[ek(out of)+stasis(state, place)]'에서 차용한 용어로서 현존재로서 인간이 고정된 체계와 기계적 삶을 스스로의 '결단Entschlossenheit'에 의해 '벗어난' 상태를 말하며, 인간은 그와 같은 결단의 연속을 통해 '진정한eigentlich' '시간성Zeitlichkeit'과 함께 '실존Existenz'을 실현시킨다는 하이데거 철학의 핵심적인 주장을 반영한다. 여기서 하이데거 철학의 역사의식과 관련된 의미에 대해 언급할 필요가 있다. 18~19세기의 역사주의자들은 인간의 삶에 대한 이해나 의미있는 행동이 이루어지기 위한 전제로서 역사성이나 역사의식을 강조했지만 그들은 역사성이 왜 인간 존재에 본원적인지에 대해 철학적 논증을 시도한 것은 아니었다. 하이데거 철학의 독보성이나 철학사적 공헌은 바로 그와 같은 시도를 한 데 있다. 그러나 그가 '철학사'로 완성되는 절대 정신의 자기완성을 향한 발전운동으로 요약되는 헤겔의 시간 개념을 과연 진정으로 극복했느냐 하는 것은 아직도 해명되어야 할 철학사적 연구 과제다. 또한 그의 철학이 미완성의 것이라는 사실의 징표라고 할 수 있는 정치철학의 부재와 관련된 것으로서, 그가 자신의 '역사성Geschichtlichkeit' 개념을 구체적인 역사적 맥락에서 설명하지 못한 점 역시 그의 철학의 근본 한계로 지적된다.

자적이고 능동적인 역사의식을 형성할 정도로 지적 능력을 가진 사람은 현실적으로 소수에 불과할지 모른다.[15] 그러나 비록 상대적으로 소수에 불과하다고 하더라도 역사의식을 갖춘 인간이 존재하기 마련인 국가 차원에서도 비슷한 현상은 일어날 수 있다.

하나의 민족이 독립된 국가를 이루지 못한 경우 국가를 이루어야 할 당위성은 신화의 형태이든 또는 체계적인 세계관의 형태이든 그 구성원에게 역사의식을 주입시켜야 할 필요성이 생기며, 민족 전체로 볼 때 그것은 공식화된 역사관의 형태로 나타난다. 제2부 7장에서 설명한 바와 같이, 유대 민족이 오랫동안 역사적 환란의 시대를 엮으면서도 구세주 사상 및 종말론 사상이라는 역사의식을 통해 민족적 정체성을 유지한 사례는 잘 알려져 있다. 내용상의 보편성이나 체계성의 수준을 떠나서 역사의식을 정립하지 못한 민족은 결코 국가를 이룰 수도 없거니와 점차 필연적으로 그 정체성을 잃어가면서 소멸할 수밖에 없다.[16] 그러므로 한 민족이 국가를 이

---

15 이 문제에 대해서는 좀더 조심스러운 이해를 요구한다. 왜냐하면 역사의식의 부재는 지성의 결함에서 유래할 수 있지만 특정 철학이나 세계관의 입장에서 역사성을 적극적으로 부정할 수도 있기 때문이다. 예를 들어 진정한 존재는 '하나one; 희랍어로 hen'이고, 하나이기 때문에 변할 수 없으며, 변하지 않기 때문에 영원하다는 파르메니데스Parmenides의 존재론은 ―그의 제자 제논Zenon의 재기 넘치는 '역설'들이 우화적寓話的으로 표현했듯이 ―결국 영원과 대비되어 시간은 존재하지 않으며 시간에 구속된 모든 유한한 존재 역시 존재하지 않는다는 결론을 함축하고 있다. 불교의 '색즉시공色卽是空'의 논리 또한 같다. 이러한 입장은 모든 '생성하는becoming' 것들의 존재성을 설명하지 못하기 때문에 절대적인 초월성이나 '무無'에의 도피가 논리적 귀결이다. 반면에 데카르트와 뉴턴에 의해 완성된 기계론적 세계관은 이 세계의 근본적인 구조로서 절대화된 시간·공간의 존재를 전제로 하기 때문에 과거·현재·미래는 시간적 즉각성instantaneity의 무차별적이고 무한한 연속성의 한 점들에 불과하므로 또 다른 의미에서 역사성이 부정될 수밖에 없다. 이 글에서 자세히 논의될 수는 없으나 현대 실증주의적 사회과학의 비역사성은 그러한 근대적 세계관을 무반성적으로 수용한 데서 찾을 수 있다(근대 과학의 '형이상학적' 전제로서 기계론적 세계관에 관해서는 Burtt, 1962; Butterfiled, 1957 등 참조).

루는 경우는 물론이고 단일 민족에 의한 국가 성립이 아닌 경우에도 한 국가의 존재는 그 국가가 성립하게 된 역사적 기원과 성립의 당위성, 그리고 국가 생활을 통해 미래에 실현되어야 할 보편적 가치와 이상에 대한 설명과 정당화가 필수적으로 요구된다는 의미에서 필연적으로 국가 차원의 역사의식 혹은 역사관을 전제로 한다.[17] 그러나 국가 체제가 정착되었을 경우, 다시 말해서 권력 체제가 공고화되고 정치·사회 질서가 제도적으로 안정화되었을 경우, 역사의식의 활성화는 바로 국가 혹은 권력 체제의 제도적 안정성과 양립할 수 없으므로 그것은 필연적으로 약화되거나 무력화

16 일반적으로 알려져 있듯이 유대인의 건국 신화가 기원전 8세기 시리아의 침입 등 역사적 환란기의 소산이며, 어느 민족이든지 대체로 신화의 탄생은 '신화 시대'의 소산이 아니라 역사 시대, 특히 민족이나 국가적 위기감의 산물이다. 모든 민족의 신화들이 공통적으로 우주의 탄생과 인류 및 자신들 역사의 출발을 서술하고 있다는 사실은 곧 신화란 역사 시대의 인간이 자신의 삶의 역사성을 의식하면서 그 기원과 전개 과정을 설명하려는 지적인 욕구가 발현된 결과라는 점을 암시한다. 이 점은 중국의 『서경書經』이 춘추 시대春秋時代의 공자에 의해 편찬이 완성되고, 본래 공간 개념인 '천하天下'란 말이 나타난 후 오래 지나서 시간과 공간이 합해진 개념인 '우주宇宙'란 말이 전국 시대戰國時代에야 쓰여지게 되었다는 사실(김충렬, 1988)에서도 확인된다. 희랍 신화는 각 시대의 명칭 자체가 '공간의식Ouranos — 시간의식Kronos — 역사의식Zeus'의 발전 단계를 보여 주며, 고전 시대의 희랍인이 자신의 시대를 제우스의 시대로 믿고 있었다는 사실은 곧 그러한 역사의식이 당시의 지배 질서를 정당화한다는 이데올로기적 기능도 수행했음을 증언한다. 이 글의 주제가 되는 단기연호의 배경인 단군 신화 역시 몽고 침략의 민족적 위기감 속에서 쓰여졌다는 사실도 위의 논리를 뒷받침한다.

17 단적으로 한국사 속에서도 신라의 경우를 통해 그에 해당하는 실례를 들 수 있다. 신라는 법흥왕 23(536)년에 '건원建元'이라는 연호를 처음 사용했다가 진흥왕 12(551)년 '개국開國'이라 개정했으며 동왕 29년에는 '대창大昌'으로, 33년에는 '홍제鴻濟'라고 연호를 고쳤다(『삼국사기』, 신라본기, 법흥왕 및 진흥왕 동년조同年條 참조). 그런데 이와 같은 연호의 변천 과정에서 우리는 다음과 같은 점을 엿볼 수 있다. 즉 법흥왕대의 '건원' 연호는 한漢 무제의 첫 연호를 그대로 사용했다고 치더라도, 이후 계속된 '개국', '대창', '홍제'는 신라의 국력이 가장 왕성했던 법흥왕대의 정치 방향과 궁극적인 이념이 투영된 것이다. 다시 말해서 그것은 각각 물리적 영토 확장에서 문물의 번창에로, 다시 진정한 공동체의 구원 관념이 투영된 홍익 이념에로 이전하고 있음을 확인할 수 있다.

될 수 있다. 그러한 이유와 관련하여 역사적 사례들을 통한 자세한 논의는 또 다른 방대한 연구를 필요로 하기 때문에 이 글의 범위를 벗어나지만, 그 이유는 국가의 본질적 속성에 비추어볼 때 충분히 파악될 수 있다.

국가의 본질적인 속성 가운데 하나가 권력 및 지배 체제이고, 그것의 현실적인 주체는 당대의 정치권력이며, 그러한 권력·지배 체제는 스스로의 존재를 정당화하고 영속화하려는 노력을 기울이기 마련이다. 이에 따라 그것은 신정神政 국가의 일반적인 경우에서 보듯이 스스로를 신이 부과한 질서나 권력으로 정당화하거나, 현대의 이른바 전체주의 국가에서와 같이 절대화된 이데올로기로서 기존의 지배 질서와 국가 목표를 절대화한다. 아니면 현대의 자본주의 국가의 일반적인 경향으로 나타나듯이 현실적으로 가능한 더 나은 대안은 없다는 식의 논리로써 기존 권력 체제의 고정 불변성과 함께 현재적 삶의 구조의 불가피성을 ― 절대성이 아니라면 ― 강조하게 된다.[18] 그러므로 국가 생활에서 역사의식의 활성화는 오히려 예외적인 현상이다. 현실적으로 역사의식의 활성화 및 사회 전체로의 확산은 권력자의 입장에서 통치의 안정성에 도움이 안 되고, 일반인의 입장에서도 그것은 대체로 일상 생활의 안정과 편안함 및 이익 추구와는 무관한 '비현실적'인 문제이기 때문에 그들이 역사의식에 동참한다는 것 ― 동참의 지적 수준 문제는 논외로 하고 ― 역시 예외적인 상황에서나 가능하다고 할 수 있다.[19] 그와 같은 일시적이고 예외적인 상황에서 벗어날수록 국

18 지배 질서의 유지나 변혁과 관련된 사회의식에 대한 연구로는 만하임(Mannheim, 1963)의 고전적인 저작이 있다. 다만 그의 연구는 '이데올로기'와 '유토피아'라는 도식화된 개념을 가지고 정치권력이나 구조를 설명하려 시도했기 때문에 의식 구조 자체의 보편성 문제나 '이데올로기'와 '유토피아'의 교차 및 상호 작용 속에서 이루어지는 사상사적 변화의 역동성을 설명하지 못하는 근본적인 한계를 지닌다.

19 그렇기 때문에 국가 생활에서 역사의식이 활성화되는 시기란 혁명과 같이 사회 전체의 전반적인 변혁기나 쿠데타와 같이 적어도 비제도적 방법에 의한 정치권력의 교체기에

가권력은 — 의도적이든 혹은 비의도적이든 — 역사의식의 약화나 공식화된 역사관을 고착화 또는 화석화시킬 가능성이 커진다. 이에 따라 국가 생활은 공식화되고 고착화된 목표에 종속된 효율적인 수단 혹은 방법 차원의 경영 문제로 전환되며, 이와 함께 과거는 또다시 현재와는 본질적으로 무관한 지나간 사실들의 시간적 집적일 뿐이고, 미래는 현재와 질적으로 구분될 필요가 없는 지금의 연속으로서 오직 시간적 간격일 뿐인 일상성으로 환원된다.

4. 한국인의 역사의식과 단기연호의 문제

결국 국가 생활에서 체제의 안정성과 역사의식의 활성화는 적어도 '현실의 한 측면에서' 양립하기 어렵다는 것을 의미한다. 그러나 그것은 바람직하지도 않을 뿐더러 어디까지나 현실의 한 측면일 뿐이다. 역사 자체에 대한 끊임없는 새로운 이해나 해석 노력을 통해 국가 생활에서 현실의 의미를 새롭게 해석 및 이해하고, 그것을 기초로 미래의 발전 방향을 모색·

새로운 권력을 장악한 집단의 주도로 이루어지는 것이 보통이다. 일시적이지만 역사의식의 활성화를 통해 새로 등장한 권력이 과거 역사에 대한 '나름대로의' 새로운 해석을 통해 자신의 등장에 내포된 역사적 필연성을 설명하고, 자신의 등장을 통해 미래에 이루어질 새로운 국가상이나 가치를 제시할 필요성을 갖게 되는 것은 당연하다. 일반인이 대중운동의 차원에서 그와 같은 변혁에 동참할 경우 — 특히 사회혁명의 경우 — 대체로 감정적인 흥분 상태에서 혹은 지식인의 담론을 모방하는 차원에서 역사의식의 활성화에 참여하는 것이 일반적이다. 그러나 이른바 혁명기의 열정이나 흥분 상태가 가라앉고 일상 생활로 돌아갈 때 그들은 앞에서 언급된 하이데거가 표현한 '일상성'에 다시 매몰될 가능성이 크다. 비록 논의 내용이 단편화되고 형식화되어 있는 단점이 있으나, 베버(Weber, 1978: chap. IX-ii)가 특히 카리스마적 지배 체제를 논의할 때 제시한 '일상화Veralltäglichung: routinization' 개념은 역사의식과 관련된 이러한 의미를 포괄한다고 할 것이다.

전개하려는 노력에 역사의식 활성화의 요체가 있다면, 그것은 어떠한 국가나 민족의 건전한 발전을 위해 필수적으로 요구될 뿐만 아니라 역사적 당위이며, 또한 그것이 국가 정체성 확립의 요체라고 할 수 있다. 그리고 그러한 작업이 일반 대중이나 사회 전체의 차원에서 이루어지지 못하더라도 그것의 수행은 바로 한 시대 지성의 본원적 과업이자 의무 가운데 하나라고 할 수 있다면, 역사의식의 문제는 필연적으로 지식인 사회에서 발생하는 모든 논의의 중심이자 궁극적인 귀결점이 될 수밖에 없다. 그렇기 때문에 역사의식의 문제에는 국가권력과 지성 사이의 숙명적 긴장 관계가 압축되어 있으며, 그와 같은 긴장 관계 속에서 한 민족의 지성이 수행하는 역사의식의 논의 내용이나 결과가 얼마나 자신의 고유한 문화나 전통에 입각해 있으면서도 동시에 인류 보편의 이상을 얼마나 풍부하고 포괄적으로 담고 있느냐 여부는 그 민족의 학문 및 지성 수준을 반영한다고 할 것이다.

한 민족에서 역사의식의 문제는 그러므로 그 민족의 정치사상사와 지성사의 근간을 이룬다고 할 수 있다. 이 점은 물론 한국의 경우에도 예외가 아니다. 이 글의 본격적인 주제는 아니지만 단군 신화의 탄생 자체가 당시의 국가권력이 뒷받침하는 중화주의적 역사의식에 대한 지성사적 도전의 출발이라고 할 수 있으며, 그러한 도전은 조선 후기에 이르러 본격적인 민족주의 운동의 이념적 모태로서 작용했다.[20] 물론 1948년 대한민국 건국 직후 단기연호를 채택하게 된 것도 역사의식과 관련한 그와 같은 오랜 동안의 지성사적 도전이 하나의 결실을 맺은 것이다. 왜냐하면 바로 연호라는 시간 측정 기준이야말로 국가의 차원에서 추구되는 시간의식, 곧 역사

20 비록 아직 거친 수준이기는 하지만 이 주제에 관한 개척자적 연구로서는 정영훈(1993) 참조.

의식의 표상 이외에 다름아니며, 단기연호의 제정은 바로 단군 및 단군 신화에 내포된 세계관을 과거와의 연속성 속에서 현재와 미래에 구현한다는 적극적인 역사의식의 표현이자 민족 및 국가 정체성 확립의 시도이기 때문이다. 또한 바로 그렇기 때문에 군사 정권에 의해 단기연호가 폐지되었다는 것은 그것이 표상하는 역사의식 자체의 폐기를 의미한다.

그런데 더욱 중요한 점은 단기연호의 폐지가 그것이 표상하는 역사의식을 좀더 체계화되고 보편적인 역사의식으로 대체한다는 지성적 탐색의 결과가 아니라 '편의'라는 몰沒지성적 판단의 결과라는 사실이다. 그것은 한편으로 군사 정권에서뿐만 아니라 그 이후 정권은 바뀌었어도 지금까지 이어지는 역사의식의 무화無化 또는 화석화 과정의 표현이자 국가 생활의 근본 문제에 대한 무반성적無反省的 사고의 반영이라고 할 수 있다. 그러나 다른 한편으로 그것은 또한 단기를 표상으로 하는 역사의식이 비록 그 이념적 맹아는 탁월하지만 명시적이고 풍부한 내용을 갖춘 체계적인 역사이념이나 세계관으로 승화·발전되지 못했다는 것의 표징이기도 하다. 다시 말해서 그것은 이 시대 한국 지성사의 빈곤을 표상한다.

그러므로 이 시점에서 단기연호를 다시 부활시키느냐 아니냐의 문제는 지성사적으로 적어도 긴급한 현안은 아니다. 아무리 그것을 통해 민족이나 국가의 정체성을 찾을 수 있고 이념적 통일의 기반이 될 수 있다는 주장이 제기되고 사회운동으로 표출되더라도, 지배 엘리트들뿐만 아니라 국민 전체가 국가 생활에서 역사의식의 의미가 무엇이냐에 대한 기초적인 이해가 결여되어 있을 경우 그러한 주장이나 운동은 '한가한' 사람들의 푸념으로밖에 사회적으로 받아들여지지 못한다.[21] 결국 단기연호 부활 여

21 별도의 세밀한 논구를 통한 결론으로서 제시되어야 할 주장이지만, 일시적으로 연호의 변경에 따르는 국가적인 비용이 들거나 다소 불편함이 있더라도 단기연호가 반드시 부활되어야 하고 서기와 병행 사용되어야 한다는 것이 지은이의 개인적인 입장이다. 그

부의 문제뿐만 아니라 국가 생활 차원에서 역사의식의 문제는 한국 민족의 역사적 기원이나 문화 및 정신사적 정체성의 근거가 무엇이냐의 문제일 뿐만 아니라, 궁극적으로는 이 민족이 국가 생활을 통해 추구해야 할 이념과 가치가 무엇이냐의 문제, 즉 국가 정체성의 문제이자 한국인이 역사의 주체로서 탐색·추구해야 할 정치철학적 이상이 무엇이냐의 근본 문제로 귀착된다. 그리고 그러한 문제에 대한 해명의 학문적 수준은 한국 지성 자체의 수준을 나타내며, 그러한 해명 작업을 통해 한국인의 역사의식을 발전시키고 이끌어가는 책임 또한 현대 한국 지성사에 부여된 민족사적 과제다.

물론 그러한 민족사적 과제는 분단된 국가로서 대한민국에만 해당되는 것은 아니다. 그것은 통일된 국가에도 당연히 해당된다. 다음 장에서는 역사의식 및 국가 정체성의 표상으로서 연호가 갖는 의미를 분단의 상황 및 통일 국가의 정체성 문제와의 연관 속에서 논의하게 될 것이다.

가장 근본적인 이유는 무엇보다도 지금까지의 역사학이나 국문학의 연구 결과가 고조선의 존재가 결코 허구가 아니라 역사적 사실임을 입증하고 있다는 믿음에 근거한다. 그리고 다른 가능한 연호들, 예를 들어 1948년 단기연호 제정 당시에 입법 과정에서 논의되었던 상하이임시정부 수립을 기점으로 하는 연호 사용은 그것에 의해 표상되는 자유민주주의의 이념적 가치가 무시될 이유는 없으나, 그것은 적어도 그 이전까지 전개된 민족사적 연속성을 반영하지 못하기 때문에 연호로서의 타당성이 제한되어 있다고 할 수 있다. 물론 단기연호는 위에서 논급한 바와 같이 단일민족으로서 한국 민족의 동일성과 역사적 연속성의 표상일 뿐만 아니라 단군 신화에 내포된 민족 탄생의 이념은 인류 보편의 이상을 담고 있으며, 한민족韓民族의 역사적 삶의 목표로서 끊임없이 추구할 만한 가치가 있다는 점 자체가 그것이 채택되어야 할 가장 근본적인 정당성을 제공한다.

제9장 단기연호와 통일국가의 정체성 문제*

논의의 편의상 앞 장의 내용을 간단히 정리하면서 이 장을 시작한다.

연호는 시간 측정 기준의 하나이며, 그것은 시간의식을 전제로 한다. 개인 차원에서 시간의식의 형성은 자아의식의 형성에 필수적일 뿐만 아니라 두 의식의 형성은 동시적으로 진행된다는 사실은 발달심리학의 연구, 특히 피아제로 대표되는 '형성인식론genetic epistemology' 연구를 통해 확인된 바 있다. 인간에게서 자아의식 또는 원초적 형태의 정체성 및 주체성은 인간이 자신의 공간적 존재를 시간적 연속성 속에서 파악할 수 있을 경우에만 존재하기 때문에, 시간성은 주체성의 본원적 요소이고 시간의식을 떠난 자아의식은 생각할 수 없다. 그런데 피아제 및 그의 학파의 연구는 원초적으로 형성된 그러한 자아의식이 언어 능력의 발전과 이에 병행하는 지식의 습득 및 확대 과정을 통해 지적으로 성장하는 과정에 대한 연구에 그쳤다는 데 근본적인 한계가 있다. 그들은 시간의식의 발전이 필연적으

---

* 이 장은 본디 지은이가 "단기연호와 통일: 연호 제정과 폐지의 남·북한 정치사와 역사의식, 그리고 통일국가의 정체성 문제"라는 제목으로 2007년 간행된 『한국정치학회보』 제41집 2호에 게재된 논문을 수정한 것이다.

로 나아가는 방향, 즉 개인 차원을 넘어서 사회나 국가의 연속성에 대한 의식, 다시 말해서 역사의식의 차원으로 개인이나 사회 전체의 정신세계가 성장하는 과정을 연구한 것은 아니라는 것이다. 그러한 차원의 연구는 심리학의 영역을 벗어난다. 다만 시간의식이 개인의 자아의식이나 정체성 및 주체성의 확립에 필수적이고 시간의식은 역사의식의 형태로 완성된다면, 역사의식을 떠나서 한 국가나 민족의 정체성이나 주체성의 확립은 불가능하다. 바로 역사의식의 확립을 떠나서는 한 국가나 민족이 스스로의 존재를 규정하고 세계를 주체적이고 능동적으로 해석하면서 자신의 삶을 주체적이고 능동적으로 추구할 수는 없다는 명제 속에서 연호와 국가 정체성 관계의 핵심을 발견할 수 있다.

고대 문명에서 공통적으로 발견되는 역법曆法의 탄생은 국가적 차원의 시간의식 형성의 결과라고 할 수 있다. 그런데 역법의 존재는 고대 문명의 발생과 시간적 궤를 같이하는 현상이지만, 연호의 존재는 오랫동안 동아시아 문명 특유의 현상이다. 그것은 시간의식이 역법이라는 소극적 차원을 벗어나 국가적 차원에서 좀더 명시화되고 체계적인 역사의식이 발전한 결과다. 그런데 국가 차원에는 언제나 정치권력의 쟁패 및 이에 따른 정당성의 문제가 개입되므로, 연호의 존재에는 언제나 국가 차원의 시간의식과 정권 차원의 시간의식 사이의 갈등이나 대립 속의 공존이라는 긴장 관계가 존재한다. 그러므로 연호는 한편으로 특정 권력이나 지배 질서에 절대화 또는 정당화를 시간성 속에서 추구하는 이데올로기적 기능을 하는 것도 사실이지만, 다른 한편으로 그러한 권력에 의해 통치되는 민족이나 국가가 스스로의 독자적인 시·공간의식, 즉 ……개인 차원의 주체성이 민족이나 국가 차원에서 형성될 수 있는 가능성도 시사한다. 다시 말해서, 중국의 역사가 생생하게 증언하듯이 연호를 왕조의 교체나 반란 진압 등 정치적 대사건이 있은 후 정권 차원의 '국면 전환용'으로 이용되는 것을 적절히 방지할 수 있다면, 연호라는 적극적인 역사의식의 표상은 민족이나 국가의 주체성을 고양시킬 수 있는 실천적이면서도 실용적인 수단이 될 수 있다. 그런데 연호가 갖는 그와 같은 심원한 수준의 실천성 및 실용성에도 불구하고, 역사의식에는 필연적으로 권력 구조의 문제가 따를 뿐만 아니라 현실적으로 개인 차원은 물론이고 국가 차원에서도 쉽게 활성화될 수 있는 성격을 갖고 있지 못하다는 사실이 그것의 실천성을 제약한다. 그러한 제약이 단기연호의 새로운 제정을 어렵게 만드는 요인이기도 하다. 아울러 그것은 또한 단기연호가 남북 통일에 대해 갖는 의미 및 통일국가의 정체성 문제의 의미를 해명하려는 이 장의 주제와도 직접 연관된다.

논의의 명증성을 위해 먼저 국가 정체성의 차원에서 남북 통일에 대한 개념 규정을 새롭게 제시할 필요가 있다. 남과 북이 역사적으로 오랫동안 한 민족 및 한 국가로서 존재해 왔다는 사실은 분단 이전에 그 내용이 무엇이든 또한 그 내용에 어떠한 갈등의 요소가 잠재되어 있는지의 문제를 떠나 일단 동일한 국가 정체성을 유지해 왔다는 것을 의미하며, 현재 남과 북이라는 두 국가 체제로 분리되어 있다는 사실은 물론 각각이 별개의 국가 정체성을 유지 및 지향하고 있음을 의미한다. 만일 한 국가 내에서 각각 추구하는 국가 정체성이 전혀 양립 불가능한 집단으로 분열되는 상황이 전개되었다면, 그러한 상황에서 국가의 분단은 당위성으로는 해결 불가능한 역사적 필연성인 것이다. 그리고 남북 통일을 지향한다는 것은 남과 북 각각이 그와같이 분리된 정체성을 유지하려는 노력과 더불어 분리된 상태를 넘어 하나의—반드시 통합이나 합일만이 아니라—정체성을 추구하려는 노력이 동시에 공존함을 의미한다. 다시 말해서 한편으로는 분리된 국가 정체성을 그대로 유지하려는 남북 각 국가 체제의 내적 구심력과 다른 한편으로는 그러한 분리된 정체성을 넘어 새로운 합일의 정체성을 추구하려는 외적 원심력, 두 대립된 정신적 힘의 방향이 동시적으로 공존하는 상태가 국가 정체성과 관련된 현재 한민족이 처한 분단 및 통일 지향의 상황이라는 것이다. 전쟁, 상대편 체제의 자체적 붕괴 시도, 또는 다른 수단을 통해 한 편이 다른 편을 흡수 통일하려는 노력이 구심력이 극대화된 경우라면, 현실성은 없지만 스스로의 국가 정체성을 포기한 채 상대편의 정체성 내용을 일방적으로 수용하려는 정책을 추구하는 경우가 있다면 그것은 원심력이 극대화된 경우다.

결국 단기연호와 통일의 문제는 통일에 대한 이와 같은 국가 정체성 차원의 개념 규정과 앞 장에서 서술한 연호의 본질적 성격 및 정치·사회적 기능에 대한 이해를 토대로 접근해야 할 것이다. 다시 말해서 연호의 설정 및 사용은 단순히 입법 및 시행의 문제가 아니라 국가적 차원에서 역사의식 정립의 문제라는 점, 그리고 역사의식은 국가 정체성의 문제를 필연적으로 내포하고 있다는 점, 국가 정체성 차원에서 통일이란 본질적으로 남한이나 북한 각각의 국가 체제가 추구하는 정체성이 다른 편의 그것을 종속시키거나 양편의 것을 종합한 새로운 국가 정체성의 창조라는 점 등이다. 따라서 연호와 통일의 관계란 기본적으로 남한과 북한 각각의 국가 체제 및 그 한계를 넘어선 차원에서 이루어지는 역사의식 정립의 문제이며, 이와 동시에 각각의 국가 체제가 이미 정립했거나 지향하는 역사의식의 경계를 넘어 추구해야 할 새로운 통일된 역사의식의 내용이 무엇이냐의 문제로 요약된다.

통일이라는 실천적 목표의 차원에서 이러한 문제는 구심력과 원심력이라는 두 극단적 입장 가운데 어느 한 편이 바람직하다든가 또는 두 극단 사이에서 어느 정도의 중간적 성격의 정책이 통일 방안으로서 바람직한가의 질문으로 귀결된다. 그런데 그러한 실천적 질문은 그것 자체만으로는 사실상 구체적 해답이 제시될 수 없는 추상적 성격의 것이다. 남한과 북한 각각이 제시하는 국가 정체성의 구체적 내용 및 형성 과정과 아울러 현재 추구하는 국가 정체성에 대한 이해 없이 그러한 질문은 제대로 해명될 수 없으며, 그것에 함축된 실천성 역시 그 실현이 보장될 수 없다. 그러한 해명이나 실천성의 실현은 다음과 같은 좀더 구체적이면서 상호 연관된 질문들의 제기 및 해명 노력을 요구한다.

1) 남과 북 각각의 국가 정체성이 구체적으로 어떠한 역사적 맥락에서 어떠한 수준의 공론 수렴 과정을 거쳐 얼마나 명시적이며 체계적으로 정립되어 있느냐다.
2) 각각의 국가 정체성이 기초하고 있는 역사의식 및 이념 내용은 무엇이고 어느 정도의 보편성 및 도덕적 정당성을 가지고 있느냐다.
3) 어느 편의 국가 정체성이 이념의 보편성 차원이나 민족사적 정통성 차원에서 상대적 우위에 있느냐다.
4) 만일 한 편의 상대적 우위가 다른 편의 일방적 종속을 정당화할 수 있는 정도가 아닐 경우, 각각의 정체성의 한계 및 상대성을 넘어 새로운 민족사적 정체성을 종합할 수 있는 가능성이 있다면 그것이 무엇이냐다.

방대한 연구 및 논의를 필요로 하는 이러한 질문의 해명을 위한 기초 작업으로서 이 장에서 수행해야 할 연구 과제가 등장한다. 그것은 바로 단기연호 자체에 대한 두 국가 체제 각각의 기본적 태도 및 그것과 관련된 법률이나 정책에 대한 분석이다. 왜냐하면 그러한 태도 및 법률과 정책 속에서 남과 북 각각의 국가 정체성과 직접 연관된 역사의식을 발견할 수 있기 때문이다.

단기연호에 대한 남한과 북한의 기본적 태도 및 그것과 관련된 법이나 정책에 필연적으로 함축된 역사의식의 문제를 검토할 경우 먼저 다음 한 가지 사항이 전제되어야 한다. 그것은 단기연호의 역사적 근거인 고조선이라는 국가 및 단군왕검의 역사적 실재성이다. 그것의 역사적 실재성 여부는 국사학계에서 이른바 실증사학과 민족사학 사이의 오랜 논쟁의 대상이었지만, 최근 20여 년 간의 '실증적인' 고대사 연구는 그것을 학문적으로 확인하는 방향으로 나아가고 있다는 것이다.[1] 무엇보다도 고조선 강토로 추정되는 지역에서 발굴된 청동기 유물의 존재는 그 역사적 존재성을 결정적으로 확인시켜 주는 자료다.[2] 그리고 무엇보다도 역사적 실증성은 역사가에게 그대로 주어져 있는 것이 아니라 새로운 사실의 발견·발굴에 따라서 끊임없이 새롭게 확립되는 것이 그 본질이므로, 현재 실증적인 자료가 없거나 부족하다고 해서 실증적 차원의 끊임없는 새로운 탐색 없이 『삼국유사』에 기록된 고조선에 관한 내용이 '신화적'이라는 이유로 그 존재를 부인하는 태도는 비과학적이고 비학문적일 뿐만 아니라 바로 비실증주의적이다.[3] 따라서 단기연호는 분명히 연호로서 역사적으로 그 근거를

---

1 대표적으로 윤내현(1994), 송호정(2003) 참조.

2 인류 역사에서 청동기 시대란 공통적으로 왕국이 출현하는 시기라는 사실이 특히 그 점을 뒷받침한다. 청동기 시대는 일반적으로 문자의 탄생에 의한 역사 시대의 시작을 의미한다. 또한 그것은 바로 청동의 야금술 자체가 증언하듯이 나름대로 고도의 장인 의식을 요구하는 제조업의 등장에 따르는 사회적 분업 체계의 발전, 이에 따른 잉여 생산, 화폐의 사용 및 상업의 확대 · 발전과 거대한 국내 · 국제 시장의 형성, 물질적 탐욕의 보편화와 부의 편중 및 사치와 향락, 각종 범죄, 거대한 국가권력을 정점으로 하는 사회적 계층 질서와 성문법 체계, 각종 살인 무기의 발달과 전쟁 등, 현대에 이르기까지 영속적으로 존재하면서 마치 인간의 삶에 필수적인 것처럼 된 요소들이 대체로 구비된 시기이기도 하다(청동기 시대 역사 및 청동기 문명의 일반적 성격에 관해서는 Drewss, 1993 참조).

3 이 점은 더 거슬러 올라가 『한단고기桓檀古記』 자체를 그 안에 기록된 몇 가지 문구를 기초로 위서僞書로 단정하면서 환국 및 그 왕들의 존재를 처음부터 무조건 부인하는 태도에도 해당된다. 물론 『한단고기』에 기록된 내용 모두를 역사적 사실로 처음부터 무조건 믿는 것은 비학문적이다. 그러나 인쇄술이 확립되기 전까지 서책이란 필사 과정에서 끊임없이 문구가 변하거나 첨삭될 수 있으므로, 그러한 문구의 존재는 그곳에 기

갖는다. 다만 역사의식 및 규범적 차원 그리고 남북 통일이라는 민족사적 목표에 대한 수단 차원에서 그것이 지닌 가치를 미리부터 단정하는 것은 비학문적이다. 이 장의 목적 가운데 하나가 부분적이나마 그러한 차원에서의 가치를 논증하려는 것이기도 하다.

이러한 전제 하에서 논의의 진행을 위해 일단 연호 및 단기연호와 관련된 남한과 북한 양측의 기본적인 정치사적 사실을 먼저 확인할 필요가 있다. 먼저 남한의 경우 단기연호는 건국 직후인 1948년 9월 25일 공포 번호 4호 '연호에 관한 법률'로 제정·시행되어 오다, 1961년 11월 21일 5·16 군사정권의 '국가재건최고회의'에서 가결되어 같은 해 12월 2일 공포된 법률인 공포 번호 775호 '연호에 관한 법률'을 통해 단기연호 사용은 폐지되고 서기연호의 사용만 채택되어 현재에 이른다. 북한의 경우는 건국 후 연호에 관한 법률을 별도로 제정하지 않은 채 서기연호만을 공식적으로 사용해 왔으며,[4] 김일성의 세 번째 기일忌日인 1997년 7월 8일 〈공동결정서〉를 통해 김일성의 출생 연도인 1912년을 원년으로 하는 '주체연호'를 제정하고 그것을 서기와 병행 사용하고 있다.[5] 이에 따라 북한에서

록된 모든 사실을 오류라고 단정할 수 있는 근거가 된다는 믿음 또한 오류다(이 점에 대해서는 양승태, 2006: 27 각주 #5 참조).

4 북한이 건국 후 연호에 관한 법률을 별도로 제정하지 않았다는 사실은 조금 의아하다. 그러나 지은이가 지금까지 북한 전문가들, 특히 북한 법률 전문 연구가를 통해 직·간접적으로 확인한 바로는 그러한 종류의 법률이 발견되지 않는다. 북한의 연호 사용에 관한 사실의 수집과 관련하여 여러 가지 도움을 준 통일원 산하 '통일교육원'의 이미경 박사에게 이 자리를 통해 감사드린다. 그 '의아한' 사실의 의미에 대해서는 앞으로 설명할 것이다.

5 〈공동결정서〉란 '조선로동당 중앙위원회, 조선로동당 중앙군사위원회, 조선민주주의인민공화국 국방위원회, 조선민주주의인민공화국 중앙인민위원회, 조선민주주의인민공화국 정무원'이 공동으로 "전체 당원들과 인민군 장병들, 인민들의 요구에 따라 이같이 결정한다"는 형식을 지칭하며, 이 결정서는 1997년 7월 10일자 노동신문을 통해 공표되었다. 이 결정서의 내용은 뒤에 가서 분석의 대상이 될 것이다.

는 현재 각종 공문서, 증명서, 유가증권, 출판물, 상표, 우표 등과 건축물, 기념물 등 연도를 표기하는 모든 대상에 '주체연호'를 표기하도록 의무화하고 있다. 그런데 북한의 '주체연호' 사용과 관련하여 한 가지 주목할 점은 연도 표기의 방식이다. 즉 '주체연호'를 먼저 쓰고 서기연호를 괄호 안에 쓰거나 단독으로 쓸 경우 '주체연호'만이 사용되며, 김일성 출생 연도인 1912년 이전은 서기로 표기하도록 되어 있다는 것이다. 이제 이러한 기본적 사실과 관련된 역사의식의 문제를 먼저 남한을 중심으로 검토하기로 한다.

1. 남한의 경우: 단기연호 제정과 폐지의 정치사와 역사의식

남한의 경우 건국 후 단기연호를 법으로 제정하게 된 역사적 배경에는 '일단' 한민족 고유의 정신적 전통인 선도仙道의 존재와 더불어 '단군민족주의'의 역사로 부를 수 있는 정신사의 흐름이 있다.[6] 즉 비록 불교와 유학 중심의 한국 정신사 일반에서 보면 조그만 지류에 해당하고 단속적으로 존재한 성격의 흐름이지만, 1281년 일연一然의 『삼국유사』를 필두로 일제 치하까지 민족사를 단군조선으로부터의 연속성 차원에서 이해하고, 그러한 이해를 바탕으로 민족의식을 고취시키려 노력한 지식인의 존재가 그것이다. 다시 말해서 몽고의 침략 앞에서 민족의식을 일깨우려는 의도가 분명한 일연一然이나 이승휴李承休(1224-1300)로부터, 주자학 이데올로기가

---

6 이에 관한 간략한 정리로는 정영훈(1993: 15-43 및 54-74) 참조. 정영훈의 논문은 단군민족주의의 여러 측면에 대한 개척자적 연구의 의의를 갖고 있다. 다만 전체적으로 소개 차원에 머무른 한계가 있으며, 특히 단군민족주의의 정신사 및 정치·사회사의 구체적인 역동성을 이해하기 위해서는 앞으로 그것의 역사적 전개 맥락 하나하나에 대한 좀더 자세하고 면밀한 연구가 필요하다.

지배했던 조선 시대에 중국 문명에 대한 무조건적인 숭배를 거부하고 고유의 세계관 및 정신적 전통과 가치관을 보존하려 노력한 소수의 유학자들, 일제 침략의 위협 및 이어지는 국권 피탈이라는 민족사적으로 참담한 현실을 단군민족주의의 고양을 통한 민족 정체성의 확립과 독립 투쟁의 정신적 에너지 확보 위에서 극복하려 노력한 나철羅喆의 대종교大倧教 및 여러 국학자들의 존재가 그것이다. 그것이 건국 후 단기연호법 제정의 오랜 정신사적 바탕이라면, 그러한 법 제정의 직접적인 배경은 바로 구한말부터 대중화되기 시작하여 일제의 극렬한 단군 말살 정책에도 불구하고 이어져 온 단기연호의 사용, 그리고 본디는 대종교의 축제였던 개천절 행사가 기독교를 포함하여 종파와 관계없이 민족의 제전으로 승화되어 거행된 것도 그 직접적인 배경이라고 할 것이다.[7]

해방 후 미군정기 동안 호적문서가 모두 단기로 정정되는 행정 작업이 이루어지고,[8] 건국 직후 단기연호와 개천절 국경일의 법 제정, 교육법 1조

---

7 단기연호 사용에 대한 최초의 기록은 『고려사』 권 112~열전 제25에 기록된 '백문보白文寶전'이다. 1909년에 창설된 대종교는 그것을 공식 연호로 채택한 최초의 단체이지만, 그 이전에도 단군을 민족의 공동 조상으로 간주하는 인식이 확산되면서 단기연호의 사용은 종파나 정파를 불문하고 다른 연호의 사용과 병기되는 형식으로 일반화되기 시작했다. 『대한매일신보』나 『황성신문』 등은 1906~7년경부터 연도 표기를 '대한개국', '서기', '음력', '일본명치' 등과 병기하면서도 '단군개국'을 제일 앞에 명기했고, 『독립신문』을 포함하여 천도교 계열의 『만세보』, 기독교 계열의 『예수교회보』, 최초의 지방신문인 『경남일보』, 미주에서 간행되던 교포신문인 『공립신보』와 『신한민보』도 비슷한 방식으로 단기연호를 표기했다. '3·1독립선언서'는 선언일을 '조선건국 4252년 3월 1일'로 표기했으며, 3·1운동을 전후하여 발표된 독립선언서들은 대개 단기연호를 사용했다. 해방 후 우익은 단기 혹은 임시정부 연호인 '대한민국연호'를 사용했고 좌익은 주로 서기연호를 사용했는데, 특히 좌익의 서기연호 사용은 북한의 연호 사용과 관련된 역사의식 문제를 이해하는 데 중요한 의미를 갖는다. 연호 사용과 관련된 이상의 사실에 관해서는 한국정신문화연구원이 간행한 『한국민족문화백과사전』의 '연호' 및 '단군 기원' 항목 참조.

8 이 사실은 『한국민족문화백과사전』에 언급되어 있으며, 제헌국회에서 '연호에 관한

에 홍익인간을 교육의 근본 이념으로 명시하는 등, 이러한 국가적 행위의 배경에는 분명히 그러한 단군민족주의의 역사가 있다. 그런데 그것만으로는 물론 단기연호가 법적으로 제도화된 과정에 대해 충분한 설명을 제공하지는 못한다. 무엇보다도 그것은 단기연호가 해방 후 현대한국사 60년에서도 짧은 기간인 10여 년 동안만 '일시적으로' 존속하다 폐지된 후 지금까지 부활하지 못하고 있는 운명을 제대로 설명하지 못한다. 단기연호의 문제는 그것의 존재가 적어도 현재까지 진행된 현대사의 시각에서는 오히려 일회성의 성격이 강하다는 엄연한 사실에 대한 인정에서 출발해야 한다는 것이다. 다시 말해서 건국 직후 이루어진 단기연호의 법 제정은 단군연호 사용에 대한 범국민 차원의 정서적 공감은 있었어도 단군민족주의에 대한 체계적인 이념적 이해가 범국민적으로 확산된 결과로 나타난 사건이 아니라는 사실이 중요하다. 그것은 주로 일제의 단군민족주의 말살 정책에 대한 정서적 반작용이 강할 수밖에 없는 해방 직후 분위기의 소산이다. 곧 전통 주자학, 식민사학, 기독교단 등 민족 내부에도 존재해 왔던 단군민족주의에 대한 반대 세력들이 해방 직후의 분위기 속에서 '일시적으로' 그 영향력을 강하게 행사할 수 없었던 상황과 더불어, 계속 이어진 남북 분단의 상황이 단군민족주의에 대한 또 다른 반대 세력인 공산주의자들마저도 완전히 침묵시킨 결과라고 할 수 있다.[9]

법률'의 입법 과정에서 황두연黃斗淵 의원의 질의 내용 속에서도 확인되고 있다('제헌국회 속기록' 제60호-1143. 공식적인 명칭은 '第一回 國會速記錄'). 그러한 행정 작업이 미군정의 지원, 묵인, 묵과, 또는 미인지 상태에서 이루어졌는지 여부는 사실 확인 차원에서 필요하다. 당시 미군정은 서기를 연호로 사용하고 있었기 때문에 더욱 그러하다. 필자의 추측으로는 당시 군정 지도부의 지적 수준을 고려할 때 그러한 작업의 정치적 중요성을 인식하지 못했을 가능성이 높으며, 따라서 그것의 진행을 알면서도 대수롭지 않은 일상적인 행정 행위로 묵인했을 가능성도 크다.

9 단군민족주의에 대한 "저항 세력의 대두"에 관한 간단한 정리도 정영훈(1993: 92-98) 참조.

어떠한 정치·사회적 제도라도 그것의 진정한 이해에는 그것이 제도로 정립될 수 있게 된 과정의 역사 및 정신사적 역동성, 특히 그것을 대치할 수 있거나 대안이 되는 제도 및 그러한 제도를 뒷받침하는 이념 사이의 상호 모순이나 대립·갈등 또는 경쟁 관계를 이해해야 한다. 이 점은 연호와 같이 역사의식이라는 필연적으로 거대 담론을 요구하는 경우일수록 더욱 그러하며, 단기연호의 경우에는 그것의 존폐 문제만이 아니라 이 글의 초점인 그것과 통일과의 관계를 이해하기 위해서도 특히 그러하다. 이와 관련해 먼저 지적되어야 할 것은 민족사 차원에서는 유감스러울 수도 있지만, 위에서 언급된 바와 같이 단군민족주의는 어쨌든 한국 역사 및 정신사에서 소수 지식인에 의해 추구된 '비주류'의 이념이며, 그것을 '비주류'로 머무르게 한 주자학 등 '주류' 이념의 지배, 그리고 개화 과정 및 그 이후의 근·현대사의 진행을 통해 도입 및 정착된 서구 이념의 지배를 단순히 민족적 정체성의 빈곤이나 주체성 또는 민족의식의 결여로 비판 또는 매도할 수는 없다는 점이다. 제7장에서 논급한 바와 같이 민족 신화의 정신사적 의미나 세계관의 본질에 대한 이해 수준 또는 단군민족주의에 대한 이해의 심도나 비판 근거의 타당성 여부 문제 등을 떠나, 그것에는 나름대로 '문명과 반反문명', '선진문화와 후진문화', '학문과 비非학문', '이성과 반反이성' 대립의 가치 판단이 내재해 있기 때문이다.

단군민족주의와 관련된 그러한 문제에 대한 자세한 논의는 이 글의 범위를 넘어선다. 다만 남한에서 단기연호의 제정과 폐지의 역사에도 한국 정신사에서 오랫동안 이어져 온 그러한 가치 판단 및 이념의 차이나 대립이 내재해 있음은 분명하며, 따라서 단기연호와 관련된 역사의식의 문제를 이해하기 위해 단군민족주의에 내포된 역사의식에 대한 이해와 동시에 그것을 중심으로 한 다른 역사의식들 사이의 대립·긴장 관계에 대한 이해가 필수적이다. 바로 그러한 대립·긴장 관계는 일단 건국 직후 '연호에 관한 법률'의 입법 과정을 증언하고 있는 '제1회 국회 속기록第一回 國會速記錄'이 — 앞으로 '속기록'으로 약기하고 직접 인용할 경우 원문의 한자를 한글로 바꾸어 표기할 것임 — 어느 정도 확인시켜 준다.

'속기록'에 따르면 제헌국회에서 연호의 사용을 법으로 규정하게 된 직접적이고 표면적인 계기는 건국 직후 연호 사용의 혼란으로서, 조헌영趙憲泳 의원이 질의를 통해 이 문제를 처음 제기하고, 김준연金俊淵, 서우석徐禹錫 의원 등의 찬성 발언을 통해 국회에서의 논의가 공식화되었다.[10] 해방 후 군정 하에서 호적 표기를 단기로 정정하는 행정 작업이 진행되었음은 이미 지적한 바 있다. 제헌헌법 역시 그 '전문前文'을 통해 그 제정 연도를 "단기 4281년 7월 20일 이 헌법을 제정한다"라고 명문明文으로 표기하고 있고, 국회 또한 일관되게 모든 공문서를 단기로 연도를 표기하고 있었다. 반면에 이승만 대통령은 취임식 선서문에서 그 취임 연도를 "대한민국 30년大韓民國 三十年"으로 표기했고, 그의 행정부가 모든 공문서에 바로 그 '대한민국연호'를 사용한 것이 논란의 단초다.[11] 그리고 그러한 혼란은 사법부의 수장인 대법원장이 국회에서의 취임선서에서 그 취임일을 서기西紀로 표기하여 더욱 가중되었다.[12]

국가기관들이 사용하는 연호가 각각 다르다는 사실은 분명히 통치의 혼란을 의미하지만, 그렇다고 해서 그것이 현실 정치에서 반드시 역사의식의 문제를 제기할 것이라는 필연성은 없다. 그것은 역사의식이 아닌 헌법 위반의 문제라든가 또는 단순히 공문서 형식의 통일이라는 행정상 문제의

10 특히 김준연 의원은 헌법 '전문前文'의 표기를 근거로 헌법 준수 차원에서 이 문제를 시급히 해결할 필요성을 강조했다(이에 관해서는 '속기록' 제40호-761 참조).

11 앞에서 이미 언급했듯이 1919년 상하이上海임시정부 수립을 원년으로 표기하는 연호이며, '대한' 또는 '민국'으로 약기略記되기도 한다.

12 이러한 사실은 김명동金明東 의원이 질의를 통해 지적하고 있다('속기록' 제42호-803).

차원에서 제기되고 해결될 수도 있다. 그런데 제헌국회의 속기록은 당시 논의에 참여한 많은 국회의원이 이 문제를 심원한 역사관 차원까지는 아니더라도 적어도 헌법 위반이나 행정상의 일관성 차원의 문제로 이해하는 수준은 벗어나 있으며, 개념적으로 명증한 인식 수준은 아니더라도 적어도 연호가 역사의식 및 국가 정체성 문제와 연관되어 있다는 정도 수준의 이해는 분명히 보여 주고 있다. 이 점은 특히 연호 문제를 국회의 의결 형식으로 정부에 즉각 단기연호를 사용하도록 요청하는 차원에서 해결할 것이 아니라 별도의 법률로 규정할 필요가 있는 중요한 문제로 다루어야 한다는 당시 신익희申翼熙 국회의장의 제안을 비롯해,[13] 대한민국연호의 사용을 찬성하는 신성균申性均 의원의 발언,[14] 고유 연호 사용을 민족 정기를 "천년 만년 살리기 위한" 수단으로 인식한 이주형李周衡 의원 및 황두연 의원의 발언(각각 '속기록' 제60호-1139 및 1141),[15] 연호 문제를 "국시國是의 관계상 중차대한" 것으로 강조한 조국현曺國鉉 의원('속기록' 제

13 그의 말을 그대로 인용하면, "(단기연호는) 합법적으로 전 인민의 의사를 표시해서 작성된 것이 아니라 일본 통치 밑에서 일본놈의 연호를 쓰다가 일본제국주의가 패망되자 우리는 우리의 연호를 쓰게 될 때에 단군 기원이 아마 여럿이 부르기로 되어 그대로 다 써 내려온 줄 압니다. 간략하게 얘기하면 이 단기는 우리의 민의의 반영이라고 하는 사실적 존재라고 생각합니다. 그러므로 연호를 사용하자면 우리 적법 기관에서 식을 갖추어서 정식으로 통과된 이후에야 완전히 작정될 줄 압니다"('속기록' 40호-764). 이 말에는 '일본놈'의 연호와 구분된 우리 고유의 연호로서 단군연호에 대한 인식이 나타나 있으며, 아울러 연호는 단순히 일반인의 관행 차원에서가 아니라 법으로 규정하여 국가 제도 차원에서 사용될 중요 사안이라는 인식이 나타나 있다.

14 마찬가지로 그의 말을 그대로 인용하면, "우리가 대한민국 30년을 쓰게 된 원인은 헌법 전문에 정신도 있고 대개 대내·대외에서 우리가 일정 36년간에 완전히 일본놈 세력 하에 있는 것이 아니고 우리가 엄연히 독립의 회생이 있었다는 것을 표시하는 유일의 방법으로 생각합니다"('속기록' 제59호-1112).

15 황두연 의원은 특히 대한연호보다 단기연호의 사용을 찬성하면서, "단기연호를 써야 될 것은 우리 자손들로 하여금 역사를 잘 기억하게 하는 동시에 또한 민족 정기를 완전히 살리기 위해 대한연호보다도 단기연호를 써야 근본 근원을 알 수가 있다"고 말했다.

60호-1141) 등등의 발언이 증언하고 있다.

어쨌든 제헌국회는 연호 문제를 쉽게 결정하지 않고 '법제사법위원회'의 별도 심의 사항으로 의결함으로써 그것이 내포한 국가적 중대성을 나름대로 공식적으로 인정하게 된다. 본회의로부터 연호 문제의 심의를 위임받은 '법제사법위원회'는 연호 문제의 전문적인 논의를 위해 위촉할 '민간의 역사가나 권위 있는 인사'로서 서울대학 총장, 고려대학 총장, 동국대학 총장, 동아일보 사장, 그리고 국학자 정인보鄭寅普를 선정했으며, "그러한 결과 …… 단군 기원을 쓰는 것이 가장 적당하고 무난하겠다는 의견이 대다수"였다고 보고했다('속기록' 제59호-1112).[16] 이러한 의견이 결국 본회의에서 '연호에 관한 법률' 형태로 재석 133인에 가 106인, 부 5인의 압도적 다수로 가결되어 제도적으로 확립된 것이다.

이러한 입법 과정에서 주목할 사실은 연호의 결정이 단기연호와 대한민국연호 사이의 선택의 문제였으며, 서기연호는 실질적으로 논의의 대상에서 제외되어 있었다는 점이다. 이 점은 한편으로 극심했던 좌·우익 대립의 결과 북한의 서기연호 사용에 대한 감정적 반작용의 의미와 더불어,[17] '민간의 권위 있는 인사들' 가운데 서기 사용을 주장할 가능성이 큰 기독교 계통의 인사는 포함되어 있지 않았다는 사실과 관련이 있을 수 있다.[18] 다른 한편으로 그것은 당시의 상황을 고려할 때 당연한 결과일 수도 있다.

16 당시 서울대 총장은 홍사단興士團 출신의 장이욱張利郁, 고려대 총장은 유학자 현상윤玄相允, 불교계인 동국대 학장(이 당시 직함은 학장)은 김영수金暎遂, 동아일보 사장은 김성수金性洙인데, 이들 각각이 개진한 의견이나 주장 내용이 무엇인지는 앞으로의 연구를 위한 자료 발굴의 대상이다. 국학자인 정인보는 대표적인 단군민족주의 이론가이므로 그가 개진한 의견은 충분히 짐작할 수 있다.

17 이 점은 1961년 단기연호 폐지 당시 그것에 대한 찬반 논리를 개진한 동아일보(1961.11.13), 조선일보(1961.11.12)의 사설에서도 확인되고 있다.

18 그것에 당시 정국을 주도한 한민당韓民黨의 정치적인 의도가 개입되었는지 여부 역시 앞으로 확인할 문제다.

즉 일제하에서 종파와 정파를 초월하여 단기가 공통적으로 사용된 선례가 강력하게 작용했을 수 있으며, 또한 각 정파나 종파는 스스로의 정체성을 상징하는 — 대체로 교주나 창설자의 출생 연도나 창립 연도 등 — 고유의 연대 표기를 병행할 수 있었기 때문에 기독교계로서도 굳이 서기 사용을 강력히 주장할 절박한 이유가 없었을 것이기 때문이다.[19] 이와 더불어, 국가 연호를 제정하는 데 민족 정체성을 상징하는 단기연호와 국가 정체성을 상징하는 대한민국연호 이외에 당시로서는 '일개' 종파 또는 미국 등 서구 국가의 외래 연호에 불과한 서기의 사용을 주장함은 일단 다른 정파나 종파가 용인할 수 없었을 것이며, 특히 일제라는 '외국' 지배로부터의 해방 및 독립국가의 창설이라는 당시의 분위기 속에서는 더욱 그러했을 것으로 추측된다.

어쨌든 단기는 이와같이 국가 연호로 별 어려움 없이 입법화된 것이며, 그러한 입법 과정에 역사의식 및 민족 또는 국가 정체성의 확립 차원에서 연호가 갖는 중요성에 대한 나름대로의 인식이 나타나 있음은 분명하다. 그런데 주지하듯이 바로 이로부터 10여 년 후 민족 정체성을 상징하는 그 단기연호가 5·16 군사정권에 의해 폐기되고, 또한 바로 '일개' 종파의 연호이자 외래 연호였던 서기연호가 그것을 대체하게 된다. 이 '사건'을 단순히 당시 집권층인 군인들이 교양이 없었기 때문이라거나 또는 주체성이나 역사의식에 대한 자각이 없어서 연호라는 민족정신사 차원에서 지극히 중요한 문제를 가볍게 처리한 무모한 결정이었다고 쉽게 간주하는 것은 잘못이다. 그것은 그들 자신이 정치적 표어이자 정책 목표로 제시한 '근대화'라는 이름의 나름대로의 새로운 민족적 주체성 확립 및 미래 지향의

19 실제로 당시 기독교계 자체가 단기연호의 사용을 적어도 공개적으로 강렬하게 반대했다는 기록은 발견되지 않는다.

새로운 역사의식 창조 노력으로 이해할 수도 있다.[20] 그리고 이 '사건'과 관련하여 더욱 주목할 점이자 단기연호 및 단군민족주의 문제가 현대 한국 정신사에 제기하는 의미를 이해하는 데 중요한 사실은 당시 단기연호의 폐지에 대한 반대 세력이 결코 사회적 다수라고 할 수 없고,[21] 정치·사회적 반대운동 또한 그리 강렬했다고 볼 수 없으며,[22] 군사정권의 존속과 병행하여 점차 확산된 '민주화' 운동과는 달리 단기연호 폐지의 반대운동 및 그것의 부활 노력은 하나의 지속적인 정치·사회적 운동으로 확산되지 않았다는 것이다.[23]

문제는 이른바 근대화라는 이름의 새로운 민족적 주체성의 확립이나 역

---

20 이 점은 비록 체계적인 이념 개진 수준은 아니지만 당시 경향신문이 사설(1961.11.13)을 통해 밝힌 서기연호 사용 찬성 논리에 반영되어 있다. 즉 '어떤 역사가'의 말을 인용하는 형식으로 "역사는 사람들이 만드는 것이며," 서기의 사용에는 "내 것과 남의 것을 신중히 비교 고량比較考量한 끝에 좀더 가치 있는 것을 택하겠다는 객관적인 가치 판단이 엄연한 기준으로 되어 있다"는 논리다. 이 사설은 그 전날 조선일보 사설에 제시된 반대 논리 가운데 전통의 중요성을 강조한 부분에 대한 반박의 성격을 갖고 있다. 물론 여기서 가치 있다고 믿는 대상은 서구의 것임이 분명하다.

22 참고로 당시 국가재건최고회의가 '연호에 관한 법률'의 개정과 관련하여 1961년 11월 실시한 여론조사 결과에 따르면, 표본 수 2,393인 가운데 단기연호 폐지 반대는 27.1%, 찬성 35.5%, 모르겠다 37.2%, 무응답 0.2%이다. 표본 대상 가운데 고졸 이상 학력자군은 4.1%에 해당하는 107명인데, 그들 가운데 찬성은 압도적 다수인 73%에 해당하는 78명, 반대 28명(26%), 모르겠다 1명으로 나타났다. 물론 이것은 어디까지나 참고 사항이며, 표본 추출 방식을 포함하여 여론조사 방법의 타당성 여부는 별도의 검토 대상이다(이상 1961년 11월 16일자 국가재건최고회의 '연호에 관한 법률안'에 첨부된 '제안이유서' 11쪽 참조. 앞으로 이 법률안은 '61년 연호 법률안'으로 약기).

22 이 점은 앞서 인용한 1961년 11월 12일자 사설을 통해 반대 의견을 표명했던 조선일보가 '61년 연호 법률'이 공포된 다음 날인 1961년 12월 3일자 사설을 통해 표명한 입장 속에 잘 나타나 있다. 즉 그 사설은 연호 문제가 비록 그와같이 경박하게 처리된 것은 불만이지만, "법률로써 공포된 만큼 서력연호 변경에 대해 더 이상 언급코자 하지 않겠다"는 의사를 표명하고 있다.

23 만일 현재 단기연호의 부활 문제를 중심으로 여론조사를 실시할 경우 그 결과가 어떠할지 궁금하다.

사의식의 창조가 진정한 의미에서 얼마나 새롭고, 진정한 의미에서 얼마나 보편적인 내용 및 가치를 지닌 주체성의 이념이며 역사의식이냐는 점에 있다. 이 문제에 대한 자세한 논의 역시 이 글의 범위를 벗어나지만, 이에 대한 간단한 설명을 위해 지적해야 할 한 가지 사실이 있으며, 그것은 한국 현대 정신사에 나타난 역사의식의 이해에 중요한 단서를 제공한다. 그것은 바로 두 연호 제정 절차상의 차이다. 단기연호의 제정이 구한말부터 일제 통치 시대로 이어지면서 오랫동안 지속된 단군민족주의 운동의 결과 형성된 국민적 공감대의 기초 위에서 나름대로의 진지한 논의 및 검토 과정의 결과로 이루어진 것이라면, 단기연호의 폐지 및 서기연호의 제정은 앞서 언급한 여론조사를 포함하여 일간 신문의 사설을 통한 찬반 논의는 있었지만 제헌국회의 입법 과정에서와 같은 진지한 논의 및 검토 과정이 거의 생략된 채 이후 계속된 군사정권 특유의 '밀어붙이기' 형식으로 '손쉽게' 이루어진 점이 그것이다. 이와 관련하여 특히 주목할 것은 '61년 연호 법률안'에 첨부된 '제안이유서' 가운데 그 법안의 정당성 논리가 군대 브리핑 차트 형식으로 간략하게 제시된 '참모연구서參謀研究書'다.

'참모연구서'는 단기연호 폐지의 주요 이유로서 지극히 간단하게, "現在使用中인 檀紀年號는 外交面을 위시하여 一般行政에 많은 隘路와 缺點이 있다"는 것(5쪽)과, "유엔을 비롯한 모든 國際機構와 대부분의 先進諸國에서는 西紀年號를 共通으로 使用하고 있으며 極少數의 亞細亞的 國粹主義國家에서만 自國의 開國起源 및 王의 卽位年代에 依한 年號를 使用하고 있다(例, 中國, 日本)"는 점(6쪽)을 제시한다. 그것은 이어서 사용상의 결점을 다음과 같이 지적하고 있다. 즉 對內文書는 檀紀로, 對外文書는 西紀로 표기하는 데 따라 통일을 기하지 못하고 있으며(6-7쪽), "西紀와 檀紀年號 間의 換算을 爲하여 不必要한 努力을 浪費하고" 있고(7

쪽), "事實上 二重年號를 使用하므로 因하여 年代에 關한 개념에 混亂을 일으키고" 있으며(7쪽), "對外的으로 國粹主義的이고 國際協力에 等閒한 듯한 印象을 주기 쉽다"(8쪽)는 것이었다. 바로 이 '국수주의자들'의 반대를 특히 염두에 두어 '참모연구서'는 '國內輿論 調整'의 필요성을 제기하면서 앞서 인용된 여론조사 결과를 제시한 것이며(11쪽), 이를 권위적으로 뒷받침하기 위해 "柳洪烈(서울大學校 總長署理) 教授를 비롯한 史·學界 權威者들의 의견은 檀君 紀元의 神話的 非合理性을 指摘하고 西曆紀元의 使用에 積極 贊意를 표명"(11-12쪽)했다는 '사실'을 제시하면서 간단하게 서기 사용 정당화 논리를 끝맺는다.

당시 주요 일간 신문의 필진이 연호의 변경을 도량형의 변경 정도로 이해하고 있었으므로,[24] 당시의 군사 정권이 연호 변경에 대한 정당화 논리를 브리핑 차트 형식의 단순화된 간단한 문장으로 행정상의 불편을 그 주요 내용으로 당당하게 제시하고, 단기연호 폐지 반대론자를 '합리적'이고 '현대적'인 시간 측정 방법조차 무시하는 비합리적이고 고루한 국수주의자로 손쉽게 매도한 사실이 한편 그리 기이하게 느껴지지 않을 수도 있다. 그러나 다른 한편으로 건국 직후의 단기연호 제정 과정과 비교해 보면 기이한 느낌을 지울 수 없다. 그 '짧은' 10여 년 사이에 어떠한 정신사적 변화가 일어나서 그와 같은 무교양이 '당당하게' 표현되었고, 민족 고유의 전통 및 세계관에 대한 애착과 더불어 민족사적 시간의식의 형성을 통해 민족 정체성을 유지하려는 노력을 '과감하게' 국수주의라는 말로 간단히 도외시할 수 있게 되었는지, 다시 말해서 어떻게 그와 같은 '새로운' 정신적 분위기가 형성되어 있었는지 당연히 의문이 제기된다.[25]

---

24 1961년 11월 13일자 동아일보 사설.

25 이 글에서는 군사정권이 단기연호의 폐지를 추진하게 된 직접적인 정치적 이유나 동기에 대해서는 논의하지 않는다. 물론 그러한 차원의 사실 구명도 중요하지만, 그러한 작

그러한 정신사적 변화에 대한 자세한 설명은 현대 한국사 전반에 대한 이해와 더불어 한국 내 여러 사회 세력 사이의 이념적 관계와 정치·사회적 역학 관계 및 그 역사적 변화에 대한 연구를 필요로 하며, 가장 근본적으로는 한국 인문·사회과학의 학문적 수준 및 그것의 사회적 기능과 영향력에 대한 평가 문제를 포함해 현대 한국 지성사의 변화 과정 전체에 대한 탐구를 필요로 한다. 물론 그와 같은 방대한 작업을 이 글에서 시도할 수는 없으며, 그것은 당연히 앞으로의 연구 과제로 주어져 있다.[26] 그러나

업은 이 글의 목적을 벗어날 뿐더러 단기연호 문제에 대한 근원적인 이해는 되지 못하기 때문이다. 예를 들어 1987년에 '범불교단기연호되찾기국민운동본부'가 간행한 「민족의 뿌리 단기연호를 되찾자」 제하의 팸플릿은 군사정권의 단기연호 폐지를 '현대판 삼전도 협약'에 비유하면서 그것의 정치적 배경을 추정 형식으로 다음과 같이 '폭로'한 바 있다. 즉 1961년 11월 당시 박정희 최고회의 의장이 미국을 방문하여 11월 13일 택악관에서 케네디 대통령과 회담 시, 케네디는 박의장에게 "한국의 독자적인 연호(단기)의 폐지와 서기연호의 전용을 종용했고, 이것을 박의장은 쉽게 수락해 버렸다"는 것이다(12쪽). 이 '비화'는 시기상으로나 당시 한미 관계의 성격으로 봐서 충분히 사실일 수 있는 개연성이 있다. 그러나 지은이가 지금까지 당시의 외교문서를 조사한 바로는 두 사람 사이에 그러한 대화가 있었다는 기록을 발견할 수 없으며, 따라서 현재로서는 그것의 사실성을 확인할 수는 없다. 물론 앞으로 새로운 비밀 문건이 해제되거나 발견될 수도 있으므로 그것이 사실로 나타날 가능성을 전혀 배제할 필요는 없다. 다만 그것이 사실일 경우에도 그것을 굳이 '굴욕적인 삼전도 협약'에 비유할 이유는 없을 것 같다. 그것은 일본의 메이지유신을 원형으로 박정희 스스로 갖고 있었던 서구화로서의 근대화 신념과 한국인의 의식을 서구적 세계관에 종속시킬 필요성 정도는 충분히 인식할 수도 있는 케네디 행정부 또는 케네디 개인의 '충고'가 일치한 것으로 해석함이 타당할 것이다. 이 점은 단기연호의 제정과 폐지와 관련된 역사의식 및 현대 한국 정신사의 이해와도 연관된다.

26 한국 근·현대사뿐만 아니라 한국사 전반에 걸친 역사의식의 변화에 대한 서술은 정치사와 사상사 및 지성사를 역동적으로 종합하는 한국 정신사 전체에 대한 연구를 필요로 하는 방대한 작업이며, 한국 학계에서는 아직 그러한 연구가 시도되지 않은 상황이라고 할 수 있다. 참고로 진덕규의 저작(진덕규, 2000: 특히 제5장)은 현대 한국 정치사와 관련된 정치문화와 이데올로기에 대한 공시적 차원의 —통시적 차원이 아닌 —서술이며, 역사의식의 변화를 직접 연구 대상으로 하거나 정치사적 변화의 기저에 흐르는 정신사의 변화에 대한 서술 목적의 연구는 아니다. 그렇지만 그것은 앞으로 그러한 차

적어도 그러한 방대한 연구에 대한 시론 차원에서, 그리고 그 문제를 연호와 민족 주체성, 국가 정체성, 역사의식 등과의 관계 문제에 한정할 경우 다음과 같은 설명 정도는 제시할 수 있을 것이다.

일단 먼저 한국 근대사 맥락에서 민족 주체성 문제의 근저에 있는 중요한 사실을 지적할 필요가 있다. 그것은 바로 구한말 단군민족주의를 본격적으로 등장시킨 직접적인 동인動因이라고 할 일본의 침략 및 이어지는 식민 통치가 갖는 양면성이다. 즉 그것은 민족의 존속이라는 민족 정체성의 절대적인 전제 자체에 대한 위협의 성격과 더불어, 일제의 의도 여부를 떠나서 서구적 근대성이라는 새로운 문화 또는 새로운 세계관 및 가치의 전달 및 이식자라는 성격을 동시에 갖고 있다는 사실이다. 그 두 측면은 일단 상반되지만 반드시 서로 양립 불가의 모순 관계일 이유는 없다. 이 글의 결론 부분에서 다시 논급되겠지만, 민족 정체성이란 언제나 변화될 수 있고 다른 문화를 수용하면서 새롭게 형성될 수 있는 것이며, 경우에 따라서는 완전히 새롭게 탈바꿈할 수 있는 것이기도 하다. 따라서 만일 단군신화에 내포된 세계관을 포함해 기존의 정체성을 구성하는 전통적인 세계관이나 가치 및 이에 기반을 둔 풍속과 관습 등이 전혀 무가치한 것이라면, 그것을 폐기하고 새로운 세계관이나 가치 및 그것에 기반을 둔 풍속과 관습 또는 제도를 그대로 수용하면서 정체성을 완전히 새롭게 형성할 수도 있다. 그럼에도 불구하고 문제는 남아 있다.

인류 역사상 특정 문화가 절대적인 보편성을 획득한 경우는 없다. 이미

원의 연구를 위한 기초적인 연구로서의 가치는 충분히 인정될 수 있다. 여기서 강조되어야 할 점은 정치문화나 이데올로기의 가장 본질적인 요소는 바로 역사의식이며, 한 국가에서 특정 시대의 정치문화나 이데올로기에 대한 진정한 이해의 핵심은 그것들을 단순히 객체화된 경험적 현상으로서가 아니라 전체적인 정신사적 변화 과정의 한 계기로 파악하는 데 있다는 것이다.

잘 알려져 있듯이 인류 문화는 언제나 문화 사이의 상호 교류 및 상호 작용의 끊임없는 시간적 연쇄 속에서 발전해 왔으며, 한 시대에 인류 문화를 주도하는 국가나 민족은 있어도 그것을 영원히 독점하는 민족은 없다. 따라서 한 민족이 자신의 고유 문화에 무조건 집착하거나 다른 문화에 일방적인 종속을 통해 한 차원 높은 보편성을 갖춘 민족 정체성을 실현하는 경우란 실제로 존재할 수 없다. 한 민족이 다른 문화에 접하여 기존의 민족 정체성을 한 차원 높게 발전시키려면 바로 그 다른 문화의 성격이나 내용에 대한 고도의 지적 판단과 아울러 자신의 고유문화에 대한 새로운 자기 성찰이 뒷받침된 민족문화 전체 차원의 노력이 필요한 것이다.

여기서 단기연호의 '비극'이 설명될 수 있다. 간단히 말해 단기연호의 제정을 통한 민족 정체성 유지의 노력은 일제 강점 및 통치가 한국 역사 및 정신사에 대해 갖는 이중성을 진정으로 극복하지 못한 데 있다. 즉 일제의 식민 통치는 한국 민족의 정체성을 말살하려는 의도가 있지만 동시에 그것은 근대 서구 문화라는 새로운 문화의 전달이라는 기능도 했다는 이중성을 가진다. 그런데 단군민족주의는 그러한 이중성을 이용해 민족 정체성을 새롭고 창조적인 차원으로 승화시키지 못한 채 연호의 제정이라는 '행사'에 그친 데서 그 비극성을 찾을 수 있다. 다시 말해서 건국 직후 단기연호 사용의 법제화는 분명히 민족 정체성의 확립 목적 차원에서 이루어졌지만, 국민에게 연호라는 연대 측정의 형식만 불쑥 던져 준 채 그것을 이념적으로 뒷받침하는 구체적이고 체계적인 역사의식을 제공하지 못한 사실에서 단기연호가 단명으로 끝나게 된 근본적인 원인을 찾을 수 있다. 단군민족주의는 단군 신화 자체에 내포된 세계관의 보편성에 대한 깊은 탐구를 비롯해 일제가 물러간 후 독자적이면서 자율적으로 이루어질 수 있는 서구 문화에 대한 깊은 이해 등, 새로운 역사적 상황에서 민족 정체성을 새롭고 창조적으로 승화·발전시키는 노력을 제대로 수행하지 못한 책임을 면할 수 없는 것이다. 그러한 정신사적 상황을 더욱 악화시킨 것은 6·25 내전이다.

6·25 내전은 일단 정인보 등 그와 같은 새로운 정체성 확립 노력을 주도할 수도 있었던 지식인들이 납북되는 상황이 벌어지게 만들었다.[27] 그런데 정전 후 더욱 경직화된 냉전 체제는 단기연호의 비극성을 더욱 심화시키게 된다. 그것은 바로 '반공 이데올로기'의 등장 및 미국에의 일방적인 안보 의존이 현대 한국 정신사에 끼친 영향을 지칭한다. 그것은 좌·우의 분열이 대립의 차원을 넘어 상대방의 절멸이 한쪽의 생존을 의미한다는 논리가 지배하게 됨을 의미한다. 이에 따라 좌·우 대립의 완충 역할을 할 수 있었던 단군민족주의를 포함한 민족주의 세력이 실질적으로 무력하게 되었고, 해방 이후 건국 초까지 적어도 소극적 차원의 영향력 행사에 머물러 있던 부일附日 세력—위에서 언급한 근대화의 추구 및 서구 문화의 전달자로서 일본에 친밀감을 갖고 나름대로 일본을 이용하려 했던 친일親日 세력과 구분할 필요가 있다—조차 갑자기 '친미親美주의자'로 변신하면서 서구 문화의 경박한 추종과 일방적 수입에 앞장서게 되는 상황이 도래하게 되었다.

그러한 결과, 단군민족주의를 포함해 민족이나 국가의 정체성에 대한 탐구 노력 자체가 비현실적인 인간들의 한가한 한풀이 정도로 비하되고, 공산주의에 대한 반대는 그것의 이념적 극복을 위한 여러 가지 사상적 대안의 탐구나 모색이라는 적극적인 정신적인 노력이 아니라 자본주의에 대한 무조건적인 숭배로 변질되며, 심원한 서구 학문 및 문화에 대한 깊은 탐구와 이해의 노력 대신에 그것의 아류라고 할 미국 학문과 문화의 모방

27 민족 지성사적으로 더욱 아쉬운 점은 납북된 그들이 북한에서도 지식인으로서 주도적인 역할을 할 수 없었다는 사실에 있다.

과 더불어 그것에의 일방적인 종속이 시작되고 점차 심화되는 과정이 나타나게 되었다. 군사정권의 등장과 더불어 본격적으로 시작된 근대화의 주요 측면 역시 같은 맥락에서 이해될 수 있다. 즉 그것은 민족주의적 정신사 흐름과의 단절의 의미를 갖고 있으며, 일본을 통해 서구적 근대성을 이해하고 국가 통치 훈련을 받은 친일 관료집단이 주도한 서구화로 이해될 수 있다. 군사정권이 새롭게 혁신적으로 확립하려는 민족 정체성이란 위에서 언급된 이해 수준의 서구화를 의미한다고 할 때,[28] 그러한 군사정권이 '국수주의자'의 반대를 무시하고 과감하게 단기연호를 폐기한 행동은 현대 한국 정신사의 맥락에서 일종의 필연이라고 할 것이다. 그런데 북한에서의 주체연호 등장 역시 남한에서와 같은 민족 정신사 흐름 단절의 또 다른 양상으로 이해될 수 있다.

2. 북한의 경우: 주체연호의 역사의식

북한의 연호 문제에 접근할 때 일단 지적해야 할 흥미로운 사실은 그들이 건국 당시 갖고 있었던 연호에 대한 관념은—비록 추정을 통해 재구성한 것이지만—[29] 남한의 군사정권이 단기연호를 폐기하고 서기연호를 채

28 이 점은 군사정권의 주역이자 한국의 산업화 및 근대화의 주역으로 간주되는 박정희가 그의 대표적 저작인『국가와 혁명과 나』에 제시한 그의 역사관에 잘 나타나 있다. 그는 한민족의 역사를 "퇴영과 조잡과 침체의 연쇄사"(박정희, 1997: 252)로 규정하면서, "스스로를 약자시하고 남을 강대시하는 비겁하고도 사대적인 사상, 이 고질, 이 악유산을 거부하지 않고서는, 자주나 발전은 기대할 수 없을 것"(박정희, 1997: 253)이라는 단정과 더불어 "이 모든 악의 창고 같은 우리의 역사는 차라리 불살라 버려야 옳은 것이다"(박정희, 1997: 256)라는 극단적인 결론을 통해 민족사적 전통에 대한 전반적인 부정에 기초한 '민족 중흥'의 '이념'이라는 새로운 민족 정체성의 확립을 피력한 것으로 이해될 수 있다.

택할 당시 제시되었던 기본 논리와 비슷하다는 것이다. 그리고 그것은 자본주의적 근대화 논리나 공산주의 혁명론 모두 일단 서구 역사의 산물이라는 점에서 일면 당연하다고 할 수 있다.

1997년 주체연호가 제정되기 이전 북한에서는 남한과 달리 연호에 관한 법률이 없었으며, 그러한 법률을 별도로 제정하지 않은 채 서기연호를 공식적으로 사용해 왔다. 이 점은 일단 마르크스주의의 특성을 고려하면 충분히 이해될 수 있다. 대부분의 서구인과 마찬가지로 마르크스Karl Marx의 저작들에서는 그가 연호를 개념 차원에서 이해했다거나 서기를 여러 가지 시간 측정 기준 가운데 하나로 의식했다는 흔적은 없는 것 같다.[30] 이 점은 그의 공산주의 이론 자체가 서구 역사를 하나의 특수한 역사로서가 아니라 이성의 발전이라는 보편적 인류 역사 발전의 필연성 차원에서 이해한 계몽주의적 서구중심주의의 성격을 갖고 있으므로 충분히 짐작할 수도 있다. 마르크스주의의 그러한 역사관 및 시간의식과 더불어 소련의 영향력이 절대적이었던 북한의 건국 초기 상황을 고려할 때, 북한 정권이 처음부터 서기를 인류 보편의 '합리적'이고 '객관적'인 시간 측정 기준으로 받아들인 것은 당연한 결과다. 연호에 관한 법률이 별도로 존재하지 않았다는 것은 곧 북한 정권이 서기연호에 대해 가졌던 그와 같은 믿음의 증빙이라고 할 것이다. 그것은 공산주의의 이른바 계급사관으로 표현되는 서구 중심적 보편주의와 양립할 수 없는 것이었다. 또한 주체사상이 등장

29 북한의 연호 문제, 특히 주체연호의 등장과 관련된 자료는 앞서 언급한 '공동선언서' 뿐이므로, 이 글에서의 논의는 그것의 내용과 북한 권력 체제의 속성을 종합하여 그 정신사적 의미를 추정하는 수준에 머무를 수밖에 없다. 그러한 의미에 대한 좀더 확실한 판단은 앞으로 주체연호의 결정 과정에 대한 구체적인 사실들이 드러나면서 이루어질 수 있을 것이다.

30 지금까지 지은이가 조사한 바로는 그러하다. 물론 좀더 확실한 것은 마르크스 저작들에 대한 세밀한 검토를 통해 앞으로 확인해야 할 과제다.

하기 전 북한 정권의 속성을 고려할 경우, 그들이 단기연호로 표상되는 고유의 민족사적 역사의식을 고루한 국수주의의 산물 정도로 간주했을 것도 충분히 추정 가능하다.

북한의 서기연호 사용에 내포된 이러한 역사관은 1997년 주체연호의 등장까지 적어도 공식적으로는 변하지 않았다. 그러나 김일성 일인 독재 체제가 완성되고, 마르크스·레닌주의를 대체하는 공식적인 통치 이데올로기인 주체사상의 등장은 마르크스·레닌주의의 역사관 역시 수정할 필요성을 제기했다고 할 수 있다. 그런데 연호 변경의 경우 주체사상의 핵심인 김일성 권력의 절대성에 부합하면서 서기연호를 대체할 마땅한 연호란 김일성의 출생 연도를 원년으로 하는 연호 이외에 다른 것을 생각하기는 어려울 것이다.[31] 다만 김일성의 생전에 그와 같은 연호를 사용하는 것은 대내외적으로 과도한 우상화를 넘어 '신격화'로 보일 수도 있기 때문에 그것의 제정이 미루어진 것으로 추정할 수도 있다. 따라서 김일성이 실제로 '신위神位'에 오른 후 3년간의 '상중喪中 통치' 기간이 지난 후 본격적인 '유훈遺訓 통치' 시대에 접어들면서, 북한 주민에 대한 주체 이념의 좀 더 확고한 '의식화'를 통해 권력 체제의 안정을 도모하기 위한 효율적인 정치적 수단으로 주체연호를 제정하게 된 것은 북한 국가권력의 특성뿐만 아니라 정치권력 일반의 속성상 필연이라고 할 것이다. 〈공동결정서〉에 제시된 주체연호 결정의 정당화 논리는 북한의 주체연호 설정이 바로 연호로 표상되는 특정한 역사의식의 함양이 그것에 상응하는 특정한 내

31 예를 들어 북한 정권 탄생일인 1948년 9월 9일을 '공화국연호'와 같은 명칭으로 특정 연호의 원년으로 할 경우, 그 이전 시기 '새 역사를 창조한' 김일성의 '영웅적' 활동이 '민족사의 새 시대'에 포함되지 못하는 모순을 범하게 된다고 할 것이다. 주체연호 제정의 논리는 바로 김일성과 더불어 '새 역사가 시작되었다'는 '역사의식'이며, 이 점은 뒤에 가서 〈공동결정서〉의 검토를 통해 설명된다.

용의 국가 정체성 확립에 불가결한 것임을 충분히 검토·이해한 결과임을 보여 준다.

〈공동결정서〉 전체 문장 가운데 전반부는 김일성이 이룩한 '불멸의' '위대한' 업적의 열거이며, 이 점은 주체연호 설정의 정당화라는 〈공동결정서〉의 목적과 합치된다. 그의 출생 연도를 새로운 연호의 기점으로 정하는 주체연호의 제정과 함께 종전의 연호이자 세계 공통의 연호인 서기연호를 그것의 하위 연호로서 병행해 사용한다는 것, 그것은 김일성이 이 세계에 출현하여 일생 동안 쌓은 업적이 민족사적 대전환의 위업이자 세계사적 전환의 위업이기도 하다는 전제가 뒷받침되어야 하기 때문이다. 실제로 그의 업적 가운데 세계사적 전환의 성격을 갖는 것으로 제시된 것이 "영생불멸의 주체사상, 이민위천의 새로운 철학사상을 창시하시어 인류 사상사에서 근본적인 전환을 일으키시고 그 보물고에 빛나는 공헌을 하시였으며 력사의 새 시대, 주체 시대를 개척하시었다"는 것과 "세계 정치의 공인된 원로로서 자주, 평화, 친선의 리념 밑에 세계의 진보적 인민들을 자주 위업에로 인도하시어 불멸의 공적을 쌓아올리시었다"는 문구라고 할 것이다. 이와 더불어 김일성은 '인민의 자유와 행복', '조국의 자주독립과 민족의 번영', '사회주의 위업의 승리', '항일혁명 투쟁의 승리' 등 "지난날 뒤떨어지고 빛을 잃었던 우리나라를 주체성과 민족성이 강한 독립되고 륭성 번영하는 자주, 자립, 자위의 사회주의 나라로, 무력하고 천대받던 우리 민족을 세상 사람들이 부러워하는 자주적이며 존엄 높은 민족으로 되게" 한 민족사적 '위업들'이 제시되고 있다. 바로 그는 "(인민들이) 반만년의 유구한 력사에서 처음으로 높이 모신" 민족사적 대전환을 이룩한 위대한 인물로서 그의 출생 연도는 새로운 역사적 대전환의 시점이 되므로, 그러한 역사의식의 표상으로서 새로운 '주체'라는 연호의 제정이 역사적 당위로 요구된다는 논리다.

〈공동결정서〉의 나머지 반은 당연히 그러한 역사의식을 기초로 북한이라는 국가가 새로운 시대의 미래에 실현시켜야 할 역사적 당위의 제시에 할애되어 있다. 즉 "위대한 수령 김일성 동지의 불멸의 혁명사상과 혁명 업적은 …… 주체혁명 위업을 끝까지 수행해 나갈 수 있게 하는 만년 재부"이므로, 그를 "영원한 수령으로, 주체의 태양으로 …… 받들어 모시고," 그의 "혁명 업적을 견결히 옹호 고수하고 대를 이어 빛내여 나가는 것"이 '조선 인민'의 역사적 당위라는 논리다.

이 글에서는 〈공동결정서〉의 문장에 담긴 치졸한 수준의 대중 선동성이나 노동당 정권의 유지 및 공고화라는 직접적인 현실 정치의 목표에 대한 평가나 가치 판단은 일단 유보하기로 하자. 여기서는 그것을 주체연호가 표방하는 역사의식에 대한 체계적인 이념화로 간주하면서 분석을 시작하기로 한다. 그러할 경우 주체연호에 함축된 역사의식의 타당성 문제는 '전적으로' 김일성이 과연 민족사의 대전환을 이룩한 인물인지 여부 및 그가 창안했다는 주체사상이 인류 사상사에 결정적인 전환의 획을 그은 진정으로 새롭고 창조적이며 보편적인 내용의 사상인지 여부에 대한 판단에 의존한다. 그러한 판단에는 주체사상에 대한 정치사상사 및 정치철학 차원의 평가와 아울러, 김일성 개인의 도덕성에서부터 그가 수행했다는 독립운동의 공적, '6·25 내전'의 도발 등 북한 건국 이후의 통치 행위나 정치 행적, 그리고 그러한 통치 행위와 정치 행적의 역사적 결과인 현재 북한의 총체적 현실 등과 관련된 사실성 여부 검토 및 평가와 역사적 가치 판단 등이 수반된다.

그러한 검토 및 평가와 역사적 가치 판단을 위한 자세한 논의는 이 글을 통해 쉽게 이루어질 성격의 작업이 아니다. 역사적 존재로서 김일성에 대한 평가는 나름대로 한국 근·현대사에 대한 깊은 지식과 이해 및 성찰을 요구한다. 주체사상은 정치사상사나 정치철학의 전문가 입장에서는 연구할 만한 가치가 없는 유치한 내용을 담고 있지만,[32] 사상 내용에 대한 평가를 떠나 그것 역시 체계적인 이념의 형태를 만들려고 나름대로 고심한 노력의 결과이기 때문에 그것에 대한 검토 역시 아주 간단한 작업만은 아니다. 어쨌든 분명한 것은 주체사상 자체는 아무리 높게 평가해도 인류 사상사에서 새롭고 창조적인 사상은 결코 아니라는 사실이며, 현재 알려진 북한의 실상만으로도 적어도 김일성을 반만 년 민족사의 대전환을 이룬 인물로 결코 간주할 수는 없음 또한 분명하다. 무엇보다도 주체연호의 근본적인 모순은 북한 당국 스스로 민족주체성을 표방하고 고조선으로부터의 이른바 단군릉의 복원 등 민족사적 연속성을 강조하면서 단기연호에 대해서는 전혀 언급조차 하지 않는다는 데 있다. 다시 말해서 주체연호가 표방하는 역사의식은 현 북한 정권이 북한 주민에게 강요된 공식적인 역사관은 될 수 있어도, 북한 주민이 바로 주체적으로 수용할 수 있는 보편적 가치를 지닌 역사의식은 될 수 없다.

그러한 평가 문제를 떠나서, 현재 북한의 국가 체제가 주체연호를 떠나서 존립할 수 없을 정도로 체제 존속에 필수불가결한 요소가 되었다면, 주체연호나 그것이 표방하는 역사의식은 결코 남한 국민이 스스로의 국가 체제를 포기하지 않는 한 받아들일 수 없음이 자명하다. 단기연호는 분명히 주체연호와는 대비된다. 그것은 보편적이고 심원한 세계관을 함축한 역사의식의 표상이 될 수 있다는 점에서도 새로운 국가 정체성의 확립을 위해 부활되어야 한다. 바로 이러한 자명한 사실에서 단기연호가 남북 통

32 정치사상사 및 정치철학의 전문 연구가로서 지은이 개인의 주체사상에 대한 평가를 내린다면 간단하다. 그것은 결코 새롭지도 창조적이지도 않은 이념인 것은 물론이고, 무엇보다도 지성적 깊이가 결여된 작업의 소산이라는 것이다. 그것은 북한의 지배층이나 학계가 마르크스주의를 정형화된 공산주의 이데올로기 차원을 넘어, 하나의 포괄적인 철학 체계로서 그리고 무엇보다도 서양 철학사의 발전 맥락에서 면밀하고 체계적이며 비판적으로 이해할 수 있는 지적 능력이 결여되어 있음의 징표이다.

일에 대해 갖는 중요한 실천적 의의를 찾을 수 있는데, 이에 대해 간단히 논의하면서 이 장의 논의를 맺기로 한다.

3. 서기연호, 주체연호, 그리고 단기연호와 통일국가의 정체성 문제

앞에서 논의한 바와 같이 남한에서 단기연호의 폐지는 민족정신사의 단절을 상징하는 사건으로 볼 수 있다. 그리고 북한의 경우에는 주체연호의 등장이 일종의 이중적인 정신사적 단절로 볼 수 있다. 그것은 한편으로 실질적으로 통치자 한 사람의 사상 및 행적에 대한 우상화에 따른 마르크스주의 역사관의 포기, 즉 본디 사회주의 국가 체제 성립의 기반이었던 서양 정신사와의 단절이며, 다른 한편으로 '한 개인이 혁명적으로 새롭게 창안한' 주체사상의 등장과 더불어 '인류 사상사의 새로운 시작'을 의미한다는 점에서 민족 정신사와의 단절이다. 바로 이러한 의미에서 그것은 이중적 단절인 것이다. 그런데 바로 남북 양쪽의 그러한 정신사적 단절이 역설적이게도 단기의 부활을 통해 통일국가의 정체성을 새롭게 확립할 수 있는 정신적 공간을 마련해 주는 것 같다.

남한의 경우 단기연호의 폐지와 시기를 같이하는 근대화의 본격적인 시작은 —그 이후 간헐적으로 정신문화의 가치에 대한 강조 및 그에 따른 정책적 조치 등이 수반되긴 했으나 —본질적으로 자본주의적 생산 및 유통 구조가 사회 전체적으로 확산되고 한국 경제가 세계 자본주의 체제로의 편입이 심화되는 과정의 시작을 의미한다. 그러한 과정은 필연적으로 일반인의 의식 역시 자본주의라는 삶 및 사회 구조에 적응되고 종속되는 현상의 확산 및 심화 과정을 의미한다. 이에 따라 상품이나 돈에 대한 물신

숭배 등 물질 만능의 가치관이 일반인의 사고를 지배하게 되고,[33] 그들을 순간적이고 단자화單子化된 개인주의적 쾌락 추구에 급급하게 만든다. 그러한 자본주의적 의식 구조는 시간의식에도 반영되며, 하이데거가 '일반인das Man'의 개념으로 설명한 인간상, 즉 "일상성에 매몰되어 과거·현재·미래를 지금의 연속으로밖에 파악하지 못해 스스로를 시간성 속에서 변화시키며 실존을 형성하지 못하는 인간"을 양산하게 된다. 다시 말해서 자신의 존재 자체의 역사성을 의식하지 못하고 순간순간의 욕망 충족을 삶의 목적으로 받아들이는 인간이 사회적 다수로 등장하게 되는 것이다.

그런데 최근 10여 년 사이 남한에서 정부가 주도한 이른바 세계화 전략이나 신자유주의적 정책은 실제로 자본주의적 근대화에 내포된 그러한 인간성의 문제를 해결하려는 노력이 아니라 오히려 조장 및 심화시키는 역할을 수행했다.[34] 더 나아가 정부 스스로가 장기적인 민족사의 맥락에서 국가를 어떠한 방향으로 이끌어 간다는 계획이나 구상이 없이 세계화에 이끌려 왔다고도 볼 수 있다. 다시 말해서 정부 자체가 민족사 전체 차원의 역사의식이 뒷받침한 국가 통치가 아닌 일종의 자본주의 사회 경영의 차원에서 자본주의적 경제·사회의 현실에서 발생하는 문제들에 대한 대

33 자본주의 체제에서 필연적으로 나타나는 상품에 대한 물신숭배 현상에 대한 고전적인 논의는 마르크스가 『자본론』 1권 1장 4절 "상품의 물신숭배 성격과 그 비밀der Fetischcharakter der Ware und sein Geheimnis" (Marx, 1976, 85-98)에 제시되어 있으며, 이를 물화reification 개념을 통해 설명한 루카치Georg Lukács의 고전적인 해석이 있다(Lukács, 1971: 특히 83-110 참조). 한국 자본주의에서의 그와 같은 문제에 대해서는 지은이도 다른 글에서 다룬 바 있다(양승태, 1990 참조).

34 세계화에 대한 한국 학계에서의 논의들도 대체로 정보화 문제, 환경 문제, 자본이나 노동의 국가 간 이동 문제, 국가 간의 불평등 문제, 민족국가 문제 등에 초점을 맞추고 있을 뿐 자본주의 체제의 세계화에 따르는 자본주의적 인간성 문제의 확산 차원에서 다루고 있지 못한 것 같다(세계화 및 신자유주의에 관한 학계의 연구 동향에 관한 포괄적인 소개 및 논의로는 손호철, 1999 참조).

중요법식 대응 및 처방으로 일관해 왔다고 할 수 있다. 근대 자본주의적 세계관이나 가치관이 결코 서양적인 것의 전부가 아니라면, 남한에서 단기연호의 폐지와 더불어 지금까지 추구해 온 근대화는 서기연호로 상징되는 서양 중심의 역사의식에도 철저하지 못했다는 것을 의미한다.

북한의 경우는 더욱 심각하다. 주체연호로 상징되는 역사의식이 실제로는 주체의 명분으로 통치자 한 사람의 주체성만을 확립하고, 그러한 일인 통치 체제의 영속을 위해 모든 주민을 '비주체화'시키는 것을 의미하므로, 그러한 연호의 존재 자체가 국가 체제의 자기모순성을 표현한다.

결국 단기연호의 부활은 남·북한 모두에게 민족 정신사의 연속성을 회복하고 세계사의 변화에 순응하면서도 진정으로 주체적이고 능동적으로 민족적 삶의 역사를 새롭게 전개한다는 상징으로서 수용될 수 있을 것이다. 그것은 두 국가 체제에서 기존의 연호로 상징되는 왜곡되고 오도된 역사의식을 지양한 통합된 역사의식 창조의 바탕이 될 수 있다. 이에 따라 그것은 단순히 두 국가 체제의 병렬적 연합이나 한 쪽이 다른 쪽에의 일방적 병합이나 흡수가 아닌 진정한 의미에서의 통일, 즉 궁극적으로 통일국가가 이룩할 새로운 국가 정체성의 근본 내용이 될 수 있다.

단기연호가 그와 같은 새로운 역사의식의 기반이 될 수 있는 근거가 단순히 단군조선이 한민족이 최초로 이룩한 국가라거나 단군연호는 우리 고유의 것이기 때문이라는 '국수주의적' 이유에서 찾을 수는 없다. 그 근본적인 이유는 단군 신화에 담긴 내용 자체가 한국 민족에 고유하면서도 어느 민족의 건국 신화보다도 탁월한 세계관적 이념을 잠재하고 있으며, 따라서 세계에 당당히 내세울 수 있고 세계인과 공유할 수 있으면서 동시에 한국 민족이 영원히 역사적 삶을 통해 지향해야 할 인류 보편의 이상을 함축하고 있기 때문이다.[35] 그러나 그러한 신화 자체가 새로운 국가 정체성의 완성된 내용이 될 수는 없을 것임은 물론이다. 그러한 신화에 내포된 보편적인 요소를 발굴해 내는 작업과 동시에 그것을 얼마나 정교한 이념 체계를 갖춘 통일국가의 세계관 및 역사의식으로 승화시키는 작업 또한 이 시대 한민족 지성이 짊어질 과제일 것이다.

그런데 그러한 과제의 수행에는 반드시 비판적으로 극복하고 해명해야 할 이념적 문제가 있다. 그 이념적 문제는 근원적으로는 개인과 개인의 만남에서 시작되지만, 현실적으로는 인류 역사에서 언제나 가족이나 씨족이나 부족이나 민족이나 국가 등 하나의 공동체적 집단이 다른 집단과 접하고 교류할 때마다 발생했다. 그것은 한 개인이나 집단이 자신과 '다른' 개인이나 집단과 접할 때 그 '다름'의 어디까지를 허용하고 어디까지를 허용하지 못하는가의 문제다. 그것은 곧 '다름'과 대비되는 '같음'의 핵심이 무엇이냐의 문제이며, '같음'의 어떠한 요소는 결코 포기되거나 침해될 수 없기 때문에 그것과 양립할 수 없는 '다름'을 결코 용인할 수 없다는 논리가 나타나는 것이다. 그렇기 때문에 그것은 결국 개인이나 집단의 정체성—이미 제1부에서 설명했듯이 영어 'identity'는 '같음'과 '정체성'을 동시에 의미한다—문제에 다름아니다. 그 허용 여부의 기준이나 경계가 없을 때 극단적인 가치상대주의나 문화상대주의가 되며, 특정한 '같음'의 요소는 개인이나 집단의 존재성 자체를 결정하는 가장 근본적인 것이기 때문에 절대적으로 보존되어야 하고 그것에 대한 도전이나 침해는 절대적으로 용납할 수 없다는 주장이 바로 극단적인 근본주의로 나타나는 것이다. 그리고 '가능한 한' 다름을 폭넓게 수용하고 허용하자는 논리가 일반적으로 관용 또는 현재 한국 사회의 유행어가 되다시피 한 '톨레랑스 tolérance'라고 할 수 있다. 그 톨레랑스라는 이름으로 민족 정체성이나 국

---

35 단군 신화에 내포된 세계관의 탁월성에 대해서는 앞의 제7장에서 간략히 설명한 바 있다.

가 정체성 자체에 대한 부정 논리도 제기되고 있다는 점에서 그것이 비판적 극복의 대상이 되어야 할 이유가 있다.

톨레랑스가 제기하는 쟁점의 핵심은 또한 그 '가능한 한'의 경계가 어디까지인가에 있다. 그것이 바로 현재 한국 사회에서 제기되고 주창되는 톨레랑스 이념이 얼마나 스스로의 이념적 근거에 대한 체계적이고 치밀한 성찰에 기초하고 있느냐 여부를 판단하는 데 핵심이다. 그것에 대한 논의가 다음 제10장을 구성한다.

제10장 톨레랑스, 시민적 자유, 민족주의, 그리고 국가 정체성*

최근 들어 민족의 존재나 민족주의라는 이념 자체의 허구성을 지적하면서 실질적으로 한국 민족주의라는 관념이란 청산해야 할 대상이라고 주장하는 글들 또는 그것을 지성, 문명, 평화 등의 가치나 이념과 양립할 수 없는 것으로 간주하는 글이 신문 지상에서 여러 차례 눈에 띈다.[1] 대중 매체의 글이기 때문에 당연할 수도 있지만, 그러한 글은 민족 개념이나 민족주의 이념 자체에 대한 깊은 학문적 검토에 기초한 것은 아니다. 대체로 그러한 글의 초점은 오랫동안 역사적으로 단일 민족을 유지해 왔다는 자부심을 갖고 있는 한국인의 민족의식에 맞추어져 있으며, 그러한 자부심의

---

* 이 장은 지은이가 "톨레랑스, 차이성과 정체성, 민족 정체성, 그리고 21세기 한국의 민족주의"라는 제목으로 『정치사상연구』 제13집 1호, 53-77쪽 및 최상용 편, 『민족주의, 평화, 중용』(서울: 까치, 2007), 93-128쪽에 게재된 글을 이 책의 체제 및 논의의 흐름에 맞추어 수정 및 보완한 것이다.

1 대표적으로 "대한민국의 국적 민족주의" (중앙일보, 2005년 10월17일자), "한국, 민족주의 탈피 국제 협력 택해야" (동아일보, 2006년 5월 27일자), "8호八五정신" (중앙일보, 2006년 9월 12일자), "좌파 이념 저물고 탈정치 · 세계화 담론 전면에" (동아일보, 2007년 1월 1일자) 등의 글 참고.

허구성에 대한 지적과 함께 그러한 민족의식의 비현실성을 지적하려는 목적이 강한 것 같다. 그러한 허구성의 근거로 그러한 글은 한국이 역사적으로 단일 민족으로서의 순수한 혈통을 유지한 사실이 없었다는 '사실'을 지적한다. 그리고 외국인 노동자가 40만이나 살고 있고 국제적 교류가 일상화되어 있는 현재 한국의 현실을 부각시키면서, 그와 같은 세계화의 시대에 민족주의라는 허구적인 이념에 집착함은 비현실적이면서 동시에 비이성적인 시대착오라는 점이 명시적 또는 묵시적으로 강조되고 있다. 그러한 글의 바탕에는 이제 민족이라는 허구적인 혈통 관념을 국적이라는 실질적인 제도적 관념으로 대체할 필요성이 있다는 주장이 있으며, 이와 더불어 민족이나 인종적 차이 또는 문화나 관습 혹은 취향의 차이를 넘어서 같은 국적을 가진 국민이라는 관점에서 상호 공존하며 살아가야 한다는 논리가 깔려 있다. 그러한 논리에 따르면 적어도 현재 대다수의 한국인이 이질감을 넘어 괴리감 또는 적대감마저 느낄 수 있는 세계 여러 나라의 온갖 문화나 풍습 및 종교를 자유롭게 수용해야 함은 물론이고, 경우에 따라 국제 결혼의 적극적인 권장, 외국 노동자의 자유로운 유입, 이민 문호의 개방까지도 구체적인 정책으로 나타날 수 있다.

그러한 주장이 실제로 일반 국민에게 어느 정도의 영향력이나 설득력이 있는지는 또 다른 문제다. 일단 지적해야 할 것은 그러한 주장 자체에 그리 새로운 점이 없다는 것이다. 그것은 최근의 서구 사상계에서 타자성otherness의 이념, 다문화주의multi-culturalism, 톨레랑스tolérance 등의 이름으로 유행하는 사조의 수입품이라고도 할 수 있지만, 중요한 점은 그것이 그 이전에 이미 서구 사회에서 1950~60년대에 다원주의라는 이름으로 유행했던 사조와 '본질적으로' 다르지 않다는 사실이다.[2] 더 나아가 그것

2 여기서 오해를 피하기 위해 강조해야 할 점은 '본질적으로'라는 부사구다. 물론 타자

은 서구 사상사 전체적으로 볼 때도 결코 새로운 관념이 아니다. 그럼에도 불구하고 그것은 현재의 한국 사회라는 현실 속에서 새로운 실천적인 의미를 갖기 때문에 그것을 처음부터 무시하는 것은 잘못이며, 그러한 주장이나 제안이 다수 국민이 갖고 있는 기존의 가치관이나 관념과 어긋난다고 해서 무조건 거부하는 것도 잘못이다. 또한 그러한 주장은 한국인의 의식구조에 깊이 박혀 있는 민족주의라는 관념을 한국인 스스로가 극복해야 할 '비합리적인' 정신사적 잔재로 간주하고 있다는 점에서 이 시대의 한국 지성사가 해결해야 할 의미 있는 도전을 하고 있음 또한 사실이며, 바로 그러한 사실만으로도 그것은 학문적으로 심도 있게 검토할 대상으로 등장해야 한다. 어쨌든 그 실체가 무엇인지의 문제를 떠나서, 민족주의란 오랜 역사적 과정을 통해 국민의 의식에 형성된 가치관 또는 신념 체계인 동시에 국가 생활의 근본적인 목적이나 장기적인 정책 방향과도 관련된 중요한 문제다. 그렇다면 그와같이 한국인의 의식구조에 깊이 박힌 관념이자 현실적으로도 광범위한 문제를 함축한 중요한 문제를 오랜 기간에 걸친 치밀한 학문적인 논의나 검토 작업을 제대로 거치지 않은 채 신문의 글을 통해 일방적인 주장을 대중에게 직접 호소하는 방식으로 다루는 것은 일단 신문사의 정책적 의도 여부를 떠나 결코 바람직한 공론 형성 과정이 아님은 분명하다.

성, 관용의 이념, 다원주의, 다문화주의는 각각 다른 역사나 지성사 및 정치·사회적 맥락에서 출현한 이념이며, 구체적인 이념 내용이나 강조점 또는 각각이 지향하는 사회 정책적 목표 면에서 많은 차이가 있음은 사실이다. 그러나 그 모두가 철학적으로 ―그러한 이념의 주창자들 스스로가 의식하든 하지 못하든―차이성의 공존 및 가치상대주의에 입각해 있다는 점에서는 '근본적으로' 동일하기 때문에 톨레랑스 운동과 같은 차원에서 접근할 수 있다는 것이 이 글의 기본 논지다. 그리고 바로 그 점이 이 글이 시도하는 논증의 핵심이기도 하다. 이러한 근거에서 앞으로 '톨레랑스'라는 말을 관용의 이념, 가치다원주의, 다문화주의 모두를 함께 포괄하는 용어로 일관되게 한다는 것이다.

이 장에서의 논의는 그러한 주장의 존재 자체가 한국인이 갖고 있는 기존의 관념에 대한 비판과 도전인 만큼 그것에 대한 깊은 이해와 더불어 비판적 수용, 거부, 또는 극복은 현대 한국 지성사가 해결해야 할 주요한 학문적 과제로 등장한다는 기본적인 시각에서 출발한다. 또한 그것은 그러한 주장의 출현이 단순히 민족주의에 대한 반대 논리만이 아니며, 위에서 언급한 바와 같이 최근 들어 한국 사회에서 대중적 유행어가 된 듯한 톨레랑스 또는 다문화주의라는 이름의 좀더 포괄적 차원의 이념적 흐름이나 사회·문화적 운동 맥락에서 이해되어야 한다는 입장에 기초한다.[3] 즉 그러한 주장은 개인적 성향이나 취향상의 차이, 더 나아가 인종, 민족, 관습, 문화, 가치, 세계관 등의 차이에 대한 일반적 관용 및 그것들의 다원성을 인정하는 태도나 관념을 적극적으로 확산하려는 사회문화적 운동 및 이념의 또 다른 표현이므로, 그러한 정신적 운동 및 흐름에 직면하여 기존의 민족주의 관념이 과연 폐기되어야 할 대상인지 여부에 대한 판단은 한국

4 스스로 톨레랑스 이념의 옹호자로서 한국 사회에서 전개되는 그러한 운동 및 이념을 소개한 대표적인 저작으로는 하승우(2003), 다문화주의에 관해서는 정대현(2006) 참조. 하승우에 의하면 한국에 톨레랑스 이념이 처음 소개된 책은 홍세화의 『나는 빠리의 택시 운전사』라고 한다(하승우, 2003: 143). 그러나 아직 '홍세화=톨레랑스주의자'라는 등식으로 그의 이름이 이념적 대표성을 가진다고 볼 수는 없을 것 같다. 그것은 특정 인물이나 단체가 주도하는 운동이기보다는 하나의 사회적 공감 수준에서 여러 가지 형태로 —예를 들어 외국 노동자나 혼혈인의 권익 옹호나 다문화운동 등의 형태로— 전개되면서, 아직까지는 그 이념 자체에 대한 독자적인 사상사 및 철학적 성찰 없이 외국 이념의 수입 및 한국 사회 적용 차원에서 전개되는 사회운동이라고 할 수 있다. 이와 관련하여 2004년에 시작하여 2007년 2월에 끝난 한국교육방송EBS의 '톨레랑스'라는 제목의 정규 시사 프로그램이 '트랜스젠더', '재외동포법', '국제 결혼', '국내 이주노동자 2세' 등의 문제를 다룬 점은 참고할 만하다. 하승우나 정대현의 논의는 각 이념에 대한 나름대로의 체계적인 소개 노력에도 불구하고 그와 같은 독자적인 학문적 성찰이 부족하다고 할 수 있다. 바로 그러한 사실 자체가 현재 한국 사회의 정신적 위상을 나타내며, 또한 그 점이 실제로 21세기 한국 민족주의 문제의 해명과 연관된다는 점이 이 글의 주요 논지 가운데 하나이기도 하다.

현대 지성사가 해결해야 할 주요 과제로 등장한다는 것이다.[4] 그러한 관점과 입장에서 출발하여 이 장에서는 먼저 다음의 상호 연관된 명제에 대한 논증을 시도한다.

> 다름difference의 존재 자체가 identity 곧 같음 또는 정체성을 전제로 하므로, 정체성의 존재 자체를 부인하면서 단순히 모든 차이성의 공존을 주장하는 톨레랑스란 성립할 수 없다. 이 명제는 바로 민족 정체성의 문제와 연관된다. 현재의 톨레랑스 운동은 실제적으로 민족 정체성을 부정하고 있다. 그러나 다문화주의 자체가 각 문화의 정체성을 전제로 하고, 민족이란 궁극적으로 문화적 정체성의 개념이므로 민족 정체성은 그 존재가 부정될 수 있는 개념이 아니라 정치·사회 및 문화적 실체이다. 따라서 진정한 의미에서의 관용은 민족 정체성의 유지라는 의미에서의 민족주의를 떠나서 존재할 수 없다.

이러한 명제에 대한 논증을 토대로 결론 부분에서는 21세기 한국이라는 국가에서 민족주의의 내용은 무엇이 되어야 하는지 그 바람직한 근본 성격에 대해 몇 가지 제안이 이루어질 것이다. 이러한 시도를 위해서는

---

4 이것만이 그러한 주장의 출현에 내포된 정신사적 의미의 전부는 아니다. 그것은 이른바 세계화의 이름으로 전 세계적인 자본주의 체제화의 진행에 따라 상업 및 문화적 차원의 국제적 교류가 제도화되고 일상화된 20~21세기의 세계사적 상황에서 필연적으로 나타날 수 있는 정신적 태도가 이념적인 형태로 표출된 결과라고 할 수 있다. 다시 말해서 자본주의 체제의 전 세계화에 따라 필연적으로 민족주의적 관념이나 태도의 약화 현상이 나타난다는 것이다. 21세기 한국 민족주의 문제는 현대 자본주의의 이러한 역사적 발전 맥락을 떠나서 제대로 이해할 수 없음은 물론이다. 다만 이 글의 한정된 지면상 그러한 문제 모두를 다룰 수는 없으며, 그러한 맥락에서 바로 토속적이고 전통적인 요소와 민족 정체성의 문제, 이와 더불어 민족 정체성과 관용 및 문화적 다원주의 문제를 검토하려는 것이 이 글의 목적이다. 논의 내용이나 방향은 이 글과 다르지만 스미스Anthony Smith의 저작(Smith, 1995)은 세계화 시대에 민족주의의 존재 의의를 옹호한 연구로 참고할 만하다.

당연히 먼저 톨레랑스란 말 자체에 대한 분석에서 시작할 필요가 있을 것 같다.

1. 톨레랑스 이념과 톨레랑스 운동, 그리고 차이성과 정체성

프랑스어 'tolérance'는 '참다bear', '견디다endure'라는 의미의 라틴어 동사 '*tolero*'(이 말 또한 비슷한 의미의 희랍어 동사 'tlaō'에서 유래했다고 한다)'의 현재분사 '*tolerans*'에서 파생한 명사 '*tolerantia*'에서 유래했다.[5] 그러한 어원 속에 톨레랑스 이념의 원초적 의미가 담겨 있는 것 같다. 그것에는 어떠한 이유나 근거에서든 '보기 싫은' '놈(들)'이 옆에 있더라도 '참고' '견디며' 함께 살아갈 수밖에 없는 현실의 상황에 대한 체념의 의미를 담고 있다. 그러한 현실적 체념이 도덕적 당위로 승화되어 이념의 형태로 나타난 것이 톨레랑스이며, 이 점은 이 라틴어 명사가 신·구교 사이 종교적 갈등의 시대인 16세기부터 쓰이기 시작했다는 사실 속에 이미 함축되어 있다. 즉 종교적 갈등이 처음에는 서로 '보기 싫은 놈들'에 대해 폭력 사용을 통한 상호 박멸의 투쟁으로 진행되었으며, 그러한 갈등의 지속이 초래하는 삶의 불안이나 정치·사회적 폐해가 새로운 차원에서의 공존의 모색으로 이어졌고, 그러한 모색이 17세기 말에 이르러 종교적 관용의 이념으로 승화되어 나타나게 된 것이다. 즉 폭력 사용을 배제하면서 개인이나 집단 사이에 존재하는 차이성의 상호 인정 속에 공존의 태도가 근대적 관용 이념으로 구체화된 것이다.[6]

---

5 이 글에서 어원에 관한 논의는 옥스퍼드대학교출판사의 *Oxford Latin Dictionary* 및 *English Etymological Dictionary* 참조.

6 여기서 참고로 간단히 한 가지 언급하고 지나갈 점은 이것이다. 영어에서는 동일한 라

그런데 한국의 톨레랑스 운동에는 짐작하기에 서구에서 특히 1970년대부터 유행한 포스트모더니즘 및 해체주의와 더불어 1950~60년대 미국의 정치적 다원주의 등 여러 이념적 요소가 혼합되어 있는 것으로 보인다. 그러나 종교적 차원의 관용을 넘어 개인이나 집단 사이의 차이성에 대한 일반적 관용의 태도나 그러한 개인 및 집단 간의 공존의식 또는 더 나아가 다문화주의나 가치상대주의 이념의 출현은 결코 현대 세계 특유의 현상이 아니며 사상사적으로 오랜 연원을 갖고 있다. 논의 내용의 체계성 여부를 떠나서, 그리고 톨레랑스라는 말이 이념적 표상으로 명시적으로 나타나 있지는 않더라도, 관용의 이념은 서양에서 일반적으로 종교적 관용 이념을 대표하는 사상가로 간주되는 로크가 출현하기 오래 전부터 발견되는 이념이다. 비슷한 종교적 관용의 이념 역시 로크보다 1세기 이상 앞서 몽테뉴에게서 나타나지만, 그보다 더욱 거슬러 올라가 중세 시대에 바로 종교적 박해의 주체였던 가톨릭 교회의 교부들이 기독교가 공인되기 전 로마의 국가 권력에 끊임없이 제기했던 주요 탄원이기도 하다.[7] 그리고 기독교가 서양인의 의식세계를 지배하기 이전 다신교paganism 시대 고대 세계의 성격상 당연한 결과일 수도 있지만, 종교적 차이를 넘어서 현대의 톨레

틴어 동사의 명사형으로 16세기에 사용되었다는 '*tolerationem*'에서 유래한 'toleration'이 주로 종교적 분파 사이의 관용을 의미하는 말로 사용되는데 비해, 프랑스어에서 직수입한 'tolérance'는 종교적 차이를 넘어서 좀더 포괄적으로 위에서 언급한 차이 일반에 대한 관용의 의미로 사용된다. 따라서 현재 한국에서 톨레랑스란 말의 유행은 지적 진지성이나 외래어 사용의 필요성 문제를 떠나 적어도 말의 기원에는 충실한 태도의 표현이라고 할 만하다. 이와 관련하여 17세기 말 비슷한 시기에 네덜란드의 벨(Pierre Bayle, *Commentaire philosophique sur ces paroles de Jesus-Christ*)과 더불어 종교적 관용에 관한 최초의 체계적인 논의를 제시한 로크John Locke의 논고 제목이 A Letter concerning Toleration(라틴어 원 제목은 *Epistola de Tolerentia*; 1689년 출간)인 점은 ―굳이 'religious'란 한정어를 붙이지 않고― 참고할 만하다.

7 종교적 관용에 대한 간략한 소개로는 라브루스(Ernest Labrousse, 1978) 참조.

랑스 운동이 목적으로 하는 차이들 일반에 대한 관용의 관념 역시 이미 고대 희랍·로마 세계에서는 대표적으로 소피스트 운동이나 스토아 철학에서 발견된다.[8] 그들 소피스트 역시 관용이란 이념적 표상을 직접 명시적으로 내세운 것은 아니지만, 프로타고라스에 의해 대변되는 인식론 및 가

8 소피스트 운동의 그러한 성격에 대한 간략한 서술로는 거드리(W. K. C. Guthrie, 1971: 164-175), 그러한 입장의 희랍 지성사적 의미에 대한 좀더 상세한 서술로는 양승태(2006: 특히 제6장) 참조. 그리고 로마 시대에서 본디 '인내'를 의미하는 'tolerantia'가 관용의 의미로 쓰이는 경우는 키케로Cicero나 세네카Seneca에게서도 발견된다. 여기서 자세히 논의할 수는 없지만 이 글의 내용과도 간접적으로 연관되기 때문에 간략히 언급하고 지나가야 할 문제는 고대의 다신교적 세계관과 기독교의 관계다. 다신교적 세계관은 그 본질상 어떤 종교라도 수용함이 당연하고, 실제로 고대 세계에서는 국가나 민족 간에 '각종' 신들이 '자유롭게' '수입·수출'되었던 것이 사실이다. 기독교 역시 '하나의' 신을 믿는 종교로서 당연히 다신교적 세계관에서 종교적 관용의 대상이므로 그것이 로마제국 질서에서 처음부터 박해받을 이유는 없었다. 그럼에도 그것이 박해의 대상이 되었던 세계관적 이유는—복잡한 이유를 단순화하는 위험에도 불구하고 제시한다면—다른 신들의 존재에 대한 부정 속에 자신의 신 및 구세주만이 진정한 믿음의 대상이고 진정한 신의 말씀이기 때문에 자신의 복음만이 전파되어야 한다는 배타적인 종교 생활 및 태도가 바로 당시 일반인의 다신교적인 종교적 관념이나 태도와 배치되었기 때문이라고 할 수 있다. 그것은 로마인의 이른바 '신들의 평화pax deorum'를 해치는, 그들의 다신교적 세계관에서는 기독교도들이란 신들에 대한 제의祭儀를 거부하는 일종의 '무신론적atheus'인 인간으로 믿어졌기 때문이다. 이러한 점 이외에 법적 측면 등 로마 시대에 기독교가 박해받은 여러 차원의 이유에 대해서는 크로와G.E.M. de Ste. Croix의 탁월한 연구(Croix, 1963)가 있다. 여기에서 종교적 관용 및 관용 이념 일반의 양면성이 있다. 초기의 기독교 교부들이 종교적 관용을 호소한 행위 자체는 기독교가 세속 사회에서 존립하기 위한 현실적 타협책일 수는 있어도 기독교 신앙에 일관된 태도는 아니며, 실제로 기독교가 공인된 이후에 종교적 관용이란 관념은 근대에 이르러 종교개혁이 이루어질 때까지 서양 역사 속에서 사라진다. 반면에 다신주의라는 로마적인 종교적 관용 또는 문화다원주의는 바로 그 다원성 자체를 부정하는 이념이나 태도에 대해서도 관용을 베풀어야 하는가의 근본 문제를 제기한다. 이 문제는 과연 절대적인 관용이 존재할 수 있는가의 근본 문제를 제기하며, 민족주의란 과연 톨레랑스와 양립할 수 없는가의 문제 역시 이러한 차원에서 해명될 수 있다. 로마의 아우구스투스 시대 이후 고대적 세계관과 기독교의 관계에 대한 종합적인 연구로는 코크란(Cochrane, 1944) 참조.

치 상대주의는 바로 톨레랑스 이념의 다른 표현에 불과하다.

그러므로 한국의 톨레랑스 운동이 스스로 신봉하는 이념의 보편타당성 여부나 역사성 및 그것의 비판 논리에 대한 철저한 검토나 이해 노력 없이 ─ 대부분의 정치·사회적 운동의 속성이 그러하기는 하지만 ─ '선진' 서구 국가에서 유행하고 있다거나 또는 이미 학문적으로 논의되었고 정치·사회적으로 인정된 이념이라는 이유로 '안심하고' 즉각 공개적인 실천운동에 나서는 태도에는 적어도 지성적인 면에서 진지성이 결여되어 있음이 분명하다.[9] 그러한 태도에는 바로 이념적 관용이나 개방성의 명분으로 특정 이념을 독단적으로 수용할 위험이 있으며, 표면상의 설득력에 대한 집착 때문에 이미 근본적인 오류로 판명되었거나 또는 지극히 한정된 현실 적용 가능성을 가진 것으로 판명된 이념을 보편타당한 이념으로 신봉하는 사상사적 시대착오의 위험도 있다.[10] 이러한 문제와 관련하여 이 글에

9 종교적 관용에 관한 고전적인 저작 이외에 톨레랑스 운동에 직접적으로 영향을 끼친 현대의 포스트모더니즘, 해체주의, 다원주의 등에 관한 방대한 문헌을 이 글에서 열거할 필요는 없을 것이다. 그러나 톨레랑스 운동은 스스로의 이념에 대한 진지성이나 이론적 개방성의 확립 차원에서라도 먼저 적어도 『순수 관용론 비판*A Critique of Pure Tolerance*』(Wolff, et. al., 1965)에 제기된 주장에 대해서는 깊이 비판적으로 검토했어야 할 것이다. 특히 그 책에 실린 마르쿠제Herbert Marcuse의 자본주의 사회에서 나타나는 관용이라는 이름의 '억압적repressive' 행태에 대한 문제 제기는 단순히 마르크스주의자의 비판이라는 선입관을 버리고 스스로의 주장의 근거에 대해 진지하게 성찰하게 하는 훌륭한 자극제가 될 것으로 지은이는 믿는다.

10 여기서 톨레랑스에 대한 홍세화의 개념 규정에 대해 언급할 필요가 있다. 그는 톨레랑스를 "다른 사람의 생각하고 행동하는 방식의 자유와 다른 사람의 정치적·종교적 의견의 자유에 대한 존중"으로 부르면서, 그것은 "극단주의를 외면하며 비타협보다는 양보를, 처벌이나 축출보다 설득과 포용을, 홀로 서기보다 연대를 지지하며 힘의 투쟁보다는 대화의 장으로 인도"하고 "권력의 강제로부터 개인의 자유와 권리를 보호"한다는 것이다(하승우, 2003: 170에서 재인용). 이러한 '도덕적으로 고매한' 진술에 새로울 것은 전혀 없으며, 그것의 표면적인 타당성을 부정할 사람도 결코 없을 것이다. 간단히 말해 문제는 어떠한 행위가 폭력인지 또는 정의의 실현을 행동인지, 자유의 표현인지 타인에 대한 해로움의 표현인지를 그러한 진술로는 구분될 수는 없다는 데 있다. 하나

서 톨레랑스 운동이 기반을 둔 포스트모더니즘 등 현대의 이념들에 대해 검토한다는 방대한 작업을 수행하기는 불가능하다. 다만 일단 톨레랑스 운동이 근본적으로 가치상대주의에 기반하고 있는 한 그것은 필연적으로 자기 부정의 오류에 빠질 수밖에 없다는 점은 분명하다.[12]

그런데 상대주의가 일반적으로 빠질 수 있는 그러한 자기부정성 이외에도 톨레랑스 이념은 그것의 핵심인 각 개인이나 집단의 다름을 존중한다는 근본 논리 속에 또 다른 자기부정성을 찾을 수 있다. 그 이유는 먼저 차이성의 개념 자체가 같음 및 정체성의 개념을 전제로 한다는 점에서 발견된다. 즉 다름의 존재는 그것의 내적 측면이자 주체적 측면인 정체성의 존재를 전제로 하며, 각 개인이나 집단 사이의 다름에 대한 존중이나 공존이란 그러한 개인이나 집단의 정체성이 무엇이고 왜 존중되고 보존할 가치가 있는 것인지의 문제를 떠나서는 무의미하다는 것이다.[12] 톨레랑스 이념

의 주장이 체계적인 이념이 되기 위해서는 그와같이 고매한 진술의 표방으로 성립되는 것은 아니며, 그러한 주장의 개념적 근거들에 대한 철저한 검토가 따라야 한다. 바로 그러한 철학적 성찰의 결여에서 한국 톨레랑스 운동의 이념적 빈곤을 찾을 수 있다.

11 인식론적 상대주의와 더불어 가치상대주의의 자기부정성 및 철학사적 의미는 잘 알려져 있으므로 이 글에서 별도로 논급할 필요는 없을 것이다. 다만 논의의 편의상 그 핵심적인 이유를 간단히 요약하면 다음과 같다. 어떠한 주장도 그 주장 자체의 진리성 또는 보편성을 전제로 할 수밖에 없으므로, 논리적 일관성을 유지하기 위해서는 모든 주장의 상대성이라는 스스로의 주장 자체의 상대성을 인정할 수밖에 없는 상대주의란 스스로가 자기 부정에 빠질 수밖에 없다. 이미 정형화된 문구로 표현되는 비판 논리이지만, 진정한 의미에서 상대주의자나 회의주의자가 자신의 이념에 대해 가질 수 있는 일관된 태도는 입 다물고 침묵을 지키는 것이다. 실제로 절대적인 주체 및 보편적 진리의 탐색을 표방하는 전통적인 철학의 해체를 주장하는 해체주의자deconstructionist들이 그러한 주장을 펼치는 자신의 주체성 자체나 그들의 논리 자체가 결코 '해체적'이 아님을 주목해야 한다.

12 정체성 개념 자체에 대해서는 제1부 제3장에서 이미 검토한 바 있으므로 다시 반복하지 않는다. 아울러 같은 곳에서 개인이나 집단의 정체성에는 이러한 의미 이외에 자의식의 존재 및 자아의 내용과 동일시되는 보편적 가치나 이념의 문제가 제기된다는 점을 논의한 점도 여기서 다시 환기할 필요가 있다.

은 바로 그것의 핵심인 모든 차이성에 대한 인정 및 공존의 논리 때문에 적극적으로 특정한 내용의 정체성을 옹호하거나 배척할 수 없다는 점에 그것에 내재한 자기부정성의 원천이 있다. 다시 말해서 톨레랑스 운동은 적극적으로 실현하려는 가치나 이상이 없는 이념적 공허성이 그 본원적 성격일 수밖에 없다. 또한 동시에 스스로의 가치나 이상의 실현을 추구하는 정치·사회적 이념이라는 자신의 성격상 그것은 적어도 소극적 차원에서나마 —적극적인 차원에서의 지지나 옹호의 표명은 스스로의 논리상 불가능하기 때문에 —특정한 이념이나 가치관에 대한 거부나 배제의 태도를 가질 수밖에 없다. 여기에 톨레랑스 이념이나 운동 자체의 역설이 있는데, 이 점에 대해서는 좀더 부연 설명이 필요하다. 인종, 민족, 관습, 문화, 이념, 성향이나 취향 등 개인적 및 사회적 모든 차이를 서로 인정하면서 공존해야 한다는 것이 톨레랑스 이념의 핵심이라면, 그것은 곧 모든 개인이나 집단 각각의 정체성을 —그 내용이 무엇이든지 —그대로 인정한다는 논리와 본질적으로 동일하다. 그런데 여기에 톨레랑스 운동가들 자신에게도 해당되는 톨레랑스 이념의 근본적인 문제가 있다. 일단 각 개인이나 집단 정체성의 핵심은 타인에 의해 규정되는 것이 아니라 각 개인이나 집단 스스로가 주체적으로 규정하는 데 있다면, 모든 차이성을 인정한다는 이념이 적어도 논리의 일관성을 유지하려면 극단적으로 타인의 존재 자체를 인정하지 않으려는 개인적 및 집단적 정체성에서부터 다른 인종, 민족, 문화, 취향의 존재 자체를 부정하는 정체성도 인정해야 된다는 논리가 성립한다. 좀더 구체적으로는 인종주의, 민족적 고립주의나 배타주의, 타문화 배척주의, 특정 이념이나 종교의 절대화, 특정 성향이나 취향에 대한 무조건적인 배척을 주장하는 이념, 더 나아가 톨레랑스 이념을 배척 또는 혐오하거나 그러한 운동을 무력화시키려 노력하는 사람들의 정체성도 차이성 존중의 이념 '안'에 포섭하는 것이 '톨레랑스주의자'로서 일관된 태도라는 것이다. 그런데 실제로 톨레랑스 운동가들이 그러한 태도를 보이는 경우란 없을 뿐만 아니라, 스스로의 이념을 정치·사회적 현실 속에 구현하려는 톨레랑스 운동이 실제적으로 스스로의 운동 자체를 무력화시킬 만큼 논리적 일관성을 유지하리라고 기대할 수도 없다.[13]

그렇다면 모든 종류의 이념이나 가치 또는 취향에 대해 무차별적으로 관용을 주장하는 톨레랑스 운동이란 현실적으로 존재할 수 없다. 이 장을 시작하면서 소개한 민족주의의 부정 논리 자체가 그러한 차별적인 불관용 태도의 생생한 예인 것이다. 그렇다면 실제로 톨레랑스 운동이 소극적이나마 옹호하려는 개인이나 집단의 정체성이란 무엇인가의 의문이 제기된다. 다시 말해서 차이성의 내적 측면이자 그것을 가능하게 하는 주체적 요소인 정체성과 관련하여 현대의 톨레랑스 운동이 실질적으로 옹호하는 내용이 무엇이며, 그것이 현실적으로 민족주의를 부정 또는 거부할 수밖에 없는 필연적인 이유가 있는지 여부의 의문이 제기된다. 이러한 의문은 결국 톨레랑스 운동이 실제로는 차별적으로 옹호할 수밖에 없는 개인적 및

---

13 좀더 부연하면 다음과 같다. 먼저 스스로가 표방 또는 옹호하는 가치에 대한 부정을 넘어 이념으로서의 존재성 자체를 부정하는 주장을 수용하는 이념이란 바로 위에서 언급한 상대주의적 자기부정성에 빠져 있음을 스스로 고백하는 것이나 다름없다. 그러한 태도는 스스로의 이념 내용에 대해 진정으로 진지하지 않거나 그것의 진리성에 대해 확신이 없다는 사실의 반증일 수도 있다. 그러한 확신이 있다면 바로 자신의 이념과 반대되는 이념이나 주장의 오류를 입증하는 노력을 통해 그것을 무력화시킴이 당연하다. 스스로의 이념과 양립할 수 없는 이념이나 주장과 공존할 수 있다고 주장하면서 동시에 굳이 스스로의 이념을 공개적으로 내세울 이유는 없는 것이다. 어떠한 이념이든지 그것의 실현을 위해 운동하는 사람이 그 이념을 부정하거나 그 이념에 반대하는 운동을 하는 사람들을 공격하지 않고 용인한다는 것은 스스로의 운동을 포기하는 것과 다를 바 없다. 만일 그러한 사람이 있다면 그가 실제로 추구하는 것은 결국 이념 내용 자체의 실현이 아니라 이념의 사회적 표방이나 주장을 통해 획득되는 다른 가치들, 예를 들어 특정 이념의 대변가로서의 사회적 지위나 명예 또는 그것에 수반되는 세속적 이익일 수밖에 없다.

집단적 정체성의 내용이 무엇인가의 논의를 필요로 하며, 왜 그러한 정체성의 내용과 민족주의는 양립할 수 없는지 검토해야 하는 것이다. 이러한 논의와 그러한 문제에 대한 해명을 통해서만 과연 민족주의는 톨레랑스의 시대 또는 세계화의 시대에도 유지나 계승 및 발전되어야 할 이념인지 여부가 판명되는 것이다.

2. 톨레랑스와 개인 및 집단의 정체성 문제

여기서 다시 제1부 제3장에서 개인 및 집단 차원의 정체성 문제와 관련된 논의 내용의 핵심을 정리할 필요가 있다.

정체성 개념은 고대 이래로 '변화 속의 영속성permanence'과 '다양성diversity 속의 단일성unity'이라는 두 가지 개념 요소를 갖고 있다. 그것은 일반 사물의 경우에는 바로 실재론 차원의 접근을 의미할 것이나, 개인이나 단체의 경우에는 공간과 시간의 변화를 포함하여 스스로를 구성하는 외적 요소의 변화에도 불구하고 스스로를 하나이며 영속적인 개체로 인식하는 개인 및 집단 차원의 자의식의 존재가 정체성의 핵심이다. 그런데 가변성이 본질인 경험의 속성상 의식세계에 이미 경험을 통해 주어지고 집적된 정신적 내용을 통해서는 정체성의 개념을 확립할 수 없게 만들므로, 소극적 차원에서 개인의 정체성은 스스로를 규정하는 자기 인식 및 자기 규정성 그 자체이며, 적극적 차원에서 그것은 그 내용이 무엇이든 적어도 자의식의 경험적 내용을 초월해 스스로가 자신의 존재와 동일시하는 영속적인 가치나 이상을 통해서밖에 규정될 수 없게 된다. 그러한 가치나 이상은 그 내용에 무한한 변용이 있을 수 있는 만큼 정체성의 요소 사이에 갈등 가능성이 언제나 존재하며, 바로 그렇기 때문에 정체성에는 그것의 핵심이 되는 가치나 이상의 보편성 문제가 영속성과 단일성의 축에 필연적으로 수반하며, 집단의 경우에는 집단적 정체성의 내용과 관련된 구성원 사이의 공유성 문제가 또 하나의 핵심 개념으로 등장한다. 특히 집단 차원의 정체성의 경우 일단 공유하는 가치나 이상이 구체적으로 무엇이고, 그것이 얼마나 영속성·단일성·보편성의 기준을 충족하며, 개인이나 사회적 차원에서 어떠한 과정을 통해 그리고 어떠한 역사적 맥락을 통해 형성 및 공유되어 있으며, 집단 구성원이 그러한 가치나 이상의 본질에 대해 얼마나 깊이 이해하고 있고, 정체성의 변화, 특히 공유하는 이상과 가치의 변화 및 새로운 이상과 가치의 공유는 왜 그리고 어떠한 상황에서 구체적으로 어떻게 이루어지느냐가 핵심이다.

위의 논지를 기초로 톨레랑스적 정체성은 다음과 같이 정리할 수 있다. 일단 톨레랑스 이념을 철저히 일관되게 적용할 경우, 다시 말해서 차이성에 대한 무차별적 관용이란 개인이나 집단이 추구하는 취향, 기호, 가치, 이념 등은 그 내용이 무엇이든지 국가나 사회가 무차별적으로 정당한 정체성으로 인정해 준다는 것을 의미한다.[14] 그러므로 톨레랑스 운동이 일반

14 여기서 사족 같지만 지적해야 할 것은 그와 같은 국가나 사회적 차원의 정체성에 대한 인정 이외에 순수하게 개인적 차원의 정체성 문제란 존재할 수 없다는 점이다. 이 말은 곧 차이성에 대한 관용 여부의 문제는 필연적으로 개인을 넘어선 집단 ― 바로 민족을 포함하여 ― 사이의 정체성 차이에 대한 인정 여부를 의미한다는 점이다. 개인 사이의 차이성이 오직 한 개인 자신에게만 전적으로 관련된 특이한 가치나 취향 또는 성정의 문제라면 처음부터 차이성 자체를 운위함이 무의미해진다. 그러한 차이는 바로 오직 개인에 한정된 것이기 때문에 개인 스스로 보존하고 즐기면 그만이고, 타인이 왈가왈부할 근거나 필요도 없다. 예를 들어 동성애자가 사랑하는 사람과 오직 단둘이서 숨어서 스스로의 취향을 실현하는 행위에 대해서는 다른 사람이 알 수도 없고 참견할 이유도 없다. 그러한 차이성에 대한 관용 여부가 문제가 되는 것은 이른바 '커밍 아웃coming out'이라는 이름으로 사회적으로 자기 취향의 정당성을 주장하거나 공개적인 사랑 표현을 통해 개성의 '차이'를 인정하라는 묵시적인 시위가 있기 때문이다. 동성애란 인류 역사와 더불어 존재했을 수 있으나, 동성애라는 개인적 정체성이 사회적 관용의 문제

적으로 주장하는 차이성 인정의 구체적인 사례에는 다음과 같은 논리가 내포될 수밖에 없다. 인종적 차별의 금지를 주장한다는 것은 결국 인종적 정체성의 부인, 즉 스스로 자신은 어떤 인종에 속한다는 인종적 자의식이 잘못된 것이라는 주장과 같다는 논리다. 같은 차원에서 국가가 개인이나 집단의 취향이나 기호의 행사에 대해 금제禁制나 간섭에 무조건적으로 반대한다면, 극단적으로는 국가라는 존재의 정체성을 부인하거나 또는 적어도 국가 정체성에서 그러한 간섭이나 금제의 권력을 인정하지 않는다는 것을 의미한다. 또한 특정한 이념이나 문화 또는 종교에 근거하여 개인이나 집단의 취향이나 기호에 대한 통제를 반대하는 행위도 같은 맥락에서 이해될 수 있다. 그것은 이념이나 문화 또는 종교의 정체성보다 사적 취향이나 기호와 자신의 존재를 동일시하는 개인이나 집단의 정체성이 더 우월함을 주장함과 다를 바 없다는 것이다. 그것은 곧 개인이나 집단의 정체성을 영속적이고 보편적인 가치나 이념에서 찾는 것이 아니라 가변적이고 순간적이며 사적인 취향이나 기호에서 찾는다는 것과 같다. 그것은 실질적으로 정체성에 대한 부정을 의미한다. 왜냐하면 보편적 가치나 이념에 매개되지 않은, 가변적이며 순수하게 사적 욕망 충족을 위한 취향이나 기

로 등장한 계기는 동성애자들이 바로 '커밍 아웃'이라는 공개적 선언이나 '동호인협회' 같은 단체를 이루면서 스스로의 집합적 또는 사회적 존재성을 드러낸 후부터다. 이와 관련하여 밀John S. Mill의 자유 개념에서 사회적 제한이나 의무가 따르는 '타자 관련적 행위other-regarding action'와 구분되어 사회적으로 절대적인 보호의 대상인 '자기 관련적 행위self-regarding action'의 자유란 결국은 보호 여부의 논란 자체가 무의미해지는 '특이성벽의 신성론the doctrine of the sanctity of idiosyncracy'에 불과하다는 울프Robert Paul Wolff의 비판이 참고할 만하다(이에 관해서는 특히 Wolff, 1983: 20-50 참조). 여담이지만 참고삼아 동물행동학자인 이화여대 최재천 교수에게 동물들의 동성애에 대해 문의한 적이 있는데, 그에 따르면 동성애는 원숭이뿐만 아니라 다른 동물에서도 발견된다고 한다. 이에 대해 지은이는 그러한 행위가 지속성을 가지면서 원숭이 사회에서 특이한 존재로 부각되는지 여부를 질문했는데, 이에 대해 그 문제는 동물행동학에서 아직 확실하게 구명되지 않았다고 한다.

호의 추구에서 찾는 정체성이란 바로 본질적으로 규정될 수 없는 내용을 통해 정체성을 찾는 행위, 즉 본질적으로 정체성에 대한 부정을 의미하기 때문이다. 그것은 바로 차이성에 대한 옹호를 무의미하게 만들며, 바로 여기에서 또다시 톨레랑스 이념의 근원적인 자기부정성이 확인된다.

그런데 그러한 자기부정성 이외에 '가변적이고 순간적이며 사적인 취향이나 기호'를 추구하는 개인이나 집단의 존재를 옹호하면서 실질적으로 그러한 차원에서의 정체성만을 인정하려는 톨레랑스 운동에 내포된 중요한 현실적 의미는 톨레랑스 운동이 '가변적이고 순간적이며 사적인 취향이나 기호의 추구'로서 정체성을 옹호한다는 것, 그것은 곧 스스로 의식하든 의식하지 못하든 바로 그와같이 가변적이고 순간적이며 경우에 따라서는 지극히 충동적일 수 있는 사적인 취향이나 기호 또는 쾌락의 추구를 인간의 자연스러우면서도 당연한 행동, 즉 보편적 인간성의 표현이라는 믿음의 발로라는 것이다. 그것은 또한 그러한 차원의 정체성 추구에 대한 비판 또는 부정과 더불어 그러한 차원을 넘어 영속적이며 보편적인 이상이나 가치의 추구에서 자신의 존재 및 삶의 의미를 찾으려는 정체성 탐색을 인간성에 본원적인 행동이 아닌 부차적이거나 지엽적인 — 적어도 인간성의 구성 요소라는 것 자체를 부인하지는 않는다면 — 요소로 간주함을 의미한다. 다시 말해서 그것에는 영속적이고 보편적인 가치 및 이념과 자신을 동일시하거나 자신을 초월한 존재에 대한 헌신 속에서 자신의 정체성을 찾으려는 행위나 태도, 또는 어떠한 형태이든 순간적이며 충동적인 자아를 넘어서서 자신의 삶이나 세계의 본질에 대해 진지하게 고민 또는 접근하려는 자기 성찰적인 태도나 행위, 이러한 행위나 태도는 오히려 사회적으로 심각하게 고려할 대상이 아니라는 입장이 부지불식간에 내포되어 있다.[15] 그러한 입장에는 영속적이며 보편적인 가치나 이념의 추구를 통해 자아 정체성을 찾으려는 노력이란 일부 사회적 소수에 한정된 현상이기 때문에 현실적으로 주목할 만한 대상이 아니라는 믿음이 전제되어 있다. 그리고 그러한 믿음에는 그러한 자아 정체성을 사회적으로 의미 있는 현상으로 인정할 경우에도 그것을 많은 사람에게 부담이 될 정도로, 다시 말

16 여기서도 논의의 명확성을 위해 톨레랑스와 폭력의 관계에 관해 다시 언급하고 지나갈 필요가 있으며, 이와 관련하여 먼저 자유에 관한 밀J. S. Mill의 논리를 언급할 필요가 있다. 밀이 『자유론』을 통해 고전적으로 정리한 자유의 이념 및 이의 외연으로서 자유주의적 관용의 핵심 논리는 어떠한 생각이나 주장 또는 행동이든지 타인에게 해害, harm를 가하지 않는 한 용인된다는 것이다(Mill, 1912: 특히 14-16 참조). 그러한 논리가 표면적으로 설득력을 갖는 이유는 해라는 개념이 쉽게 물리력의 행사를 통해 타인의 생각이나 행동을 억누르는 행위 즉 폭력의 사용을 지칭하고, 자신의 생각이나 주장을 폭력의 행사를 통해 관철하려 하지 않는 한 모든 상충되는 생각이나 주장도 공존해야 한다는 논리로 이어지기 때문이다. 그러나 물리력의 행사 자체가 언제나 폭력으로 간주될 수도 없지만, 언어의 폭력이란 말이 있고 실제로 형법상 명예훼손죄가 존재하는 만큼 '해' 개념 자체는 직관적인 느낌과 달리 지극히 포괄적이고 복잡한 개념이다. 한 사람에게 '진정으로' 신봉하고 자신의 존재와 동일시하는 가치관이나 이념상 도저히 용납할 수 없는 행동에 대해 관용하라는 말은 바로 그 사람의 정체성을 포기하라는 것과 다를 바 없으며, 그것은 바로 그에게 치명적인 해가 될 수도 있다. 특히 국가는 장기적인 국정 목표의 실현을 위해 또는 상황적 특수성에 따라 강제적 수단을 통해 '잘못된' 주장을 억압할 수도 있는데, 강제적인 수단의 동원을 무조건 폭력으로 규정하는 것 자체가 '잘못된' 행동의 실현을 영속적으로 보장하라는 주장과 같으므로 관용이라는 이름으로 폭력을 용인하는 것과 다를 바 없다. 그것은 국가의 책무란 정책 입안 및 수행 과정에서 윤리적 판단을 하지 말고 오직 이익 계산을 통한 조정뿐이라는 논리와 다름없다. 그러한 논리는 현실적으로 언제나 가치 판단을 수반하는 국가 정책의 본질상 현실성도 없거니와, 그러한 논리가 적용될 수 있는 경우란 국가적 차원의 정책 판단이 필요 없거나, 개인이나 집단의 정체성 문제와 관련이 없기 때문에 국가적 차원의 조정 자체가 불필요한 기계적 수준의 업무 수행뿐인 것이다. 예를 들어 새만금 사업이 오랫동안 표류한 직접적인 이유는 국가적 차원의 조정 능력의 부재지만, 그 바탕에는 단순히 이익의 갈등만이 아니라 개발이냐 환경 보존이냐의 가치관 충돌이 있는 것이다. 이러한 경우 무조건 서로 차이성을 인정하라는 관용의 논리란 국가가 그저 아무 행동도 하지 말라는 논리와 다름없다. 앞에서 소개한 바와 같이, 논증의 내용이나 방향은 이 글과 반대가 될 수 있지만 피지배자나 사회적 약자의 지배자 및 강자에 대한 물리적 저항을 폭력 사용을 거부한다는 명분으로 무조건 부인하는 관용이란 억압적인 사회 체제를 영속화시키는 기능을 하므로 또 다른 형태의 억압이 될 수 있다는 논리가 자본주의 사회의 톨레랑스에 대한 마르쿠제 비판의 핵심이다.

해서 순간적이고 가변적 대상과의 동일성 속에서 자신의 정체성을 찾는 사람들의 존재를 부정할 정도로 '지나치게 진지하게' 추구하지 말고, 외면적 치장 수준의 교양에 그칠 정도로 적당히 추구하는 지적 경박함이나 정신적 안이함이 오히려 사회적으로 고무 또는 장려되어야 한다는 태도 또한 은연중에 깔려 있다.

물론 자신의 이념이나 가치관에 입각해 도저히 용납할 수 없는 차이성에 대해 취하는 '진지한' 불관용의 태도에는 여러 가지 차원이 있을 수 있다. 한편으로는 철저한 비판적 자기 성찰과 사색을 통해 형성된 정신세계를 바탕으로 '진정으로' 자신의 존재와 동일시되는 이념이나 가치관에 근거해 표출되는 특정한 이념이나 태도 및 행동에 대한 불관용이 있을 수 있다. 다른 한편으로는 단순히 다른 사람으로부터의 세뇌나 일방적인 영향에 의해 형성된 독단적이고 경직된 이념이나 가치관에 따른 불관용도 있을 수 있다. 그리고 이 둘 사이에서 세속적 이익 추구의 목적에 따라 '자유롭고' '융통성 있게' 나타나는 여러 차원의 불관용 등등 수많은 형태의 불관용이 있을 수 있다. 그와같이 수많은 형태로 나타날 수 있는 여러 불관용의 태도를 어떻게 구분하고 정치·사회적으로 어떻게 접근하느냐는 이 글의 범위를 벗어나는 또 다른 문제다. 그러한 문제를 떠나서 어쨌든 현재 한국의 톨레랑스 운동 속에 포함된 민족주의에 대한 부정 논리가 타당한지 여부와 관련하여 본원적인 중요성을 갖는 것은 그것이 민족이란 그것 자체가 무엇이든 당연히 존재하는 실체라고 처음부터 독단적으로 전제할 이유는 없으며, 만일 그러한 독단적 전제를 기초로 민족의 영속을 위한 헌신이나 민족적 가치의 실현을 추구할 경우 근거 없는 독단의 연속이자 실체가 아닌 허상을 좇는 행위에 불과할 수 있다는 것이다. 따라서 민족이 진실로 허구의 관념일 경우 톨레랑스 이념은 스스로에 내포된 본원적인 자기부정성에도 불구하고 적어도 민족주의에 관한 한 그 이념의 타당성은 인정될 수도 있다.

그런데 앞서 언급한 최근 대중 매체에 소개되는 민족주의 비판이 제기하듯이 민족이란 진정으로 인간의 잘못된 관념 속에서 이름만으로 존재할 뿐 실체가 아닌 허구에 불과할 뿐인가? 이 의문에 대한 해명은 바로 민족의 정체가 무엇인지의 문제로 귀착된다. 따라서 민족 정체성 역시 정체성의 본질인 영속성·단일성·보편성의 기준과 더불어 집단적 정체성의 핵심적 요소인 집단 차원의 자의식 및 공유성 기준에서 접근해야 할 필요성을 제기한다. 민족 정체성의 문제가 그러한 차원에서 해명될 때 이념으로서 민족주의의 타당성이나 가치 문제, 곧 개인이 민족과 자신의 존재 및 삶의 목표와 동일시하는 태도 및 그것에 대한 헌신, 사적이고 순간적이며 충동적인 취향이나 이익 추구 차원의 정체성 추구와는 또 다른 차원에서 진정으로 추구할 만한 가치가 있는 정체성의 추구인지 여부의 문제가 해명될 수 있다. 이러한 문제가 해명될 때 톨레랑스 시대 한국 민족주의의 존속 여부나 이념적 위상이 무엇인지의 의문이 자동적으로 해소될 것이다.

3. 집단적 정체성, 민족 정체성, 그리고 국가 정체성

민족 및 민족주의에 대한 선입견이나 고정 관념 또는 특정 이론에 처음부터 얽매이지 않도록 이 글의 논의를 일단 그것과 관련된 기존의 방대한 문헌들을 떠나 민족이란 말 자체에서 출발해 보자. 이 민족이란 말이 한자 문화권에서 본디 있었던 것이 아니라 영어 'nation'의 번역어이므로,[16] 이 영어의 어원부터 다시 검토할 필요가 있다. nation은 라틴어 '*natio*'에서

16 참고로 한국 최초로 소개된 서구 정치학 교과서인 유길준兪吉濬의 『정치학』에서는 'nation'이 '족민族民'으로 번역되어 있다(유길준, 1998: 1편 4절 참조).

유래한 말이다. 이 라틴어는 '태어나다'를 뜻하는 동사 '*nascor*'의 현재분사가 명사로 전환된 것이며, '혈통breed, stock'이나 '종족race'을 의미하면서 동물과 인간 모두에 공통으로 사용될 수 있는 말이다. 따라서 이 말 자체에 처음부터 서구에서 프랑스혁명 이후 본격적으로 이른바 민족국가 이념의 등장과 더불어 나타나게 된 '영토 관념이 수반된 나라나 국민'의 의미가 포함되지 않음은 물론이고, 일반적으로 민족이라는 말의 사전적 의미로 제시되는 '공통의 조상이나 언어 및 역사를 가진 인간의 집합'이라는 의미 또한 내포되어 있었던 것이 아님은 분명하다. 그런데 종족에 앞서 표면적으로 '정치적' 의미가 내포되어 있지 않을 것 같은 혈통이라는 용어의 의미를 분석할 경우 그것 자체에 이미 '정치성'과 더불어 정체성 및 역사성 관념이 내재되어 있음을 발견하게 된다.

인류의 정신사에서 혈통이라는 관념의 등장, 다시 말해서 인간이 남녀 간의 성적 결합에 의한 자손의 계속적인 출현 및 번식을 시간적 연속성 및 같은 핏줄이라는 동일성 차원에서 인지하면서 그러한 인지 결과를 언어로 표현하게 되었다는 사실, 그것은 오랜 기간에 걸친 역사 및 정신사적 변화 과정의 결과일 것이다. 성교란 본원적으로 남자와 여자라는 두 다른 개체 사이에서 공간이나 시간적 간격 그리고 외양이나 신분의 차이 등 수많은 개별적인 차이를 넘어서 무차별한 결합 가능성을 갖는 행위인데, 혈통이란 관념의 발생은 그러한 성행위에 의한 수많은 '다른' 개체에 '같음'의 의미가 부여되어 있다는 것, 즉 시간적 계기에 따른 개체의 출현과 관련하여 '연속성 속의 동일성' 또는 '동일성 속의 연속성' 관념이 ―두 관념은 같은 것이므로 앞으로 편의상 '동일 연속성'으로 표기하기로 하자―[17] 등

17 정체성 개념 자체에 시간성 개념이 내포되어 있지는 않으나 개인이나 집단의 경우 정체성 의식 또는 관념의 형성은 필연적으로 시간적 연속성 의식 또는 관념을 수반한다는 점은 제8장에서 이미 설명했다.

장하고 있음을 의미한다. 그것은 곧 성행위의 결과로서 개체의 번식이 직접 경험적으로 확인될 수 있는 부모·자식 간의 가족 관계를 넘어서, 시간적으로 상당한 기간을 두고 다르게 출현한 특정 개체에 대해 다른 개체와 구분되는 '같은' 조상 또는 '같은' 자손의 관계라는 동일 연속성 관념이 부여되어 있음을 의미한다. 그와 동시에 그것은 또한 그러한 집단 구성원의 의식 속에서 그러한 관념이 공유되고 있음도 의미한다. 바로 모계나 부계 관념의 출현, 그리고 각각에 의거한 혈족이나 친족 또는 씨족 관념의 등장이 그것이다. 그러한 동일 연속성 관념은 한 집단의 인간이 다른 인간 집단과 구분된다는 차이성에 대한 의식, 즉 집단적 정체성의 원초적 형태임이 분명하며, 그러한 의미에서 그것에는 '적과 동지의 구분'이라는 원초적인 정치 개념이 함축되어 있음도 분명하다. 민족의 본질에 대한 해명은 그러한 정체성 개념의 차원에서 추구될 수 있다.

혈족, 친족, 씨족이란 용어 사이에는 일반적으로 혈연 의식의 강도 면에서 차이가 인지된다. 그러나 어느 정도의 강도 또는 어느 정도의 공간적 경계가 그러한 차이를 결정하는지 정확히 규정할 수는 없다. 위에서 언급한대로 남녀 간의 성적 결합 및 번식을 통해 형성되는 '같은' 혈통이란 근친 결혼의 연속이 아닌 한 언제나 '다른' 혈통과의 끊임없는 성적 교류를 전제하므로, 그 같음과 다름의 경계 설정 또는 다른 혈통에 대해 결혼의 허용 및 불용이 구분되는 경계의 설정은 잘 알려져 있듯이 가치관이나 문화 또는 관습 등에 따라 결정된다. 그것은 혈통 자체가 단순히 피가 얼마나 비슷하냐에 따라서 결정될 수 있는 성격의 것이 아닐 뿐더러,[18] 혈통 관

18 여기서도 오해를 피하기 위해 부연 설명이 필요하다. 모든 인류는 인간의 피를 공유한다는 점에서 혈통상 같다고 할 수 있으며, 어느 정도의 피 차이가 — 좀더 정확하게는 유전자의 차이 — 혈통의 차이를 결정하는지는 피 자체가 아니라 여러 가지 분업 관계 등 인간성을 구성하는 무한히 다양한 요소 가운데 어떠한 것이 동질성과 이질성을 구분하는 결정적인 기준이 되는지와 관련된 가치 판단에 의해 결정된다.

념의 존재는 이미 인간 사이에 성적 교류와 더불어 사회적 분업 차원의 다른 교류가 일상화 또는 제도화되어 있음을 의미하기 때문이다. 다시 말해서 혈통이나 혈연 관념은 피 자체에 의해 결정되는 것이 아니라 인간이 다른 인간과 자신을 구분하는 데 무엇을 본원적이고 결정적인 요소로 간주하느냐 하는 가치 판단이나 세계관 또는 문화의 산물이다. 본질적으로 같은 맥락에서 혈족이나 친족 및 씨족보다 직접적인 혈연의식이 더욱 약화되거나 희박하게 된 상태를 의미할 수 있는 부족, 종족, 인종 등의 본질이 이해될 수 있을 것이며, 바로 민족의 본질에 대한 이해도 같은 차원에서 이해될 수 있다.

위에서 보여 주었듯이 라틴어 '*natio*'에는 혈통 또는 혈연 관념이 그 의미의 바탕을 이룬다. 그런데 영어 'nation'에도 '공통된 조상common descent'의 관념이 내포되어 있다는 의미에서 자신의 '조상 언어' 가운데 하나인 라틴어와 같이 혈통 또는 혈연 관념이 전혀 없다고는 할 수 없다. 그렇지만 영어에는 혈연 관념이 좀더 뚜렷하게 부각되어 있는 'clan', 'kin', 'race'란 말이 별도로 있고, 이들 말과는 달리 'nation'이란 말에는 혈연적 요소보다는 공통된 역사나 관습, 종교, 문화 또는 국가적 귀속성—단순히 국가라는 권력 질서에의 종속감이 아니라—등 혈연 차원을 넘어서서 인간 사이에 동질성 및 정체성을 구성하는 요소가 좀더 부각되어 있다는 점이 주목된다.[19] 그러한 사실은 두 말 사이의 단순한 의미상의 차이

19 그러므로 서구의 문화 및 학술 용어를 한자어로 번역한 서세동점기 동양의 지식인들이 'nation'을 '민족' 또는 '족민'으로 번역한 것은 그 말의 다양한 의미 및 다른 비슷한 말과의 관계를 종합적으로 검토하면서 나름대로 고심한 작업의 결과라고 할 수 있다. '민民'이란 말은 서양의 국가 관념이 유입되기 오래 전 이미 『논어』나 『맹자』에서도 피치자만이 아니라 통치자 및 피치자를 포괄하는 국가의 인적 구성 요소를 지칭하는 경우가 많이 발견되기 때문이다. 예를 들어 『논어』 衛靈公, 24. "子曰 吾之於人也 誰毁誰譽 如有所譽者其有所試矣. 斯民也 三代之所以直道而行也(선생님께서 말씀하셨다. "내가

가 아니라는 점이 중요하다. 그러한 차이 자체는 바로 하나의 집단이 하위 집단을 포섭하면서 그것의 정체성 관념이 좀더 보편적 가치와 이상의 내용을 갖추는 방향으로 변화 및 발전하고 있음을 의미한다. 그리고 개인 차원에서도 그것은 특정 집단에 대해 갖는 귀속의식에 기초한 정체성 관념의 변화 및 발전을 의미한다. 즉 개개인이 가족이나 친족 또는 씨족이라는 직접적으로 대면하면서 감각적으로 느낄 수 있는 수준의 동질적인 삶의 내용이나 형태에 대한 가치 부여 또는 집착에 기초한 정체성으로부터, 점차 공간적으로 확대되고 언어나 관습, 문화, 세계관 등 좀더 포괄적이고 보편적인 가치나 이상의 차원에서 동질성을 갖춘 집단, 즉 부족이나 민족이나 인종, 더 나아가 궁극적으로 인류 전체 등으로 좀더 확대 및 상승함을 의미한다. 그리고 그러한 확대 및 상승의 시간적 변화 과정이 민족주의의 생성과 변화 및 발전의 역사라고 할 것이다.[20] 이와 관련하여 최근에 민족주

남에 대해 누구를 (부당하게) 폄훼하고 누구를 (부당하게) 기리겠는가? 만일 기리는 자가 있다면 시험을 해보았기 때문일 것이다. 지금의 이 백성(민)들이야말로 삼대의 곧은 도를 행하는 자들이다.)"; 微子 8, "逸民 伯夷, 叔齊, 虞仲,夷逸, 朱張,柳下惠,少連(일민[빼어난 백성, 곧 학문과 덕행이 있으면서 초야에 묻혀 벼슬하지 않는 사람]은 백이, 숙제, 우중, 이일, 주장, 유하혜, 소련이다"; 『孟子』 萬章 상, 7, "天之生此民也 使先知覺後知 使先覺覺後覺也 予天民之先覺者也 予將以斯道覺斯民也 非予覺之而誰也(하늘이 이 민을 낳으실 적에 먼저 안 자로 하여금 늦은 자를 알게 하고, 먼저 깨달은 자로 하여금 늦은 자를 깨닫게 하셨다. 나는 하늘이 내신 백성 가운데 선각자이니)" 등 참조(밑줄은 지은이). 이에 관해 조언해 준 한서대학의 안외순 교수에게 감사드린다.

20 그러므로 이 글의 민족 정체성 개념은 콘Hans Kohn의 민족주의 이론의 핵심인 민족성nationality 개념, 즉 기본적으로 자아의식과 집단의식 사이의 조화-대립-갈등의 '긴장 관계'가 — 이 용어를 콘 자신이 사용한 것은 아니지만 민족주의의 본질에 대한 그의 기본 인식은 이 용어로 축약될 수 있다 — 역사적으로 변화 및 발전하면서 형성 또는 소멸되는 민족성 개념과 본질적으로 동일하다(특히 Kohn, 1967: 1-24: "Introduction" 참조). 특히 그가 clans, tribes, folk-groups 등 어느 정도 혈연 관념에 기초한 이른바 '인종적 성격의 집단ethnographic groups' 및 그러한 집단에 수반하는 '인종적 질료ethnographic material'는 특정한 상황에서 민족성으로 나타날 수 있지만 경우에 따라 곧 새로운 민족성에 흡수되어 사라질 수도 있으며, 어떠한 민족성의 요소들도 절대적이 아니

의 이해에 새로운 시각을 제공한 것으로 인정되는 앤더슨Benedict Anderson에 대해 언급할 필요가 있다.

앤더슨은 민족을 '상상의 공동체imagined communities'로 규정한 바 있다(Anderson, 1983). 그 개념어에 대한 우리말 번역어 '상상'은 저자의 의도를 왜곡할 여지가 많다. 그의 경우 '상상'이란 자의적인 조작을 의미하는 것은 아니기 때문이다. 그에 의하면, 민족이란 여러 가지 혈연적 및 지리적 집단이 여러 가지 역사적 우연과 필연이 결합된 계기 속에서 서로 통합하는 과정의 산물이라는 것이다. 중요한 점은 그러한 집단은 그러한 과정을 통해 스스로의 집단적 정체성을 끊임없이 새롭게 모색하며, 의식적이든 무의식적이든 그러한 모색 과정이 언어, 관습, 종교 등 앤더슨이 말하는 '문화적 조형물cultural artifact'이 형성된 결과가 바로 민족이라는 것이다. 그리고 그러한 의미에서 민족은 '상상의 공동체'다. 지은이가 보기에 그러한 민족 개념은 앞에서 논의한 민족주의의 본질상 당연하다고 할 수 있다. 민족은 오래 시간에 걸쳐 역사적으로 형성된 결과이지 특정 시점에서 갑자기 나타난 것은 아니다. 그리고 그 내용 또한 고정된 것도 아니다. 미국이나 스위스의 경우 또는 새로 등장하는 유럽연합EU과 같이 혈연이

며 살아 있는 역사적 힘의 산물로서 언제나 가변적이며 고착된 실체가 아니라고 진술한 점은 민족 정체성의 본질적 성격에 대한 탁월한 해명이라고 할 것이다. 실제로 그러한 민족성 개념에 기초하여 민족주의 이념의 역사를 서술한 콘의 방대한 연구는 그 이외의 여타 현대 민족주의 연구들을 그의 연구에 대한 보충이나 비판 또는 경우에 따라서는 불충분한 이해로 간주할 수 있게도 만든다. 다만 그의 민족성 개념은 바로 '민족성'의 핵심인 정체성 개념과의 연관 속에서 민족과 다른 집단의 개념적 관계를 체계적으로 해명하지는 못하며, 이에 따라 그의 이론은 무엇보다도 바로 이 글의 주제인 21세기 한국 민족주의를 포함하여 현재 국가 정체성의 위기를 겪고 있는 많은 민족국가와 같이 스스로의 정체성에 대한 논란 속에서 민족주의를 포기하려는 움직임 등을 제대로 설명하지 못하는 근본적인 한계가 있다. 지난 1970년대까지의 다양한 민족주의 이론들에 대한 소개·정리는 진덕규(1983)의 업적을 참고할 만하다.

나 언어가 달라도 그러한 다름을 초월할 수 있으면서 보편적이고 영속적인 가치를 갖는 요소가 인간을 집합적으로 묶는 구심력으로 작동할 때 민족은 등장할 수 있다.

따라서 민족을 포함해 개인이나 집단의 정체성에 처음부터 공간적 한계나 집단의 양적 규모면에서 어떤 고정된 경계나 고착된 성격이 있는 것은 아니다. 한 극단으로 자신의 사적인 욕망 충족 이외의 다른 모든 인간관계에 아무런 애착을 느끼지 못하거나 그러한 관계의 가치를 부정하는 사람에게는 자신 이외에 가족 관계를 포함해 친족이나 씨족 차원의 정체성은 무의미할 수 있다. 다른 극단으로 오직 인류 전체의 존속이나 운명 또는 인류 전체 차원의 문화 이외에는 아무런 가치를 발견하지 못하는 사람에게는 인종이나 민족이라는 말 자체가 무의미하다. 로마제국의 평화라는 관념의 허구성 또는 로마 가톨릭 교회 중심의 기독교 지배 질서의 이데올로기적 허구성 문제를 떠나서, 중세 서양의 보편국가의 이상은 칸트를 거쳐 현대에도 이어지고 있는 그러한 정체성 이념의 한 예다. 현대의 경우 전형적인 다민족 국가인 중국이 공식적으로 '중화민족中華民族'이라는 용어를 사용하면서 애써 '하나의' 민족이라는 '사실'을 강조하는 것에는 그들 나름의 국가적 고민이 반영되어 있다. 하지만 '중화민족'이 민족 정체성 개념에 비추어볼 때 전혀 성립 불가능한 것만은 아니다. 그리고 다국적 기업의 임직원에게서 발견되듯이 오직 자신이 속한 기업의 존속이나 번영만이 삶의 모든 가치인 사람에게는 국가를 포함해 기업 이외의 집단적 정체성 또한 무의미할 수 있다.

물론 그와 같은 믿음이나 태도에 대해 처음부터 무조건 편협한 이기주의, 허황된 이상, 상업주의 등의 이름으로 비난할 이유는 없다. 그와 같은 믿음이나 태도의 근거가 타당하다면 그것들은 당연히 수용되어야 한다. 그리고 만일 민족이란 집단의 존재 자체가 허구이며 오직 민족이란 집단을 통해서만 실현될 수 있는 가치나 이상이란 별도로 존재하지 않는다면, 다시 말해서 인적 구성 요소나 공유하는 전통이나 관습 또는 문화와 무관하게 국가라는 권력 및 법질서의 존재를 전제로 하는 집단 생활을 통해 인간이 추구할 수 있는 모든 가치와 이상이 실현 가능하다면, 민족의 정체성 및 민족주의를 운위할 필요 또한 전혀 없을 것이다. 그런데 과연 그러한가? 민족이란 집단, 곧 혈연 관념이나 공간적 친밀성이 전혀 없는 집단은 아니지만, 그것을 넘어서 단일한 언어와 더불어 동질적인 관습이나 문화라는 나름대로 존속시키고 발전시킬 만한 가치나 이상에 기초한 집단, 그와 동시에 국가라는 권력 및 법질서를 통해 조직화된 집단의 형태로 반드시 발전할 필연성이 있는 것은 아닌 집단, 그러한 성격을 갖는 집단의 존재가 과연 무의미할 수 있는가 하는 것이다. 이러한 질문에 대한 답은 결국 다음의 문제로 귀착된다. 바로 민족이라는 특정한 인간집단을 주체로 발현되는 언어나 관습 또는 문화가 과연 얼마나 다른 민족의 그것과 구분되는 독자성 및 독창성이 있으며, 이에 따라 그것의 보존 및 발전이 별도로 영속적으로 추구될 만한 가치가 있느냐의 문제로 귀착된다는 것이다. 개념적 엄밀성을 위해 이 문제를 과도한 부연의 오해를 무릅쓰고 좀더 상세하게 제시한다면 다음과 같이 재구성할 수 있다.

한 인간집단의 구성원 모두가 동일한 집단에 속한다는 집단적 정체성 의식을 오랜 시간을 통해 공유하면서 스스로 변화 및 발전시켜 온 언어나 관습, 전통, 문화 등이 있다고 하자. 그리고 그러한 정체성 의식을 바탕으로 그들 스스로가 한 민족이라는 믿음 속에서 민족국가의 건설 등 정치적 운동으로서의 민족주의를 추구한다고 하자. 그런데 그러한 집단의 정체성 의식의 근간인 그들의 문화나 관습 등이 진정으로 보존하고 영속시킬 만한 보편적인 가치나 이상이 아니거나 또는 그러한 보편성의 요소가 전혀 없다고 하자. 만일 진실로 그러하다면 그러한 인간집단은 민족으로 간주될 이유가 전혀 없으며, 그러한 인간집단이 표방하는 민족주의 역시 본질적으로 무의미한 허구에 지나지 않는다. 독립된 집단으로서 존재할 만한 가치가 전혀 없는 인간집단은 그 독립성을 잃어버리거나 스스로 그것을 포기하는 것이 오히려 당연하면서도 바람직하다. 앞서 언급했듯이 콘Hans Kohn은 당위적 차원이 아닌 역사적 사실 차원에서 민족성의 생성 및 소멸을 기술한 바 있다. 그런데 보존할 만한 가치가 없는 민족의 존재성이나 정체성 즉 민족성은 다른 민족의 민족성 혹은 더 나아가 인류 전체의 정체성에 흡수 및 통합되어 소멸할 필요가 있을 뿐만 아니라 또한 그렇게 되는 것이 역사적 당위이기도 하다.

그렇다면 이 세계에서 민족으로 불리는 여타 다른 인간집단의 경우는 일단 차치하더라도, 바로 한국인이라고 불리는 인간집단은 독립된 민족으로 성립될 수 있는 독자적인 민족성의 근거가 없는가? 다시 말해서 한국인은 민족으로서 그 정체성을 유지 및 존속시킬 근거가 되는 고유하면서도 보편적인 가치를 갖는 관습이나 전통 또는 문화가 없는가? 이미 대한민국이라는 국가를 이루고 살아가고 있는 한국인이 국가적으로 민족주의 및 톨레랑스 문제를 어떻게 대처하는 것이 타당하고 바람직한가의 문제는 당연히 이 문제에 대한 해명 맥락에서 접근해야 할 것이다.

4. 톨레랑스, 한국의 민족주의, 그리고 국가 정체성

과연 한국인이라고 불리는 인간집단이 오랫동안의 역사를 통해 형성한 전통이나 문화가 고유하면서도 보편적인 가치를 갖기 때문에 영속적으로 존재 및 발전시켜야 할 당위성이 있는지 여부의 질문에 대한 답은 일견 자명한 것으로 보인다. '단일 민족으로 반만년의 역사를 통해 이룩한 찬란한 문화'라는 정형화된 문구를 통해 한국인의 의식 속에 어느 정도 각인된 관념이 있다는 사실이 그 답으로서 간편하면서도 즉각적으로 제시될 수 있을 것이다. 지은이 개인적으로도 앞의 제7장에서 언급한 바와 같이 단군 신화에서부터 한국의 전통 문화나 정신사적 전통에는 인류 문화 발전에 기여할 보편적인 요소가 풍부하게 잠재되어 있다고 믿는다. 그러나 현재의 톨레랑스 운동이란 바로 그러한 각인된 관념에 대한 도전이자 부정이라는 사실이 그러한 관념을 근거로 쉽게 결론을 내릴 수 없게 만들 뿐더러, 그러한 당위성 여부 자체가 고도의 학문적 판단을 요구하는 문제이기도 하다.

'단일 민족으로 반만년의 역사를 통해 이룩한 찬란한 문화'라는 정형화된 문구의 존재는 일단 신채호, 박은식, 정인보 등 국학자들이 이념적으로 주도한 근대 한국민족주의 운동을 통해 한국 고유의 전통 및 문화의 독자성 및 보편성에 대한 믿음이 일반 국민의 의식 속에 각인되어 일종의 공식화된 역사관으로 자리잡은 결과다. 그런데 한국 근대사는 한편으로 그러한 민족주의적 관념의 타당성에 대해 부정하는 세력이—그러한 세력의 정치·사회적 영향력이 상황에 따라 변하며 그러한 세력 내에서 개인이나 분파에 따라 부정의 강도 및 포괄성 면에서 차이는 있지만—언제나 존재했던 시대이기도 하며,[21] 현재의 톨레랑스 운동 또한 그것에 대한 도전이

21 구한말의 개화파는 국내외적 상황의 변화에 따라 이념적 분화 과정을 거치면서 다양한 이념적 스펙트럼을 보이는데, 그 가운데 일제의 한국 병탄 및 식민 통치에 적극 협력한 친일파는 사적인 이기심이나 출세 욕구 또는 기회주의적 처신 문제를 떠나 이념적으로는 바로 민족사적 전통 및 문화의 독자성 및 보편성에 대한 전반적인 부정이 극단화된 경우로 해석될 수 있다. 이와 관련하여 한국의 산업화 및 근대화의 주역으로 간주되는 박정희의 대표적 저작인 『국가와 혁명과 나』에 나타난 그의 역사관에 대해 간단하게나마 언급할 필요가 있다. 그는 한민족의 역사를 "퇴영과 조잡과 침체의 연쇄사"(박정희, 1997: 252)로 규정하면서, "스스로를 약자시하고 남을 강대시하는 비겁하고도 사대적인 사상, 이 고질, 이 악유산을 거부하지 않고서는, 자주나 발전은 기대할 수 없을 것"

자 부정이면서 동시에 1960~70년대의 이른바 근대화 세력을 포함하여 오랫동안 기성 세대의 의식에 각인된 그러한 민족주의적 관념이 젊은 세대에 이르러 약화된 결과이기도 하다. 그러므로 단일 민족의 역사 및 고유한 문화의 존재를 전제로 한국 민족주의의 타당성을 옹호하려는 태도는 쟁점이 되는 사항을 기초로 쟁점을 해결하려는 것과 같으므로 본질적으로 논리적 순환에 불과하다. 또한 그 질문은 설사 한국인이 과거에 찬란한 문화를 이룩했다거나 고유한 언어를 가지고 있다는 것이 자명한 사실이라고 해서 간단히 해명될 성격의 문제도 아니다. 그것은 단순히 고유의 문화나 언어의 존재성 여부를 넘어서 그러한 문화나 언어 속에 인류 보편의 가치나 이상이 진정으로 잠재되어 있는지 여부, 그리고 그러한 문화나 관습 및 언어를 기초로 이루어지는 한국인의 공동체적 삶이 인류 보편의 삶의 가치나 이상을 실현하고 있으며, 또한 그러한 삶을 토대로 이루어지는 한국인의 학문이나 예술이 얼마나 창조적으로 인류 보편의 학문 및 예술적 가치를 실현시키고 있는지 여부에 대한 고도의 학문적 판단을 필요로 한다. 특히 한국 문화에 잠재한 독창적이면서 보편적인 가치의 존재성 여부에 대한 판단은 스스로의 정신·문화사적 전통에 대한 독자적인 통찰력과 더불어 인류 보편의 정신·문화사적 업적 및 전통에 대한 깊은 이해라는 학

(박정희, 1997: 253)이라는 단정과 더불어 "이 모든 악의 창고 같은 우리의 역사는 차라리 불살라 버려야 옳은 것이다"(박정희, 1997: 256)라는 극단적인 결론을 통해 민족사적 전통에 대한 전반적인 부정에 기초한 '민족 중흥'의 '이념'을 피력한 바 있다. 그의 이러한 진술에는 현실 정치가의 흥분된 감정과 더불어 정치적 수사에서 쉽게 발견되는 과장법이 있음은 사실이며, 민족사에 대한 그러한 극단적인 부정과는 달리 실제적인 삶의 태도에서는 박정희 역시 나름대로의 민족의식과 함께 전통적 가치관 및 인간관계에 대한 집착에서 벗어나지 못한 것 또한 사실이다. 그럼에도 박정희의 그러한 민족사적 전통에 대한 부정의 태도는 톨레랑스 운동과 더불어 개항 이후 지금까지 계속되는 서구 문명 및 서구적 가치관의 유입이 한국인들의 정신세계에 끼친 다양한 영향 및 그에 따른 다양한 이념적 스펙트럼 형성의 맥락에서 이해되어야 함은 물론이다.

문적 집적 및 역량을 요구한다.[22]

현재 한국의 학문이 과연 그러한 판단을 내릴 만큼 성숙했는지 여부에 대한 판단은 또 다른 방대한 논의를 필요로 하므로 이 글에서는 유보할 수밖에 없다. 다만 일단 그와같이 고도의 학문적 판단과 더불어 깊은 성찰 및 세밀한 검토를 요구하는 문제에 대해 현재의 톨레랑스 운동이 그러한 논의를 시도하지 않고 대중에 대해 자신의 주장을 일방적으로 전파하는 수준의 노력에 머무를 경우, 그것은 이념적 태도 면에서는 진지하다고 할 수 있어도 지적으로는 경박하다는 평가를 면하기 어렵다. 어쨌든 이 글에서 그와같이 방대한 논의는 유보하더라도, 현재 국가를 이루고 사는 한국인이 바로 국가적 차원에서 한국의 민족주의 및 그것에서 파생된 문제에 대해 어떻게 접근함이 바람직한가의 질문과 관련하여 근본적인 방향의 제시와 더불어 그러한 질문과 관련된 몇 가지 실천적인 문제에 대한 해결 방안의 제시는 가능하고 또 필요하리라고 본다.

먼저 근본적인 방향의 제시는 위의 논의 속에 이미 암시되어 있으며, 그것은 어려우면서도 일견 자명한 것으로 보인다. 그것은 곧 한국 민족주의의 본질 및 타당성 여부에 대한 이해는 바로 한국인의 역사적 삶 자체, 그리고 한국의 전통문화 및 정신사적 전통 자체에 대한 깊은 탐구와 함께 그것들을 인류 전체의 문화·정신사 및 지성사적 발전 맥락에서 포괄적으로 탐구함이 필요하다는 것이다. 그러한 탐구가 어려운 점은 바로 그러한 '한국적인 것'이 인류 문화 전체의 발전에 얼마나 창조적인 기여를 했거나 앞으로 할 수 있는 잠재력에 대한 판단을 요구하기 때문이다. 그러한

22 여기서 특히 중요한 점은 그러한 판단 자체가 궁극적으로는 — 외국 학자들의 판단을 맹목적으로 수용할 수 없을뿐더러 그러한 판단의 타당성 여부에 대한 판단은 바로 스스로의 학문적 판단 능력에 기초하므로 — 현재 한국의 학문 수준 및 능력에 의해 결정된다는 사실이다.

탐구의 수준은 결국 한국의 학문적 역량에 의존하며, 한국 민족주의의 및 톨레랑스 문제에 대한 근본적인 해명은 국가 차원에서 그러한 탐구를 적극적으로 고무하고 지원함에서 시작되어야 한다는 단순하면서도 당연한 결론이 도출되는 것이다. 이러한 근본적인 제안 이외에도 톨레랑스라는 이름으로 추구 또는 허용 및 조장되는 여러 가지 정책적 조치나 사회적 권장 사항 가운데 몇 가지는 한국이라는 국가가 국가로서 영원히 존속해야 한다는 절대적인 당위뿐만 아니라 안정 속의 번영이라는 국가 생활 제일의 실천적인 목적 차원에서도 민족주의 문제와 연관하여 국가 정책적으로 깊은 검토의 대상이 되어야 한다. 다시 말해서 톨레랑스란 '대체로' 좋은 이념이자 가치관이기 때문에 '좋은 것이 좋다'는 식의 엄밀하지 못하고 불명확한 사고 판단을 기초로 국가 생활의 장기적인 관점에서 위험성을 내포하거나 정치·사회적으로 심각한 문제를 야기할 수 있는 정책이 추구되어서는 안 된다. 이러한 맥락에서 한국이라는 국가에서 그 본질이 무엇이든 국민의 의식을 지배하는 하나의 심리적 성향으로서 민족주의, 즉 민족의식 또는 민족 감정이 국가 생활에 끼치는 영향에 대해 정리할 필요가 있다.[23]

---

23 심리적 성향으로서의 민족주의 및 그것과 관련된 정책 문제 중심의 민족주의 연구는 주로 현대 사회과학자들의 민족주의에 대한 접근법이자 연구 성과다. 대표적으로는 도이치(Karl Deutsch, 1966), 스미스(Anthony Smith, 1979), 겔너(Ernest Gellner, 1988) 등을 들 수 있다. 이러한 사회과학적 연구들은 민족의식 자체가 어떻게 그리고 왜 형성될 수밖에 없었는지 그 필연성 여부를 설명하지 못하는 한 ─ 이들 연구 이후에 진행된 연구 성과는 필자가 추적하지 못했기 때문에 그러한 한계를 벗어난 연구 업적은 충분히 있을 수도 있다 ─ 그것에 대한 불충분한 이해에 머무를 수밖에 없다. 논의 내용이 구체적이지는 못하지만, 민족주의와 공화주의 사이의 긴장 관계를 설명하면서 공적 시민의 집합체로서의 국민이 민주적 정통성의 원천으로 작용하는 반면 태생적인 민족이 사회적 통합의 기초가 된다는 하버마스(Jürgen Habermas, 2000: 특히 144-150 참조)의 주장은 이 글의 논지와 기본적으로 상통한다.

동질적인 문화에 기초한 민족의식이 국민에게 국가 구성원으로서의 귀속감과 상호 결속력을 높이며, 이에 따라 국가 전체의 통합력을 높일 수 있을 것임은 민족의식에 관한 사회과학적 연구 결과를 굳이 참조하지 않더라도 충분히 이해할 수 있다.[24] 그러한 민족의식의 존재는 무엇보다도 국내의 경제·사회적 갈등이 발생해도 쉽게 감정적 증오나 폭력적 대립, 또는 더 나아가 정치적 분열로 악화되는 극단의 상황으로 나아가는 것을 막아 주는 역할을 할 것이다.[25] 다시 말해서 '다름' 속에서도 '하나'라는 의식이 갈등의 상황에서도 그 갈등이 그대로 대립과 분열의 원인으로 발전하지 않고 먼저 갈등의 근원에 대한 평화적인 해결 모색을 추구하도록 만드는 동인으로 작용할 수 있게 만든다는 것이다. 그것은 곧 톨레랑스 이념이 강조하는 '다름'에 대한 인정 및 '다른 사람들' 사이의 공존이 사회 현실 속에서 실제로 작동할 수 있으려면 바로 '다름' 이전에 '하나'라는 의식의 존재가 전제되어야 함을 의미한다. 다시 말해서 '다름의 공존'에 대한 톨레랑스 운동의 강조 및 이에 따른 민족의식의 의도적인 약화는 경제적인 쇠퇴기와 같이 사회적 갈등의 위험도가 높은 시기에 바로 '다름'의 공존 자체를 위협한다는 역설이 성립한다는 것이다. 물론 민족의식의 잘못된 고양은 인종이나 문화적 '다름'에 대한 감정적인 배타성의 근원으로 작용할 수 있다. 그러나 민족의식의 잘못된 고양에 따른 사회적 병리 현상의 원인을 민족의식의 존재 자체에 돌림은 사물의 진정한 본질과 잘못된 외양을 혼동함과 같다. 어쨌든 진정한 민족의식의 고양 문제는 톨레랑스 운동이 추구하는 문화적 다원성과 관련된 정책적인 문제에 대한 검

24 그러한 연구 성과에 대한 간략한 정리로는 진덕규(1983: 29-35) 참조.

25 따라서 공산주의자들이 경제적 이해관계의 대립에 기초한 계급적 대립을 인간 해방이라는 역사 발전의 이름으로 조장하면서 그러한 계급적 갈등을 약화시키는 민족주의 또는 민족의식을 폄훼함은 잘 알려져 있다.

토를 요구한다.

한국에서 진정한 민족의식의 고양은 한편으로 위에서 언급했듯이 한국인의 역사적 삶 자체 및 전통문화에 내재한 인류 보편의 가치를 발굴해 내고 발전시키는 작업이 핵심을 이룬다고 할 것이다. 그런데 다른 한편으로 그 문제는 톨레랑스 운동이 사회 정책적 차원에서 제시하는 구체적인 방안 가운데 하나와도 연관된다. 그것은 바로 다른 문화의 적극적인 인정이나 수용 또는 한국 '안'에서 다른 문화와 공존이다.

지극히 교과서적이면서 당연한 말이지만, 한 나라 문화의 발전은 다른 문화에 대한 폐쇄적인 태도 속에서는 결코 이루어질 수 없다. 그렇다고 해서 그것이 다른 문화를 일방적으로 수입한다거나 다른 문화를 무조건 적극적으로 수용한다고 해서 이루어지는 것도 아니다. 그것은 다른 문화를 적극적으로 이해하는 노력과 함께 그 '다름'을 자신의 문화 속에 용해시키면서 자신의 것을 내용면에서 좀더 풍부하고 좀더 보편적인 차원으로 종합시키는 데 있다. 그러한 창조적 종합의 노력이 바로 한 민족이 독자적으로 추구하는 학문이나 예술 및 문화 활동의 요체이며, 또한 그와 같은 노력이 오랜 시간에 걸쳐 형성 및 축적되어 나타난 결과가 독자적인 고유문화의 존재이고, 그러한 고유문화의 존재에 대한 자의식 속에서 그것에 대한 깊은 애정이 존재할 수 있으며, 그것이 일반인의 의식 전체에 확산될 때 한 민족의 문화적 자신감이 존재하고, 그것이 바로 문화적 정체성이자 민족의식의 핵심이라고 할 것이다.

그러므로 한 국가 속에 여러 가지 다른 문화의 공존이 바람직할 경우란, 다시 말해서 '다른 것이 아름답다'라는 명제가 진정으로 성립하는 경우란, 다른 문화를 수용하는 주체가 되는 그 국가의 구성원이 바로 문화적 우월감이나 자신감 차원의 적극적인 문화적 민족의식은 아니더라도 적어도 소극적 차원의 문화적 민족의식이 존재할 때다. 역설적이지만 다른 문화가 바로 자신의 것과는 다른 것이라는 문화적 주체의식 또는 정체성이 존재할 경우에만 다른 문화가 한 국가 내에서 공존하는 것이 바람직하다는 톨레랑스의 명제가 성립한다. 이 점은 한국의 톨레랑스 운동이 일반인의 의식에 호소하는 대중적 운동의 성격이 강하다는 점에서 특히 현실적 중요성을 갖는다. 대부분의 일반인은 고유문화에 대한 깊은 이해를 통해서가 아니라 직관적인 감상이나 삶 속에서의 체험 차원에서 그것을 느끼면서 그것에 대해 애정이나 애착을 갖기 마련이며, 그러한 애정이나 애착이 바로 문화적 주체성 및 민족의식의 원천이기도 하다. 그러한 사람에게 무조건 다른 문화와의 공존이 바람직하고 다른 문화를 무조건 수용하는 태도가 열린 마음이라고 일방적으로 강조하는 것은 바로 '다름'의 가치 자체를 제대로 느끼거나 인식하려는 열린 마음의 함양 자체를 오히려 저해한다. 그것은 '다른 것이 아름답다'라는 이름으로 한 국가 안에서 정체가 불분명하고 그 본질적 의미 및 가치가 제대로 밝혀지지 않은 여러 가지 잡탕문화를 범람하게 할 뿐이며, 톨레랑스라는 이름으로 그 국가의 구성원에게 도덕적 또는 문화적 가치관이 혼란 상태에 빠지는 것을 조장함에 다름 아니다.

이제 다시 문제의 출발이자 근원으로 돌아갈 필요가 있다. 앞에서 톨레랑스 이념 자체에 내포된 자기부정성을 지적한 바 있다. 그리고 민족주의라는 말 자체에 어떤 고정된 구체적이고 경험적인 의미가 부여되어 있을 수는 없으며, 그것의 본질적인 의미는 단지 집단적 자기정체성 및 그것에 대한 자의식의 한 형태라는 점도 지적했다. 언어는 자의식이 존재하기 위한 필수 요소이기 때문에 동일한 언어 사용이 민족주의 출현의 결정적인 요소가 될 수는 있으나, 동일한 언어를 사용하는 인간 사이에서도 서로 다른 집단이라는 의식이 존재할 수 있으므로 그것 역시 절대적인 요소는 못된다. 결국 민족주의와 관련된 논란은 그 집단적 정체성 의식의 구체적인 내용이 무엇이며, 그 내용이 진실에 기초하는지 여부, 그리고 그것에 근거한 '같은' 민족과 '다른' 민족의 구분이 바람직하고 타당하면서 현실적으로 유효하고 실현 가능한지 여부의 문제로 귀착된다. 따라서 차이에 대한 무조건적인 인정은 개념적으로나 현실적으로 불가능하므로 톨레랑스 문제란 결국 민족주의 문제의 다른 표현에 지나지 않는 것이다.

여기서 실제로 국가 생활을 영위하면서 그 실체가 무엇이든 민족의식을 공유하고 있는 사람들로 구성된 대한민국이라는 국가가 민족주의 및 톨레랑스 운동과 관련하여 지향해야 할 근본적인 정책 방향이 무엇인지 분명해진다. 한국인이 공유하는 민족의식 또는 민족적 정체성의 내용이 진정으로 독자적이면서 창조적이고 인류 보편의 이상과 어긋나지 않는 정신세계와 문화의 형성 및 창달로 나아가도록 적극적으로 이끌어 가고 그러한 방향으로 나아가도록 학문과 문화 활동을 격려하고 고무해야 한다는 것이다. 그리고 톨레랑스 운동이 추구하는 다문화주의 역시 그것 자체가 목적이 아니라 한국인의 정신세계를 그러한 방향으로 이끌기 위한 자극제로서의 역할을 수행해야 한다는 것이다. 단지 국가 경제의 운용에 일시적으로 편리하고 당장 시급한 문제를 해결해야 한다는 이유로 톨레랑스 운동이 권유하는 정책을 맹목적으로 추구할 경우, 그것은 단순히 민족주의의 입장에서만이 아니라 장기적인 국가 경영 차원에서 심각한 문제를 스스로 만드는 셈이다. 조금 야박하게 비판한다면, 국가 경영이 '좋은 것이 좋다'는 식의 무책임한 '겉멋 추구'로 이루어져서는 결코 안 된다. 개개인의 사적 이익의 추구나 욕망의 무절제한 발산에 대한 인권 보호라는 명분에 따른 옹호, 다문화주의라는 이름으로 전통적인 문화 및 가치에 대한 교육이나 전파의 적극적 추구의 포기, 이질적인 외래문화의 무조건적인 유입의 허용이나 확산의 방조, 개인 사이의 애정에서가 아니라 왜곡된 경제 구조 또는 당장의 경제 운용에 필요하다는 근시안적인 판단에 기초해 입안된 잘못된 경제 정책에 기인한 이른바 '신부의 수입'이라는 기형화된 국제 결혼의 양산,[26] 같은 이유 때문에 계속되고 있는 한국 고유의 전통이나 문화를 이해하지 못하거나 동화 자체를 거부할 수 있는 외국인 노동자의 대량 수입 등등, 이러한 종류의 정책을 바람직한 민족 정체성 및 국가 정체성의 고양이나 장기적인 국가 경영 차원에서의 진지한 검토나 여러 차원에서 파생될 수 있는 심각한 부작용에 대한 치밀한 고려 없이 추구할 경우, 그러한 행위는 미래에 심각한 역사적 범죄로 단죄될 수도 있는 것이다.

그렇다면 독자적이고 창조적이면서 인류 보편의 이상과 어긋나지 않는 정신세계와 문화의 형성 및 창달을 통한 민족 정체성의 고양, 아울러 톨레랑스 운동을 잡탕문화의 범람이 아니라 민족 정체성의 진정한 고양이라는 목표와 조화를 이루도록 국가 생활을 이끌어가는 것, 이것이 21세기 대한민국이 당면한 주요 국가적 과제라고 할 수 있다. 그리고 그러한 과제는 그것의 수행을 주도할 인물이나 집단의 존재를 요구한다. 역사적으로 부여된 국가적 과제를 수행할 주도층이 없거나 그 존재 및 활동성이 약화된 상태란 바로 국가 정체성의 혼란을 의미하는 것이다. 그러한 국가적 과제의 수행에는 당연히 인류 보편의 이상과 정신사적 업적에 대한 깊은 통찰 및 폭넓은 교양 및 지식과 함께 한국 고유의 정신사적 전통과 문화에 대한 애착을 넘어 그것이 바로 자신의 정체성 속에 체화된 인물이 필요하다. 바로 그러한 고도의 교양 수준과 지성적 판단 능력 및 문화적 주체성을 갖춘 인물이 21세기 대한민국의 정치지도자로 출현함이 시대적 요구다. 그런데 과연 대한민국에 그러한 조건을 갖춘 인물이 존재하고 그가 정

26 그러한 기형적인 국제 결혼은 종족적 이질감을 가진 사람들을 집단화할 수 있으며, 그것 역시 앞으로 상황에 따라 심각한 사회적 불안 요인으로 작용할 수 있는 것이 문제다.

치지도자로 등장하는 역사적 행운이 있어 그러한 시대적 이상이 실현될 수 있을 것인지는 의문이다.

그러한 의문은 이제 국가 정체성의 문제를 현실 정치의 맥락에서 논의할 필요성을 제기한다. 현실 정치의 핵심적인 요소는 국가 체제 및 제도로서 헌법이며, 그것을 운영하는 정치지도자의 존재라고 할 것이다. 헌법과 관련된 근원적인 문제는 대한민국의 헌법이 얼마나 국가 생활의 이상을 반영하고 있으며, 동시에 한국 정신사 및 정치사상사의 흐름 및 내용과 어느 정도 밀착되어 있으며, 그것이 표방하는 이념이나 가치관을 한국인이 얼마나 깊이 이해하고 있고 그것이 그들의 삶에 체화되어 있느냐는 것이다. 그리고 국가가 처한 지극히 특수한 역사적 상황에서 비헌법적인 정치 변혁이 요구되지 않는 한, 훌륭한 국가지도자의 등장 여부는 그러한 헌법에 규정된 이념이나 가치관 및 그러한 헌법 내용에 대한 국민의 이해 수준에 의해 결정된다고 볼 수 있다. 각각의 문제가 제11장과 12장에서 논의될 것이다.

제11장 | 헌법과 국가 정체성*

헌정주의constitutionalism[1]가 한국 정치학계의 새로운 화두로 등장한 듯하다. 건국 및 헌정사 60년이라는 역사적 상황과 새롭게 등장하는 개헌 논의, 이와 더불어 서구 정치학의 최신 연구 경향이나 결과를 소개하는 것이 주요 과제 가운데 하나가 된 한국 정치학계의 오랜 관행이 맞물려 그와

---

* 이 장은 지은이가 "한국 헌정 이념사 연구 서설"이라는 제목으로 2008년 출간한 『정치사상연구』 제14집 2호, 114-135에 게재된 글을 이 책의 체제 및 논의의 흐름에 맞추어 수정 및 보완한 것이다.

1 근대 서양의 'constitutionalism'은 일반적으로 '입헌주의'로 번역된다. 입헌주의라는 말에는 '입헌', 곧 국가의 기본법을 확립하여 왕이나 귀족 등 집권자의 자의적인 통치를 제도적으로 배제한다는 정치사 및 정치사상사적 흐름이 함축되어 있다. 앞으로의 논의를 통해 그 이유가 좀더 분명하게 밝혀지겠지만, 이 글에서는 '헌정 제도' 또는 그러한 제도의 이념적 측면을 강조하는 '헌정주의'라는 용어를 번역어로 사용하기로 한다. 그 이유는 '입헌주의'에 내포된 권력에 대한 제한의 이념 자체가 헌정사 일반이 아니라 내용 면에서나 역사적으로 그것의 한 측면일 뿐더러, 그러한 흐름 자체가 바로 정치 및 정치사상사적 변화 일반의 맥락 속에서 이해되어야 하고, 특히 현대에 이르러는 헌법이 단순히 자의적인 통치 행위를 방지한다는 의미와 더불어 특정 정권의 정당화나 능동적인 국가 건설 등 다양한 의미를 갖고 있기 때문이다. 따라서 '헌법과 연관된 정치'라는 의미를 갖는 헌정 제도 또는 헌정주의라는 용어가 좀더 적확한 번역어라고 할 것이다.

같은 학문적 유행을 낳은 것 같다.[2] 60년 동안 헌법은 여러 차례 개정을 거치면서 한국 정치의 중심에 있어 왔는데도 갑자기 헌법 문제가 전혀 새로운 현상의 출현처럼 정치학의 새로운 관심 사항이 된 사실 자체가 일단 기이하게 느껴질 수 있다. 또한 이른바 법률·제도적 접근법은 미국 정치학의 행태주의가 유행하기 이전에 정치학의 오랜 전통으로 존재했었는데, 이제 와서 헌법의 정치학적 문제가 마치 정치학 연구의 새로운 영역처럼 등장하는 현상도 기이하다. 어쨌든 그러한 학문적 상황에서 근본적으로 요구되는 것은 서구 학계 헌정주의 이론의 일방적 소개나 그러한 이론을 한국 정치 현실에 일방적으로 적용하는 수준의 연구를 극복하는 것이다. 그러한 수준의 연구도 물론 연구의 초기 단계에서 필요하지만, 그러한 수준에 안주하는 태도는 학문적 사대주의라고 할 수 있다. 그러한 태도에는 헌정주의란 본디부터 오직 서구의 전통이고 한국 헌정사란 그것이 한국에 소개 및 제도적으로 이식되는 시기 이후에야 존재했다는 독단적인 단정이 전제되어 있으며, 그러한 독단적 단정으로는 잠재적인 형태라도 한국 정신사 및 정치사상사에서 존재할 수도 있는 헌정 이념의 발생 및 발전 가능성을 미리부터 배제할 수 있는 것이다. 이러한 맥락에서 한국 헌정 이념사에 대한 독자적인 연구의 필요성이 제기된다.

한국 헌정 이념사 연구란 간단히 말해서 한국의 정신사 및 정치사상사의 전통에서 헌정 이념의 맹아를 찾아내고 그것이 어떠한 역사적 과정 속에서 발전 또는 퇴행의 과정을 거쳐 현재에 이르렀는지를 서술 및 설명하는 작업이다. 그러한 작업은 비록 헌법이란 이념이 명시적으로 나타났거나 개념적으로 분화 발전된 형태는 아닐지라도 우리의 제도나 정신세계에

2 한국 학계에 서구 헌정주의를 소개한 논문으로는 곽준혁(2005); 박성우(2006); 오향미(2007) 참조.

서 헌법의 이념과 관련된 관념이나 관점 또는 정신적 태도 속에서 그러한 맹아를 찾아내려는 노력에서 시작되어야 한다. 이 장은 그러한 작업의 정초를 마련하기 위한 시론 수준의 글이다. 여기서 현재의 한국이라는 이 시점 및 이 공간에서 바로 회고나 연구 및 검토의 대상으로 등장한 '헌정사 60년'에서 '헌정사'란 말 자체가 왜 필연적으로 헌정의 이념 문제를 제기하는지 그 근거부터 설명할 필요가 있다.

헌정사란 말 그대로 '헌법과 관련된 정치사'를 지칭한다. 그런데 헌정사에 대한 그러한 규정 자체에 그것에 대한 연구란 무엇인가가 함축되어 있는 것 같다. 즉 헌법이 역사 및 정치사 맥락에서 어떠한 계기를 통해 존재하게 되었고, 그 이후 어떠한 역사 및 정치적 상황과의 연관 속에서 그 전체적인 의미 및 성격이나 그 구체적 내용이 변화 및 발전하여 현재에 이르렀는가를 밝히는 작업이라는 것이다. 여기서 '전체적인 의미 및 성격'이란 국가의 존재 및 국가 생활의 기본 질서와 관련된 규범적 명제 전체가 헌법이라는 이름으로 지향하는 포괄적인 이념 또는 이상을 지칭하고, '구체적 내용'이란 바로 헌법 전체를 구성하는 개별적 조항이 표현하는 좀더 구체적인 규범적 명제에 내포된 의미일 것이다. 결국 한국 헌정사 연구의 핵심은 다음의 두 가지 상호 연관된 기본 주제로 축약해 표현할 수 있다.

1) 왜 그리고 어떠한 한국 역사 및 정신사적 상황이나 계기를 통해 국가의 존재 및 국가 생활의 기본 질서와 관련된 법체계 존재의 필요성이 정치·사회적으로 인식되었고 제도화될 수 있었는가. 즉 한국 헌정사의 기원은 어디에서 찾아야 하며, 그러한 기원으로부터 어떠한 역사적 연속성 및 변화·발전의 과정을 통해 현재에 이르렀는가. 또한 그러한 역사적 변화 및 발전 과정에서는 어떠한 계기를 통해 그리고 어떠한 제정 과정을 통해 국가의 존재 및 국가 생활의 기본 질서와 관

련된 여러 규범적 명제가 헌법이라는 이름으로 적어도 외면적이나마 하나의 통일된 법체계로 명문화되었으며,[3] 그와같이 명문화된 헌법 체계가 어떠한 역사 및 정신사적 상황 속에서 수정 또는 보완이라는 변화의 과정을 거쳤는가.

2) 그와 같은 역사 및 정신사적 변화 과정의 결과인 현재의 헌법 및 헌정 질서에는 동양의 천도天道나 서양의 자연법 등 존재 질서 자체에 대한 이념이나 정의나 자유 또는 평등 등 국가 생활의 궁극적 목적과 관련해 어떠한 이상이나 가치가 추구 및 구현되고 있는가. 그리고 그러한 이상의 실현이라는 목적과 관련해 개별 조항의 개념적 문제나 개별 조항 사이의 상충 등 이념적 불완전함이나 결함이 존재한다면 어떠한 학문적 논의나 사회 및 정치적 합의 또는 다른 방식에 의거한 수정 과정을 통해 미래의 헌정사를 추구할 수 있는가.

결국 헌법과 관련된 문건의 내용을 시기적으로 나열함은 물론이고 헌법 제정 및 개정과 관련된 사건을 기술함이 한국 헌정사 연구가 아님은 당연하다. 법률·제도적 접근의 본질 또한 법률이나 제도에 대한 표면적인 기술이 아니며, 그것의 생성·변화의 정치 및 이념적 역동성을 설명하는 데 있다. 따라서 한국 헌정사 연구는 한국 역사 및 정신사의 변화 과정에 대한 깊은 통찰을 필요로 하며, 그러한 통찰의 핵심에 헌정 이념사 연구가 존재하는 것이다. 그러한 연구 이념의 좀더 구체적인 의미에 대한 설명을 위해서는 이제 헌법 개념에 대한 분석이 필요하며, 그것은 그 한국어 자체에 대한 의미 분석에서 출발해야 한다.

3 뒤에 가서 다시 언급하겠지만, 각 조문이 내용상 과연 진정한 통일성을 이루고 있느냐의 여부는 정치철학적 검토의 주요 대상이다.

1. 헌법이라는 말과 개념, 그리고 헌정 이념

한자어 전통에서 헌법憲法이란 말은 오래 전부터 존재했다.[4] 그러나 현재 보편적으로 통용되는 바와 같이 국가의 가장 기본적이면서 모든 법률을 지배하는 최상위의 법을 지칭하는 헌법이란 말은 다른 많은 학술 용어가 그러하듯이 서세동점기 중국과 일본의 개화파 지식인들이 라틴어 어원의 영어나 프랑스어 'constitution' 혹은 독일어 'Verfassung'을 번역한 결과다.[5] 물론 국어사가 아닌 헌정사나 정신사 및 사상사 일반에서 본질적으

---

4 헌법이란 말은 로마제정 시대에 황제의 칙령을 의미했던 'constitutiones'에서 유래한 영어 'constitution'의 번역어지만, 그 말 자체는 한자어 전통에서 오래 전부터 존재했다. 『한어대사전漢語大詞典』에 정리된 고대 중국어에 등장하는 헌법이란 말의 의미를 소개하면 다음과 같다. 첫째, '법령을 공포하다'의 의미다. 송나라 때 한자음을 운율에 따라 정리한 『집운集韻』이란 책에 보면 "『주례』에서 법을 매달아(공포하여) 사람들에게 보이는 것을 헌법憲法이라고 한다. 후대 사람들이 이로 인해 헌憲을 법法이라 부르게 되었다(顯法示人曰憲法後人因謂憲爲法)"는 문장이 있다. 둘째, '법전'이나 '법도'의 의미다. 『서경書經』「설명說明」 편에서 "선왕의 말씀들을 살펴서 헌憲을 만든다(監於先王成憲)"의 문장, 좌구명左丘明의 춘추 시대 역사책 『국어國語』「진어晋語9」의 "선善을 상주고 간姦을 벌함이 나라의 헌법이다(賞善罰姦國之憲法"라는 문장, 한나라 채옹蔡邕의 「太傅文恭侯胡公碑」 비문에 "주나라는 육경六經을 비교해 보고 널리 뭇 사람들의 논의를 폭넓게 종합하고 옆으로 헌법을 관통하여 국가 법전國典을 깊고 넓게 알도록 했다(周覽六經博總群議旁貫憲法通識國典" 등의 문장에서 발견되는 용례다. 이러한 용례 이외에 헌憲 자 자체에도 현대적 의미와 비슷하게 형법 등 일반 법률보다 우위에 있는 기본법의 의미도 있었다. 『관자管子』「입정立政」 편에 "정월 삭일朔日에 백리百吏가 조회를 하면 군주가 나라에 영令을 내리고 헌憲을 공포한다. 헌이 이미 공포되었는데도 헌을 행하지 않는 자가 영에 좇았다고 말하면 사형을 내리고 사면하지 않는다(正月之朔百吏在朝君乃出令布憲於國憲旣布有不行憲者謂之不從令罪死不赦)."

5 중국에서 근대적 의미의 헌법이란 말은 1880년대에 처음 쓰인 듯하다. 당시 개량주의 사상가였던 정관응鄭觀應은 그의 『성세위언盛世危言』(1894년 간행. 1873년 기초 내용 판각 이루어짐)에서 처음으로 군주입헌제를 제안하면서 '입헌법立憲法' '개의원開議院' 등의 용어를 사용했다고 한다. 각주 4)에 제시된 용례를 포함해 이러한 용례에 관해 조사해 준 용인대학교 중국학과 장현근 교수에게 감사드린다. 일본에서는 '세수성규世守成規', '율례律例', '국헌國憲', '근본율법根本律法', '국제國制', '조망朝網' 등의 용어

로 중요한 것은 헌법이란 말의 존재 여부가 아니라 헌법이란 개념의 생성과 변화 및 발전 내용이다. 즉 헌법이란 개념이 한국인의 정신세계 속에 언제부터 그리고 어떠한 역사적 상황 및 계기를 통해 나타나기 시작했으며, 그러한 발전 과정 속에서 그 개념적 명증성이나 체계성 또는 포괄성 면에서의 진전 등 그 내용에 어떠한 변화 및 발전이 나타나 있느냐는 것이다. 여기서 당연히 현재 한국인의 정신세계에 자리잡은 서양의 근대 헌정 제도의 근본적 성격에 대해 언급할 필요가 있다.

문자 없이 신석기 문화를 살아갔던 현대의 원시인 부족사회에도 강제력을 가진 행위 규범은 존재한다는 사실이 시사하듯, 법이 반드시 조문화條文化, codification나 성문화成文化, documentation의 형태로 나타나야 된다는 절대적인 이유는 없다. 한 사회에서 관습이나 관행의 형태로 그 구성원의 정신세계에 숙지되면서 행동의 지침이나 사회 운영의 기준으로 작동하는 규범이 존재할 경우 법은 분명히 존재한다. 일반 법률을 지배하는 최고의 상위법이지만 법의 하위 개념인 헌법의 경우도 마찬가지다. 현재에도 사우디아라비아와 같이 종교법(이슬람의 샤리아)을 헌법과 동일시하는 경우 또는 영국, 이스라엘, 뉴질랜드 등에서 흠정 헌법의 존속이 부분적으로 설명하듯이, 헌법이란 이름의 별도의 독립적인 조문 체계의 존재가 한 국가에서 헌법의 존재성 여부를 결정하는 기준은 아니다. 원시 사회에서 법률의 역할을 하는 관습이나 관행 위에 사회 구성원 누구도 범하거나 변경시킬 수 없는 '금제禁制, taboo'가 존재하는 것처럼,[6] 법률의 형태 또는 경

가 constitution의 번역어로 사용되다 헌법으로 굳어지게 되었다고 한다(김석근, 2001: 48). 학문적으로 큰 의미를 갖는 것은 아니지만, 중국이나 일본의 개화기 지식인들이—한국의 경우는 스스로 번역 작업을 통해 주체적으로 서양 학문을 수용하지 못하고 대체로 일본 학자들이 수행한 번역 작업의 결과물을 수입하는 데 그친 경향이 지배적이다—다른 용어 대신에 왜 '헌법'이란 용어를 채택하게 된 과정과 관련된 세밀한 사실은 나름대로 지성사적 가치가 있는 연구 대상이다.

우에 따라 규정이나 명령의 형태라도 범할 수 없는 궁극적인 규범이 한 국가 내에 국가 구성원의 정신세계를 지배하면서 현실 속에서 작동한다면 그것이 바로 '기본이 되는 법'으로서의 헌법일 수 있다.

일반적으로 서구 학계에서는 헌정주의의 핵심으로 기본권이나 권력 분립 등 국가권력의 행사에 제한을 가하는 특정한 '규범적 제한normative limits'의 존재를 제시하고 있다.[7] 그러나 '규범적 제한'에서 규범성의 내용은 무한한 변용을 가질 수 있으며, 기본권이나 권력 분립 등을 마치 그것의 절대적인 요소로 믿는 것은 자유주의적 헌정 제도라는 역사적으로 발전한 특정한 헌정 제도를 헌정 제도 자체로 간주하는 오류를 범하는 것이다. 마찬가지로 미국과 캐나다에서는 헌법의 운용과 연관하여 주정부나 지방정부의 '권한 밖ultra vires; outside the powers' 관념이 일반적으로 하나의 원칙으로 제시된다.[8] 그런데 그 실질적인 규범 내용 및 적용 대상이 되는 권력기관이나 권력자의 구체적인 실체 문제를 떠나, 그 누구도 범하거나 변경시킬 수 없는 그 권한의 '안과 밖'을 결정하는 가장 궁극적인 '경계'가 무엇인지는 결코 자명한 내용으로 처음부터 주어져 있을 수는 없다.

결국 헌정 이념과 관련하여 제기되어야 할 근본적인 문제는 그러한 '규범적 제한'이나 '경계'의 내용이 전통이나 관습 또는 특정한 법의 존재 자체로서 소극적 또는 묵시적으로 규정되어 있다가 근대의 헌법과 같이 적극적이고 명시적인 규정으로 그 존재 양식이 변환된 이유가 무엇이냐는 것이다. 다시 말해서 흠정 헌법의 경우와 같이 그러한 규범이나 법이 적어

---

6 실제로 분트Wilhelm Wundt는 터부taboo를 인간의 가장 오래된 불문법으로 간주한 바 있다(Freud, 1995: 44에서 재인용). 다만 그는 터부와 다른 법으로서의 관습을 구분하지 못했다고 볼 수 있다.

7 그러한 규범적 제한이 서구 국가의 현실 정치에서 어떻게 작동하느냐를 검토한 논의로는 벨라미(Bellamy, 1996) 참조.

8 Wikipedia, "ultra vires" 참조.

도 불가침의 명시적인 헌법 체계로 공식적인 지위를 획득하거나, 성문 헌법의 경우와 같이 체계적으로 조문화된 최고법의 형태로 등장하게 된 역사 및 정신·사상사적 변화의 배경 및 동인이 무엇이냐는 것이다. 이러한 문제를 해명하기 위해서는 거대한 주제이지만 간단하게나마 성문법의 등장, 곧 법이 법률의 형태로 전환되는 역사적 계기에 내포된 역설적 사실에 대한 언급이 필요하다.

인류 문명사에서는 청동기 시대에 이르러 문자가 발명되었기 때문에 일단 그 시대에 조문화되고 성문화된 법률이 등장할 수 있었던 것은 분명하다. 그러나 그러한 사실 자체는 법률의 등장에 함축된 사회적 변화 문제를 전혀 설명하지 못한다. 한 사회에서 그 구성원 대부분이 오랫동안 당연히 지켜야 되는 것으로 믿어 왔기 때문에 묵시적으로 통용되는 것으로 그 효력을 충분히 발휘했던 도덕률이나 관습, 즉 오랫동안 사회 구성원의 삶 속에 체화되어 당연시되었던 전통적인 규범이 별도의 조문 형식으로 적극적으로 규정되고 처벌이나 보상 등 강제성이 명시되어 성문화된 법규로 선포될 필요성이 새롭게 대두되는 상황의 변화가 일어났다는 것, 그것은 곧 그러한 전통적인 규범의 영향력이 쇠퇴하고 사회 구성원이 그것들을 제대로 준수하지 않게 된 상황이 도래했다는 사실의 반증일 수 있다는 점이 중요하다.[9] 그런데 성문화된 법률의 탄생과 ―법의 탄생이 아니라 ―비슷한

9 문자 없이 사고하는 구술성口述性, orality의 핵심적인 성격 가운데 하나는 전통에의 집착이며, 문자의 발명이 사회를 획기적으로 변화시키는 주요한 동인 가운데 하나다. 이에 관해서는 옹Walter Ong이 '구술성의 정신역학psychodynamics of orality'의 개념으로 정리한 바 있다(Ong, 1982: 31-77 참조). 결국 조문화된 법률의 탄생은 문자의 발명과 수반된 새로운 사회적 변화의 산물로 간주될 수 있다. 함무라비 법전보다 300년 전인 기원전 2050년경에 반포된 것으로서 현재 그 내용이 어느 정도 알려진 가장 오래된 우르 남무Ur-Nammu 법전에는 사기꾼과 부패한 관리들에 대해 처벌한다는 구절과 함께 "고아가 부자의 먹이가 되지 않고, 미망인이 강한 자의 먹이가 되지 않고, 1세겔을 가진 이가 1미나(60세겔)를 가진 이의 먹이가 되지 않도록 하기 위한 것"이라는 구절이 보인다

맥락에서 미국 연방헌법의 제정과 더불어 본격적으로 시작된 근대 성문 헌법 전통 탄생의 역사나 정신사 및 사상사적 의미가 설명될 수 있으며, 같은 맥락에서 한국 헌정사의 기원에 접근할 수 있을 것 같다.

미국 연방헌법의 전문前文은 "We the people of the United States, in order to form a more perfect Union, establish justice ……"로 시작된다. 그것에는 새로운 헌법 제정의 역사적 상황과 더불어 제정 주체와 목적이 명시되어 있다. 즉 여러 식민지 자치주의 인민들이라는 특정한 역사적 상황 속의 주체가 "좀더 완벽한 연합" 등등의 목적을 실현하기 위해 연방헌법을 제정한다는 선언이 그것이다. 그것은 단순히 추상적인 이념으로서 인민주권론의 표방만이 아니라, 그러한 주권을 행사하는 구체적인 인민들의 역사적 정체성과 더불어 국가의 수립을 통해 실현할 이념의 명기라는 것이다. 지극히 자명한 해석일 수 있지만, 그러한 사실에는 새로운 국가 건설에 따른 헌법 제정이나 새로운 국가 체제의 확립에 따른 헌법 제정 모두 그 제정 주체의 존재를 전제로 한다는 점이 함축되어 있다. 그리고 바로 그러한 점에서 미국 연방헌법의 제정이 헌정사 차원을 넘어 정치사상사적으로 갖는 중요한 의미를 찾을 수 있다.

즉 특정한 인간집단이 헌법 제정의 주체가 되어 새로운 국가의 건설을 주도하거나 새로운 국가 체제를 기획한다는 것은 이제 국가가 그러한 건

(Kramer, 2000: 89-90). 그러한 구절의 존재는 사회적 질서 혹은 전통적 규범을 유지하기 위해 그러한 '비행非行들'에 대한 처벌을 전통적 규범과 구분되는 강제력을 가진 법의 형태로 별도로 명시적으로 규정할 사회적 필요성이 대두하게 된 사회적 변화의 반영으로 추정할 수 있다. 앞에서도 이미 언급했듯이, 실제로 인류 역사에서 청동기 시대란 문자의 탄생에 의한 역사 시대의 시작이자 상업, 부의 편중, 각종 범죄, 전쟁 등 현대에 이르기까지 인간의 삶에 '필수적인' 요소가 구비된 시기이며, 이 시대에 성문법이 등장했다는 사실 또한 그러한 역사적 변화의 맥락에서 이해할 수 있다. 함무라비 법전, 히타이트 법전, 모세 법, 드라콘 법 등뿐만 아니라 신라의 율령 등 한국 역사에서 법의 등장도 그러한 맥락에서 이해된다.

설과 기획 대상이 되는 객체가 되었음을 의미한다는 점이 정치사상사적으로 획기적이라는 것이다. 좀더 구체적으로는, 그와 같은 헌법 제정 주체의 존재는 무엇이 국가 생활을 통해 실현해야 할 이상이고 무엇이 그러한 이상의 실현을 효율적으로 실현하기 위한 국가 체제인가와 관련하여 그 주체가 ―그 주체성이 그 집단의 구성원 전체, 소수나 다수, 또는 한 인물 등 어떻게 대표되든지 여부를 떠나 ― 나름대로 갖고 있는 이념이나 가치를 필연적으로 수반한다는 점에서 미국 연방헌법의 제정에 내포된 정치사상사적 중요성이 있다. 그것은 곧 구체적인 역사나 정신사 및 사상사적 맥락을 떠나 오직 추상적인 이념이나 가치를 형식적으로 조문화한 헌법이란 존재할 수 없다는 것을 의미하며, 또한 전문前文의 형식이든 본문의 조문條文 형식이든 그러한 주체와 목적 및 역사성을 제대로 천명하지 못한 헌법이란 대체로 타국 헌법의 일방적인 모방으로서 제정 주체의 정신적 빈곤의 방증일 수 있다.

실제로 미국의 이른바 '건국의 아버지들'이 자신이 처한 정치·사회적 상황에 대한 역사의식 속에서 영국의 왕정 체제에 대한 혐오 및 왕권신수설에 대한 부정을 기초로 폴리비우스Polybius의 로마공화정 이념, 로크의 자유주의 및 이와 연관된 제한정부론, 몽테스키외Charles de S. Montesquieu의 삼권분립론 등을 혼합하여 미국의 연방헌법을 제정했음은 이미 잘 알려져 있다.[10] 그리고 그와 같은 성격의 미국 연방헌법의 역사적 출현 이후 프랑스혁명 과정에서 제헌의회의 헌법 제정이나 1848년 독일의 프랑크푸르트Frankfurt 제헌회의 등 유럽 헌정사에 끼친 영향도 이미 잘 알려져 있

10 미국의 연방헌법 제정 과정에 나타난 이념적 모색이나 갈등 및 타협에 관해서는 베일린(Bernard Bailyn, 1999)의 통찰력 있는 서술이 있으며, 그것의 정치사상사적 의미에 대해서는 아렌트(Hannah Arendt, 1963: 특히 4장 "Foundation I: Constitutio Libertatis"의 143-154 참조)가 깊이 성찰한 바 있다.

다. 결국 그와 같은 주체 개념 및 그에 수반한 국가의 객체화에 '근대 헌법'에서 그 근대성의 핵심이 있다. 위에서 언급한 바와 같이 헌법의 본질적 요소는 원시 사회에도 존재했으나, 근대 헌법은 그러한 주체의 존재 및 그것과 연관된 건설이나 제작의 대상으로서 국가 개념의 출현 및 형성을 떠나서는 이해될 수 없다. 이 점에 대해서는 좀더 부연 설명이 필요하다.

플라톤의 『국가*Politeia*』가 고전적으로 현시하듯이, 서양 지성사에서 정치철학의 등장은 국가의 본질에 대한 탐구이자 이상적인 국가 형태에 대한 철학적 기획이다. 단순화의 위험은 있지만 간단히 말해 그것은 철학이 종교를 대체한다는 혁명적인 발상을 의미한다. 그것은 무엇보다도 현실의 국가들이나 통치 계급의 존재 자체를 신성시하는 태도, 현실 국가들의 권력 구조나 정치 행태를 당연하게 여기면서 그것들에 대한 경험적 일반화를 정치적 지식으로 믿는 태도, 그러한 현실적 정치 질서에의 일방적 순응이나 세속적 목적 실현을 위한 이용을 실용이나 실천으로 파악하는 태도 등으로 표현되는 비철학적 정신세계에 대한 비판적 극복 노력의 산물이다.[11] 그런데 실제 정치 현실에서 그 실현 여부를 떠나, 고대 세계에서 새로운 국가 건설이나 국가 체제의 개혁을 주체적으로 기획할 수 있다는 발상은 플라톤, 아리스토텔레스의 경우와 같이 희랍 도시국가들의 극소수 지식인에서나 발견되는 현상이라는 사실이 환기되어야 한다.[12] 일반인은

---

11 플라톤의 그러한 정치철학적 탐구 및 기획은 물론 플라톤이라는 천재적 지식인에 의해 어느 날 갑자기 이루어진 것은 아니며, 호메로스에서 본격적으로 발현하여 오랜 시간에 걸쳐 이루어진 희랍 정신·지성사적 진화의 결과다. 그러한 진화 과정에는 무엇보다도 솔론Solon이나 뤼쿠르고스Lykurgos 등 실천적인 정치 체제 기획가의 존재가 중요한 역사적 역할을 담당했다(플라톤 철학의 그러한 정신·지성사적 배경에 관해서는 양승태, 2006: 특히 3장 참조).

12 여기서 모세에 대한 언급이 필요하다. 마키아벨리도 일찍이 찬사를 보낸 바 있지만(『군주론』 6장 참조), 그는 신적 권위를 세속국가의 건설에 성공적으로 이용한 정치 지도자다. 그러나 모세뿐만 아니라 뤼쿠르고스나 솔론 모두가 바로 국가 건설에 신적 권

물론이고 대부분의 지식인의 정신세계는 바로 플라톤이 비판한 '비철학적' 태도가 보편적인 현상이라는 것이며, 특히 국가란 신으로부터 기원하는 절대적인 존재이고 통치자인 왕이란 직접적으로 신의 혈통이거나 적어도 신으로부터 지위를 부여받은 존재라는 믿음이 고대 세계의 지배적인 사고다.[13] 그러한 믿음은 기독교 신학과 결합하여 중세 시대까지 지배하게 되며, 잘 알려져 있듯이 마키아벨리Niccolo Machiavelli에 의한 종교 및 도덕과 정치의 분리와 이에 따른 새로운 국가 건설의 주체로서 입법가의 재등장, 보댕Jean Bodin에 의한 국가 자체가 무엇인가란 근원적인 문제의 새로운 제기, 그리고 이어지는 근대 사회계약론의 등장은 바로 그러한 고대 및 중세적 국가관과의 단절을 의미한다.

사회계약론은 사회계약의 상황 자체의 비역사적 허구성, 계약 당사자의 범위, 계약의 영속성 및 준수의 당위성, 계약 내용의 필연성 여부 등 여러 차원에서 비판이 제기되었음은 사실이다. 그러한 비판을 떠나 그것의 본질적인 성격은 바로 국가에 앞서 인간이 존재하며, 국가란 이 세계의 주체가 되는 인간이 스스로의 목적을 ―그 목적의 구체적 내용 문제를 떠나서 ―위해 능동적으로 건설할 수 있는 인위적 존재라는 사고의 대전환을 표현하고 있다는 것이다.[14] 미국 헌법 이후 나타난 수많은 다양한 종류와 내

위를 동원할 수밖에 없었던 사실 자체가 인간이 국가 건설에 주체가 된다는 관념이 고대 세계에서는 용인될 수 없었다는 상황의 반증이라고 할 수 있다.

13 그러므로 단군 신화를 비롯해 여러 민족의 건국 신화는 고대적 헌법 이념의 표현으로 간주될 수 있다.

14 그와 같은 관점의 대전환은 잘 알려져 있듯이 홉스Thomas Hobbes가 그의 『리바이어던 *Leviathan*』 '서문'에서 국가란 인간이란 기술공artificer에 의해 창조된 인공물인 '인위적 인간*artificial man*'이라는 선언에 압축되어 있다. 그리고 해석상 단순화의 위험은 있지만 아렌트Hannah Arendt는 그와 같은 관점의 전환을 '제작인*homo faber*'의 개념으로 국가 차원을 넘은 근대적 삶 전체의 특징으로 규정한 바 있다(이에 관해서는 Arendt, 1956: 특히 chap. 4 "work" 참조).

용의 헌법의 존재가 증언하듯이, 그리고 앞에서 언급했듯이 헌정 질서의 핵심인 '규범적 한계'나 '*ultra vires*'에서 규범성이나 안과 밖 경계의 성격 및 범위는 무한한 변용을 가질 수 있으므로, 특정한 이념이나 특정한 권력 구조의 존재 여부가 근대적 헌법에서 근대성의 핵심은 아닌 것이다. 그것은 인간이 스스로를 초월하는 권위로부터의 독립을 의미하며, 개개의 인간은 스스로의 판단 및 적극적인 참여를 포기하고 다른 인간에게 스스로의 주체성을 양도할 수도 있지만 국가 건설의 궁극적인 주제는 인간이라는 믿음이 그 핵심이다.[15]

그런데 일단 현재까지의 인류 헌정사에서 인류 전체가 참여하는 세계국가가 등장한 것이 아님은 분명한 사실이므로,[16] 바로 국가 건설이나 혁신의 주체가 되는 특정한 — 보편 인류가 아닌 — 인간집단이 누구이며, 국가 건설을 통해 그들이 지향하는 바, 곧 국가 생활을 통해 추구하는 가치나 이념이 무엇이냐의 문제가 필연적으로 제기된다. 홉스Thomas Hobbes로부터 현대의 롤스John Rawls에 이르기까지 다양한 사회계약론의 존재 자체가 간접적으로 반증하듯이, 사회계약의 주체가 되는 인간은 그들 계약론의 체계가 가정하는 바와 같이 무차별적으로 동일한 성격의 추상화된 개인의 집합이 될 수는 없다. 계약을 통한 국가 성립 이전에 다른 인간집단과 구분되는 특정한 공동체적 정체성을 — 그 구체적인 내용이나 성격이 무엇이든지 — 가진 인간의 존재를 전제로 할 수밖에 없다. 그것은 곧 헌법

15 이 점 또한 아렌트는 오래 전에 다음과 같이 표현한 바 있다. "Under modern conditions, the act of foundation is identical with the framing of a constitution"(Arendt, 1963: 121).

16 지구 전체로 보면 유럽 및 지중해 연안이라는 한정된 영역의 문제이고 정치적 현실이기보다는 이데올로기적 성격이 강하지만, 로마제국의 역사적 유산으로서 서양 중세를 통해 존속했던 신성로마제국의 존재는 21세기 제국주의의 맥락에서뿐만 아니라 헌정사의 맥락에서 새롭게 고찰할 필요가 있다.

의 존재 이전에 언제나 국가 건설의 목적을 공유하는 ― 어떠한 이해 수준에서든지 ― 역사적 공동체를 전제로 하며, 그러한 역사적 공동체가 역사적으로 공유한 정치 사상이나 철학적 전통 및 그러한 전통에 기반하는 지성 활동의 수준이나 내용을 떠나서 헌정사는 이해될 수 없다는 것이다. 한국 헌정 이념의 맹아, 곧 헌정 이념사의 기원 문제는 이러한 맥락에서 당연히 먼저 논의의 대상으로 등장하며, 이와 관련하여 간단하게나마 정도전鄭道傳(1337-1398)의 『조선경국전朝鮮經國典』에 대한 논의가 요구된다.

2. 정도전의 『조선경국전』과 근대 헌정 이념의 맹아 문제

한국 헌정사의 기원은 기본적으로 다음의 시각에서 접근해야 한다. 오랫동안 나름대로의 체제를 갖추고 국가 생활을 영위하고 법질서를 유지해 온 한민족이라는 역사적 공동체가 어느 시기에, 어떠한 역사적 계기를 통해, 왜 단순히 주어진 관습이나 전통 또는 법을 당연한 것으로 받아들이지 않고 국가 체제 자체의 존재를 의식하면서 그것을 명시적으로 새롭게 규정하게 되었거나 또는 새롭게 규정할 필요성을 갖게 되었느냐의 문제를 해명하는 차원에서 접근해야 한다는 것이다. 그리고 그러한 새로운 규정 및 규정 필요성의 배경에는 국가의 본질이나 국가 통치의 이상과 관련하여 어떠한 이념이나 사상이 현실적으로 작동하고 있었느냐를 밝히는 데 한국 헌정사의 기원 문제뿐만 아니라 현대 한국 헌정사의 모든 문제를 그 근원에서 이해하기 위해서도 필수적이다. 한국 헌정 이념사 연구의 핵심은 바로 그러한 문제에 대한 해명에 있다. 한국 헌정사의 기원과 관련하여 정도전의 『조선경국전』부터 논급될 필요성은 이러한 맥락에서 제기된다.

잘 알려져 있듯이 정도전의 『조선경국전』은 태조대의 『경제육전經濟六典』을 거쳐 세조대에 시작해 성종대에 완성된 『경국대전經國大典』의 모태다.[17] 그런데 여기서 주목해야 할 점이 있다. 『경국대전』은 그 기본 구상을 『조선경국전』에 의거하면서도 전자에는 후자에 담긴 핵심적인 요소가 탈루되어 있다는 사실이다. 그러한 탈루는 역성혁명이란 당시의 정치적 상황과 더불어 정도전이란 한국 역사 최초의 정치 체제 기획가로 간주될 수 있는 인물의 정치적 비운과도 연관된다. 헌정사적으로 중요한 점은 그것이 조선조에 근대 헌법의 원초적 형태가 나타날 수도 있었던 가능성이 사라졌음을 의미한다는 것이다. 그와같이 탈루된 핵심적인 요소를 간단히 설명하면 다음과 같다.

『경국대전』은 그 명명 자체가 그 기초자들 가운데 하나인 최항崔恒이 세조에게 상언한 "대전일서 성만세경국지구大典一書 誠萬世經國之具"에서 유래했다는 설도 있을 뿐더러(전봉덕, 1981: 13), 조선 시대 전체를 통해 "조종조祖宗朝의 성헌成憲은 고치지 말고 준수해야 한다는 내용의 조종성혼론祖宗成憲論"(정호훈, 2002: 93)에 따라 어느 정도 신성시된 기본법의 성격은 갖고 있었음은 사실이다. 그러나 그것 자체는 여러 법이나 율령의 상위에 있는 최고법의 의미보다는 행정법과 형법과 민법과 '예법'[18]을 총합한 법전의 성격을 갖고 있다.[19] 그것에는 국가 권력의 성립 근거 등 국가

---

17 이와 관련된 역사적 사실에 관한 연구로는 오영교 편(2002), 특히 정호훈(2002)의 "조선 전기 法典의 정비와 『經國大典』의 성립" 참조.

18 조선조의 법제에서 예의 성격에 관해서는 최종고의 다음과 같은 진술이 그 핵심을 간략히 정리하고 있다. "사회가 진보함에 따라 예의 형식이 발달함에도 불구하고 종교적·윤리적 의절儀節로부터 독립하지 아니하고 그 내면성을 유지하면서, 다른 한편으로는 적당히 국가권력과 사회 현실과 결합하여 정치적·법률적 강제 규범으로서의 형식성을 띠게 되었다"(김석근, 2001: 64-65에서 재인용).

19 조선 건국의 정치적 성격과도 연관되지만, 특히 형전刑典의 경우 대명률大明律이라는 기본 형법을 보충하는 의미를 갖는다.

체제의 존재 자체와 관련된 설명이나 정당화하는 규정이 없으며, 무엇보다도 어떠한 형식이나 어떠한 수준의 내용이든지 주권자이자 최고 통치자인 왕의 주권 자체 그리고 왕의 지위와 권력의 근거에 대한 설명이나 규정이 없다는 사실이 중요하다. 비록 조선 시대 전체를 거쳐 왕권은 성왕지치聖王之治의 지향이라는 성리학적 통치 이념의 명분이 뒷받침되어 실제로는 신권으로부터 끊임없는 견제를 받아 왔지만, 그러한 이념적 명분이 왕권 자체를 초월하는 구체적인 법적 체계로 규정되어 왕권의 절대성 자체를 부정하는 제도적 장치로 정착된 것은 아니라는 점이 중요하다. 그것은 신성한 왕권을 축으로 하는 국가 체제 자체는 당연하고 절대적인 존재로 받아들인다는 것을 의미하며, 따라서 조선조는 적어도 헌정사에 관한 한 고려 시대의 연속이자 서양 고대나 중세의 국가관과 유사함을 의미한다.

그런데 정도전의 『조선경국전』에는 그러한 관점과는 다른 관점이 나타나 있다. 그는 국가의 목적 및 통치권의 근거에 대해 '나름대로' 설명하고 정당화하려는 시도를 하고 있다는 점을 주목해야 하며, 바로 그러한 점에서 그것이 한국 헌정사에서 갖는 기원적 의미를 찾을 수 있다. 이와 관련하여 『조선경국전』의 서론 부분이자 일종의 '전문前文'에 해당하는 '정보위正寶位', '국호國號', '정국본定國本', '세계世系', '교서敎書' 편의 내용을 간단하게나마 정리할 필요가 있다.[20]

『조선경국전』의 시작이자 '정보위' 편의 첫머리는 『주역周易』「계사繫辭」편에서 인용한 "성인의 큰 보배는 위요 천지의 큰 덕은 생聖人之大寶曰位,

20 이에 대한 자세한 논의는 별도의 연구를 필요로 한다. 역사학계에서 이루어진 이 부분에 대한 간략한 언급 및 정리로는 대표적으로 정호훈(2002: 52-53)을 들 수 있다. 그러나 문헌학 및 해석학적 차원에서의 좀더 전문적인 연구와 더불어 정치철학 및 정치사상사와 헌정사 차원의 좀더 체계적인 연구가 필요하다. 특히 조선 건국 당시의 역사 및 정신사적 맥락에서, 그리고 정도전의 저작 전체와의 연관 속에서, 이 부분에 나타난 개념 하나하나에 대한 치밀한 검토 작업이 요구된다.

天地之大德生"이라는 문구이며, 그러한 문구와 연관하여 "무엇으로 위를 지킬 것인가何以守位" 하는 질문을 통해 조선 건국의 이념을 피력하고 있다. 그것은 통치 체제의 존재가 단순히 지배나 군림이 아니라 자연법적 질서의 표현이며, 그러한 자연법적 통치 질서의 요체에 인정仁政이 있다는 성리학적 이념의 표방이다. 즉 단순한 물리력이 아니라 "인으로써 위를 지킴이 마땅하다守位以仁不亦宜乎"는 것이다. 그러한 이념을 바탕으로 "천리와 인심에 순응하여 신속히 보위에 오르고順天應人驟正寶位", "인의 체가 서고 인의 용이 행해진仁之體立而仁之用行" 이성계가 바로 위位에 오름이 당연하다는 정권의 정당화 논리로 이어진다('정보위' 참조). 그와같이 성리학적 세계관에 의거한 국가 체제의 이념화 및 정권의 정당화 논리는 조선이란 국호 자체가 중국의 천자天子라는 천하 질서의 대표자로부터 '하사' 받았다는 법통을 가지고 있으며('국호' 편 참조), 또한 현명하고 덕이 있는 이가 보위를 이어받을 세자가 되고 그 또한 성리학적 교육을 통해 왕으로서의 자질을 키우고 있고 신하들은 그러한 왕실의 '울타리藩屛'가 되는 체제이니('정국본'과 '세계' 편 참조), 조선조는 바로 천도天道의 통치 질서인 '성왕지치'가 구현된 국가라는 주장이다. 그리고 그와 같은 성왕이 내린 교서가 바로 '치전治典', '부전賦典' 등등으로 구성된 『조선경국전』이란 법전이라는 것이다('교서' 참조).

그러한 주장 논리 자체의 거칠음이나 이데올로기적 성격, 그리고 그것에 함축된 방대한 사상사적 의미 및 그러한 주장의 표명이 필요할 수밖에 없었던 당시의 정치적 상황 등에 대한 논의는 이 글의 범위를 벗어난다. 한국 헌정사의 맥락에서 중요한 점은 그것이 국가 체제의 근본 성격 및 권력의 정당성에 대한 최초의 명시적인 표명이라는 점이며,[21] 바로 그러한

21 이 점에서 『조선경국전』의 '전문'은 고려 태조 왕건이 즉위 당시(918년 6월) 조서詔書로 표명한 궁예 축출의 정당화 논리와는 구분된다. 즉 궁예라는 왕의 부도덕함과 폭정

의미에서 제한적이나마 위에서 설명한 근대 헌법 이념의 핵심적 요소를 갖고 있는 것으로 간주될 수 있다. 다시 말해서 비록 국민주권론이라는 근대 서양의 자연권적 사상이 아니라 성왕지치라는 동양적 자연법적 사상이 그 바탕이라는 이념적 차이의 존재는 『조선경국전』을 '서양적' 근대 헌법의 형태로 간주하기는 어렵게 만든다. 하지만 그것에는 또한 어떠한 이념에 의거하든지 또는 어떠한 형태이든지 국가가 단순히 인간에게 피동적으로 주어진 존재가 아니라 인간이 주체적으로 건설할 수 있는 대상이라는 사고의 대전환이 발견되며, 바로 그러한 이유에서 한국 헌정사에서 그것이 근대 헌법의 맹아로 간주될 수 있다는 것이다.

그런데 역사적 맹아란 미래의 역사적 변화 및 발전을 위한 하나의 잠재적인 가능성일 수는 있어도 그것 자체가 완성된 모습은 아니다. 어떠한 역사적 계기나 상황의 산물이었든, 정도전의 『조선경국전』에 나타난 그와 같은 근대 헌법의 맹아는 곧 사라진다. 여기서 그와같이 사라졌다가 다시 나타나게 된 역사적 계기 및 과정에 대한 조망이 필요하다.

3. 『경국대전』에서 『대한국 국제大韓國 國制』까지: 근대 헌정 이념의 소멸과 부활

위에서 언급한 바와 같이 『조선경국전』에 나타난 근대 헌법 이념의 맹아는 바로 그것을 모태로 이루어진 『경국대전』에서는 사라진다. 『경국대

에 대한 비판이 핵심이며, 그것에 새로운 국가 건설의 이념이 제시된 것은 아니다. 또한 그가 죽기 전(943년)에 유지로 내린 '훈요십조訓要十條' 역시 국가 통치의 기본 지침은 될 수 있어도 국가 체제에 대한 이념적 정당화로 간주될 수는 없을 것이다(이에 관해서는 『고려사』, '세가世家' 1, 2권 참조).

전』에서는 국가의 존재 이유가 무엇이고, 그러한 존재 이유를 충족시키는 국가 체제는 무엇이며, 그러한 이유나 체제와 연관하여 어떠한 자질의 인물이 통치자가 되어야 하는지 등 국가 성립의 근본 문제에 대한 해명이나 정당화와 관련된 문구는 더 이상 발견되지 않는다는 것이다. 국가 기본법의 기획 및 확립이라는 같은 목적으로 이루어진 시도인데도 불구하고 그와 같은 차이가 나타나게 된 이유는 쉽게 설명될 수 있다.

『경국대전』의 편찬 자체가 세조의 주도로 시작된 것이기도 하지만, 세조 시대는 물론이고 그것이 완성된 성종 시대(성종15년 1484년 완성)는 건국 초 역성혁명의 불안정한 정치적 상황이 해소되고 국가 체제 및 왕권이 확립된 시기였다. 그러한 상황에서 법전의 편찬 시도 자체에 『조선경국전』과는 구분되는 목적이 있음은 쉽게 추정할 수 있다. 『조선경국전』은 새로운 국가 건설의 이념을 표방은 했지만 실제적인 법제 내용 대부분은 고려 시대의 법률 제도를 원용한 것이라 할 수 있다. 이에 비해 『경국대전』은 새 왕조에 들어 거의 1세기가 지나는 동안 교서敎書나 교지敎旨라는 이름의 왕명 하달 형식을 통해 법으로 확정된 법률들을 체계적으로 정비하는 작업을 통해 전조의 법제와는 구분되는 새로운 법제를 완비하여 새로운 국가 체제의 안정을 공고화하려는 목적의 표현으로 볼 수 있다. 이에 따라 이미 국가 체제 및 왕권 자체가 당연한 존재로 받아들여진 현실에서 국가의 존재 이유를 새삼스럽게 거론하거나 밝히려는 정치적인 필요성은 없었을 것이다. 특히 통치자의 자격 요건과 관련하여 성리학 이념을 철저히 적용하려는 시도, 곧 기존의 왕이 과연 왕으로서의 진정한 자격이 있는 성왕인지 여부를 '법적으로' 규정하려는 시도란 대통大統의 계승자로서 적어도 상징적이나마 왕조의 존립 자체와 불가분한 왕의 절대적 지위와 양립할 수 없는 '불온한' 태도일 수밖에 없었으며, 그러한 시도 자체가 필연적으로 기존 체제 및 권력을 오히려 불안정하게 만들게 되므로 정치권

력이 현실적으로 결코 용납할 수도 없었을 것이다.[22]

어쨌든 정도전을 통해 나타난 근대 헌법의 맹아는 그의 정치적 실각 및 조선왕조 체제의 공고화와 더불어 사라졌으며, 적어도 헌정사 차원에서는 조선왕조 역시 스스로와 구분하려 한 그 이전의 왕조와 다를 바 없는 상태로 회귀했다고 볼 수 있다. 결국 조선 시대에 성리학은 한편으로 통치 이데올로기의 기능 및 교육 이념이나 예의 규범의 제공 등 지배 질서를 뒷받침하는 구체적인 사회·문화적 이데올로기의 기능을 수행하고 다른 한편으로 왕권과 신권 사이 권력 갈등의 이념적 원천이기도 했다. 그러나 서구의 근대 헌법과 정권의 관계는 물론이고 더 거슬러 올라가 중세 시대에 왕권과 기독교 신학의 관계와 같이, 성리학적 통치 이념의 핵심인 성왕의 개념이 명시적으로 기존 왕권의 적법성 여부를 판별하는 비판적 기준으로 작동하지는 못했다. 다시 말해서 서양 중세 시대의 전통주의traditionalism를 축약한 문구인 '옛 좋은 법altes gutes Recht'에 상응하는 문구로 볼 수 있는 '조종성헌祖宗成憲'인 『경국대전』이 상징하는 조선왕조의 전통주의 체제는 조선조 말까지 지속되며,[23] 『경국대전』 또한 서세동점 및 일제 침탈

22 『경국대전』의 이러한 성격은 서거정徐居正이 쓴 『경국대전』 "서序"와 최항崔恒의 "전문箋文"을 통해 이해될 수 있다. 즉 두 사람 모두 왕조의 정통성은 당연한 것으로 여기면서, 그러한 왕의 명에 의해 통치 규범의 정비 차원에서 성법成法한 것이 이 『경국대전』이라는 설명이다. 이 점은 조선 시대에서 왕의 실체가 무엇이냐의 문제에 대한 해명의 실마리를 제공하는 것 같다. 조선조는 '성왕지치'의 이념을 표방하여 새로운 왕조를 개창했으나, 일단 왕조가 성립된 후 '성왕지치'는 세자의 교육 이념으로 작동은 했어도 현실 정치에서는 권력 구조상 왕의 자격 요건으로 작동할 수는 없었다.

23 『경국대전』의 그러한 성격에 관해서는 전봉덕의 다음 진술을 참고할 만하다. "『경국대전』은 조선조 말까지 5백 년간 통용된 근본 법전이며, 변경된 바 없다. 물론 후대에 들어가서 행정 기구의 개혁과 새로운 제도의 창설 시행도 있어 시의時宜에 따른 새로운 수교受敎와 조례條例도 많이 나왔다. 그러나 『경국대전』은 건드리지 못하고 『대전전속록大典前續錄』, 『대전후속록大典後續錄』, 『수교집록受敎輯錄』 등의 명칭으로 법전을 반행頒行하여 보완해 나간 것이다. 즉 대전이 아닌 '녹錄'이라는 명칭으로 『경국대전』의 보충

의 과정이라는 피동적인 역사 및 정신사적 상황 속에서 1894년에 추진된 갑오경장이란 개혁 입법, '홍범洪範14조'란 국정 쇄신책, 그리고 한국 헌정사 최초의 근대 헌법으로 간주될 수도 있는 1899년 선포된 『대한국 국제大韓國 國制』의 등장으로 이어지는 법제사적 과정에서 '어정쩡한' — 이 표현의 의미는 앞으로 설명될 것이다 — 기본법적 위치를 고수하다가 국권이 상실되면서 폐기되는 운명을 맞게 된다. 『경국대전』의 그와 같은 운명을 초래한 정치적 상황 전개의 정점에 바로 『대한국 국제』의 선포가 있으며, 여러 가지 복잡한 국내 및 국제 정치적 상황 전개의 결과지만,[24] 그것은 전통적인 기본법 질서로부터 탈피의 상징이라는 의미에서뿐만 아니라 일제 강점기라는 헌정사 단절의 시기에도 불구하고 현대 한국의 헌정사는 그것과의 사상사적 연속성 속에서 이해되어야 한다는 의미에서도 한국 헌정사에 새로운 획을 그은 사건임에 분명하다.

『대한국 국제』의 헌정사적 의미를 이해하기 위해서는 먼저 간단하게나마 그것의 법제사적 측면에 대한 조명이 필요하다. 고종은 아관파천 후 거

적 효력을 인정한 법전이 계속 편찬된 것이다"(전봉덕, 1981: 17). 전통주의는 과거의 법이나 제도 및 관습을 당연히 존재하고 신성불가침의 것으로 여기는 정신적 태도다. 이에 비해 보수주의는 그러한 전통적인 것들을 유지 및 보수하려는 태도라는 점에서는 같으나, 일반적으로 그러한 전통에 대한 이른바 진보 세력의 도전에 직면하여 그러한 전통의 가치에 대한 나름대로의 정당화 작업에 기초한 이념적 자의식 형성의 결과로 규정될 수 있다. 전통주의와의 관련 속에서 보수주의를 그와같이 개념화한 대표적인 연구로는 만하임(Mannheim, 1971)을 참조하고, 만하임의 그와 같은 보수주의 개념에 대한 비판적 검토를 통해 한국의 보수주의 문제를 연구한 논문으로는 양승태(1994) 참조. 한국 헌정사는 조선 시대의 전통주의 및 그것과의 역사적 연속과 단절의 맥락에서 접근함이 필요하다는 것이 — 충분하다는 것이 아니라 — 이 글의 주요 논점이기도 하다.

24 이에 관한 기본적인 사실에 관해서는 서영희(2003: 제1절 "광무정권光武政權의 형성 과정") 참조. 물론 이 책에 정리된 사실 만으로 그것의 역사적 의미가 충분히 해명된 것은 아니다.

의 1년이 지나 1897년 경운궁으로 환궁 후 이루어진 '광무개혁'으로 불리는 일련의 개혁 정책의 일환으로 "갑오 이후 여러 신식 법제가 제대로 뿌리를 내리지 못해 구법제와 혼효되어 있는 착란상을 교정해 보려는 목적에서" (서영희, 2003: 43) '교전소校典所'를 설치해 말 그대로 『경국대전』을 '교정校正'하려고 시도했다. 그러나 고종의 그러한 의도에도 불구하고 교전소 작업은 보수파와 개화파의 대립으로 진전을 보지 못했다. 그는 이후 여러 가지 정치적 우여곡절 및 상황의 변동 속에서 강화된 '황제권'을 바탕으로 1899년 새롭게 '법규교정소法規校正所'를 통해 법 체제의 정비를 재추진했다. 실제로 많은 새로운 법이 이 기구를 통해 정비되었으며, 『대한국 국제』 역시 이 기구를 통해 반포된 것이 사실이다.[25] 어쨌든 '법규교정소'를 통해 새로 반포된 법규들은 물론이고 갑오경장의 내용 및 그것의 핵심 이념을 조문화한 '홍범14조'의 내용은 『경국대전』 체제가 표상하는 성리학적 통치 체제와 전통적인 신분 질서 및 유교적 관습을 대체하는 새로운 이상과 규범이 제도적으로 인정받기 시작하고 있음을 의미한다. 그럼에도 불구하고 『경국대전』의 법적 유효성 문제를 정리하는 새로운 포괄적인 법 체계 정립의 시도 없이 새로운 법규가 반포되었다는 사실은 법 개념 자체 차원에서 어느 정도 이율배반적이다. 즉 『경국대전』과 상치되며 그것을 대치하는 새로운 법규가 바로 『경국대전』의 법 개념인 '왕의 명령'에 기초하여 법으로 성립되었다는 것이다.[26] 9개 조로 구성된 『대한국

25 이에 관해서는 서영희(2003: 112-116) 및 전봉덕(1981: 110) 참조. 실제로 '교전소'는 보수파와 개화파 사이의 대립으로 법규 제정이 거의 진행되지 못한 채 '법규교정소'로 대치되었지만, '법규교정소'란 명칭의 변경 자체가 당시 나름대로의 개혁 분위기에서도 『경국대전』이 표상하는 전통주의 체제가 아직 강고했음을 증언한다.

26 왕의 명령으로서의 조선 시대 법 개념에 관한 간단한 진술은 전봉덕(1981: 44-46) 참조. 법규교정소에서 고종에게 올린 『대한국 국제』 주본奏本의 전문前文에도 황제의 "조칙詔勅을 받들어 중의衆議를 모으고 공법公法을 원조援照하여 국제일편國制一編을 의정擬

국제』는 『경국대전』이 처한 그와 같은 '어정쩡한' 법제사적 상황에서 출현했다.

『대한국 국제』는 당시 정치 현실과의 괴리 문제를 떠나 일단 국제법 차원에서 현대 한국 정치와의 역사적 연속성을 지닌다. 잘 알려져 있듯이 『대한국 국제』 제1조는 대한국大韓國은 자주독립 제국임을 선포하고 있으며, 그러한 선포는 한국이 『경국대전』이 상징하는 동아시아의 전통적인 화이질서華夷秩序에서 벗어나 현재까지 지속되는 주권 국가들 사이의 평등성을 전제로 하는 국제법 질서, 곧 당시의 이른바 '만국공법萬國公法' 질서에 편입됨을 의미하기 때문이다.[27] 그런데 바로 그러한 국제법 차원의 역사적 연속성은 또한 현재 대한민국 헌법의 가장 근본적인 요소와의 역사성 및 정치사상사적 연속성을 함축하고 있다는 점이 중요하다. 왜냐하면 주권 국가 사이의 평등성이란 필연적으로 국가 내적 차원에서는 근대 국가의 핵심적 요소인 배타적이고 절대적인 주권 개념이 명시적으로 등장하고 있음을 의미하기 때문이다. 실제로 『대한국 국제』에는 주권이란 용어만 등장하지 않을 뿐 그 개념은 명확하게 부각되어 있으며, 적어도 주권 개념에 관한 한 그것과 대한민국 제헌헌법 사이에는 국민주권론 대신에 군주에게 절대적인 주권이 귀속된다는 황제주권론이 천명되어 있다는 차이가 있을 뿐이다. 그리고 그 점에서 『대한국 국제』가 한국 헌정사에서 단순히 '최초의 근대 헌법'이라는 '역사적 유물' 차원의 의의를 넘어서는 중요성을 찾을 수 있다.

定하여 정치의 기본과 군권君權이 무엇인지 명시"했음을 밝히고 있는데(전봉덕, 1981: 104 재인용), 그것은 곧 국제國制 제정의 주체 또한 황제라는 것, 다시 말해서 『경국대전』 전통의 재확인인 것이다. 이 문제는 조선 시대 왕의 개념과 관련하여 좀더 포괄적이고 깊은 논의가 필요하다.

27 그것은 홍범1조 "청나라에 의존하는 의존을 끊어 버리고 자주 독립의 터전을 튼튼히 세운다割斷附依淸國慮念, 確建自主獨立基礎"에 이미 예고되어 있었다고 볼 수 있다.

『대한국 국제』에서 황제주권론이 등장할 수 있었던 정치적 배경은 앞서 언급한 바와 같이 여러 가지로 복잡하며, 이 글에서 자세하게 논의될 수 있는 주제는 아니다. 다만 확실한 것은 단순히 고종 개인의 권력욕이 바탕이 된 왕권 강화의 목적에서만 나타난 것은 아니라는 사실이며, 제정 과정에서 근대 공법 교과서를 참고하면서 나름대로 서구의 계몽전제군주정을 모방하여 '국제'를 정비하겠다는 의도도 분명히 나타나 있다. 그리고 그러한 '국제' 정비의 핵심에 주권 개념의 도입이 있다.[28] 그런데 그것과 관련하여 정치사상사적으로 중요한 점은 그와같이 역사적 전환점이 될 수도 있는 '국제'의 정비가 전통적인 『경국대전』 체제에 대한 법적 또는 이념적 정리 과정 없이 '어정쩡한' 상태로 이루어졌다는 사실이다. 다시 말해서 황제주권론은 전통 성리학의 성왕지치 이념의 재확인을 통해 선포된 것도 아니고, 서구에서처럼 왕권신수설에 기반을 둔 것도 아니다. 그것은 공법 교과서를 참고했다고 할 수는 있어도 구 '헌법'인 『경국대전』을 대체하는 가장 핵심적인 요소에 대한 이념적 체계화 및 정당화가 제대로 시도조차 되지 않은 채 새 '헌법'이 제정되었음을 의미한다. 그리고 바로 그러한 사실이 정치사상사적으로 중요한 의미가 있음과 동시에 국가 정체성의 문제와도 직접 연관된다. 왜냐하면 바로 그 점에서 『대한국 국제』와 『대한민국 제헌헌법』의 제정 과정에서 역사 및 정신사적 단절이라는 공통점이 있으며, 그와 같은 역사 및 정신사적 단절이라는 공통점이 역설적이게도 현재까지 계속되는 한국 헌정사를 통해 발현되는 근대 한국 정신사의 근본

28 전봉덕의 연구에 의하면(전봉덕, 1981: 108), 『대한국 국제』 제정 과정에서 당시 이미 번역되어 있던 블룬츨리Johann C. Bluntschli의 『공법회통*Das Moderne Völkerrecht der civilizierten Staaten und Rechtsbuch dargestellt*』이 주로 참고되었다고 한다. 전봉덕은 실제로 9개 조에 대한 '축조 해석'을 통해 이 공법 교과서의 영향을 구체적으로 지적한다(전봉덕, 1981: 110-118 참조).

성격이 있기 때문이다. 그리고 그러한 역설 및 근본적인 성격 속에 대한민국 국가 정체성의 근본적인 문제도 함축되어 있다. 이 점에 대한 간단한 설명으로 이 장의 논의를 끝맺고자 한다.

4. 한국 헌정 이념사와 대한민국 헌정사, 그리고 국가 정체성

대한민국 제헌헌법의 전문前文은 "유구한 역사와 전통에 빛나는 대한국민"이라는 표현을 통해 국가 건립의 인격적 주체 및 그러한 주체의 역사성을 명시하고 있다. 앞에서 이미 언급했듯이 헌법의 궁극적인 주체는 결국 역사적으로 정체성을 갖는 — 그 정체성의 구체적 의미를 떠나 — '대한국민'이라는 인간집단, 곧 한민족이라는 사실의 확인이다. 그러한 전문을 작성한 사람이 의식했는지 여부를 떠나, 그와 같은 헌법 작성의 주체에 대한 명시는 비록 부분적인 개정 또는 총체적인 변혁을 통해 헌법의 내용이나 형태가 변해도 그러한 주체 자체는 변하지 않는다는 명제의 표명이기도 하다. 그런데 대한민국 헌법에서 주목할 점은 그러한 '유구한 역사와 전통' 모두가 헌법의 이념적 기초로 인정된 것은 아니며, 3·1 독립정신이 그러한 이념의 핵심임을 선언하고 있다는 사실이다. 그것은 대한민국 헌법이 이념적으로 조선조 건국 이념과의 역사적 단절을 표명하는 것이라고 볼 수 있으며, 그러한 '단절의 전통'은 헌법 전문에 수정을 가한 몇 차례 개헌에서도 변하지 않고 현재의 6공화국 헌법에까지 이른다.

그와 같은 역사 및 정신사적 단절의 이유나 원인은 여러 각도 및 차원에서 설명될 수 있으며, 그것은 앞으로 한국 헌정사뿐만 아니라 한국 근대사상사 연구 차원에서 좀더 세밀하게 구명될 문제다. 이와 관련하여 대체로 주목할 것은 먼저 『대한국국제』가 국가 체제로서 일반인의 정신에 뿌리 내리지 못한 허상의 성격이라고 할 수 있다. 그러한 맥락에서 대한제국이 일제에 의해 멸망한 후 일제 강점기에 등장한 여섯 개의 임시정부 가운데 대한제국의 부활이나 왕정의 부활을 표방한 '정부'가 하나도 없었으며,[29] 이어지는 해방 이후의 정국에서도 왕정 부활의 논의가 전혀 공론화되지 않았다는 사실도 설명될 수 있다. 그것은 또한 500여 년이나 지속된 조선 왕조가 가졌던 시대적 위상을 가늠하게 하며, 조선 중기 이후 지속된 쇠락하고 부패한 통치 구조의 잔영일 수 있으며, 또한 일제 강점기 조선 왕실의 무력화 및 왕족의 국가의식 결여 행태 등의 반영일 수 있다. 그러한 역사적 상황의 전개가 그와 같은 헌정사적 단절의 원인일 수 있다.

어쨌든 『제헌헌법』의 제정에 함축된 역사 및 정신사적 단절의 법리상의 문제는 『제헌헌법』에는 헌법 제정의 주체가 되는 국민의 존재가 헌법 1조의 민주공화국이라는 국체 규정에 이어지는 2조를 통해 국민주권론이 규정되기 이전에, 다시 말해서 헌법이 제정되기 이전에 이미 전제되어 있다는 것이다. 민주공화국이라는 정치 체제와 국민주권론을 근간으로 하는 헌법을 제정한 국회의원을 선출한 제헌국회의원 선거라는 형식 자체가 헌법에 의해 국민주권론이 규정되기 이전에 국민주권론의 타당성을 전제로 한다는 것이다. 간단히 말해서 헌법에 의해 국민주권론이 확립되기 이전에 그것은 이미 확립되어 있었고, 헌법 2조는 헌법 제정 이전에 이미 제정되었다는 역설이 성립한다. 그것은 일단 법리상 모순으로 보일 수 있다. 그러나 그것은 오직 '법리상'으로만 그러할 뿐이다. 헌법의 제정이란 순

29 이러한 역사적 사실과 관련해서는 김범주(1988: 241-271) 및 오향미(2008: 51-56) 참조. 여기서 상하이上海임시정부의 '임시정부 임시헌장' 8조와 제1차 임시헌법 7조에 규정된 구황실舊皇室 우대의 조항이 2차 헌법에서 삭제된 사실은 주목할 만하며, 그러한 조항의 설정 및 폐기에 내포된 정치적 의도나 전략 문제를 떠나 헌정사 및 정치사상사적으로 해명할 점은 그러한 결정 과정에 어떠한 수준의 이념적 정당화가 뒷받침되었느냐는 것이며, 이것은 앞으로의 연구를 통해 해명할 문제다.

수 이론적 공간이라는 정치 현실의 진공 상태가 아니라 언제나 구체적이고 역사적인 현실 정치의 맥락에서 이루어질 수밖에 없다. 따라서 제정될 헌법의 대강이나 구체적 내용에 대해 이미 묵시적 또는 명시적으로 어느 정도 합의에 이른 인간집단을 전제로 하지 않으면 헌법 제정을 운위하는 것 자체가 불가능하다. 따라서 그와 같은 법리상의 모순이 현실적으로 그리 기이할 것은 없다.[30] 그럼에도 불구하고 근본적인 문제는 남는다. 현재 대한민국 헌법 자체가 그것의 탄생 이전에 역사적 연속성 및 정신사적 정체성을 갖는 민족이 존재한다는 사실을 묵시적으로 전제하면서 동시에 그 헌법의 이념적 기원을 3·1운동에서 찾고 있다는 사실에 한국 근대 헌정사에 함축된 대한민국의 국가 정체성과 관련된 근본적인 문제가 표출되어 있다.

『제헌헌법』이라는 새로운 헌법 제정의 핵심이 황제주권론에서 국민주권론으로의 이행에 있으며, 바로 그것에 헌정사의 대전환이 있다면, 헌법 제정 과정에서 적어도 학계에서라도 황제주권론에 어떠한 이론적 결함이

30 여기서 다시 아렌트에 대해 언급할 필요가 있다. 논의 전개에 정치철학적 엄밀성은 조금 부족하지만 그 역시 '헌법 제정권pouvoir constituant'의 정당성을 제정된 헌법에서 찾으려는 시도의 '논리적 순환petitio principii'을 인지하면서, 서양 헌정사에서 그러한 논리적 문제의 해결책을 제시한 사람으로서 시에스Abbé Sieyès를 들고 있다. 즉 시에스는 이 문제를 "민족을 영구적인 '자연 상태'에 있는 것으로 설정함으로써by putting the pouvoir constituant, that is, the nation, into a perpetual "state of nature"" 해결했다는 것이다(Arendt, 1963: 161). 헌정 이념사에서 시에스의 그러한 중요성은 슈미트Carl Schmitt도 자세히 논구한 바 있다(Schmitt, 2003). 기본적으로 헌법은 어떠한 의미이든 또는 명시화의 수준 문제를 떠나 제정 주체인 인간집단의 정체성 및 그것을 토대로 확대되고 심화된 국가적 정체성을 전제로 한다. 만일 그러한 정체성이 존재하지 않는다면, 다시 말해서 국가 생활의 기본 목적과 관련된 합의가 존재하지 않는다면 필연적으로 내란 상태나 분단 상태로 이어질 수 있는 사회적 분열과 갈등이나 혼란이 지속될 수밖에 없다. 현대 한국사에서 해방 후의 좌우 대립이나 이어지는 분단 및 우파 내부의 분열, 그리고 1980년대 이후 특히 부각되기 시작한 이른바 '남남분열'은 그것의 전형적인 예이며, 한국 헌정사는 물론 그러한 역사적 맥락을 떠나 제대로 이해될 수 없음은 물론이다.

있는지 조선조의 주자학 통치 이념이나 서구의 왕권신수설 또는 전제군주론에 대한 치밀한 검토와 더불어 국민 주권 개념 자체에 대한 천착 및 국민주권론의 정치철학적 근거 및 정치사상사적 의미에 대한 깊은 논의가 이루어졌어야 한다. 그러나 그러한 논의는 없었던 것으로 보인다. 당시의 헌법 제정 과정에서는 과거 조선의 통치 이념이나 황제주권론이란 시대착오적이고 과거인 유제로서 과감하게 폐기하는 것이 당연하다는 사고가 지배했던 것 같다. 이와 동시에 서구의 헌법 교과서들에 일방적으로 의존하면서, 국민주권론 자체를 마치 그 의미가 자명한 절대적인 진리처럼 믿는 데서 헌법 제정이 시도된 것이다. 이에 따라 자유권, 평등권, 소유권 등 헌법을 구성하는 주요 이념의 개념적 의미에 깊이 천착하는 논의나 검토 없이, 그리고 각 조항에 함축된 이념이나 규범 명제가 헌법 체계 총체적으로 얼마나 조화를 이루었는가에 대한 종합적이고 깊은 검토 없이, 대체로 권력 구조나 농지 분배 문제 등 이해관계가 첨예한 문제에만 주로 관심을 두면서 서구 국가의 헌법 조문을 적당히 모방하고 짜깁기하는 차원에서 헌법 제정이 이루어졌다고 볼 수 있다.

물론 당시 한국 정치학이나 법학의 수준을 고려할 때 그와 같은 학문적 검토나 논의를 기대하기는 불가능했을 것이다. 그러나 국가 정체성을 구성하는 핵심적인 요소인 국가 체제의 성격을 결정하는 헌법 제정 과정에 그러한 성격을 구성하는 핵심적인 이념에 대해 국가 차원에서 깊은 논의나 체계적인 성찰이 없었다는 것은 한 개인이 스스로의 정체성에 대해 심각하고 진지하게 고민하고 성찰하지 않은 채 사회적 환경에 스스로를 맡기면서 피동적으로 살아감과 같다. 그것은 대한민국이란 국가는 바로 출발부터 국가 정체성을 스스로 주체적으로 정립하지 못한 채 그것 자체가 피동적으로 부과되었음을 의미한다. 한 국가가 어떠한 수준이나 내용이든지 스스로의 정체성을 능동적으로 확립하려는 노력조차 제대로 추구하지 않았을 때 그것이 주체적으로 국가 생활을 영위하지 못하고 다른 국가의 국가 생활 형식이나 내용을 모방하고 추종하게 됨은 필연적이다.

그러한 정신사적 상황이 지속된 결과가 제7~10장에서 논의 및 설명한 여러 가지 측면의 국가 정체성 문제라고 할 수 있다. 그리고 그러한 정신사적 상황이 『제헌헌법』 이후 계속된 헌정사의 근본적인 성격을 결정했다고 할 수 있다. 이 글에서 자세하게 논의할 수는 없으나, 제2공화국 헌법에서 민주주의의 온갖 좋은 것이 백화점 식으로 나열된 사실을 포함하여, 한국 헌정사와 관련하여 일반적으로 따라다니는 '권력 구조 중심의 빈번한 개정에 따른 누더기 헌법'이라는 폄하는 이미 제헌헌법의 제정 과정에 배태되어 있었다. 그리고 앞에서 이미 언급한 바와 같이 그러한 정신사적 맥락에서 이 책의 출발점이 된 국가적 차원의 국가 정체성에 대한 논란 자체의 기원도 찾을 수 있다. 이념적 분열과 대립이 있은 후에야 국가 정체성 문제가 바로 문제로서 대두되었으며, 그러한 국가적 차원의 쟁점을 학문적으로 소화하지 못하는 한국 학계의 실체도 부각된다.

그것이 바로 산업화와 민주화를 성공적으로 이룩한 대한민국의 정신사적 현주소다. 여기서 다시 강조해야 할 것은 한국 헌정사의 본질이 바로 국가 정체성의 문제로 귀결되며, 국가 정체성 및 헌정사에 대한 이해는 결국 이념이 모든 헌법의 본원적 요소라는 자명한 사실과 더불어 이념에 대한 진정한 이해가 얼마나 어려운 것인가에 대한 자각에서 출발해야 한다는 것이다. 그리고 한 국민의 정신 수준을 대변하는 학계의 수준 및 내용은 단순히 헌법 제정이나 개정의 지적 수단이 아니라 그러한 헌법 내용, 수준, 현실적 운영을 궁극적으로 결정하는 요소라는 것이다. 현대 한국 헌정사 또한 단순히 현실 권력 정치의 메커니즘을 넘어 한국 정치학계나 헌법학계의 학문 수준 및 내용 또는 성격을 떠나서 그 변화의 내용이나 방향을 근본적으로 이해할 수는 없다. 그러한 학문 수준 및 내용이나 성격이 현실 속에서 작동하는 이념에 대한 이해 수준을 그대로 반영하며, 그러한 이해 수준이 근원적으로 현실 정치의 정신적 수준을 결정한다.

미국에 국가 정체성의 위기 문제가 대두되기 오래 전인 1930년대에 미국의 엘리엇William Y. Elliott이란 정치학자는 미국 헌법을 그 나라의 "사회적 신화"라고 규정한 바 있다. 여기서 신화는 "우주론 등 형이상학의 궁극적인 사변 내용을 일관된 상징 체계로 제시한 것"으로 정의된다(Friedrich, 1963: 94에서 재인용). 어느 정도 과장된 표현일 수는 있으나, 그것은 미국 헌법이 미국인의 일상적인 삶에 그만큼 뿌리박혀 있을 뿐만 아니라 인간과 사물을 인지하고 파악하는 기본적인 관점이자 상상력의 원천이라는 것을 의미한다. 그것은 곧 미국 헌법이 국가 정체성의 핵심으로 작동하고 있음을 의미한다. 그토록 국가 정체성 면에서 문제가 없었던 미국이 왜 최근에 국가 정체성의 위기를 겪게 되었는지는 별도로 다룰—제1부 1장에서 헌팅턴을 인용하면서 간단히 언급은 했지만—또 다른 문제다. 어쨌든 한국의 헌법은 그와 달리 정권의 연장과 관련된 정치판의 갈등 속에서만 부각되었을 뿐 국민의 일상적인 삶이나 정신 생활과 밀착된 적은 없었다. 그 근본적인 이유는 지금까지 논의한 바와 같이 제헌헌법부터 헌법이 한국의 정신사 및 지성사적 전통과의 단절과 더불어 서구의 정치사상 및 헌법 이념에 대한 주체적이고 심도 있는 검토 작업이 수반되지 않은 상황에서 제정되었기 때문이라고 볼 수 있다. 다시 말해서 헌법에 내포된 수많은 이념, 바로 현실의 국가 생활에서 실제로 작동하는 이념의 실재성 및 현실적이고 구체적인 의미를 일반 국민뿐만 아니라 학계에서도 제대로 자각하지 못한 결과다.

그런데 최근 들어 단순히 권력 구조의 문제만이 아니라 시장에 대한 국가의 간섭 자체를 배제하는 방향으로 새로운 헌법 개정이 이루어져야 한다거나 민주주의를 보완한다는 논리로 공화주의의 도입이 필요하다는 주장도 제기되고 있다.[31] 그러한 주장의 제기에 앞서 요구되는 것은 국가의 본질은 물론이고, 소유권의 본질 및 국가와 사적 소유권의 관계, 시장이나 공화주의에 대한 깊은 성찰과 더불어 학계 전체 차원의 체계적이고 심도 있는 논의다. 단순히 외국 학자의 관련 이론에 의존하고 그것들을 소개하거나 한국 현실에 적용하는 수준을 떠나서, 그러한 주장이나 이론 자체의 타당성 여부에 대해 학계가 주체적인 학문적 시각을 기초로 능동적이고 비판적인 검토의 대상이 되어야 한다. 그렇지 않을 경우 국가 체제라는 국가의 존재성 및 정체성과 직결된 문제를 경솔하게 처리하는 역사적 우매함을 범할 위험이 있다.

결국 이념의 본질에 대한 탐구로서의 정치철학 및 이념의 현실적 외연과 역사적 전개에 대한 탐구로서의 정치사상사는 국가 정체성에 대한 연구뿐만 아니라 헌정사 및 헌법의 이해 및 운영에 필수적일 수밖에 없다. 그런데 현재 한국의 정치인들은 과연 미국의 '건국의 아버지들'이 가졌던 정치학적 교양 정도는 아니라도 적어도 제헌국회의원들이 헌법 제정에 임했던 진지한 태도를 갖고 있는가. 나아가 한국의 정치학이나 헌법학은 물론이고 그것의 모방 대상인 21세기 서구의 정치학이나 헌법학은 과거의 위대한 정치철학자들이나 정치 체제 기획가들처럼 위대한 구상을 할 수 있는 정치적 및 철학적 상상력과 논리력을 갖추고 있는지 반문해 볼 때다. 그러한 반문과 관련하여 먼저 일반적으로 정치지도자의 정점으로 이해되고 헌법상 국가 통치 행위의 실제적인 주체인 대통령의 의미를 천착할 필요가 있다. 그러한 작업이 다음 제12장을 구성한다.

31 이러한 주장에 대한 간략한 소개로는 김일영(2001: 14-15) 참조.

제12장 국가 정체성과 정치적 지도력, 그리고 대통령*

> "그는 무가치한 인간이 하는 것처럼 제멋대로 행동할 수는 없다. 왜냐하면 그의 선택에 국가 전체의 안전과 안위가 달려 있기 때문이다. 따라서 그의 선택은 그가 머리인 몸의 소리와 움직임에 한정될 수밖에 없는 것이다."[1]
>
> —셰익스피어, 『햄릿』 1막 3장

자연과학이나 공학의 경우 연구 대상의 세밀함은 전문성의 표현이자 새로운 물질이나 상품의 개발 또는 기존 제품의 개선과 연결되는 경우가 많다. 따라서 그러한 연구 행위나 결과는 사소함을 느끼면서도 동시에 지식이나 기술의 정교함이나 정치함에 대한 감탄도 함께 따름이 보통이다. 그러나 사회과학의 경우 전문성의 명분으로 진행되는 그러한 차원의 연구들은 사소함을 넘어 식상함을 느낄 정도로 본말을 전도한 지엽성에의 집착이거나 일회용의 실용성으로 끝나는 경우가 많다. 특히 연구 대상의 세밀화가 그 대상의 역사성이나 사회 전체와의 관련성을 떠나거나 또는 연구

* 이 장은 지은이가 본디 "대통령이란 무엇인가?: 한 공직의 실체에 대한 새로운 접근을 위한 시론"이라는 제목으로 『한국정치학회보』 제42집 1호, 5-26에 게재된 글을 이 책의 논의 체계에 맞게 수정 및 보완한 것이다.

1 "He may not, as unvalued persons do,
Carve for himself, for on his choice depends
The safety and health of this whole state.
And therefore must his choice be circumscribed
Unto the voice and yielding of that body
Whereof he is the head."

주제가 그와 같은 총체적인 조망에 바탕을 두지 않고 설정될 경우 더욱 그러하다. 이 점은 대통령에 대한 지금까지의 많은 연구에도 해당되는 것 같다. 여기서 미국 정치학의 '대통령학presidential study' 또는 그것의 영향하에 한국에서는 주로 행정학계에서 이루어지고 있는 대통령 연구에 대해 간단하게나마 언급할 필요가 있다.

미국 정치학의 '대통령학'은 전·현직 대통령의 인격적 요소나 정치 행태, 비서실 등 대통령직과 관련된 기관의 행태, 그리고 대통령 및 대통령 관련 기관과 의회, 사법부, 정당과의 관계 등과 관련된 경험적 연구가 그 핵심이다.[2] 그것은 대통령에 대한 일종의 행태주의적 연구이며, 처음부터 대통령에 대한 법학이나 정치사 연구 등과의 차별성 및 독자성을 의식한 연구이기 때문에 그와 같은 연구 정향을 나타낸 것은 당연하다고도 할 수 있다. 그리고 그러한 연구도 필요함은 물론이다. 그러나 그러한 연구는 대통령이라는 경험적 현상을 당연시하기 때문에 바로 대통령의 존재 자체가 무엇인지 밝히지 못한다는 근본적인 한계가 있다.

그것은 일단 개별 국가마다 다를 수 있는 대통령이라는 제도가 갖는 역사 및 정신사적 의미와 정치 체제 및 사회·경제 구조상의 의미를 밝힐 수 없다. 무엇보다도 그것은 특정한 시기에 왜 특정한 인물이 대통령의 지위에 오르게 되었고, 그가 대통령으로서 수행한 업무의 역사적 의미가 무엇인지 파악할 수 없게 만드는 결함이 있다. 그러한 성격의 연구는 예를 들어 무능한 대통령, 무식한 대통령, 위선적인 대통령, 철없는 대통령이 선출되었다면 어떠한 역사 및 정신사적 상황에서 왜 국민이 그를 선택하게 되었는지 설명하지 못한다. 또한 특정한 인물이 쿠데타 등 비제도적인 방법으로 대통령이 되었다면 그러한 정치적 상황 전개를 가능하게 만든 국민의

2 '대통령학'의 현황에 대한 소개로는 함성득(2003) 참조.

환호, 복종, 체념, 저항의 원인이나 이유 등과 관련된 역사 및 정신사적 상황, 그러한 상황과 연관된 사회·경제적 구조 등이 무엇인지 설명하지 못한다. 그러한 연구들은 결국 대통령의 실체에 대한 총체적인 해명이 될 수는 없으며, 대통령직을 지낸 사람들과 관련된 지엽적인 사실의 해명 또는 그들의 통치 행태에 대한 피상적인 분류나 일반화로 그칠 위험이 있다.[3]

모든 정치·사회 제도가 그러하듯이 대통령이란 감각적으로 보이는 대상이면서 동시에 보이지 않는 존재다. 그것은 특정한 인물이라는 감각적으로 인지할 수 있는 대상으로 나타난다. 동시에 그것은 광의의 지배 질서 또는 협의의 정치 체제의 일부이자 좀더 구체적으로는 헌법 구조의 한 부분으로서 감각적으로 보이는 존재가 아니다. 여기에서 본질적인 것은 물론 후자다. 대통령은 일단 한 시대에서 국가라는 지배 및 통치 질서의 성격과 내용이 구체적으로 규정된 헌법 체제의 한 구성 요소이므로, 그러한 지배 및 통치 질서라는 삶의 총체적인 구조 및 그것이 형성된 역사 및 정신사적 변화 과정에 대한 이해 없이는 그것의 본질이 파악될 수 없다. 그것이 바로 대통령에 내재한 역사성 및 사회적 총체성의 핵심이다. 대통령의 감각적 요소, 즉 현직 대통령이라는 특정한 인물의 인간성이나 행동은 그러한 본질의 외적 표현이다. 여기서 외적 표현이란 말은 그러한 인간성이나 행동이 단순히 본질과 무관한 껍데기라는 의미는 아니다. 바로 대통령의 인간성 속에 대통령직의 역사성 및 사회적 총체성이 표현되어 있다

3 함성득은 대통령학의 접근법으로서 아주 간략하게 '구조적 접근법'과 '시간적 접근법'을 소개하고 있다(함성득, 2003: 33-34). 그가 말하는 '구조적 접근법'이란 바로 위에서 언급한 대통령학의 내용이며, '시간적 접근법'이란 대통령의 취임부터 퇴임 이후의 활동까지의 '시간'을 연구한다는 것이다. 그런데 예를 들어 과연 대통령과 의회 사이의 '구조적'인 관계는 '시간적' 변화의 맥락을 떠나서 이해될 수 있다는 것인지 먼저 의문이 들며, 또한 시간을 역사성을 떠나 한 대통령의 임기로 한정시켜야 되는 학문적 필연성이 있는지 기이하게 느껴진다. 다시 말해서 구조와 시간의 의미에 대해 좀더 깊이 성찰할 필요가 있다는 것이다.

는 것이다. 그러한 인격적 요소는 대통령직을 구체적이고 살아 있는 정치 현실로서 드러나게 하고 작동하게 만드는 원천이며, 그러한 인격적 요소를 떠나서 대통령은 하나의 유령과 같은 존재다. 여기서 대통령에 대한 연구가 어떻게 수행되어야 하는지 그 새로운 기본 방향이 간단하게나마 제시할 수 있다.

그 기본 방향이란 간단히 표현해 대통령직에 대한 헌법적 규정에 내포된 정치철학 및 정치사상사적 의미에 대한 설명과 아울러, 그러한 규범적 의미가 실제 대통령의 인격적 요소 및 구체적인 통치 행위를 통해 어떻게 투영 또는 왜곡되는지 그 이상과 현실 사이의 긴장 관계를 총체적인 사회 구조적 차원과 역사 및 정신사적 변화의 맥락에서 종합적으로 파악하려는 연구가 필요하다는 것이다. 그러한 연구의 핵심적 의미는 '대통령이란 무엇인가?'라는 간단한 질문으로 표현될 수 있다. 앞의 〈들어가는 말〉에서 언급한 바 있듯이, 'x란 무엇인가?'라는 질문은 소크라테스의 대화법을 통해 오래 전에 정착된 고전적인 방법이었다. 그것은 제도화되고 일상화되어 그 존재성이 자명한 듯 보이는 대상이 결코 자명한 것이 아니라는 의식의 자각과 더불어 그것의 실체에 대한 새로운 탐구의 시작을 의미한다. 그리고 그러한 탐구 속에 대통령직과 국가 정체성의 관계가 해명된다.

이 글은 그러한 탐구를 위한 정치철학적 시론이다. 그것은 그러한 탐구를 위한 좀더 세분화된 연구 대상으로서 대통령과 관련된 상호 연관된 네 측면을 제시하면서, 각각의 측면과 관련된 기본적인 연구 내용이 무엇이 되어야 하는지 검토할 것이다. 그 네 측면이란 대통령이란 말, 대통령이란 직책, 대통령의 자질, 대통령의 이상과 현실의 관계다. 대통령이라는 일상적이고 그 존재성이 자명한 듯 보이는 대상이 결코 자명한 존재가 아니라는 사실의 자각은 일단 바로 그 말 자체에 내재한 역사성 및 정신사적 의미를 검토하는 데서 시작되어야 한다.

1. 대통령이라는 말의 역사 및 정신사

잘 알려져 있듯이 대통령이란 말은 영어 '프레지던트president'의 번역어이며, 본래 한자문화권에 있었던 말은 아니다. 그것은 다른 많은 서양 유래의 용어와 마찬가지로 서세동점기에 서양 문화가 한자문화권에 유입되는 과정의 산물이다.[4] 한국에서 미국의 프레지던트가 처음 나타난 문헌은

---

4 수령首領, 대두목大頭目, 국주國主 등의 번역어와 더불어 음역으로서 백리미伯理璽, 백리미천덕伯理璽天德, 백리사천덕伯理師天德, 백리희돈伯里喜頓, 백륵서돈伯勒西敦, 백리미천덕百理璽天德, 겁렬서령勃列西領 등이 그것들이다. president 제도가 처음 소개된 문헌은 1838년 간행된 『동서양고매월통기東西洋考每月統記』로, 지은이는 대통령이란 말의 어원 및 프레지던트의 번역 과정과 관련해서 중국 문헌에 관해서는 용인대학교 중국학과의 장현근 교수에게, 일본 문헌에 관해서는 고려대학교 정치외교학과의 박홍규 교수에게 자료 수집을 부탁했다. 두 분이 너무나도 친절하고 훌륭하게 자료 조사를 해 주었는데, 그 문헌 자료들을 토대로 그 어원 및 번역 과정의 핵심적인 내용을 소개하면 다음과 같다. 일단 한문의 전통에 대통령이란 말은 없으며, 통령統領이란 말은 통솔의 의미로 『후한서後漢書』부터 역사서에 등장하고, 군관의 명칭으로 송대宋代와 청대清代에 사용되었다고 한다. 중국이나 일본 모두 미국의 president 제도를 접하면서 번역 문제가 제기되었는데, 먼저 중국의 경우는 다음과 같다. 그 영어의 번역어는 청나라 말에 수많은 용례가 발견되는데, 총통總統, 통령統領, 대통령大統領, 총령總領, 총통령總統領, 중통령衆統領, 대총통大總統, 민주民主, 전傳이며, 여기에 "아묵리가국亞墨利加國에는 왕이 없고 …… 통령과 부통령 등 큰 직책을 선출하여 4년 동안 대통大統을 계승한다"는 문장이 있다. 이후 1844년 간행된 양정단梁廷丹의 『합성국설合省國說』에는 정치 수장首長을 미국에서는 백리미천덕伯理璽天德이라고 부른다고 그 음역이 제시되어 있고, 1865년에 출간된 미국 장로회 선교사 마틴W. A. P. Martin(중국명 丁韙良)의 『만국공법萬國公法』에도 비슷한 소개가 발견되며, 1860년대 들어 서양 선교사들은 『교회신보教會新報』, 『만국공보萬國公報』 등의 잡지에서 president를 '선거황제選擧皇帝', '황제사년수대皇帝四年受代' 등 제도 해설 성격의 번역어를 사용하기도 했다. 대통령이란 말은 1898년 『청의보清議報 1』에 공식 문서로서는 처음 등장한다. 현재 중국은 자국의 원수를 국가주석國家主席, 타국의 원수는 총통總統으로, 타이완에서는 모두 총통으로 부른다. 일본의 경우 1858년 6월 19일에 발간된 일종의 법령집인 『막말어융서집성幕末御触書集成 3』에 "아미리가합중국 대통령亞米利加合衆國大統領"이란 표현이 처음 등장하며, 이후 1860년의 미국 파견 사절 관직인 "아와지노카미淡路守"를 역임한 무라가키 노리마사村垣範正의 『항해일기』 및 1862년 출간된 『영화대역수진사서英和對譯袖珍辭書』에 대통령이라는 역어가 들어 있는 것으

『고종실록』이다. 이 실록 19권에는 1882년 고종 19년에 체결된 한미조약인 조미조약문朝美條約文이 수록되어 있는데, 그 조약문에는 조약 당사자인 미국 대통령을 한자 음역어인 '백리미천덕伯理璽天德'으로 표기하고 있다. 1886년 고종 23년에 체결된 한불조약인 조불조약문이 수록된 23권에도 당사자인 프랑스의 프레지던트를 같은 방식으로 표기하고 있다. 대통령이란 번역어는 고종 26년인 1889년의 『고종실록』에 처음 등장한다. 고종이 미국 주재 전권대신으로 있다 돌아온 박정양朴定陽을 접견하는 내용에 대한 기록에서 종전의 '백리미천덕' 대신 '대통령'이란 용어가 등장한다.[5] 그리고 주지하듯이 그 용어가 프레지던트의 번역어로서 일본과 더불어 한국에서 지금까지 사용되고 있으며, 특히 한국에서는 세계에서 '유일하게' 대통령이란 이름이 자국의 최고 통치권 직책을 지칭하는 용어로 사용되고 있다.

앞으로 서지학적 연구 차원에서 확인될 사항이지만, 서구의 제도·문물 및 학술 용어 대부분이 일본을 통해 소개 및 유입된 구한말의 정신사적 상황을 참작할 때 한국에서 다른 여러 가지 대안이 될 수 있는 용어 대신에 대통령이란 말이 정착된 연유는 충분히 짐작할 수 있다. 어쨌든 한국의 정치 제도사에서 한 번도 존재한 적이 없었을 뿐만 아니라,[6] 미국식 프레지

로 보아 president의 번역어로 대통령大統領이란 말의 사용에 일찍부터 공식적인 합의가 ―당시 일본의 국가 통치 상황에 걸맞게― 이루어진 것으로 보인다. 중국이나 일본 모두 누가 왜 어떠한 해석학적 근거에서 특정한 말을 프레지던트의 번역어로 사용했는지는 앞으로 좀더 조사할 필요가 있다. 이 글에서의 논의는 대통령이라는 한자어의 정치적 의미에 대한 것이기 때문에 일상적으로 사용되는 미국 대통령이란 표현 대신 영어 그대로 미국의 '프레지던트'라는 표현을 그대로 사용하기로 한다.

5 참고로 1889년에 원고가 완성되고 1895년에 출간된 유길준의 『서유견문西遊見聞』 제5편 "정부의 시초, 종류, 제도"에도 대통령이란 번역어가 등장한다.

6 한국 역사에서는 중국과 달리 통령統領이란 말도 관직이나 군직의 명칭으로 사용된 적이 없다.

던트 제도의 번역어로 대체로는 맞는다고 할 수 있어도 아주 정확한 번역어라고는 할 수 없으며, 또한 그 영어 자체의 어원적 의미를 정확히 전달하지도 않는 말, 그러한 말이 한국에서 최고 통치권을 지칭하는 용어로 사용되고 있다는 사실이 중요하다.[7] 그런데 번역 과정에 발생한 그러한 의미의 변화란 단순히 말 자체의 변화만을 의미하는 것이 아니라 정치적 현실을 투영한다는 점이 중요하다. 모든 언어가 그러하듯이 프레지던트란 말 및 제도는 역사적 변천 및 문화적 경계의 이동에 따라 그 의미에 변화를 겪게 된다. 그러한 변화는 바로 미국 정치사 자체의 맥락에서 나타나며, 문화적 경계의 이동에 따른 변화는 한국 대통령을 포함해서 미국 제도를 모방한 중남미 여러 나라에서 발견되는 현상이다. 그러한 변화의 의미를 이해하기 위해서는 먼저 간략하게나마 프레지던트라는 말이 미국 행정부의 수장을 지칭하게 된 배경을 살펴볼 필요가 있다.

미국 연방헌법에 규정된 프레지던트 제도는 잘 알려져 있듯이 1787년 필라델피아 제헌의회의 논쟁 과정에서 강력한 연방정부를 옹호한 연방주의자들의 주장이 반反연방주의자들의 주장에 승리한 결과이자 동시에 두 주장 사이의 타협의 산물이다. 한편으로 그것은 한 사람에 귀속된 강력한 행정권executive power이 공화주의republicanism 이념과 —그것이 과연 적극적이고 구체적인 내용을 갖춘 이념인가의 문제를 떠나 당시로서는 소극적

7 영어 president는 라틴어 동사 'praesidere('앞'을 의미하는 'prae'와 '앉다'를 의미하는 'sedere'의 결합)'의 현재분사 'praesidens'에서 유래했으며, 말 자체로는 '앞에 앉은 사람'을 의미한다. 어원에 함축되어 있는 바와 같이 이 말은 본디 앞에 앉아 모임을 주재하는 사람을 지칭하며, 'chairman'이나 'speaker'와 다를 바 없다. 그러한 용례는 현재도 영국에서 'President of the Board of Trade'나 'Lord President of the Council', 미국에서 상원의장을 지칭하는 'President of the Senate'의 명칭에 남아 있다. 이상 Wikipedia의 "President(History of the term)" 항목 참조. 따라서 이 말의 어원상 의미에 충실한 번역어는 '주석主席'이라고 할 수 있다.

차원에서라도 전제 왕정을 배격한다는 건국의 절대적 명제와 동일시되었던 그 공화주의 이념과 —배치되는지 여부와 관련된 논쟁에서 대표적으로 해밀턴Alexander Hamilton 등의 주장이 랜돌프Edmund Randolpf와 헨리 Patrick Henry 등의 주장을 압도한 결과인 것이다.[8] 후자의 인물들이 우려한 것은 그와같이 강력한 행정부는 왕정의 부활에 버금간다는 것이며, 그것은 곧 시민적 자유에 대한 위협을 의미한다고 믿었기 때문이다. 다른 한편으로 그것은 후자의 그와 같은 우려를 반영하여 집행권의 내용이나 범위가 간략하면서도 모호하게 규정되어 있으면서 중요 행정권 행사에 제약을 가하고 있다.[9] 그러한 타협의 결과 가운데 하나가 행정권 수장이 프레지던트라는 "수동성passivity을 암시하는" (McDonald, 1994: 157) 명칭을 갖게 된 연유로 추측된다.[10] 다시 말해서 강력한 행정권을 갖는 수장의

8 이에 관해서는 맥도널드(McDonald, 1994: chap. 8; Sellers, 1994: 특히 24-26, 57-62, 199-246) 및 맨스필드(Mansfield Jr., 1989: 특히 chap. 10 "Republicanizing the Executive") 참조.

9 미국 프레지던트의 권한은 연방헌법 2조 1항 첫머리의 "The executive Power shall be vested in a President of the United States of America."라는 총체적인 규정과 특히 2조 2항에 십여 줄의 짧은 문자에 제시된 그 집행권의 구체적인 내용이다. 모호함의 예로는 프레지던트가 연방 육군 및 해군의 사령관이라고 규정하면서 그것에 "when called into the actual Service of the United States"라는 단서를 둔 점을 들 수 있다. 다시 말해서 전쟁의 개시가 언제 어떠한 절차를 통해 성립되는지 명확하게 규정하지 않고 있다. 미국 헌법 제정 과정에서 전쟁 선포권과 관련된 논란에 대해서는 피우스(Pious, 1979: 34-35) 참조. 제약의 예로는 대법관이나 장관, 대사 등과 더불어 '다른 모든' 주요 공직의 인사에 헌법 및 법으로 예외가 인정되지 않는 한 상원의 동의가 필요하다는 포괄적인 의무 규정을 들 수 있다.

10 맥도널드Forrest McDonald는 미국 헌법 제정 과정에서 행정권 수장의 명칭 선정에 신중한 고려가 있었음은 분명하게 나타나 있다고 하면서 다음과 같이 설명을 덧붙인다. 필라델피아 제헌의회에서 처음부터 행정부의 수반에 대한 일관된 명칭은 없었으며 보통명사인 '집행자the Executive'란 용어가 일반적으로 사용되었는데, 명칭의 결정을 위임받은 위원회에서 프레지던트란 명칭이 고대 로마에서 지방 관직을 지칭했다는 사실을 참고하여, 다시 말해서 그 명칭에 함축된 '수동성'을 고려해 선정하게 되었다는 것이

그와 같은 강력한 인상을 완화시켜 그와 같은 우려를 불식시키기 위한 조치일 수 있다.[11] 그리고 실제로 미국의 프레지던트는 건국 이후 19세기 말까지 오랫동안 주정부와 연방 의회의 견제로 인해 강력한 행정권을 행사하지 못한 것도 사실이다.[12]

건국 초기 연방 행정부 수장의 그와 같은 위상이나 권한이 불변인 채 남아 있었던 것은 물론 아니다. 그것이 미국 연방 전체가 점차 교통과 통신 수단의 발달 및 사회·경제적 통합이 진전되고 대외 관계의 중요성이 증

다. 다만 맥도널드는 누가 연방 행정부 수반의 명칭을 프레지던트로 제안했고 구체적으로 어떠한 논의 과정을 거쳐 헌법상의 명칭으로 확정되었는지에 대한 설명은 생략하고 있다. 참고로 식민지 시대에 주의 행정수반은 'governor'와 함께 'president'로 부른 주도 있었고, 그것을 대법원장을 지칭하는 용어로 사용하는 주도 있었으며, 필라델피아 제헌회의 초기에는 위에서 언급한 바와 같이 주로 'the Executive'라는 용어를 사용하면서 'chief Magistrate', 'National Executive', 'executive Magistrate', 'president' 등의 용어가 함께 사용되었다고 한다(조지형, 2007: 51-52). 프레지던트라는 말과 관련된 당시 미국의 그와 같은 언어 관행을 참작할 때, 그 말에는 군림하거나 결정하는 자의 의미보다는 주재하고 판단하는 자라는 의미가 강했다고 볼 수 있다. 따라서 그와같이 '겸손한' 집행권의 의미를 갖는 말이 초기 연방헌법 제정 과정에서 강력한 연방정부의 집행권을 지칭하는 말로 의도적으로 차용된 것으로 보인다.

11 래스키Harold J. Laski는 "행정권 독재에 대한 두려움이 미국의 정치적 전통의 일부"라고 진술한 바 있다(Laski, 1940: 12).

12 이 점은 권력분립론을 비판한 영국의 베이지헛Walter Bagehot의 영향을 받은 윌슨Woodrow Wilson이 미국 프레지던트 제도에 대한 다음과 같은 불만에 잘 암시되어 있다. 그는 미국 의회의 무책임성과 영국 의회의 책임성을 비교하면서, "대통령제 하에서는 어떠한 중요한 정책 결정도 대통령과 의회의 합의 없이는 이루어질 수 없으며, 이것은 영국과는 다르게 정책을 결정하는 과정에 중심적인 국가기관이 존재하지 않는다는 것을 의미한다"고 지적한 후, 더 나아가 "대통령제를 설계한 미국 헌법 제정자들은 국가권력을 다른 기관에게 분산시킨 것은 매우 중대한 실수grievous mistake였다"고까지 주장한 것이다(강승식, 2006: 142에서 재인용). 19세기 말까지 미국 프레지던트가 의회의 강력한 견제 속에서 권력의 위상이 약했다는 점은 그랜트Ulysses S. Grant에 이르러서야 백악관의 참모가 6명으로 늘어났으며, 매킨리William McKinley에 이르러 27명이 되었다는 사실에 잘 나타나 있다(이러한 사실에 관해서는 McDonald, 1994: 280 참조).

대됨에 따라 강화되어 왔음은 주지의 사실이다.[13] 그런데 여기서 중요한 점은 프레지던트 권한의 그와 같은 증대 및 강화가 집행권과 관련된 헌법 조문 자체의 변화 없이 이루어졌다는 사실이다. 그것은 곧 역사적 상황의 변화에 따라 헌법에 규정된 연방정부 집행권의 의미에 대한 해석이 달라지고, 그와같이 달라진 해석에 일반 국민이 묵시적으로나 명시적으로 동의하며, 의회나 주정부 역시 원하든 원하지 않든 그것을 시인할 수밖에 없게 되었고, 그러한 해석상의 변화가 최종적으로 연방대법원의 판례에 의해 제도적으로 인정되는 과정이 미국 프레지던트의 위상과 권한 강화의 과정이다.

그러므로 프레지던트란 명칭에는 한편으로 그러한 제도의 탄생과 관련된 역사성이 함축되어 있다. 그러나 그러한 명칭의 의미가 영속적으로 그것의 제도적 의미를 구속하지는 않는다고 할 수 있다. 여기서 명칭의 차이나 역사 및 정치적 상황의 변화에 따른 행정권 수장의 위상이나 권한의 변화 문제를 떠나, 행정권 자체의 본질, 즉 삼권분립 하에서 법을 집행한다는 행위의 본질이 무엇이냐의 문제가 핵심적 쟁점으로 등장한다. 그것은 과연 통치 행위 일반과 어떻게 구분되며, 행정권의 수장에게 요구되는 자질이란 무엇이고, 그것은 또한 통치자에게 요구되는 자질 일반과 어떻게 구분되는가의 문제 등이 제기되어야 한다는 것이다. 이 점은 대통령의 경우에도 그대로 해당된다.

미국에서 연원한 프레지던트라는 이름의 제도가 중·남미나 유럽의 여러 국가 등으로 확산되면서 미국 제도와는 다른 여러 가지 변형을 보였음은 잘 알려진 사실이다. 특히 중·남미 국가의 경우 식민지 의회의 경험이

13 미국 프레지던트의 권한과 위상의 역사적 변화에 관한 간략한 소개로는 이헌환(2004) 참조.

없는 상태에서 미국의 프레지던트 제도가 도입되었을 때 그것이 실질적으로 선출된 황제의 의미를 갖게 된 사실은 잘 알려져 있다.[14] 한국의 대통령 제도가 그와 같은 역사적 변화 및 문화적 확산 과정의 한 결과임은 물론이다. 그런데 명칭과 관련하여 먼저 주목할 점은 프레지던트란 본래의 '겸손한' 명칭이 한국에 와서는 대통령이란 '거창한' 명칭으로 바뀌게 된 사실이다. 어떤 의미에서 19세기 중·남미의 제왕적 프레지던트가 한국에 와서 그 명실상부한 이름을 갖게 된 것이다.

대통령은 말 그대로 '통괄하는 자(통령)'들 가운데 '최고(대)', 즉 국가의 모든 일을 통괄하는 최고의 직책이라는 의미다. 이 말은 총통이란 말 못지않게 강력한 통치자라는 어감을 갖고 있으며, 무엇보다도 삼권분립 하에서 행정권의 수장이란 어감은 거의 전달하지 않는다. 바로 그와같이 강력한 최고 통치권을 표상하는 그 말이 전통적인 최고 권력자인 왕을 대치하는 말로서 쉽게 한국에 정착될 수 있음은 충분히 이해할 만하다.[15] 특히 조선조 500년 동안 지배했던 주자학적 세계관의 영향 속에서 공직에의 참여가 인생의 최고 목표로 간주되는 정신적 전통이 강력하게 남아 있던 한국 사회에서 그와 같은 명칭의 최고 통치권 지위는 권력 지향의 인간에게 더욱더 인생의 모든 것을 걸게 할 만큼의 큰 호소력과 매력을 가졌을 것이다. 그리고 더욱 중요한 점은 대통령이란 말에 함축된 그와 같은 역사

14 이에 관해서는 한태연(1983: 422-430) 참조.

15 왕王이란 한자어는 어원상으로 '하늘-사람-땅'을 매개하는 존재를 지칭하는 말로서, 그것 자체로는 세속적으로 군림하고 명령하는 존재라기보다는 초월적이고 종교적인 의미가 강하다. 대통령이란 말은 오히려 왕보다 권력자로서의 강력함을 적나라하게 표상하는 말이다. 프레지던트와 대통령의 관계와 동일한 맥락은 아니지만, 정치 체제 및 문화의 차이에 따라 언어의 번역에 따른 현실 정치에의 영향은 서세동점기 중국과 영국의 외교 관계가 잘 보여 준다. 중국이 공식 문서에서 서양 국가들을 전통적인 중화 질서의 맥락에서 '이夷'라고 표현한 데 대한 영국의 항의 및 시정 요구가 그러한 경우의 대표적인 예다(이에 관한 최근의 흥미로운 연구로는 Liu, 2004 참조).

성이나 어감은 정치인의 행동 방식에 영향을 준 변수 차원을 넘어선 의미를 갖고 있다는 점이다. 다음 절의 논의를 통해 밝혀지겠지만, 그것은 헌법 자체에도 반영되어 있다. 헌법에 규정된 대통령의 지위나 권한은 대통령이란 말 그대로 국정을 통괄하는 최고의 책임자일 뿐만 아니라, 그러한 차원을 넘어 역사 앞에서의 책임까지도 함축하고 있는 것이다.

헌법에 규정된 대통령의 그와 같은 지위 및 권한에 대한 논의에 들어가기에 앞서 여기서 일단 분명히 해둘 것은 미국의 프레지던트 제도가 대통령 제도의 역사적 원형일 수는 있어도 그것이 반드시 이념적 원형, 즉 대통령제의 이상 또는 유일한 정통적 형태를 의미하지는 않는다는 점이다. 대통령 제도에 대한 평가는 어디까지나 국가 통치의 이상이 무엇이고 그것의 실현에 어떠한 제도적 장치가 요구되며, 그러한 제도의 실효성 여부와 관련하여 어떠한 역사 및 현실적 상황이 고려되어야 하느냐는 차원에서 정치철학적으로 판단할 문제다. 그리고 같은 맥락에서 최근 몇 년 사이에 자주 등장하는 '제왕적 대통령의 폐해'나 '분권형 대통령제' 등의 정치적 논란에 대해 언급할 필요가 있다.[16]

일단 그러한 논란은 문제의 근원에 대한 탐구가 뒷받침되지 않은 정치적 수사의 성격이 강하다. 한국 대통령의 문제가 대통령 제도 자체에 기인하는지 아니면 대통령을 지낸 인물의 자질이나 능력의 문제인지, 그러한 인물을 선택하는 국민의 판단력의 문제인지, 또는 그러한 인물이나 그러한 수준의 판단력밖에 갖지 못하는 국민밖에 양성하지 못하는 한국 교육이나 문화 수준의 문제인지는 앞으로 좀더 깊이 탐구할 주제이기 때문이다. 또한 미국의 프레지던트와 마찬가지로 대통령이란 말에 함축된 역사

16 현행 대통령제에 대한 최근의 정치적 논란에 대한 간략한 정리로는 박찬욱(2004: 84-89) 참조.

성이나 어감 및 그것과 연관된 정치 현실이 영속될 것이라고 믿을 이유도 없다. 그것에 내포된 근원적인 문제의 해결이나 바람직한 변화 가능성의 모색을 위해서는 먼저 한국의 헌법에 규정된 대통령의 지위 및 권한에 대한 검토가 필요하다.

2. 헌법 66조에 대한 정치철학적 검토

대통령의 지위 및 의무와 권한에 대한 포괄적인 규정은 헌법 66조에 명시되어 있으며, 그 밖의 여러 조항에는 대통령의 외교권(73조), 국군통수권(74조), 비상조치권(76조), 계엄선포권(77조), 공무원 인사권(78조) 등이 규정되어 있다. 여기서 각 개별적인 권한에 대한 자세한 논의는 이 글의 범위를 벗어나므로, 66조의 포괄적인 규정에 내포된 개념적인 문제를 검토하면서 개별적인 권한에 대해서는 그와 관련될 경우에 한해 논급한다. 먼저 논의의 편의상 66조 네 개 항을 열거한다.

1. 대통령은 국가의 원수이며, 외국에 대해 국가를 대표한다.
2. 대통령은 국가의 독립, 영토의 보전, 국가의 계속성과 헌법을 수호할 책임을 진다.
3. 대통령은 조국의 평화적 통일을 위해 성실한 의무를 진다.
4. 행정권은 대통령을 수반으로 하는 정부에 속한다.

이 네 개 항 가운데 먼저 주목되는 것은 제4항이다. 미국 헌법에서는 프레지던트에 관한 첫 번째 규정인 행정권의 귀속 문제가 한국 헌법에서는 제4항에 규정되어 있다는 사실 자체가 한국 헌법의 특수성을 증언한다.

다시 말해서 미국 헌법의 2조 2항에 규정된 프레지던트의 권한과 의무는 행정권의 구체적 내용을 적시한 것으로 이해될 수 있는데 비해, 한국 헌법에서는 그것을 별도로 규정했다는 사실 자체가 대통령의 권한과 의무가 단순히 행정권 이상의 것이라는 점을 명시하고 있는 것이다. 물론 맨스필드Harvey C. Mansfield, Jr.의 저작에 표준적으로 서술되어 있듯이(Mansfield, 1989), 행정권 자체가 과연 무엇이냐는 정치사상사의 역사와 궤를 같이한다. 또한 그것의 범위와 한계, 특히 이른바 행정 처분의 대상과 사법적 판단의 대상이 어떻게 구분되느냐는 별도의 전문적인 정치철학 및 법학적 논의를 필요로 하는 주제다.[17] 다만 일단 위의 헌법 조문 각 항 사이의 관계와 관련하여 확실한 점은 발견된다. 그리고 그 점은 대통령 직책의 본질이 무엇인가를 '암시하고' 있기 때문에 이 글 논의의 초점이 되어야 할 필요가 있다.[18] 그 확실한 점이란 위의 세 항의 규정은 마지막 항인 행정권의 귀속 규정과는 구분되는 대통령의 권한과 의무로 해석되어야 한다는 것이다. 그러할 경우 위의 세 항을 행정권 이외의 어떠한 권한이나 의무로 규정되어야 하느냐의 문제가 제기된다. 그 문제는 결국 제1항에 규정된 원수라는 개념에서 해명될 수밖에 없을 것 같다. 이 원수 개념과

17 다만 여기서도 분명히 지적하고 지나가야 할 점은 행정권과 사법권의 분리 이념의 기원으로 간주되는 몽테스키외의 경우에도 그러한 분리는 어디까지나 피치자의 자유를 보장하기 위한 방편이지 그것 자체가 목적은 아니었으며, 법이라는 일반 규칙을 특정한 사례에의 적용이라는 의미에서 행정권과 사법권은 본질적으로 같다는 것이다.

18 여기서 '암시'라는 말이 중요하다. 인류 역사에 등장한 입법가들이란 현명한 통치자인 경우는 있어도 창조적인 정치철학자인 경우는 없었다고 단언할 수 있다. 플라톤의 『법률*Nomoi*』은 그러한 상황에 대한 철학자의 자기 발언이라고 할 수 있다. 헌법의 입안자들도 마찬가지다. 헌법은 한 시대의 지배 구조나 사회 체제 및 시대 정신 또는 정신 상황의 반영이지만, 그러한 조문들 전체가 결코 하나의 보편적인 이념을 일관되게 제시한 정치철학적 개념 체계는 아니다. 따라서 헌법의 해석은 입안자들 스스로가 그 의미를 완전히 이해하고 있지 못하고 설정한 조문이라도 그것에 묵시적으로 함축된 의미를 밝힐 수 있어야 한다.

관련하여 먼저 기존의 대표적인 헌법학 교과서의 해설을 참고할 필요가 있다.

한국 헌법에 규정된 국가원수 개념은 독일 헌법 이론의 'Staatsoberhaupt(head of a state)'에서 차용한 것으로 보인다. 그것은 국가에도 인체의 머리에 해당하는 부분이 필요하다는 국가유기체설에 기반을 둔 것이며, 1818년의 바이에른 헌법이나 1814년의 프랑스 헌법에 규정된 바 있다.[19] 현재 일반적으로 인정된 국가원수의 개념적 요소로는 1) 국가의 통일성과 항구성을 상징하고, 2) 외국에 대해 국가를 대표하고, 3) 국내적으로는 일정한 정치적 영도권을 행사하는 국가기관이라는 것이다(김철수, 1988: 19, 587-588). 국가원수 개념에 대한 이와 같은 해석에 대해 반대 논리도 존재한다. 국가원수라는 말은 대외적인 국제 관계에서 대통령이 국가를 대표한다는 뜻이며, 대내적으로는 국정의 최고 책임자일 뿐 국가원수는 아니라는 논리다. 위에서 제시된 헌법 66조의 1, 2, 3항은 국가원수의 지위로서가 아니라 국정의 최고 책임자로서의 지위에 의거한다는 것이다(허영, 2005: 935-936).[20] 논의의 편의상 전자의 해석을 국가원수의 '적극적 존재론', 후자를 '소극적 존재론'으로 명명하기로 하자.

일단 '소극적 존재론'의 헌법 해석 논리에는 기이한 점이 있다. 그것은 원수와 최고책임자를 구분한 것일 뿐, 대통령은 국가원수가 아닌 최고 책임자이기 때문에 실질적으로 그 권한이나 의무가 제한되어야 한다거나 또는 헌법의 특정 조문은 잘못된 것이라는 주장을 개진하지는 않았기 때문이다. 다시 말해서 반대론의 경우에도 헌법 66조에 규정된 대통령의 권한이나 의무를 부정하지는 않는다. 바로 이 점이 일단 기이하다. 대통령을

19 국가 원수 개념의 법제도사적 배경에 대한 간단한 설명으로는 박일경(1977: 369-371) 참조.

20 이러한 논리를 기초로 허영은 김철수, 권영성 등의 국가원수 개념을 비판하고 있다.

국가원수로 규정하든 최고 책임자로 규정하든 대통령의 직무 수행에 실질적으로 아무런 영향을 주지 않는다면 그와 같은 구분 자체는 적어도 헌법상으로는 아무 의미가 없다. 그렇다면 그와 같은 반대론을 제기할 이유가 무엇인지 불분명해진다. 아마 '소극적 존재론'을 주장하는 학자의 뇌리에는 원수라는 말에 수반되어 있는 군림 또는 더 나아가 위압적 어감과 민주주의적 헌정 이념과의 부조화 가능성이 강하게 남아 있는 것 같다. 실제로 한자어 원수는 본디 머리頭를 지칭하는 말이었는데, 그 의미가 전화되어 오래 전부터 군주를 지칭하는 다른 이름으로 사용되어 온 말이기도 하다.[21] 물론 한 용어의 일상적인 어감을 무시할 수는 없으나 어감과 개념적 의미는 당연히 구분되어야 한다.

앞에서 서술한 바와 같이 대통령이란 말 자체도 원수란 말 못지않게 위압적인 어감이 있음이 사실이며, '소극적 존재론'이 선호하는 '국정의 최고 책임자'란 말 역시 관점에 따라서는 비슷한 어감을 느낄 수 있다. 책임자란 단순히 의무의 수동적인 수행자는 아니며, 경우에 따라 그 말은 히틀러에 대한 호칭이었던 '지도자Führer'라는 말보다도 더 강하게 국가의 운명을 좌우할 권한을 가진 사람이라는 어감을 가질 수 있다. 어쨌든 어감의 문제를 떠나서 중요한 점은 원수와 최고 책임자가 과연 개념적으로 구분될 수 있는가다. 다시 말해서 대통령의 지위 및 의무와 권한이 '적극적 존재론'에 따라서 원수라는 하나의 개념으로 통합되어야 하는지, 아니면 '소극적 존재론'에 따라서 대외적 원수와 대내적 국정의 최고 책임자로

21 이미 『서경書經』 '익직益稷' 편에 신하를 '팔다리股肱'로, 군주를 '머리元首'로 비유하는 표현이 나온다. "股肱喜哉 元首起哉 百工熙哉(고굉이 기뻐하여 일하면 원수의 다스림이 흥기되어 백공이 기뻐할 것이다)." 成百曉 역. 이 밖에 『삼국지三國志』 '위서魏書' 및 사마광司馬光의 『사문하대랑표謝門下侍郎表』에도 같은 용례가 나온다. 이에 관해서도 조사해 준 용인대학교의 장현근 교수에게 거듭 감사드린다.

개념적으로 분할될 수 있는지 여부가 검토 대상이 되어야 한다는 것이다. 그리고 이 문제는 더 크게는 국가 통치의 이념이나 목적상 한 인물에 대표성과 더불어 66조 2항에 규정되어 있듯이 국가 및 헌정 질서의 존재성과 연속성 유지의 책임을 부여함이 타당한지 여부의 문제에 대한 검토가 필요하다. 만일 그와 같은 차원의 검토가 헌법학의 범위를 초월한다면, 적어도 원수의 개념이 헌법 1조 "대한민국은 민주공화국이다"라는 정치 체제에 대한 성격 규정과 조화를 이루는지 여부, 66조 2, 3, 4 각 항의 규정이 상호 충돌할 가능성은 없는지 여부, 그리고 조화를 이루지 못하거나 충돌할 경우 어느 규정이 상위에 있는지 등은 헌법학에서도 당연히 검토 대상이 되어야 할 핵심적인 쟁점이다.

'소극적 존재론'뿐만 아니라 '적극적 존재론' 모두 스스로의 주장 속에 필수적으로 부과된 그러한 문제에 대한 해명의 시도는 물론이고 그러한 쟁점의 존재마저 인식하고 있지 않음은 일단 기이하다. 헌법의 대통령 관련 조항은 분명히 대통령에게 국회의원의 선출 및 입법권을 제외하고는 실질적으로 국가 통치의 모든 행위가 귀결되도록 규정하고 있다. 대통령에게는 절차상 부가되는 제한은 있지만 대법원장을 포함한 모든 공직에 대한 인사권 등을 포함하여 행정권 및 국가 통치 행위의 최종적인 결정권이 부여되어 있으며, 대통령에게 입법권 자체는 없지만 의회에서 확정된 법률에 대한 거부권과 더불어 법률 공포라는 입법의 최종적인 확정이 대통령을 통해 이루어진다는 점에서 대통령직이 국가 통치 행위의 최종적인 귀결점임은 의심할 여지가 없다. 인체의 모든 행위는 머리에 귀결되듯이, 국가 차원에서 그러한 존재를 원수, 바로 국가의 '우두머리'로 규정함에 전혀 무리가 없다. '소극적 존재론'의 경우도 헌법에 규정된 대통령의 그와 같은 지위 및 권한을 비판하거나 부정하지 않는다. 그러면서 대통령은 대내적으로는 국정 최고 책임자는 되어도 원수는 아니라고 주장함은 말의 어감과 개념을 혼동하고 있다는 비판을 면하기 어렵다.

분명히 헌법에 실제로 규정된 대통령의 지위 및 의무와 권한은 국가 원수에 해당된다. 그렇다고 해서 그러한 헌법 규정이 국가 통치의 궁극적인 이상이나 민주공화국이라는 정치 체제의 이상과 조화를 이룸을 자동적으로 증명하는 것은 아니다. 그 두 개의 진술은 별개이며, 후자의 진술의 타당성 여부에 대한 자세한 논증은 민주주의 및 공화정의 본질 문제와 연관해 별도의 체계적이고 광범위한 정치철학적 검토를 요구한다. 여기서는 그러한 차원에서의 논증을 자세하게 제시할 수는 없다. 다만 이 글에서는 간단하게나마 다음 세 가지 원칙을 기초로 '대통령=국가원수'라는 등식의 타당성을 옹호하고자 한다. 첫째는 그 구체적인 의미가 무엇이든 민주주의에서는 국민이 통치의 주체이자 객체라는 통일성의 원칙이다. 둘째는 입법권과 집행권의 관계는 보편성과 특수성의 관계라는 원칙이다. 셋째는 66조 2항의 규정을 통해 암시되어 있듯이, 국가의 보전이라는 지고의 목적을 수행하기 위해서는 행정권과 구분되면서 그것의 우위에 있는 통치권 존재의 불가피성 원칙이다. 첫 번째 원칙과 두 번째 원칙에 대해서는 별도의 설명이 필요하다.

모든 국가는 그 구성원의 행위를 적극적 또는 소극적으로 규제 및 고무하는 통치 행위를 통해 외면적으로 그 존재성을 드러낸다. 그러한 통치 행위는 필연적으로 그 주체를 전제하며, 그 주체가 인류의 정치사에서 신관神官, 왕, 귀족회의, 의회, 인민 전체 등 다양한 형태로 나타나고 규정되었음은 주지의 사실이다. 그와 같은 통치 행위는 본질적으로 국가 구성원의 개별적이고 특정한 행동에 대한 우월적인 지배 행위이고, 그러한 지배 행위에는 필연적으로 구성원의 행동에 대한 규범적 판단이 전제된다. 인류의 정치사는 그러한 규범적 판단의 근거가 신관의 신탁에서부터 왕의 절대적이고 초월적인 의사, 전통이나 관습법, 입법 과정을 통해 수립된 법률

등 다양한 형태로 출현했음을 현시한다. 어떠한 형태 및 내용이든지 통치 행위에 전제가 되는 판단 근거인 규범 내용과 통치 행위 주체의 분리가 제도적으로 이루어질 때 인류 정치사에서 함무라비Hammurabi, 모세Moses, 솔론Solon, 뤼쿠르고스Lykurgos 등 입법가legislator; nomothetēs의 등장을 의미하게 된다. 그러한 입법이 필연적으로 일반적인 규범 명제로 될 수밖에 없다면, 그러한 규범의 보편성을 구체적인 통치 행위라는 특수성 차원에서 구현시키는 것이 집행권이다.[22] 이러한 맥락에서 국민 전체에 의한 직접 선거를 통해 집행부의 수장을 선출하고, 지역 대표성을 기초로 선출된 의원들로 구성된 의회가 입법권을 독점하는 제도를 채택하고 있는 대한민국이라는 국가의 국가적 특수성이 설명될 수 있다.

국민이 통치의 주제이자 객체라는 통일성의 원리가 형식적으로나마 완벽히 일치하는 정치 체제는 직접민주주의 국가다. 그러나 잘 알려져 있듯이 국가 규모가 어느 정도 이상 확대되면 직접민주주의는 현실적으로 불가능하다. 그러할 경우 국민이 통치의 주체이자 객체라는 민주주의의 근본적인 원칙을 유지하면서 변화된 현실에 적응하는 방식은 입법권과 집행권의 분리 여부에 대응하여 두 가지가 있을 수 있다. 하나는 한 사람 또는 다수의 인물에게 선거를 통해 입법과 집행 전체를 포괄하는 통치권 전체를 일임하는 방식이다. 그것이 한 사람일 경우에 일종의 선출된 왕이나 황제 또는 제왕적 집정관이나 대통령이 등장한다.[23] 다수일 경우에는 소수

22 바로 이 점이 헤겔이 『법철학』의 '국내법das innere Staatsrecht'에 대한 논의에서 입법을 국가라는 정신의 보편성의 계기로, 집행을 특수성의 계기로 표현한 근거이기도 하다(Hegel, 1957: 273 절). 앞에서 인용한 맨스필드(Mansfield, 1994)의 저작은 집행권의 정치사상사에 대한 탁월한 서술임에도 불구하고 집행권의 본질에 대한 정치철학적 천착이 부족함이 결정적인 결함으로 지적된다. 그 점은 그가 헤겔의 『법철학』에 대해 전혀 언급하지 않은 사실에 잘 나타나 있다.

23 문화적 경계의 이동에 따른 오해의 경우지만, 서세동점기의 동양에서 미국 대통령을

의 합의체 통령 또는 집정관 제도에서 수백 명으로 구성된 의회에 이르기까지 다양한 형태가 있을 수 있다. 의회가 입법권과 집행권 모두를 독점하는 제도가 의원내각제라면, 입법권과 집행권이 분리된 제도가 대통령제라고 할 것이다. 의원내각제의 경우 위에서 제시한 통치의 주체와 객체의 통일성의 원리는 의원 선거 제도에 국민 대표성의 원칙이 실현되어 있는 한 보전될 수 있음은 쉽게 확인된다.[24] 그런데 대통령제의 경우는 입법권과 집행권이 의회와 대통령이라는 별도의 국민 대표기관에 의해 분리되어 있다는 의미에서 통일성의 원칙이 보전되는지 여부가 쟁점으로 등장한다. 대통령이 국가원수가 되어야 할 당위성 여부는 바로 이러한 맥락에서 접근해야 할 것이다.

통치의 주체인 국민의 의사가 분리될 수 없다는 통일성의 원칙이 훼손될 수 없는 한, 동등한 국민의 대표기관이면서 입법권은 의회에, 집행권은 대통령에 각각 귀속되어 분리되어 있다는 사실이 통치권 자체의 분열을 의미할 수는 없다. 그것은 결국 다음과 같이 해석할 수밖에 없을 것 같다. 한편으로 통치 행위의 근거가 되는 보편적인 규범의 제정권이 다수로 구성된 국민 대표기관인 의회에 귀속되어 있다는 것은 다수의 국민 대표에 의한 심의를 통해 국민 의사의 결정 과정에 신중성을 부여하기 위한 목적의 표현으로 해석되어야 한다. 다른 한편으로 그와같이 입법된 보편적인 규범의 특수한 사례에의 적용 및 실현, 즉 국민 개개인 또는 집단의 개별적인 행위와 관련된 법의 집행 권한이 대통령이라는 일인의 국민 대표에 귀속되어 있다는 것, 그것은 그와 같은 특수한 사례에의 적용이 각각 별개

선출된 황제로 이해한 것은 사실 대통령제가 가질 수 있는 여러 가지 제도적 변형 가운데 하나를 지칭한 것이다.

24 앞에서 언급된 윌슨Woodrow Wilson이 미국 대통령제를 비판하면서 영국식 의원내각제를 선호한 이유도 이러한 차원에서 이해될 수 있다.

의 사안이 아니라 국민 의사라는 단일하면서도 보편적인 주체의 일관되고 통일된 행위의 표현으로 해석될 수밖에 없다. 다시 말해서 대통령이라는 한 인간의 단일한 인격체의 결정 및 행동을 통해 국민 의사가 구체적으로 시행되어야 한다는 의미다.

바로 그러한 의미에서 대통령은 대외적으로뿐만 아니라 대내적으로도 국민을 대표하는 원수로 해석될 수 있다. 헌법에서 모든 법률의 공포나 국회의장 등 입법부 공직을 제외한 모든 공직의 임명 등 국가 통치의 모든 결정이 최종적으로 대통령의 재가를 통해 효력을 발생하도록 규정한 사실은 국가를 대표할 뿐만 아니라 통치 행위를 상징하는 원수의 존재가 필수적으로 요구됨을 확인한 것이다. 래스키Herold J. Laski가 지적했듯이, 실제로 "권력의 분할이 보여 주는 광경이란 권력 혼란의 광경이다"(Laski, 1940: 240).

대통령 제도의 민주주의적 의미가 위와같이 해석될 때 앞서 언급한 66조 2~3항의 규정, 즉 4항의 행정권 규정과 구분된 통치권 규정도 일관된 논리로 파악될 수 있다. 66조 2~3항의 규정은 대통령에게 국가라는 존재 자체의 보전 및 계속성의 의무와 헌법 수호의 의무 그리고 조국의 평화적 통일이라는 역사적 과업의 실현 의무를 부과한다. 그러한 규정이 행정권과 별도로 명시되어 있다는 사실은 그와 같은 의무의 시행이 일상적인 법의 집행과는 구분되는 의무라는 점을 함축한다. 실제로 76조에 규정된 대통령의 긴급조치권은 국가 보전 및 계속성이라는 헌법상 의무의 시행에는 경우에 따라 기존의 법 체계가 포섭할 수 없는 예외적 상황이 국가 통치에는 언제나 발생할 수 있다는 가능성을 인정한 것이며, 그것은 곧 대통령이라는 단일한 인격체의 자유로운 ―자의적이 아니라 ―판단에 국민 의사라는 통치 주체의 자유를 보장하고 있음을 의미한다. 실제로 66조의 통치권 규정들은 경우에 따라 상호 충돌할 수도 있다. 국가라는 존재의 보전 및 계속성이라는 지고의 의무를 수행하기 위해 헌법 수호의 책무를 포기할 가능성도 전혀 배제할 수는 없기 때문이다.

개개인 국민은 통치의 객체로서 기존의 법률 및 규범에 지배를 받아야 한다. 통치 주체로서의 국민 전체 역시 국가 질서의 유지 및 국가 행위의 일관성이라는 덕목의 실현을 위해서도 그렇게 해야 한다. 그러나 통치 주체가 스스로 창조한 객체인 헌법에 '절대적으로' 종속되어 있다면 그것은 진정한 의미에서의 주체, 즉 주권자가 될 수 없다.[25] 헌법은 바로 국가 통치에 관한 근본적인 규범을 문구로 표현한 것이기 때문에, 국가 생활에서 발생할 수 있는 긴급한 상황이나 비상적인 상태에 대응한 판단 및 행동, 또한 비록 지극히 예외적인 경우지만 국가의 보전이라는 지고의 목적을 위해 시대적 상황에 따라 필요할 수도 있는 역사적 차원의 결단과 관련하여 일일이 그 내용을 규정하기는 불가능하다. 그러한 차원의 판단이나 행동 및 결단은 결국 국민 전체를 대표하는 한 인물에 부여될 수밖에 없으며, 그러한 권한 및 임무를 수행해야 할 인물로서의 국가기관이 바로 국가원수인 대통령이 될 수밖에 없다. 그리고 그러한 차원의 의무와 권한이 대통령이란 말이나 그것의 헌법상 규정인 국가원수라는 말과도 완벽히 조화를 이룬다고 할 수 있다. 대통령의 자질 문제, 즉 어떠한 인물이 대통령이 되어야 하는가의 문제는 그와 같은 대통령의 직책에서 그 해답이 도출될 수 있을 것 같다.

---

25 바로 이것이 슈미트Carl Schmitt가 "주권자는 비상 사태를 결정하는 자다Souverän ist, wer über den Ausnahmszustand entscheidet"라는 명제의 의미이기도 하다(Schmitt, 1985: 11). 국가 통치가 단순히 기존의 법률이나 관습의 제약에 얽매어 있을 수는 없으며, 그것은 궁극적으로 국가의 존재성 자체를 유지 및 실현하기 위한 자유로운 판단 주체를 필요로 한다는 점은 마키아벨리나 보댕 등의 정치사상을 통해 제기되었다. 그러한 정치사상의 역사는 마이네케Friedrich Meinecke가 국가 이성Staatsraeson의 개념을 통해 고전적으로 서술한 바 있다.

3. 대통령의 자질

대통령은 결국 국민이라는 궁극적 통치 주체가 통치 행위를 위임한 국가 통치의 인격적 주체라고 할 수 있다. 그러한 통치 행위는 단순히 법의 집행과 구분되며, 구분되어야 할 당위성과 필연성도 국민이라는 개념 및 국가의 존재성 자체에서 찾을 수 있다. 헌법이 하위법인 일반 법률과 실제로 구분되고 구분되어야 할 당위성도 같은 맥락에서 찾을 수 있다. 헌법은 국가의 보전 및 계속성이라는 지상 목적을 위해 규정 가능한 '일상'이 아닌 규정 불가능한 '비상'의 사태, 즉 스스로 규정할 수 없는 상황의 존재를 스스로 규정한다는 일종의 역설 속에 그것이 일반 법률과 구분되는 핵심적인 요소가 있다. 바로 그 점에 통치와 행정이 구분되는 근거가 있을 뿐만 아니라, 대통령이 갖추어야 할 자질이 국무총리 이하 일반 공직자의 그것과 구분되고 다른 차원의 것이어야 할 근거도 찾아진다. 여기서 대통령에게 필요한 자질이 구체적으로 무엇인가의 문제를 어떻게 접근할 것인가 하는 방향이 제시된다. 그것은 결국 통치 행위의 두 차원, 즉 일상적인 법의 집행 차원인 행정을 총괄하는 인물로서 요구되는 자질과 국가의 보전 및 계속성 유지라는 고도의 통치 행위에 필요한 자질, 이 두 가지 자질의 종합이라는 차원에서 접근해야 한다는 것이다.

행정을 총괄하는 인물로서 필요한 대통령의 자질은 민주주의 체제라는 정치 상황의 차이에 따른 여러 가지 변수를 논외로 한다면 통치자 일반의 자질 또는 지도력의 문제에 속한다. 그 주제는 이미 오래 전부터 동·서양 정치사상의 고전적인 저작을 통해 — 대표적으로 중국의 한비자韓非子와 서양의 마키아벨리 — 상세히 논의되어 왔을 뿐만 아니라, 현대 정치학의 세세한 경험적 연구의 대상이기도 하다. 그와 같은 성격의 주제에 대해 이 글에서 다시 논의할 필요는 없을 것이다. 다만 그와 관련하여 대통령에게 반드시 필요하면서도 일견 간단하게 느껴지지만 한 인물 속에 실현되기 어려운 자질에 대해서는 언급할 필요가 있다. 그것은 행정의 총괄 차원에서 대통령을 보좌할 국무총리를 비롯해 각 부처의 장관으로 대표되는 행정의 각 영역을 담당할 최선의 인물을 알아보고 발탁하는 능력, 그리고 일단 발탁된 인물에게는 최대한의 재량권을 주어 소신대로 업무를 수행할 수 있도록 신뢰하고 뒷받침해 주는 능력이다. 즉 인재를 적재적소에 배치하는 용인술用人術이다. 그런데 인사 문제가 있을 때마다 상투적으로 제기되는 그 원칙의 시행이 어려운 이유는 자명하다. 바로 '적소'의 의미와 '적재'의 의미를 진정으로 파악하기 위해서는 국가 생활 전반에 관한 포괄적인 이해 능력과 더불어 인간성과 관련된 고도의 판단력을 필요로 하기 때문이다.

그러한 판단력의 본질에 대한 탐구는 물론 정치철학의 연구 과제이며 이 글에서 자세히 논의할 필요는 없을 것이다. 다만 여기서 그러한 판단력과 관련하여 언급하고 지나가야 할 한 가지 점은 있다. 그것은 바로 그러한 판단력의 핵심적인 표현이자 대통령에게 가장 중요하면서도 필수적인 자질로서 질문할 수 있는 능력이다.

대통령이 하부 부서의 보고서를 꼼꼼히 읽고 결재하는 식의 업무 수행은 시간적으로도 불가능하다. 그뿐만 아니라 그러한 행위를 성실한 업무 수행으로 믿는다면 그것은 단적으로 대통령으로서 자질 없음을 의미한다. 보고 내용에 대한 질문을 통해 부서장의 능력과 각 부서의 현황과 문제점을 파악할 수 있어야 하며, 그러한 문제 파악을 기초로 새로운 지침을 제시할 수 있어야 한다. 만일 대통령이 그러한 이해와 판단력을 갖추었다면 그는 행정 차원의 업무와 관련해서는 간혹 필요할 경우 '보고를 받으면서 질문하고 지침을 주는 행위' 이외에는 행정을 총괄하는 업무 또한 국무총리에게 일임하고 전혀 관여하지 않아도 된다. 그런데 그와같이 질문할 수 있는 능력은 누구나 쉽게 갖출 수 없다는 점이 대통령의 자질과 관련된 이상과 현실 사이의 괴리들 가운데 하나다.[26] 어쨌든 중요한 점은 대통령의 그와 같은 자질이 뒷받침된 행정 업무의 수행 태도는 간혹 보고를 받으면서 질문하고 지침을 주는 일 이외에는 일하지 않는 듯이 보이는 '게으름'으로 나타날 수 있다는 점이다. 그러한 게으름 속에 대통령에게 진정으로 요구되는 부지런함이 있다는 역설이 있으며, 그러한 게으름 속에 대통령 고유의 권한과 의무의 수행이자 행정 행위가 종속될 수밖에 없으면서 그것과는 차원이 다른 행위, 곧 통치 행위의 수행을 위해 필수적인 자질이 무엇인가의 질문에 대한 해답이 함축되어 있다.

대통령이 행정을 총괄하는 행위는 총체적이고 장기적인 관점에서 국가 운영의 목표가 전제되지 않으면 불가능하다.[27] 그리고 그와 같은 총체적이고 장기적인 관점에서 국가 운영의 목표란 헌법상으로는 결국 행정 행위의 상위에 있는 통치 행위의 목적, 곧 '국가의 보전 및 계속성 유지'(이하 편의상 '국가 목적'으로 약기)라는 대통령에 부여된 지고의 의무와의 연관성을 떠나서는 이해될 수 없다. 여기서 국가의 보전 및 계속성 유지라는 목적의 진정한 의미가 무엇인지 검토 대상으로 등장한다.

'국가 목적'은 먼저 쉽게 일상적인 의미의 국가 안보와 동일시될 수 있다. 즉 영토 및 국민 전체의 생명과 재산을 외국의 침입이나 침탈로부터

26 지은이가 아는 바로는 역대 한국 대통령 가운데 박정희 대통령이 그러한 능력을 갖춘 유일한 인물인 것 같다. 물론 이에 관해서는 앞으로 실증적인 연구를 통해 확인이 필요하다. 어쨌든 질문하는 능력은 통치뿐만 아니라 모든 영역에서 지도자가 가져야 할 필수적인 자질이다. 이 세계를 이해하기 위해 알아야 할 지식은 무한하지만 한 개인이 가질 수 있는 지식은 한정되어 있기 때문에, 다른 사람을 통해 배우는 과정인 질문은 언제나 변화하는 사태를 파악하고 결정을 내리는 데 필수적이다.

28 그러한 관점도 없이 대통령직을 수행한 인물들이 있었던 점이 대통령의 자질과 관련된 이상과 현실 사이에 존재하는 또 하나의 괴리다.

보호가 그것이다. 그러나 만일 '국가 목적'의 수행이 단순히 안보 관련 법률의 집행이라는 행정 행위로 충분히 이루어질 수 있다면 그것이 별도의 헌법 조항으로 규정될 이유는 없을 것이다. 그와 같은 법 집행만으로는 국가 안보의 실현이 제대로 이루어질 수 없다는 효율성 차원에서 대통령에 의한 통치 행위의 필요성을 찾을 수도 있다.[28] 그러나 근본적으로는 국가 안보란 바로 안보의 대상과 목적, 곧 무엇을 왜 지키느냐의 문제를 떠나서는 그 진정한 의미를 찾을 수 없기 때문에 '국가 목적'의 구체적인 의미에 대한 탐색이 필요하다. 그것은 평범하게 이 땅에 사는 사람들이 대한민국이라는 국가 조직을 이루어 살아가야 할 이유가 무엇이냐의 문제로 집약될 수 있다. 그것은 곧 국가의 본질 또는 국가 생활의 이상이 무엇이냐 하는 정치철학 본연의 문제를 제기하며, 이와 더불어 이 시대 대한민국이 처한 역사적 현실에 대한 성찰을 기초로 그러한 이상의 실현을 제약하는 요소들을 어떻게 극복할 것인가의 역사적 과제를 제시한다. 66조 3항의 "조국의 평화적 통일 노력 의무"는 대통령 통치 행위에 함축된 그와 같은 역사성의 한 표현이다. 이러한 맥락에서 그와 같은 통치 행위의 주체인 대통령이 가져야 할 '최소한'의 자질 또는 덕목이 무엇이어야 하는가 하는 질문에 대한 해답이 모색될 수 있다.[29]

---

28 법률 자체는 단지 문자일 뿐이며, 그것에 내재된 규범이나 가치가 국가 생활을 통해 실질적으로 구현되는 정도는 그것을 집행하는 공직자나 그것을 수용하는 국민이 그와같이 내재된 규범 준수의 현실적 필요성을 얼마나 절박하게 느끼느냐에 따라 달라진다. 이른바 국민의 법 감각이 그것이다. 국가 안보와 관련된 법률의 경우도 마찬가지다. 그것을 집행하는 공직자나 그것을 뒷받침하는 국민이 지킬 대상이 되는 영토에 대한 애착이 없거나, 각자 개인의 사적인 생명 및 재산을 절대시하면서 국민 전체의 생명 및 재산이란 관념이 약할 경우 국가 안보가 효율적으로 수행되기는 어렵다. 따라서 국가 안보의 효율적인 수행은 관련 법률의 효율적인 집행과 더불어 영토에 대한 애착이나 국민 전체의 생명과 재산 관념의 형성 및 고취하기 위한 국민 교육이나 문화 사업의 시행 등 직접적인 안보 차원 이상의 종합적인 정책의 시행이 필요하다.

대통령은 국가의 보전과 계속성을 책임진 인물이기 때문에 일단 능력 문제를 떠나 국가에 자신의 모든 것을 바칠 수 있는 열정은 갖고 있어야 한다. 그러한 열정은 "인류 보편의 이상과 정신사적 업적에 대한 깊은 통찰 및 폭넓은 교양이나 지식"은 없더라도 적어도 "한국 고유의 정신사적 전통과 문화에 대한 애착을 넘어 그것이 바로 자신의 정체성 속에 체화된 인물"일 경우에 가능하다(양승태, 2007: 76). 간단히 말해서 대통령은 당선된 직후부터 스스로를 국가와 동일시하는 태도가 필요하다. 그에게 사적인 삶이란 존재하지 않으며, 자신의 모든 언행에 국가의 존재성이 수반되어 있다는 자각이 필요한 것이다. "짐은 곧 국가다l'état, c'est moi"라는 루이 14세의 유명한 언명은 왕권의 오만함 정도로 잘못 이해되는 경향이 있지만, 국가의 주권은 바로 대통령을 통해 그 구체적인 형태로 나타난다는 사실을 인식할 경우 그러한 태도는 반드시 필요한 것이다.

그러한 열정의 소유자임을 전제로 대통령에게 필수적인 능력은 대통령의 지위에 부여된 중요한 이점 가운데 하나이자 '국가 목적'의 수행에 핵심적인 요소와 연관하여 논의될 필요가 있다. 그것은 대통령이 국내외의 모든 최신 정보 및 지식을 가장 쉽게 접할 수 있는 위치에 있다는 점이다. 대통령은 전체를 조망할 수 있는 유일한 직위인 것이다(Mansfield, 1989: 300 n. 12.).[30] 그리고 그러한 정보와 지식은 바로 국가의 현재 상황이 무

---

29 여기서 강조되는 것은 '최소한'이라는 표현이다. 통치자의 자질은 한 극단으로 플라톤의 철인 통치자로부터 다른 극단으로 권력욕과 물질적 탐욕 이외에는 아무런 비전이나 가치관도 없는 '깡다구 센 건달' 사이에 지극히 다양한 모습으로 나타날 수 있다. 대통령은 철인 통치자는 아니라도 국민 가운데 가장 지혜롭고 똑똑한 인물이 되는 것이 바람직하다. 하지만 대통령은 일반 국민이 선출하기 때문에 대통령에 당선된 인물에는 다수 국민의 욕구 또는 정서와 가치 그리고 국가가 처한 역사적 상황 및 학문이나 문화 수준이 반영될 수밖에 없다. 따라서 대통령에게 지나치게 높은 이상적인 자질을 요구함은 비현실적이다. 대통령의 자질에 대한 이 글에서의 논의는 국가원수라는 지위에 요구되는 최소한의 자질이 무엇인가에 초점이 맞추어져 있다.

엇인지 정확히 판단을 내리고 국가 운영의 새로운 방향을 결정하면서 '국가 목적'을 수행하는 데 필수적이다. 문제는 아무리 지식과 정보를 접할 기회가 주어져도 대통령 스스로가 나름대로의 역사의식 및 인간과 사회를 보는 기본적인 소양과 판단력을 갖추고 있지 않으면 통치 업무는 결코 제대로 수행될 수 없다는 데 있다. 또한 국가적인 쟁점이 발생할 때 그 쟁점의 해결 방안에 대해서는 대통령의 참모들 사이에도 여러 가지 다르고 상충되는 의견이 제시될 수 있다. 그러한 경우에 필수적으로 요구되는 자질이 판단력이다. 바로 그러한 소양과 판단력이 대통령에게 필요한 자질의 핵심이다. 그리고 그러한 자질은 여러 가지 다른 태도나 행동 방식으로 표현된다.

대통령 통치 업무의 핵심은 결국 모든 새로운 지식과 정보를 스스로 판단하고 결정을 내리는 데 있지 열심히 일하고 행동하면서 국민에게 자신의 모습을 드러내는 데 있지 않다. 대통령은 중요 결정을 발표하거나 계몽적 차원의 새로운 메시지를 전달하기 위한 목적 이외에는 가능한 한 국민 앞에 나타나지 않는 것이 바람직하다. 그는 많은 시간을 지식의 새로운 동향이나 사회의 새로운 움직임을 파악할 수 있는 ― 단순히 의전용의 대화는 국무총리에 일임하는 것이 좋다 ― 각계각층의 인물을 만나 대화하거나 홀로 독서와 더불어 끊임없이 국가 문제에 대해 사색하면서 보내는 것이 바람직하다. 고독을 즐길 줄 아는 능력이 대통령으로서 필요한 자질이며 (Mansfield, 1989: 297), 철인哲人이나 현인賢人은 못 되더라도 적어도 스스로 무엇이 모자라기 때문에 누구로부터 무엇을 배울 것인가 하는 판단력은 반드시 갖추어야만 한다.

30 "The presidency is the greatest of all offices, the only one that commands a view of the whole ground."

물론 국가적인 문제는 언제나 그와같이 기본적이고 필수적인 자질을 갖춘 인물이 대통령이 될 수 있느냐는 것이다. 일반인의 대화 주제로도 자주 등장하듯이, 과연 한국에 위대한 ― '위대성'의 진정한 의미가 무엇인지의 문제를 떠나 ― 대통령이 나타날 수 있는 가능성이 있는지, 그리고 그러한 인물이 대통령이 될 수 없는 상황이 존재한다면 그러한 상황의 실체가 무엇인지가 그 문제의 핵심이다. 그것이 바로 대통령의 이상과 현실의 문제이며, 그 문제의 해명은 간단하게 느껴질 수 있지만 실제로는 한 국가의 총체적인 사회 구조 차원만이 아니라 문화, 교육 ― 특히 학문 및 대학 교육의 질적 수준 ― 등 정신 및 지성사 전반적 맥락에서 검토할 필요가 있다.[31] 그러한 검토는 앞으로 본격적으로 추구해야 할 연구 주제다. 다만 그것과 관련된 한국의 정치 현실에 대한 몇 가지 단상을 제시하면서 이 시론을 끝맺고자 한다.

4. 대통령직을 위한 경쟁에 대한 몇 가지 단상

여기서 다시 대통령이란 직책의 핵심을 정리해 보자. 대통령은 국가의 원수이자 통치 행위의 직접적인 주체다. 궁극적으로 대통령의 선택과 판단을 통해 결정 및 시행되는 국가 정책이 입법을 통해 정립된 보편적인 규범이 집행되며, 그의 통치 행위에 의해 장기적이고 역사적인 차원에서 국가 생활의 이상이나 가치가 실현되거나 실현의 기초가 마련될 수 있다. 그

31 비록 상세하고 치밀한 연구는 못 되지만 래스키Harold J. Laski가 미국 프레지던트 직에 대한 설명을 단순히 그러한 제도나 인물 및 업적에 국한시킨 것이 아니라 미국의 역사, 문화, 경제 등과의 연관 속에서 논의한 점은 이와 관련하여 참고할 만하다(Laski, 1940 참조).

와같이 국가 전체의 운명 및 역사성이 부여된 직책의 막중함과 의미를 모르는 채 많은 대통령 지망생들이 그 지위를 얻기 위해 각축을 벌이는 것이 정치 현실이다.

물론 국가라는 지배 질서 및 통치 구조가 존재하는 한 그것에 참여하고 운영하는 사람들은 당연히 필요하다. 권력욕이란 그러한 사람에게 필수적으로 요구되는 인간적 성향이기 때문에 그것 자체의 강함, 특히 그것의 궁극적 목표인 대통령이라는 통치 구조의 정점에 서려는 강렬한 권력욕이 무조건 비난받을 이유는 전혀 없다. 인생의 모든 분야에서 그러하듯이 자기 인생의 모든 것을 투입하는 강렬한 성취욕이 없이 최고의 목표에 도달하는 경우란 없다. 문제는 그러한 욕망의 강렬함이 그 추구의 대상에 대한 어느 정도의 인식 및 이해를 수반하느냐다.

이미 칸트Immanuel Kant에 의해 오래 전에 개념적으로 체계화되었듯이(Kant, 1968b: 특히 1권 2~3절), 추구 대상에 대한 인식이 없는 의욕Wille은 충동Willkür일 뿐이다. 인간의 모든 의욕은 그 대상에 대한 나름대로의 인식을 전제로 한다. 대통령을 하겠다는 의욕은 어린아이들의 인지 수준에서와 같이 단순히 회전의자나 넓은 사무실 등의 이미지와 동일시될 수도 있으며, 아랫사람에 대한 군림이나 호령 또는 사회적 부러움이나 명예 등 공직에 수반되는 외양이나 외면적인 가치가 될 수 있다. 그러한 수준의 인지는 극단적으로 대통령이라는 직능의 수행에는 전혀 관심 없이 오직 그것에 부수되는 통속적 가치에 대한 일방적인 집착으로 나타날 수 있다. 또한 그것은 그러한 수준을 넘어 대통령이라는 직능 자체의 성격이나 그것의 수행에 따르는 가치에 대한 나름대로의 인식에 기반한 의욕으로 나타날 수 있다. 이러한 수준의 권력욕 또한 인식 수준이나 내용에 따라 여러 가지 다른 모습으로 나타날 수 있다. 그것은 대통령의 직능에 대한 '적당한' 수행과 사회적 출세라는 개인적 욕구의 실현이 '적당히' 결합된 모습으로 나타날 수 있다. 또한 그것은 위에서 논의한 바와 같은 대통령직이 요구하는 자질과 능력을 겸비하면서 국가의 존재 근거 또는 이념과 한 시대 국가 생활의 근본 구조 및 역사성에 대한 깊은 인식을 기초로 국가가 나아가야 할 방향을 제시하며 국민을 이끌어 갈 수 있는 지도력을 갖춘 인물로 나타날 수도 있다. 다시 말해서 이상적인 국가 정체성이 자신 속에 구현되고 체화된 인물이 대통령으로 등장할 수도 있는 것이다.

그러한 자질을 갖춘 인물이 대통령으로 등장하기 위해서는 물론 그러한 인물이 먼저 존재해야 하며, 아울러 그러한 인물의 존재를 선출자인 국민 대다수가 인지할 수 있는 판단력을 갖추어야 한다. 현재 한국의 문화 수준, 특히 인문·사회과학의 수준 및 대학 교육의 상황을 고려할 때 대한민국의 역사에 그러한 인물이 대통령이 나타날 수 있다면 그것은 하늘의 섭리나 민족 운의 표현으로 돌려야 할지도 모르겠다. 권력욕이 적당히 강하면서도 국민의 마음을 사로잡을 수 있는 인간적인 매력, 이와 더불어 국가 생활의 이상에 대한 나름대로의 이해와 더불어 심원한 역사의식까지는 아니더라도 적어도 장기적인 비전을 갖춘 인물이 등장해 대통령이 되는 것마저도 역사의 행운일지 모른다. 그러한 기준을 충족하지는 못하더라도, 속된 권력욕이 적당히 강하면서도 대중의 마음을 사로잡을 수 있는 인간적인 매력이 있고, 적당히 위선적이면서도 나름대로의 진실함이 있고, 적당히 음흉하면서도 나름대로 솔직한 면이 있는 사람, 그리고 국가 생활의 이상이나 심원한 역사의식은 물론이고 장기적인 비전이 없더라도 스스로 무엇인가 새로운 방향으로의 국가 운영에 대한 진지한 갈망이 있으면서 진정으로 능력 있는 인물을 알아볼 정도의 판단력을 갖춘 인물, 그러한 인물이 대통령이 되는 것마저도 국가의 운일지 모른다. 그럼에도 현실 정치에서 대통령 되겠다고 열심히 노력하는 사람들에게 몇 마디 전할 필요는 있을 것 같다.

스스로 국가 통치의 뚜렷한 비전이나 진정한 자질 또는 능력이 없으면 처음부터 대통령 하겠다는 욕망을 버리는 것이 개인적으로나 국가적으로 다행이다. 다시 말해서 스스로를 진정으로 돌아보면서 자신에게 국가 통치의 뚜렷한 비전이나 진정한 자질이나 능력은 물론이고 대통령직의 막중함에 대한 두려움이나 중압감조차 느끼지 못하는 사람은 처음부터 대통령 하겠다는 욕망을 버리는 것이 개인적으로나 국가적으로 다행인 것이다. 누구나 뻔히 좋다고 하는 기성품 같은 정책들을 늘어놓거나 연설이라고 판에 박은 상투적인 소리만 고래고래 지르며 대중의 환심을 살 수 있다고 믿는다면, 그것은 대중의 본질을 모르는 어리석음의 표현일 뿐이다. 대중은 스스로 진지하지 못하고 무엇이 진정으로 새로운 것인지 뚜렷이 모르면서도 무의식 속에서라도 진지함이나 새로움에 대한 갈망이 있다. 그리고 대통령을 역임했다는 찬란한 경력은 가문의 영광이 될 수는 있어도 자동적으로 역사적 영광이 되는 것은 아니라는 자명한 사실도 다시 한 번 환기시킬 필요가 있다. 대통령직에 관한 한 '부적재 · 부적소'의 인물은 역사적 치욕만이 아니라 조롱의 대상으로 오래오래 남을 수도 있다. 따라서 스스로를 돌아보면서 대통령직에 대한 진정한 자신감이 없는 사람은 처음부터 허욕을 갖지 않고 대통령직에 도전하지 않는 것이 개인적으로나 국가적으로 가장 바람직하다. 인생에는 대통령 하는 일 이외에도 진정으로 보람되고 즐거운 일이 많은데 제대로 일도 못하고 진정으로 존경받지도 못하면서 남 위에 군림하고 각광을 받는 외양이 무엇이 탐할 만한 것인지 한번쯤은 반문해 볼 필요가 있다. 그럼에도 불구하고 대통령으로서 자질을 갖추지 못한 사람이 여러 가지 우연이나 행운 때문에 대통령이 되었다면 다음을 충고하고자 한다.

대통령이 된 후에는 국가 생활에 미치는 장기적인 영향을 제대로 파악도 못한 채 어설픈 새로운 정책을 역사적으로 업적을 남긴다는 욕망이 앞서 경솔하게 시행하려 하지 않는 것이 바람직하다. 국가의 장래에 대한 뚜렷한 비전과 국가 통치에 대한 확고한 자신이 없다면, 법과 원칙대로 국가를 운영하면서 공권력의 엄정한 권위를 확립하고 사회적 기강을 확립하는 일에 집중하고 그 밖의 국가 업무는 이제는 잘 짜인 관료 체제 및 사회 체제의 자율에 맡기는 태도가 필요하다. 그러한 기본 태도가 통치 차원에서 효과를 발휘하려면 무엇보다도 스스로 부패하지 않으면서 공직 사회나 민간 사회의 부정부패를 방지하고 처벌하는 데 추상 같아야 한다. 부패하지 않고 정해진 법과 원칙에 따라 관료 제도나 사회 체제가 운영될 경우 국가 생활에 발전은 없을지라도 적어도 퇴보는 없을 것이다. 모든 조직에서 마찬가지지만, 우두머리의 머리에 따라서는 부지런함이 아니라 게으름이 그의 덕성이다.

그런데 대통령이 되겠다는 사람들에 대한 위의 충고 자체가 부질없는지 모른다. 왜냐하면 스스로를 진정으로 돌아보고 스스로에 대해 진실할 줄 안다는 것, 외부의 시선이나 허상 또는 허영에 사로잡히지 않고 진정으로 자신이 좋아하는 일에 전력을 다해 진실로 헌신하면서 자신만의 삶을 살아간다는 것, 바로 그러한 삶의 태도가 한편으로 가장 쉬우면서도 가장 어렵기 때문이다. 그리고 그러한 역설 속에 대통령을 포함한 정치지도자의 자질 문제의 핵심이 있을 뿐만 아니라 국가 생활을 포함해 인간 삶의 근원적인 문제가 있다. 다시 말해서 그러한 역설은 대통령이 되겠다는 정치인들에만 해당되는 것이 아니라 대한민국 국민, 나아가 인간 모두에 해당되는 인간성 보편의 문제라는 것이다.

대한민국이란 무엇인가의 문제, 국가 정체성 문제는 이제 다시 인간성 보편의 문제로 돌아갈 수밖에 없다. 그러한 인간성 보편의 문제의 하나로서 그러한 역설이 갖는 의미를 현재 국가 정체성의 위기 문제와 관련하여 좀더 성찰함으로써 이 책을 맺어야 할 것 같다.

| 맺는 말 |

"독일은 더 이상 국가가 아니다."

— 헤겔G. W. F. Hegel

1790년 말과 1800년 초 프랑크푸르트에서 보낸 마지막 1~2년과 예나로 이주한 직후 1~2년 사이 이제 막 30대의 장년에 접어든 헤겔은 종전까지의 관심 영역이었던 그리스 고전이나 근대 철학 및 기독교 문제로부터 당시의 현실 정치의 영역으로 철학적 사유의 폭을 확대하기 시작한다. 그 결과가 그가 미출판 원고로 남겨놓은 여러 헌법 관계의 글들이며,[1] 그것들 가운데 하나인 "Die Verfassung Deutschlands(독일 헌법)" 의 첫머리를 헤겔은 "독일은 더 이상 국가가 아니다Deutschland ist kein Staat mehr" 라는 선언으로 시작하고 있는 것이다(Hegel, 1971b: 461).

어떤 간단한 문구라도 그것이 포함된 텍스트 전체 및 그 텍스트를 저술한 저자의 정신세계 전체 그리고 더 나아가 그 저자가 살았던 시대적 상황 전체 및 역사성을 떠나서 제대로 이해될 수는 없다. 이 선언적 문구 또한 마찬가지다. 이 책의 목적상 그 문구의 해석과 관련된 철학사 및 역사적

1 헤겔 연구 학계에서 일반적으로 '헌법 관련 수고Verfassungsschriften'로 불리는 수고手稿들이다. 이 수고들의 내용에 대한 정리·소개 및 이와 관련된 전기적 사실에 대한 서술로는 해리스H. S. Harris의 탁월한 연구(Harris, 1972: 특히 5장 참조)가 있다.

의미들을 본격적으로 논의할 필요는 없겠지만, 간략하게나마 "더 이상 …… 아니다"란 표현을 중심으로 그것의 의미를 설명할 필요는 있을 것 같다. 그것에는 그 텍스트 전체의 의미 및 헤겔이 처한 역사적 상황과 그러한 상황에 대한 헤겔의 인식이 반영되어 있을 뿐만 아니라, 그러한 인식 속에 그의 생전에 출간된 그의 마지막 저작이자 그의 정치적 사유의 완결로 간주될 수 있는 『법철학*Grundlinien der Philosophie des Rechts*』(Hegel, 1957)이라는 그의 거대한 정치철학 체계를 예고하고 있기 때문이다.

"더 이상 …… 아니다"라는 표현이 지칭하는 역사적 상황 및 그것에 함축된 직접적인 의미는 곧 이어지는 문장 속에 나타나 있다. 헤겔에 의하면, 한 국가의 건강함은 평화 상태가 아니라 전쟁 상태에서 드러난다고 한다. 평화 상태에서의 국가적 행위란 '향유Genuss'－고통이나 시련과 대비되며 국민이 정신적 또는 육체적 즐김을 어떻게 추구하고 국가가 통제하고 관리하느냐의 문제에 대한 헤겔 특유의 규정－성격의 것들로 개별적이고 분산된 행위Tätigkeit in Absonderung로 나타난다. 그러한 상황에서 통치란 일상적인 것들을 관장하는 '가부장 역할Hausväterlichkeit'에 그치지만, 전쟁 상태에서는 이에 비해 그 국가의 모든 것이 총체적인 힘으로 드러난다는 것이다. 독일은 바로 혁명기 프랑스와의 전쟁 과정에서 바로 국가로서의 총체적인 무력함을 드러내고 영토 할양과 인명 상실 등 국가적 치욕을 겪었다. 이에 덧붙여 1799년의 '라슈타트 회의the Congress of Rastatt'의 결과로 프랑스의 관습과 법률이 강요됨으로써,[2] 독일의 많은 영방국가들이 무엇보다도 국가로서의 '최고 선höchstes Gut'인 "자신만의 국가가 됨eigene Statt zu sein"을 포기하게 되어 더 이상 국가가 아니게 되었다는 것이다(Hegel, 1971b: 462).

---

2 이에 관해서는 헤겔(Hegel, 1971a: 451-460) 및 해리스(Harris, 1972: 436-438) 참조.

바로 이 "자신만의 국가가 됨"이란 문구 속에 장년기에 들어선 헤겔에게 당시의 독일이 왜 더 이상 국가가 아니었는지 그리고 그에게 진정한 의미에서의 국가란 무엇인지 그 이유 및 근거가 함축되어 있으며, 실제로 그것의 의미에 대한 구체적이고 체계적인 해명이 그의 생전에는 출간되지 않은 '헌법 관련 수고'의 나머지 부분 및 근대 정치철학 최고의 저작이자 그의 완숙한 정치철학이 개진된 『법철학』을 구성한다.[3] 그것은 간단히 말해 한 국가가 '자신만의' 국가가 되지 못하는 상황, 즉 스스로의 정체성을 확립하지 못해 국가 생활의 위기에 직면한 18세기 말의 독일에 대한 헤겔의 진단과 처방이 그의 정치철학의 출발이자 완성임을 의미한다. 여기서 지극히 심오하고 방대한 헤겔의 정치철학에 대해 자세히 설명할 수는 없을 것이다. 다만 그가 당시 독일이 직면한 국가적 상황을 정체성의 위기로 축약한 문구라고 할 수 있는 '자신만의 국가가 되지 못하는 상황'의 좀더 구체적인 의미는 이 '맺는 말'의 기본 논지와 직접 연관되므로 간략하게나마 설명이 필요하다.

헤겔이 파악한 당시 독일이 처한 국가 정체성 위기의 한 측면은 위에서 언급한 바와 같이 프랑스와의 전쟁 결과 초래된 국가적 치욕과 더불어 외국의 관습과 법률이 강요된 상황이다. 여기서 일단 주목할 점은 헤겔은 프랑스혁명이나 그것에 수반된 개혁 자체를 거부한 사람은 아니라는 사실이다. 이 점은 튀빙겐대학 시절의 젊은 헤겔이 프랑스에 혁명이 발발했다는 소식에 환희에 차서 친구인 셸링Friedrich Schelling 및 횔덜린Friedrich

3 헤겔의 『법철학』은 그의 사후 그의 철학 자체에 대한 옹호와 비판, 찬사와 폄훼가 계속 공존하는 서양 철학사의 흐름과 더불어 아직 그 정치철학적 가치에 대한 평가가 현재 진행형의 저작이라고 할 수 있다. 지은이는 오크셧Michael J. Oakeshott(1901-1990)과 같이 그것을 플라톤의 『국가』, 홉스의 『리바이어던』과 더불어 정치철학의 3대 고전으로 간주한다.

Hölderlin과 더불어 '자유의 나무'를 심고 밤새도록 축하했다는 일화에 상징적으로 나타나 있다. '진정한 의미'의 시민적 자유의 실현은 언제나 그의 정치철학의 중심적인 화두였다. 어쨌든 헤겔에게 특히 라슈타트 조약 이후 전개된 독일의 상황이 국가 정체성의 위기로 간주된 이유는 이 점이다. 그러한 강요된 개혁이 독일인 스스로 그 개혁의 목적이나 의미를 제대로 이해하지 못한 채, 그리고 독일 고유의 전통 속에서 지켜야 하거나 버릴 것이 무엇인지 주체적으로 파악하지 못한 채, 국가 생활의 변화가 타율에 의해 일방적으로 부과되고 수동적으로 수용하는 독일 국민의 정신사적 상황에 국가 정체성 위기의 핵심이 있다. 이 점은 헤겔에게 프랑스에 패배한 후의 독일이 더 이상 국가가 아니었지만, 그 이전의 독일 또한 그에게는 진정한 의미에서의 국가가 아니었다는 사실에서 좀더 명확하게 이해될 수 있다.

프랑스에 패배하기 이전 봉건 독일은 신성로마제국의 황제라는 명목상의 최고 통치자 밑에 수많은 대소의 제후국 영방으로 구성된 분열된 나라였음은 잘 알려져 있다. 헤겔에게 그러한 독일의 상태는 하나의 국가가 아니라 여러 국가의 집합에 지나지 않았기 때문에 진정한 의미에서의 국가가 되지 못한다고 한탄했다는 것은 정치사상사의 교과서들을 통해 잘 알려진 사실이다. 그리고 그와 같은 분열된 상태가 프랑스와의 전쟁에서 패배한 원인 가운데 하나이기도 하다. 그러나 그것은 국가 정체성 위기의 여러 양상 가운데 하나일 수는 있어도 국가 정체성 위기의 본원적인 요소는 아니다. 독일을 하나의 통일된 국가로 만들지 못한 이유나 원인 속에 국가 정체성 위기의 본원적인 요소가 있으며, 헤겔은 그것을 당시의 독일 제후국들의 국가 생활 자체에서 찾았다.

헤겔이 보기에 당시 각 제후국의 국가 체제는 각 지역 특유의 토착적인 전통이나 관습과 관행에 기초한 법률이나 제도에 의거하여 국가 생활을 영위하고 있다고 본 것이다. 그와 같은 국가생활이 적어도 표면적으로는 '자기만의' 국가 생활임에는 분명하며, 이에 따라 그것의 법률이나 관습 및 제도가 구성원의 정감Gemüt이나 나름의 고유한 가치관 또는 자발적인 의지와 조화를 이루고 있기 때문에 국가 체제의 운영에 구성원의 자발성Spontanetät이 발현되고 있다는 것이다.[4] 문제는 그러한 자발성이 각 영방 제후국 내에 국한된 측면일 뿐이며, 이에 따라 각 영방이 '자기만의' 법률이나 관습 및 제도의 유지에 집착하면서 자기만의 이익을 좇기 때문에 독일 전체는 분열과 혼란 속에서 하나의 국가가 아닌 무정부 상태에 놓이게 되었다는 것이다. 헤겔에게 그러한 상태를 표현하는 가장 적절한 금언이 "세상이 망해도 정의는 있으라Fiat iustitia, pereat Mundi!"를 패러디한 "독일은 망해도 정의는 있으라Fiat iustitia, pereat Germania!"이다(Hegel, 1971b: 470).

물론 각 영방 제후국의 그러한 법적 정의가 국가적 정의의 이상을 완전히 구현한다면 독일이 하나의 통일을 이루어야 한다는 당위성은 존재하지 않는다. 그럴 경우에는 각각의 영방 제후국이 통일된 상태가 아니라 각각 독립된 상태로 남아 있을 때 국가 생활의 이상이 실현되며, 진정한 의미에서의 국가 정체성도 구현된다. 그러나 간단히 말해서 헤겔은 그와 같은 분

---

4 독일어 'Gemüt'는 한국어나 영어로 적확하게 번역하기 어려운 말이며, 토착 독일어를 의도적으로 철학 용어로 사용하는 헤겔 특유의 어휘 가운데 하나다. 그것은 사물에 대한 공감과 동시에 공동의 행동을 유발하는 능동적인 마음 상태라고 할 수 있다. 그리고 하나의 사물이 그것의 본질인 정신과 밀착한 상태가 헤겔의 변증법 철학에서 변증법적 삼위dialectical triad의 하나인 '즉자적an-sich'—'대자적für-sich' 및 '즉자-대자적an-und-für-sich' 상태와 함께—상태이며, 그러한 상태의 특징이 자발성Spontanetät인 것이다. 심리적 차원에서 어린아이의 고민 없고 쾌활한 행동이나 성정은 자아가 청소년기에 이르러 자아를 객체화하기—즉 대자적 상태에 들어가기 이전에—이전의 상태로서 자발성이 발현되는 전형적인 경우다. 물론 잘못된 교육은 어린아이의 자발성 자체를 일찍부터 불구 상태로 만들 수 있다.

열과 혼란 상태에서 진정한 국가의 이상은 실현되고 있지 못하다고 본 것이며, 패전 이전 분열된 독일 전체는 물론이고 각각의 영방 제후국 또한 진정한 의미에서의 국가는 되지 못한다는 것이었다. 그것은 '자기만의' 법률이나 제도라도 그것이 인간이 국가 생활을 통해 실현시켜야 할 보편적인 가치나 이상을 —그러한 이상이 실현된 국가가 그의 표현으로 '이성적인 국가der vernünftige Staat'이며 그것에 대한 설명이 『법철학』 전체를 구성한다— 구현하지 못할 때, 그와 같은 '자기만의' 국가 생활이란 비록 외면적으로 주체적으로 보일 수는 있어도 편협한 전통이나 관습 또는 고착된 가치관에 집착하고 있음을 의미한다. 그리고 그와 같은 정신적 상황에서 농업 경제가 지배할 때는 지역적 대립으로 나타나지만, 국가 전체적으로 일단 산업화나 상업화를 본격적으로 추구할 때 개개인은 그러한 전통적인 가치관에서 오히려 쉽게 벗어나 상업적 가치에 매몰되고 사적인 이익에 집착하면서 국가 생활이 사적 이익의 각축장으로 변하게 된다. 그러한 상황에서 국민에게서 국가 전체의 공적 질서에 대한 애착이나 공적 가치에 대한 헌신이 미약해질 수밖에 없는 것 또한 필연적이다.[5] 그것은 곧 미성숙한 국가 생활의 영위를 의미함과 동시에, 외부의 변화나 충격에 취약한 불완전하고 미성숙한 국가 정체성을 의미한다.

"독일은 더 이상 국가가 아니다"라는 선언에는 결국 18세기 말 독일의 정치적 상황에 대해 젊은 헤겔이 느꼈던 좌절감과 아울러 그러한 상황을 그 근원에서 진단해 극복하겠다는 철학도로서의 의지가 담겨 있다. 그러한 의지의 구현이 한편으로는 일생에 걸친 철학적 성찰의 결과인 그의 거

5 그와 같은 상업주의의 지배 및 공적 가치의 쇠퇴에 대해 독일 국민에게 각성을 촉구한 것이 피히테가 예나 전투에서 프러시아가 나폴레옹의 프랑스군에 패배한 직후인 1807년 초 베를린에서 행한 연설인 『독일 국민에 고함』(피히테, 1998)의 핵심적인 내용 가운데 하나이기도 하다.

대한 철학 체계로, 다른 한편으로는 역사적 실천의 차원에서 프러시아 중심의 독일 통일의 모색으로 나타난 것이다. 그의 철학에 대한 옹호나 비판 그리고 그의 역사적 실천에 대한 평가를 떠나, 이제 논의의 초점은 '독일은 더 이상 국가가 아니다'라는 선언을 출발로 18세기 말 독일의 국가 정체성 문제에 대해 헤겔이 추구한 해법의 모색이 현재 대한민국의 국가 정체성에 문제에 대해 갖는 의미다.

분명히 통상적인 교과서적 의미에서 — 국제법적인 인정을 포함하여 — 대한민국은 국가다. 영토·주권·국민의 세 요소를 갖춘 국가임은 분명하다는 것이다. 그러나 앞에서 논의했듯이 그러한 교과서적 규정으로 한 국가의 실체가 진정으로 파악되는 것은 물론 아니다. 국가 정체성의 위기라는 현상의 존재 자체가 현재의 대한민국은 국가 생활에 국가로서 갖추어야 할 본질적인 요소가 결여되어 있거나 또는 불안정한 상태에 놓여 있음의 증언이다. 헤겔이 국가 생활을 통해 실현할 이상에 대한 철학적 성찰을 통해 당시 독일이라는 국가의 실체를 검토하고, 아울러 그것이 처한 역사 및 정신사적 상황이나 정치경제적 문제 등에 대한 구체적인 측면을 다각도로 검토하면서 국가 정체성 위기를 극복하기 위한 진단과 처방을 내렸듯이, 현재 대한민국의 국가 생활에 대해서도 같은 차원의 접근이 필요하다. 젊은 헤겔의 어느 정도 과격한 표명처럼 '대한민국은 더 이상 국가가 아니다'라는 선언을 새삼스럽게 반복할 필요는 없다고 하더라도, 국가 정체성의 위기가 운위되는 국가 상황을 맞아 단순히 국가 생활의 여러 단편적인 경험적 양상을 부분적으로 서술하고 일시적인 처방을 제시하는 수준을 넘어설 필요가 있다. 다시 말해서 국가 생활의 근본에 대한 성찰과 더불어 대한민국의 현 상황에 대해 역사적이면서 총체적으로 접근할 필요가 있다. 그러한 접근은 '대한민국은 어느 정도나 국가의 이상을 실현하고 있으며, 그러한 이상의 실현을 저해하는 역사적 조건과 상황적 요인은 무엇인가?'의 질문을 요구한다.

이 또한 앞에서 언급했지만, 한 국가의 역사란 본질적으로 국가 정체성의 위기의 출현과 그것에 대한 극복이나 해소 그리고 새로운 국가 정체성의 정립과 해체가 반복되는 역사라고도 할 수 있다. 그러한 극복이나 해소 방식은 물론 지극히 다양하며, 그것에 수반하는 국가 생활 변화의 포괄성이나 심도의 정도, 그것이 단기적 또는 장기적 차원에서 이루어지는지 여부, 폭력적 또는 평화적 방법에 의해 수행되는지 여부는 각 국가의 역사 및 정신사적 특수성에 따라 달라진다. 고조선 시대부터 현재에 이르는 한국의 역사 또한 그러한 차원에서 해석될 수 있다. 고려에서 조선으로의 이행은 단순히 유학적인 역성혁명의 의미만이 아니라 국가 정체성을 종교 또는 세계관 차원에서 새롭게 재정립한 사건임에도 불구하고 그 변화에 수반된 폭력성이 그리 심각하지는 않았던 특이한 사례로 기록될 수 있으며, 그 이유는 앞으로 심도 있게 탐구할 과제다.[6] 근대의 역사에서는 국권 피탈로 이어진 조선조 말의 상황, 분단과 동족상잔으로 이어진 해방 직후의 상황, 그리고 현재의 상황이 국가 정체성 위기의 전형적인 사례들이다. 각각의 위기의 성격이나 그 전개 양상은 달랐으며, 앞의 두 경우에 대해서는 비록 명시적으로 국가 정체성의 차원에서 이루어진 것은 아니지만 지금까지 많은 연구가 축적된 것은 사실이다. 어쨌든 여기서 중요한 점은 조선조 말의 상황은 조선조 역사 및 정신사적 연속성 속에서 파악해야 하며, 앞의 두 위기 사이의 관계는 물론이고 현재의 국가 정체성 위기 또한 앞의

6 로마의 '평화적인' 기독교화 또한 특히 루터의 종교개혁에 끼친 정치·사회적 파장과 비교하여 흥미있는 탐구 대상이 된다. 아직 지은이의 추정 수준이지만, 두 경우 모두 불교나 다신교라는 종교적 특수성이 그와 같은 '평화로운' 새로운 국가 정체성 정립을 가능하게 한 근본적인 이유라고 생각된다. 이 점은 현재 국제 정치의 양상을 결정하는 최대의 변수라고 할 수 있는 이슬람권과 기독교권의 갈등과 여러 면에서 대비된다.

두 위기와 별개의 사안이 아니라 그것들과의 역사 및 정신사적 연속성 속에서 파악해야 한다는 것이다.

앞에서 몇 차례 언급한 바 있듯이, 조선조 말의 국가 정체성 위기에 대한 해명은 조선조 성리학의 학문적 성격 또는 학문적 보편성의 문제에 대한 심도 있는 철학적 성찰과 더불어 조선 후기에 전개된 역사 및 정신사적 흐름에 대한 연구가 필요하다. 즉 조선조 후기에 이르러 전통 사상이나 학문이 왜 새로운 자기 변혁 및 변용을 못하고 고착화되었으며, 이에 따라 새로운 역사적 상황의 전개나 외래의 사상 또는 가치관의 유입에 대해 능동적으로 대처하면서 새로운 상황에서 국가 생활을 창조적으로 재구성하는 정신적 원동력을 잃게 되었는지, 그 역사 및 정신사적 원인에 대한 탐구가 요청된다. 그리고 분단과 동족상잔으로 이어진 해방 직후의 국가 정체성 위기의 상황도 조선조 후기에서 본격적으로 시작된 국가 정체성 위기의 역사 및 정신사적 연속성 차원에서 접근해야 한다. 이 점은 이 책 본문의 논의를 통해서도 간접적으로 언급되었지만, 개화파와 수구파의 대립 및 이어지는 일제강점기 하의 좌우 대립에 내포된 사회사 및 정신사적 의미와 아울러 전통 문화 및 학문의 쇠퇴와 서구 문화와 학문의 유입과 소개 및 전파 과정을 현대 한국의 역사 및 정신사의 변화·발전 맥락에서 설명할 필요가 있다. 현재의 국가 정체성 위기도 같은 차원에서 해방 이후 전개된 역사 및 정신사적 맥락에서 접근해야 함은 물론이다. 그러한 연구가 '책머리에'에서 밝혔듯이 이 책의 후속 연구에서 수행될 예정이다. 즉 제2권 『대한민국 국가 정체성의 정신사』는 국가 정체성의 문제를 조선조 후기부터 현재에 이르는 역사 및 정신사의 맥락에서 서술 및 설명하는 작업이 될 것이다. 그리고 그러한 역사 및 정신사적 해명은 필연적으로 대한민국이라는 공동체적 삶이 미래에 실현해야 할 이상과 그러한 이상을 구체적으로 구현시킬 국가 체제나 사회 제도 및 교육 문제 등에 대한 탐색으로 이어질 수밖에 없으며, 그러한 탐색이 마지막 제3권인 『대한민국 국가 생활의 이상과 현실』을 구성할 것이다. 그와 같은 작업이나 탐색의 지성사적 의미와 관련하여 다시 이 책의 출발점으로 돌아갈 필요가 있다.

이 책의 '책머리에'에서는 국가 정체성의 위기라는 정치·사회적 이슈로 부각되어 있음에도 그 문제 자체를 제대로 논의조차 못하는 현재 한국 학계의 지적 상황에 대해 언급한 바 있다. 그러한 상황과 관련하여 다시 18세기 말 피히테와 헤겔 등이 당시 독일이 직면했던 국가 정체성의 위기에 처해 그것을 극복하려 시도한 작업의 지성사적 의미를 고찰할 필요가 있다. 비록 백년이란 세계사적 차원의 시간적 간극이 존재하고 구체적인 역사적 상황은 달랐지만, 18세기 말의 독일과 비슷한 역사적 상황은 19세기 말의 조선에서도 나타났다고 볼 수 있다. 그것은 표면적으로 국가 존립 자체의 위기로 나타났지만, 그 위기의 근원은 전통적인 국가 체제가 새롭게 전개된 국내 및 국제 정세의 상황에 이념적 차원에서나 정책적 차원에서 체계적이고 효율적으로 대비하지 못했던 국가의 기능이 실질적으로 제대로 작동하지 못했음을 의미하며, 그러한 기능 마비의 근원은 독일과 같이 오랫동안 진행된 국가 정체성의 위기다. 그러한 국가 정체성의 근본 원인은 조선조의 통치 이데올로기인 전통적인 주자학이 중국에서 청나라의 등장, 양명학이나 서학의 유입 등 새롭게 전개된 역사 및 정신사적 상황에서 스스로의 자기 변혁을 하지 못하고 고착화되고 독선적이 된 사실에서 찾을 수 있다. 이에 비해 18세기 유럽에서 후진국이었던 독일은 국가 정체성의 위기를 나름대로 극복하고 선진국으로 진입했으며, 비록 20세기 들어서 비록 전쟁과 분단 등 역사적 우여곡절을 겪었지만 그러한 국가적 위기를 슬기롭게 극복하고 세계사적 민족으로서의 위상을 유지하고 있다. 중요한 것은 그와 같은 역사적 발전의 근본적인 원동력이 무엇이냐는 것이다.

지은이는 그것을 다름아닌 칸트 이후 본격적으로 전개된 창조적이며 주체적인 독일 근대 지성사의 발전에서 찾아야 한다고 믿는다. 특히 헤겔 이후의 철학사는 그의 철학에 대한 옹호나 부정 또 비판의 역사라고 할 수 있다. 그러나 그의 철학에 대한 비판이나 부정의 사유 행위 자체가 새로운 철학사 및 지성사적 발전의 원동력이었고, 그러한 발전을 통해 독일 정신사의 내용이 풍부해지고 새로운 역사적 변화에 대해 주체적이고 능동적으로 대처할 수 있는 정신적 역량이 국가적으로 형성되어 있었다는 사실이 중요하다. 이에 비해 조선조 후기의 지성사의 경우 실학자 등 몇몇 개혁적인 유학자의 노력은 있었지만 그들 스스로가 주자학 체계의 한계에 머무르면서 주자학 체계 자체를 새롭게 변혁시키는 수준의 작업을 수행하지는 못했음이 사실이며, 또한 그들의 지성적 수준이나 업적이 근대 독일 철학자들의 그것에 비견될 수는 없다고 본다. 이 점은 구한말 유길준이나 신채호나 박은식 등 나름대로 진지한 지성적 탐색이나 열성적인 행동을 통해 그러한 위기를 극복하려고 노력한 지식인들의 경우에도 해당되며, 해방 후의 좌우 대립을 주도한 지식인들의 경우는 지적인 역량 면에서 그들 선배 지식인에 미치지 못한다고 할 수 있다. 그렇다면 현재의 국가 정체성 위기에서 현재 한국 지식인의 지성사적 위상은 어떠한지 질문이 부각된다.

지은이는 조선 시대 후기에서 해방 후까지 활동한 그들 선대 지식인 가운데 세계적인 위대한 지성인의 반열에 올릴 정도의 천재적이며 창조적인 학자나 사상가는 없었다고 판단한다. 그러나 유학 본연의 풍부한 문文·사史·철哲 교양의 전통 속에서 그들이 갖춘 지적 소양의 포괄성은 어느 국가의 지식인에도 뒤지지 않으며, 무엇보다도 국가 정체성의 위기에 직면하여 추구한 지성 활동의 진지성은 결코 의심할 여지가 없다고 본다. 문제는 현재 한국의 학문과 지성 수준이다.

일단 국가 정체성의 위기라는 국가적 문제에 직면해서도 그것에 대한 해명을 체계적으로 추구하지 못하는 지적 상황 자체가 현재 한국 학문의 수준을 가늠하게 한다. 그리고 학문적 판단력의 부재 속에 스스로 알고 싶은 것을 능동적으로 탐구하지 못하고 사물을 보는 외국 학계의 시각이나 사고 체계 및 방법에 의존하면서, 외국 학계가 알고 싶어하는 것을 정통적인 지식 추구로 믿는 지식인의 존재 또한 현재 한국 학문의 수준 및 지성사적 위상의 단면을 보여 준다. 그러한 학문 및 지성사적 위상이 물론 극복 불가능한 것은 아니다. 다만 그러한 극복은 지식인이 적어도 학문이나 지성 활동이라는 자신의 소업을 얼마나 진실함과 진정성을 가지고 추구하느냐에 달려 있을 것이다. 이 진실성과 진정성 문제에 대해 생각하면서 이 책을 끝맺기로 하자.

오래 전 1970년대 초에 미국의 영문학자 트릴링Lionel Trilling은 현대인들이 추구할 도덕적 삶의 핵심적인 요소이자 그것에 요구되는 자아의 상태로서 진실성sincerity과 진정성authenticity을 제시한 바 있다(Trilling, 1971).[7] 여기서 그는 진실성을 "공언과 실제적인 감정의 일치a congruence between avowal and actual feeling"(Trilling, 1971: 2)로 규정했는데, 그것은 우리말로 좀더 쉽게 '자기를 솔직하게 드러내는 삶의 태도'라고 표현할 수 있다. 그리고 "진정성은 진실성보다 좀더 격렬한 도덕적 체험, 자아에 대한 또는 스스로에 대해 진실함을 구성하는 것에 대한 좀더 강렬한 관념

7 sincerity의 어원은 트릴링 스스로 설명하듯이(Trilling, 1971: 12) 라틴어 'sine cera(without wax)'에서 유래했으며, 본래는 말 그대로 왁스가 묻지 않은 사물의 깨끗한 또는 순수한 상태를 지칭한다. authenticity는 희랍어 'authentikos'에서 유래한 라틴어 '*authenticus*'가 어원이다. 이 라틴어는 본디 저자가 직접 쓴 것을 지칭하며, 이에 따라 '원래original' 또는 '진짜genuine'의 의미를 갖는다.

으로서, 진정성보다 좀더 폭넓게 이 세계 전체 및 그 안에서 인간의 위치와 관련되기 때문에 그것보다 삶이 처한 사회적 상황에 대해서 덜 수용적이고 덜 온화한 관점을 의미하는 것으로" 간주된다(Trilling, 1971: 11). '진정성'을 가진 인간은 스스로의 존재의 독자성이나 다른 사람과 공유할 수 없는 자신만의 세계를 갖고 있다고 믿기 때문에 다른 사람의 삶의 방식이나 태도에 부화뇌동하지 않으며 다른 사람의 평가에 대해 개의치 않는 인간이라고 할 것이다.

비록 200쪽 미만의 소책자이지만 문학 작품이나 철학 저작에 표출된 이 두 개념의 생생하고 구체적인 의미를 해명하는 트릴링의 논의는 탁월한 인문학자의 전형을 보는 듯하다. 그럼에도 불구하고 지은이는 그의 논의에 진실로 새로운 것은 없다고 믿는다. 그 스스로는 언급하지 않고 있지만, 그 두 개념은 이미 오래 전에 플라톤이 'spoudē'—일반적으로 영어로 'seriousness'로 번역되는—개념을 통해 개진한 내용과 본질적으로 다르지 않으며, 동시에 두 개념의 핵심은 결국 이 책 제1부 4~5장에서 논의한 자아의 '자기규정성Selbstbestimmtheit'의 한 측면, 즉 스스로를 규정하는 자아가 다른 사람이나 사물에 대해 취하는 태도의 표현이라고 할 수 있기 때문이다. 플라톤의 'spoudē' 개념에 대한 철학사적 논의나 트릴링의 논의를 떠나 먼저 두 개념 자체의 의미를 분석해 보자.

진실성, 다시 말해 자신을 남에게 솔직하게 드러내며 꾸밈없이 대하는 태도는 분명히 거짓되고 위선적인 태도보다 나름대로 아름다울 수 있고, 바로 그러한 의미에서 바람직한 덕목일 수 있음은 분명하다, 그러나 여기서도 관건이 되는 것은 그 드러내는 자아의 내용 그 자체다. 아무리 솔직하더라도 그 자아의 세계가 모자라고 편협한 정신 내용으로 구성되어 있다면, 그러한 진실성 자체가 무조건 아름답거나 바람직한 덕성은 아닌 것이다. 진정성의 경우에도 마찬가지다. 자신만의 독자적인 세계를 갖고 있고 타인의 시선이나 평가를 의식하지 않고 그것의 추구에 매진하는 태도 또한 아름다울 수 있다. 여기서도 관건은 그 추구하는 자아세계의 내용이다. 탁월하고 창조적인 예술가에게서 발견되는 그러한 자아의 독자성이나 삶의 태도가 아름다운 것은 단순히 그러한 태도 자체에 있는 것이 아니라 그러한 태도 속에서 발현되는 작품 속에 반영되는 아름다움 자체에 있다. 진실성이나 진정성이나 그 핵심은 그러한 삶의 태도에 있는 것이 아니라 자아라는 정신세계의 내용 자체에 있는 것이다. 그라고 그러한 의미에서 트릴링이 말하는 진실성이나 진정성은 플라톤의 spoudē ― 일단 논의의 편의상 그것을 '진지성'으로 번역하기로 하자 ―개념에 포섭된다.

플라톤 철학 전체와 관련되기 때문에 이 책에서 충분히 논의할 수 있지는 않지만, 플라톤의 진지성은 무엇보다도 소크라테스가 소피스트들과의 논쟁 과정에 자주 등장하는 말이다. 그 핵심적 의미는 소피스트들이 앎의 추구에서 솔직하고 철저하라는 당부의 전언이다. 그들에게 논박당하는 것을 부끄럽게 여기거나 앎이 가져다주는 세속적 명예나 물질적 이익 자체를 무조건 좋은 것으로 믿지 말고, 그것 자체가 왜 좋은 것인지부터 탐구하라는 당부의 전언을 담고 있는 개념이 그것이다. 문제는 그렇게 되기는 물론이고 앎의 추구를 그와같이 절대시하는 것 자체가 이해하기 어렵다는 데 있으며, 그러한 깨달음 자체가 플라톤 스스로 오랜 기간의 철학함을 통해 이룩한 결과라고 할 수 있다.

물론 모든 지식인이 플라톤과 같이 위대한 철학자의 정신세계에 도달할 수 있는 것은 아니며, 모든 지식인은 각자 일생 동안 수행할 나름대로의 지식 추구의 소임이 있는 것이다. 어쨌든 중요한 것은 자신의 지식 추구에서 스스로에게 진실하고 자신만의 지식 추구에 전력을 다하는 진정한 태도는 어떠한 내용이나 수준의 것이든 그 지식 추구의 결과가 바로 지식으로서 나름대로의 가치를 갖기 위한 필수적인 조건이다. 그러한 태도의 핵심은 남들이 지식이라고 하는 것을 습득하는 데 있는 것이 아니라 스스로 진정으로 알고 싶은 것을 진지하게 추구하는 데 있다. 그리고 그것이 바로 지식인으로서 자아 정체성의 핵심이다. 이와 관련하여 플라톤 철학의 핵심 개념 가운데 하나이자 진지성 개념의 이해를 위해 필수적으로 언급되어야 할 것이 있다. 그것은 '기예technē'의 개념이다.

소피스트들에 대한 소크라테스나 플라톤의 비판을 이해하기 위해 반드시 함께 이해되어야 할 점은 그들 지식인과 대비되는 기술자나 예술가의 진정성이다. 플라톤은 그들의 정신세계의 한계 또는 비보편성에 대해서는 여러 맥락에서 논의한 바 있으며, 니체 등 현대의 일부 철학자와는 달리 플라톤은 철학에 대한 예술의 종속을 일관되게 주장한 사람이다. 그러나 장인 정신에 기초한 기술자나 예술가의 정신 활동에서 사회적 평판이나 세속적 이익에 기초하여 이루어지는 많은 지식인의 지식 추구와는 다른 바로 그 진지성을 발견했으며, 그러한 진지성을 모든 가치 있는 정신 활동의 요체로 파악했다. 그러한 진지성에서 플라톤이 국가 생활에서 모든 시민이 가져야 할 덕목을 발견한 것도 사실이다. 그리고 그러한 덕목이 철인왕 통치나 지배 계급의 공산주의적 삶 등 플라톤 정치철학에 제시된 구체적인 제도들에 대한 찬반이나 선호 여부를 떠나서 국가 생활에 보편적으로 요구됨은 분명하다. 그것은 무엇보다도 현재 대한민국의 국가 정체성 위기를 극복하기 위해 당장이라도 실천 가능한 도덕적 규범일 수 있다는 점이 중요하다.

대한민국은 국가 체제로서 자유민주주의를 표방한다. 그것이 옹호하는 핵심적인 가치 가운데 하나는 개인이나 집단의 자유로운 의사 표현이다. 개인이나 집단 사이의 자유로운 의사 소통을 통해 최선의 합리적인 공론이 형성되고, 그와같이 형성된 공론이 국가 정책을 결정하는 데서 국가 생활의 이상이 실현될 수 있다는 믿음이 표현의 자유라는 가치의 바탕에 있다. 그런데 국가 정책의 입안이나 시행이란 매 사안마다 각각 다른 영역의 전문 지식을 요구하며, 모든 개인이 국가의 중대사는 물론이고 정책의 입안과 시행과 관련된 전문적인 지식이나 판단력을 갖추는 것은 아니라는 사실이 중요하다. 그렇기 때문에 자유로운 의사 표현이 바람직하고 옹호할 만한 가치가 되기 위한 전제 조건은 각 개인이 스스로 제대로 아는 것과 모르는 것을 구분할 줄 알고 여러 다른 사람의 의견 가운데 최선의 것을 선택할 수 있는 판단력을 갖추는 것이다. 문제는 그러한 판단력 자체도 누구에게나 쉽게 부여된 정신적 자질은 아니라는 데 있다. 따라서 각 개인이 그러한 판단력을 갖추고 있는지 여부에 앞서서 요구되는 도덕적 규범이 바로 진정성이라고 할 수 있다. 왜냐하면 진정성은 경우에 따라 스스로의 판단력 자체의 한계를 진지하게 받아들이고 그보다 원숙한 다른 사람의 판단이나 의견을 겸허하게 수용하면서 — 곧 다른 사람의 시선이나 집단 심리 또는 고착되거나 위선적으로 표방된 가치나 이념에 지배받지 않는 — 의사결정을 내리는 데 필수적이기 때문이다.

결국 트릴링의 진실성과 진정성 그리고 플라톤의 진지성은 자유민주주의가 바로 진정으로 실현되기 위한 기본적인 덕목이다. 현재 한국 사회에서 벌어지고 있는 이념적 갈등이 과연 스스로 표방하는 이념 자체를 제대로 이해하는 데서 유래한 것인지 자체가 의심이 간다. 사사로운 이해관계의 그악스러운 추구가 스스로 그 의미를 제대로 알지 못하는 온갖 이념에 분식되고 있는 사실은 바로 이 사회가 진실성, 진정성, 진지성이 없이 운영되고 있지 못함의 증언이다. 그리고 한국의 학계는 그러한 정치·사회적 갈등의 와중에서 중심을 잡는 정신적 지주의 역할이 아니라 오히려 '편가르기'에 동조하고 있는 것은 아닌지 스스로 반문해 보아야 한다. 그래도 다행스러운 점은 진실성, 진정성, 진지성의 덕목을 오랫동안 사회의 뒤편에서 묵묵히 수행한 전통적인 장인들의 존재가 사회적으로 새롭게 부각되는 양상이 나타나고, 또한 그러한 덕목이 이 시대 각 분야의 프로 근성이 있는 젊은이들에게 가치관으로서 정착되고 점차 사회적으로 확산되고 있는 증상이 발견된다는 사실이다. 그러한 사실은 국가 정체성의 위기를 겪고 있는 이 대한민국이 그것을 극복할 수 있는 새로운 정신적 원천이자 희망으로 간주될 수 있다. 국가를 포함하여 어떠한 사회 조직에서도 그것이 건전하게 운영되고 새롭게 발전하기 위한 가장 기본적인 전제 조건은 능력의 문제를 떠나 적어도 스스로의 한계에 대한 겸허한 자각 속에서 스스로의 소업에 진지하게 매진하고 전력을 다하는 인간이 많아지고 사회적으로 인정받도록 하는 데 있다.

분명히 현재의 대한민국에서는 운동, 기술, 예술, 자연과학의 분야 등에서 장인 정신과 프로 정신을 갖추고 자신의 직능 수행과 관련된 앎을 철저히 탐색하면서 그 직능의 수행에 완벽함을 추구하는 사람이 증가하고 있으며, 그들이 점차 사회적으로 인정받고 부상하는 징후가 뚜렷이 나타나고 있다. 그런데 자연과학이나 예술 및 기술과 관련된 앎을 종합하고 국가 생활의 총체적이고 장기적인 관점에서 그것들의 상호 관계를 규정하고 발전 방향을 제시하면서 정신적으로 이끌어 가야 할 의무가 있는 대학의 인문·사회과학 연구 및 교육 영역에서, 그리고 그러한 정신적 내용과 에너지를 통치 행위를 통해 구체적으로 실현시킬 의무가 있는 정치 영역에서, 그러한 바람직한 징후가 발견되느냐가 의문의 대상이다.

학문 활동이나 업적에 대한 평가를 외국 학계에 의존하는 학문적 판단력의 부재를 부끄러움의 대상이 아니라 대학 선진화의 지표로 자랑스럽게 여기는 한국의 대학, 그리고 언어가 곧 학문이고 한 국가의 학문적 수준은 국가의 언어가 얼마나 수준 높게 발전했느냐에 달려 있음에도 한국어로 설명하기도 어려울 수도 있는 학문 내용을 한국인 교수가 영어로 강의함을 학문적 선진화의 지표로 여기는 한국의 대학, 그와같이 우화 같은 일이 일상화되어 있는 현재 한국 대학의 양상을 접할 때 그러한 의심은 더욱 깊어진다. 국가 정체성의 근간은 궁극적으로 학문적 정체성에 있다. 그리고 학문적 정체성의 근간은 자율적이고 독자적인 지적 공동체의 형성에 있다. 스스로의 자율적인 언어 체계를 형성·발전시키려는 노력 없이 외국 학계의 판단에 의존하고 외국 학계의 담론 체계에 편입됨을 학문적 영광으로 여기는 지적 풍토에서 학문적 정체성은 확립되기 어렵다.

학문의 개화는 예술이나 과학 기술의 발전보다 뒤늦게 나타나는 법이다. 우리의 학계가 스스로 창안한 이론이나 사상으로 세계 학계를 이끌어가기에는 아직 우리 근대 학문의 역사가 너무나 짧고 학문적 역량이 부족할지 모른다. 그러나 학문적 역량의 문제를 떠나서, 학문의 진정한 개화를 위해 현재 한국의 학계가 적어도 진지하게 학문적 장인 정신과 프로 정신은 추구하고 있는지 스스로에게 진실하게 반문할 때다.

완벽한 작품을 만들기 위한 집념 속에서 아마추어가 보기에 멀쩡한 도자기를 망치로 깨뜨리는 도공陶工의 진지한 모습은 아름답다. 한국의 지식인은 자신의 소업에서 그러한 아름다움을 보이고 있는가? 희랍 신화에서 지혜의 여신이자 지적으로 비상하는 부엉이의 주인인 미네르바의 다른 이름인 아테네, 그녀는 바로 도공의 수호신이자 여러 부족으로 분열되었던 아테네에게 '통합된 정치 체제Synoikia'를 부여한 여신이기도 하다.

| 참고 문헌 |

1. 1차 문헌

『經國大典』. 한국법제연구원 편, 1993.

『高麗史』. 고전연구실 편, 서울: 신서원, 2001.

『高宗實錄』.

『論語』. 성백효 역. 서울: 전통문화연구회, 1998.

『孟子』. 성백효 역. 서울: 전통문화연구회, 1998.

『書經』. 성백효 역, 서울: 전통문화연구회, 1998.

『荀子』. 김학주 역. 서울: 을유문화사, 2008.

『朝鮮經國典』. 민족문화추진회 편, 『국역 삼봉집』 제13권.

『한단고기桓檀古記』. 임승국 역. 서울: 정신세계사.

『韓非子』. 김형수 역. 서울: 동서문화사, 1974.

『洪範14조』. 조선왕조실록 32권.

'대한민국 제헌헌법.'

'대한민국헌법.'

'미국헌법.'

'年號에 關한 法律案'(1961년 11월 16일자 국가재건최고회의).

"第一回 國會速記錄." 제40, 42, 59, 60, 63호.

『경향신문』(1961. 11. 13)
『동아일보』(1961. 11. 13)
『조선일보』(1961. 11. 12; 1961. 12. 3)
"민족의 뿌리 단기연호를 되찾자"(1987, 범불교단기연호되찾기국민운동본부)
『민주조선』(1997. 7. 10)(북한 정부기관지)
박정희(1997).『국가와 혁명과 나』. 서울: 지구촌.
『아리스토텔레스 전집 *Harvard Loeb Classical Library*』
『크세노폰 전집 *Harvard Loeb Classical Library*』
『키케로 전집 *Harvard Loeb Classical Library*』
『플라톤 전집 *Harvard Loeb Classical Library*』

2. 2차 문헌

〈국내 문헌〉

강만길(1978). "대한제국의 성격."『창작과 비평』48호, 298-315.
강승식(2006). "大統領制를 위한 辯論."『세계헌법연구』제11권, 139-166.
겔너(1988).『민족과 민족주의』. 이재석 옮김. 서울: 예하.
곽준혁(2005). "민주주의와 공화주의: 헌정 체제의 두 가지 원칙."『한국정치학회보』제39집 3호, 33-57.
김범주(1988). "대한민국임시정부~헌정사." 한태연 외.『韓國憲法史(上)』, 241-312.
김석근(2001). "조선시대의 법 규범과 제도에 관한 시론:『경국대전』과 정치 이념." 한국정치외교사학회 엮음.『한국정치와 헌정사』. 서울: 한울, 46-70.
김일영(2001). "서론: 한국 헌법과 '국가-사회'의 관계." 한국정치외교사학회 엮음.『한국정치와 헌정사』, 13-44.
김창록(1993). "일본제국주의 헌법사상과 식민지 조선."『법사학연구』, 14.
김철수(1988).『한국헌법사』. 서울: 대학출판사.
______(1983).『憲法學』. 서울: 법문사.
______(1977).『現代憲法論』. 서울: 박영사.

김충렬(1988). “中國 ‘天下思想’의 哲學的 基調와 歷史傳統의 形態.” 김한국 외. 「中國의 天下思想」. 서울: 민음사.
김효전(2000). 『근대 한국의 국가사상』. 서울: 철학과현실사.
_____(1996). 『서양 헌법이론의 초기 수용』. 서울: 철학과현실사.
_____(1992). 『국가와 사회의 헌법 이론적 구별』. 서울: 법문사.
네그리 외(2007). 『자유의 새로운 공간』. 조정환 편역. 서울: 갈무리.
_____(2000). 『제국』. 윤수종 옮김. 서울: 이학사.
도면회(2003). “황제권 중심 국민국가 체제의 수립과 좌절.” 『역사와 현실』 50, 71-100.
_____(1996). “정치사적 측면에서 본 대한제국의 역사적 성격.” 『역사와 현실』 19, 14-39.
마이네케(1990). 『국가 권력의 이념사*Die Idee der Staatsraeson in der neueren Geschichte*』. 이광주 옮김. 서울: 민음사.
마키아벨리(2006). 『군주론』. 신복룡 옮김. 서울: 을유문화사.
마틴 외(2008). 『영혼과 자아의 성장과 몰락*The Rise and Fall of Soul and Self*』. 서울: 영림카디널.
맥켄지(1999). 『대한제국의 비극』. 신복룡 역주. 서울: 집문당.
박명호(1974). 『한국 법제사고』. 서울: 법문사.
박상섭(2008). 『국가·주권』. 서울: 도서출판 소화.
_____(2002). 『국가와 폭력』. 서울: 서울대학교출판부.
박성우(2006). “민주주의와 헌정주의의 갈등과 조화: 미국 헌법 해석에 있어서 원본주의 논쟁의 의미와 역할.” 『한국정치학회보』 제40집 3호, 55-77.
박일경(1977). “大統領制國家의 國家元首.” 율산 한태연 박사 회갑기념논문집 편집위원회. 『한태연박사 회갑기념논문집』 369-381. 서울: 법문사.
박찬욱(2004). “한국 통치구조의 변경에 관한 논의: 대통령제의 정상적 작동을 위하여.” 『한국정치연구』 제13집 1호, 83-126.
베일린(1999). 『미국혁명의 이데올로기적 기원』. 배영수 옮김. 서울: 새물결.
서영희(2003). 『대한제국 정치사 연구』. 서울대학교출판부.
_____(1997). “광무정권의 형성과 개혁정책 추진.” 『역사와 현실』 26, 12-55.

서진교(2003). “대한제국기 정치지배 세력과 정국 운영.”『한국근현대사연구』 제26집, 36-70.

_____(1996). “1899년 고종의 ‘대한국국제’ 반포와 전제황제권의 추구.”『한국근현대사연구』 제5집, 42-67.

蕭公權(1998).『中國政治思想史』. 최명 · 손문호 옮김. 서울: 서울대학교출판부.

손호철(1999).『신자유주의 시대의 한국정치』. 서울: 푸른숲.

송호정(2003).『한국 고대사 속의 고조선사』. 서울: 푸른역사.

양승태(2008a). “대통령이란 무엇인가: 한 공직의 실체에 대한 새로운 접근을 위한 시론.”『한국정치학회보』 제42집 1호, 5-26.

_____(2008b). “한국 정치학의 서양 정치사상 연구사 서설: 구한말의 정치학 소개에서 1970년대 연구의 정초까지.”『한국의 학술연구』 인문사회과학편 제9집. 대한민국학술원.

_____(2007a).『우상과 이상 사이에서: 민주화시대의 이데올로기들에 대한 비판적 성찰』. 서울: 이화여자대학교출판부.

_____(2007b). “똘레랑스, 차이성과 정체성, 민족 정체성, 그리고 21세기 한국의 민족주의.”『정치사상연구』 제13집 1호, 53-77.

_____(2006a).『앎과 잘남: 희랍지상사와 교육과 정치의 변증법』. 서울: 책세상.

_____(2006b). “국가 정체성과 정치학 연구: 무엇을, 어떻게.”『한국정치학회보』 제40집 5호, 66-79.

_____(2002). “미개적 大同, 문명적 大同, 小康, 그리고 정치적 이상의 역사적 진화론:『禮記』 禮運 편에 대한 하나의 비판적 해석.”『정치사상연구』 제7집 2호.

_____(2001). “연호와 국가 정체성: 단기연호 문제의 해명을 위한 정치철학적 논구.”『한국정치학회보』 제35집 4호, 29-45.

_____(1999). “헬레니즘과 헤브라이즘: 서양정신사에서 신-인간-역사의 변증법.”『계간사상』 겨울호, 33-67.

_____(1994). “한국 보수주의 연구를 위한 방법론적 시론.”『한국정치학회보』 제28집 2호.

_____(1986). “생물학적 인간본성론과 정치학 연구.”『한국정치학회보』 제20집.

양승태 · 안외순(1999). “한국 보수주의 연구 I: 송시열과 한국 보수주의의 기원.”

『한국정치학회보』 제33집 1호, 111-128.
옐리네크(1980). 『일반국가학』. 김효전 옮김. 서울: 대화출판사.
오영교 편(2002). 『조선 건국과 경국대전 체제의 형성』. 서울: 혜안.
오향미(2008). "민족국가 형성기 입헌주의의 의미와 한계." 제7회 한국정치사상학회 · 일본정치사상학회 공동학술회의 발표논문집, 49-58.
______(2007). "헌정주의의 조건으로서의 주권과 헌법 제정 권력: 독일 헌정사를 중심으로." 『한국정치학회보』 제41집 4호, 291-310.
왕현종(2002). "대한제국기 입헌 논의와 근대국가론: 황제권과 권력 구조의 변화를 중심으로." 『한국문화』 29, 253-294.
월프(1983). 『자유주의의 빈곤』. 양승태 옮김. 서울: 종로서적.
유길준(1998). 『정치학』. 한석태 역주. 마산: 경남대학교 출판부.
윤내현(1994). 『고조선 연구』. 서울: 일지사.
______(1984). 『商周史』. 서울: 민음사.
이성무(1990). "경국대전의 편찬과 대명률." 『역사학보』 제125집, 1990.
이헌환(2004). "미국 대통령의 권한과 그 한계." 『세계헌법연구』 제9권, 131-174.
장현근(2000). "가家 개념의 유래와 사회화." 『전통과 현대』 제14집, 16-28.
전봉덕(1981). 『한국근대법사상사』. 서울: 박영사.
정대현(2006). 『다원주의 시대와 대안적 가치』. 서울: 이화여대출판부.
정영훈(1993). "단군민족주의와 그 정치적 성격에 관한 연구." 단국대학교 정치외교학과 박사학위 논문.
정호훈(2002). "조선 전기 법전의 정비와 『경국대전』의 성립." 오영교 편(2002), 47-95.
제임스(2005). 『심리학의 원리 1, 2, 3』. 서울: 아카넷.
조지형(2007). 『헌법에 비친 역사』. 서울: 푸른역사.
진덕규(2000). 『한국 현대정치사 서설』. 서울: 지식산업사.
______(1983). 『現代民族主義의 이론구조』. 서울: 지식산업사.
최종고(1982). 『한국의 서양법 수용사』. 서울: 박영사.
칸트(2003). 『실천이성비판』. 백종현 옮김. 서울: 아카넷.

크레이머(2000). 『역사는 수메르에서 시작되었다』. 박성식 옮김. 서울: 가람.
탁석산(2004). 『한국의 정체성』. 서울: 책세상.
테일러(2001). 『불안한 현대 사회』. 송영배 옮김. 서울: 이학사.
푸코(1994). 『미셸 푸코의 권력이론』. 이정우 옮김. 서울: 새물결.
프로이트(1997a). 『꿈의 해석』. 서울: 열린책들.
_____(1997b). 『문명 속의 불만』. 서울: 열린책들.
_____(1987). 『정신분석 입문』. 서울: 열린책들.
피히테(1998). 『독일국민에게 고함』. 황문수 옮김. 서울: 범우사.
_____(1996). 『인간의 사명』. 한자경 옮김. 서울: 서광사.
하버마스(2000). 『이질성의 포용*Die Einbeziehung des Anderen*』. 황태연 옮김. 서울: 나남.
하승우(2003). 『희망의 사회 윤리 똘레랑스』. 서울: 책세상.
한태연(1987). 『憲法과 政治體制』. 서울: 법문사.
_____ 외(1988). 『韓國憲法史(上)』. 한국정신문화연구원.
함성득(2003). 『대통령학』. 서울: 나남.
허 영(2005). 『한국헌법론』. 서울: 박영사.
헐버트(1999). 『대한제국멸망사』. 신복룡 역주. 서울: 집문당.

〈외국 문헌〉
Anderson, Benedict(1983). *Imagined Communities: Reflections on the Origin and Spread of Nationalism*. London: Verso.
Arendt, Hannah(1963). *On Revolution*. Westwood, Connecticut: Greenwood Press.
_____(1958). *The Human Condition*. Chicago: University of Chicago Press.
Aristoteles(1933). *Tōn Meta Ta Physika*(형이상학). Harvard Loeb Classical Library.
_____(1929). *Physika*(물리학). Harvard Loeb Classical Library.
_____(1926). *Ēthikōn Nikomacheiōn*(니코마코스 윤리학). Harvard Loeb Classical Library.

Ashmore, R. & L. Jussim(1997a). *Self and Identity: Fundamental Issues*. New York: Oxford University Press.

______(1997b). "Introduction: Toward a Second Century of the Scientific Analysis of Self and Identity," in *Idem*. 3-19.

Barber, James(1993). "South Africa: The Search for Identity." *International Affairs* 70(January).

Bell, Daniel(2009). "Communitarianism," in *Stanford Encyclopedia of Philosophy*. [www.plato.stanford.edu]

______(1993). *Communitarianism and its Critics*. Oxford: Clarendon Press.

Bellamy, Richard(1996). *Constitutionalism, Democracy and Sovereignty: American and European Perspectives*. Aldershot: Ashgate.

Bevan, Edwyn(1921). *Hellenism and Christianity*. London: Rogers Press.

Belgrad, Jürgen(1992). *Identität als Spiel: eine Kritik des Identitätskonzepts von Jürgen Habermas*. Opladen: Westdeutscher Verlag.

Bertalanffy, Ludwig von(1968). *General System Theory: Foundations, Development, Applications*. New York: George Braziller.

Binder, Leonard(1971). "Crises of Political Development," in Binder et. al., 3-72.

Binder, Leonard et. al.(1971). *Crises and Sequences in Political Development*. Princeton: Princeton University Press.

Black, Conrad(1995). "Canada's Continuing Identity Crisis." *Foreign Affairs* 74 (March/April).

Bloom, William(1990). *Personal Identity, National Identity and International Relations*. Cambridge: Cambridge University Press.

Buttrick, George A.(1952). *The Interpreter's Bible*. 12 vols. Nashville, Tennessee.: Abington Press.

Cassirer, Ernst(1981). *Kant's Life and Thought*. New Haven: Yale University Press.

______(1946). *The Myth of the State*. New Haven: Yale University Press.

Chilton, Bruce D. ed.(1984). *The Kingdom of God in the Teaching of Jesus.* London: SPCK Publishing.

Cochrane, Charles Norris(1944). *Christianity and Classical Culture.* London: Oxford.

Coleman, James S.(1971). "The Development Syndrome: Differentiation-Equality-Capacity," in Binder, et. al., 73-100.

Cook, A. B.(1964). *Zeus: A Study in Ancient Religion.* 3 Vols. New York: Biblio & Tannen.

Craig, Clarence T.(1952). "The Proclamation of the Kingdom," in Buttrick, *The Interpreter's Bible*, 145-154.

Croix, G. E. M. de Ste.(1963). "Why were the Early Christians Persecuted?" *Journal of Past and Present*, vol. 26, 6-38.

Cronin, Ciaran & Pablo De Greiff eds.(1998). *The Inclusion of the Other: Studies in Political Theory.* Cambridge: MIT Press.

Descartes, René(1931). *The Philosophical Works of Descartes.* vol. 1, Cambridge: Cambridge University Press.

Derrida, Jacques ed.(1982). *Margins of Philosophy.* Chicago: University of Chicago Press.

Deutsch, Karl W.(1966). *Nationalism and Social Communication: An Inquiry into the Foundations of Nationality.* Boston: MIT Press.

Dittmer, Lowell & Samuel S. Kim(1993a). *China's Quest for National Identity.* Ithaca: Cornell University Press.

_____(1993b). "In Search of a Theory of National Identity," in *Idem.* 1-31.

Dowdall, H. C.(1923). "The Word 'State'." *Law Quarterly Review*, vol. 39, no. 153, 98-125.

Drews, Robert(1993). *The End of the Bronze Age: Change in Warfare and the Catastrophe ca. 1200 B.C.* Princeton. N.J.: Princeton University Press.

Dubiel, Helmut(1975). *Identität und Institution.* Düsseldorf: Bertelsmann Universitätatsverlag.

Easton, David(1990). *The Analysis of Political Structure*. New York: Routledge.

_____(1965a). *A Framework for Political Analysis*. New York: Prentice-Hall.

_____(1965b). *A Systems Analysis of Political Life*. Chicago: The University of Chicago Press.

_____(1953). *The Political System*. New York: Alfred Knopf.

Ehrenburg, Victor(1973). *From Solon to Socrates*. New York: Routledge.

Eliade, Mircia(1959). *Cosmos and History : The Myth of Eternal Return*. New York: Princeton University Press.

Epictetus(1968). *The Discourse of Epictetus*. Trans. P. E. Matheson. New York: The Heritage Press.

Erikson, Erik H. et. al.(1986). *Vital Involvement in Old Age*. New York: Norton.

_____ ed.(1978). *Adulthood*. New York: Norton.

_____(1968a). "Identity and Identity Diffusion." Chad Gordon & Kenneth J. Gergen, eds., 197-205.

_____(1968b). "Identity, Psychosocial." *International Encyclopedia of the Social Sciences*. New York: Free Press.

_____(1968c). *Identity: Youth and Crisis*. New York: Norton.

_____(1959). "Identity and the Life Cycle." *Psychological Issues*, vol. 1, no. 1.

_____(1958). *Young Man Luther. A Study in Psychoanalysis and History*. New York: The Norton Library.

_____(1956). "The Problem of Ego Identity." *The Journal of the American Psychoanalytic Association*, vol. 4, 56-121.

Etzioni, Amitai(2002). "Are Particularistic Obligations Justified?: A Communitarian Examination." *The Review of Politics*, vol. 64(4), 573-598.

Fichte, J. G.(2000). *Foundation of Natural Right*. M. Bauer trans. Cambridge: Cambridge University Press.

Franklin, John H. ed.(1965). *Three Negro Classics*. Chicago: Avon.

Freud, Anna(1946). *The Ego and the Mechanisms of Defence*. New York: International Universities Press.

Freud, Sigmund(1957). *The Ego and the Id*. London: Hogarth Press.

Friedrich, Carl J.(1963). *Man and His Government*. New York: McGraw-Hill.

Fukuyama, Francis(1992). *The End of History and the Last Man*. New York: Free Press.

______(1989). "The End of History?" *The National Interest*, Summer, 3-18.

Gadamer, Hans-Georg(1982). *Truth and Method*. New York: Crossroad.

Gaukroger, Stephen(1995). *Descartes: An Intellectual Biography*. Oxford: Clarendon Press.

Goodin, Robert E. & Philip Pettit eds.(1995). *A Companion to Contemporary Political Philosophy*. Cambridge: Blackwell.

Gordon, Chad & K. J. Gergen eds.(1968). *Self in Social Interaction*. New York: J. Wiley.

Gough, John W.(1957). *The Socal Contract*. Oxford: Clarendon Press.

Guthrie, W. K. C.(1971). *The Sophists*. Cambridge: Cambridge University Press.

Habermas, Jürgen(1998a). "The European Nation-State: On the Past and Future of Sovereignty and Citizenship," in Cronin et. al., 105-127.

______(1998b). "On the Relation between the Nation, the Rule of Law, and Democracy," in Cronin et. al., 129-153.

______(1997). *Nachmetaphysisches Denken*. Franfurt am Main: Suhrkamp.

______(1995). *Postmetaphysical Thinking*. London: Polity Press.

______(1976). *Rekonstuktion des Historischen Materialismus*. Frankfurt am Main: Suhrkamp.

______(1975). *Legitimation Crisis*. Boston: Beacon Press.

Hegel, G. W. F.(1971a). "Erste Entwuerfe einer Einleitung zur Verfassungsschrift." *Frühe Schriften. Werke in zwangzig Bänden*. Frankfurt am Main:

Suhrkamp, vol. 1, 451-460.

_____(1971b). "Die Verfassung Deutschlands." *Frühe Schrifte. Werke in zwangzig Bänden*. Frankfurt am Main, Suhrkamp, vol. 1, 461-581.

_____(1957). *Grundlinien der Philosophie des Rechts*. Hamburg: Felix Meiner.

Heidegger, Martin(1992). *The Concept of Time*. Oxford: Blackwell.

_____(1979). *Sein und Zeit*. Tübingen: Max Niemeyer Verlag.

Hengel, Martin(1974). *Judaism and Hellenism*. London: SCM Press.

Hermans H. & H. Kempen(1993). *The Dialogical Self: Meaning as Movement*. New York: Academic Press.

Hume, David(1979). *A Treatise of Human Nature*. Oxford: Clarendon Press.

Huntington, Samuel P.(2004). *Who are We?: The Challenges to America's National Identity*. New York: Simon & Schuster.

James, William(1981). *The Principles of Psychology*. Cambridge: Harvard University Press.

Jammer, A.(1960). *Concepts of Space*. New York: Harper.

Jellinek, Georg(1960). *Allegemeine Staatslehre*. Bad Homburg Vor Der Höhe: Hermann Gentner Verlag.

Jones, Emrys. ed.(1975). *Readings in Social Geography*. Oxford: Oxford University Press.

Kamrava, Mehran(1992). *The Political History of Modern Iran: From Tribalism to Theocracy*. London: Praeger.

Kant, Immanuel(1969). *Foundations of the Metaphysies of Morals*. Indianapolis: Bobbs-Merrill.

_____(1968a). *Kritik der praktischen Vernunft*. Werkausgabe VII. Frankfurt: Suhrkamp.

_____(1968b). *Kritik der reinen Vernunft*. Werkausgabe I & II. Frankfurt: Suhrkamp.

_____(1966). *Critique of Pure Reason*. F. Max Müller trans. Garden City:

Anchor Books.

Kim, Joon Suk(2005). *Making States Federatively: Alternative Routes of State Formation in Late Medieval and Early Modern Europe*. Ph. D. Dissertation, University of Chicago.

Kinkel, W.(1903). *J. F. Herbart: sein Leben und seine Philosophie*.

Knight, Kelvin(2007). *Aristotelian Philosophy: Ethics and Politics from Aristotle to MacIntyre*. Cambridge: Polity Press.

Kohn, Hans(1979). *Nationalism in the Twentieth Century*. Oxford: Martin Robertson.

______(1978). "Nationalism," in *Dictionary of the History of Ideas*. New York: Charles Scribner's Sons.

______(1967). *The Idea of Nationalism*. Toronto: Collier Books.

Kolak, D. et. al. eds.(1991). *Self and Identity: Contemporary Philosophical Issues*. New York: Macmillan.

Kondylis, Panajotis(1979). *Die Entstehung der Dialektik*. Stuttgart: Ernst Klett Verlag.

Kroner, Richard(1961). *Von Kant bis Hegel*. Tübingen: J. C. B. Mohr.

Kuhn, Thomas S.(1957). *The Copernican Revolution: Planetary Astronomy in the Development of Western Thought*. Cambridge: Harvard University Press.

Labrousse, Elisabeth(1978). "Religious Toleration," in *Dictionary of the History of Ideas*. New York: Charles Scribner's Sons.

Laski, Harold, J.(1940). *The American Presidency: An Interpretation*. New York: Harper & Brothers.

Le Goff, Jacques(1990). *The Birth of Purgatory*. Trans. by Arthur Goldhammer. Aldershot: Scolar Press.

Levin, Michael(1978). "Social Contract," in *Dictionary of the History of ideas*. New York: Charles Scribner's Sons.

Levine, Lee(1998). *Judaism and Hellenism in Antiquity*. Seattle: University of

Washington Press.

Lewis, Bernard(1998). *The Multiple Identities of the Middle East*. New York: Schoken.

Liu, Lydia H.(2004). *The Clash of Empires*. Cambridge: Harvard University Press.

Locke, John(1959). *An Essay Concerning Human Understanding*. New York: Dover Publications.

Lukàcs, Georg(1971). *History and Class Consciousness: Strudies in Marxist Dialectics*. Cambridge, Mass.: The MIT Press.

MacIntyre, Alasdair(1984). *After Virtue*. South Bend, Ind.: University of Notre Dame Press.

______(1983). "The Magic in the Pronoun 'My'." *Ethics*, vol. 94, no. 1, 113-125.

Madell, Geoffrey(1981). *The Identity of the Self*. Edinburgh: Edinburgh University Press.

Mandelbaum, Maurice(1971). *History, Man, and Reason: A Study in Nineteenth-Century Thought*. Baltimore: The Johns Hopkins University Press.

Mannheim, Karl(1971). "Conservative Thought." Karl H. Wolff ed. *From Karl Mannheim*. New York: Oxford University Press.

Mansfield, Jr. Harvey C.(1989). *Taming the Prince: The Ambivalence of Modern Executive Power*. New York: Free Press.

Marcuse, Herbert(1965). "Repressive Tolerance," in Wolff et. al. 81-123.

______(1955). *Eros and Civilization: A Philosophical Inquiry into Freud*. Boston: Beacon Press.

Marx, Karl(1976). *Das Kapital*. Erster Band, Frankfurt am Main: Verlag Marxistische Blätter.

McDannel, Collin & Bernhard Lang(1988). *Heaven : A History*. New Haven: Yale University Press.

McDonald, Forrest(1994). *The American Presidency: An Intellectual History.* Lawrence: University Presss of Kansas.

Mead, George H.(1956). *On Social Psychology.* Chicago: University of Chicago Press.

______(1934). *Mind, Self, and Society.* Chicago: University of Chicago Press.

______(1936). *Movements of Thoughts in the Nineteenth Century.* Chicago: University of Chicago Press.

______(1925). "The Genesis of the Self and Social Control." *International Journal of Ethics*, vol. 35, no. 3, 251-273.

Meinardus, Otto F. A.(1972). *St. Paul in Greece.* Athens: Lycabettus Press.

Mill, John S.(1912). "On Liberty." *The World Classics 170*, 5-141. London: Oxford University Press.

Miller, David(1995). *On Nationality.* Oxford: Clarendon.

Montesquieu, Baron De.(1949). *The Spirit of the Laws.* Thomas Nugent trans. New York: Hafner.

Munitz, Milton, ed.(1971). *Identity and Individuation.* New York: New York University Press.

Noonan, Harold(1980). *Objects and Identity.* The Hague: Nijhoff.

Oestreich, Gerhard(1982). *Neostoicism and the Early Modern State.* Cambridge: Cambridge University Press.

Ong, Walter(1982). *Orality and Literacy: The Technologizing of the Word.* New York: Methuen.

Piaget, Jean(1969). *The Child Conception of Time.* London: Routledge & Kegan Paul.

______(1954). *The Construction of Reality in the Child.* New York: Basic Books.

Pious, Richard M.(1979). *The American Presidency.* New York: Basic Books.

Pope, Alexander et. al.(1966). *Memoirs of the Extraordinary Life, Works, Discoveries of Martinus Scribulus(1714).* ed. C. Kerby-Miller. New York:

Russell & Russell.

Pye, Lucian W.(1971a). "Identity and the Political Culture," in Binder et. al., 101-134.

______(1971b). "The Legitimacy Crisis," in Binder et. al., 135-158.

Pye, Lucian W. & Sydney Verba(1965). *Political Culture and Political Development*. Princeton: Princeton University Press.

Ridolfi, Roberto(1963). *The Life of Niccolo Machiavelli*. Chicago: University of Chico Press.

Riley, Patrick(1982). *Will and Political Legitimacy*. Cambridge: Harvard University Press.

Rist, J. M.(1969). *Stoic Philosophy*. Cambridge: Cambridge University Press.

Rosenberg, Seymour(1997). "Multiplicity of Selves," in Ashmore et. al., 23-45.

Ross, David(1966). *Aristotle*. London: Methuen.

Ross, Dorothy(1991). *The Origins of American Social Science*. New York: Cambridge University Press.

Ryle, Gilbert(1949). *The Concept of Mind*. Chicago: University of Chicago Press.

Sabine, George H.(1961). *A History of Political Theory*. New York: Henry & Holt.

______(1928). "Political Science and the Juristic Point of View." *American Political Science Review*, vol. 22, n. 3, 553-575.

Sanford, N.(1966). *Self and Society*. New York: Atherton.

Schmitt, Carl(2003). *Verfassungslehre*. Berlin: Duncker & Humblot.

______(1985). *The Crisis of Parliamentary Democracy*. Ellen Kennedy trans. Cambridge: MIT Press.

______(1985). *Politische Theologie: Vier Kapitel zur Lehre von der Souveränität*. Berlin: Duncker & Humblot.

Sedley, David(1982). "The Stoic Criterion of Identity." *Phronesis*, 27 No. 3, 255-275.

Sellers, M. N.(1994). *American Republicanism*. New York: New York University Press.

Simpson, Cuthbert A.(1952). "The Growth of the Hexateuch," in Buttrick, *The Interpreter's Bible*, vol. 1, 185-200.

Skinner, Quentin(1978). *The Foundations of Modern Political Thought*. 2 Volumes. Cambridge: Cambridge University Press.

Smith, Anthony D.(1995). *Nations and Nationalism in a Global Era*. Cambridge, UK.: Polity Press.

Stroll, Avrum(1967). "Identity." *The Encyclopedia of Philosophy*. New York: Macmillan.

Taylor, Charles(1989). *Sources of the Self: The Making of the Modern Identity*. Cambridge: Harvard University Press.

Teres, G.(1984). "Time Computations and Dionysius Exiguus." *Journal of History of Astronomy*, vol. 15, no. 3, 177-188.

Trilling, Lionel.(1971). *Sincerity and Authenticity*. Cambridge: Harvard University Press.

______(1955). *The Opposing Self*. New York: Viking Press.

Tuck, Richard(1979). *Natural Rights Theories: Their Origin and Development*. Cambridge: Cambridge University Press.

Walzer, Michael(2006). *Just and Unjust Wars*. 4th ed. New York: Basic Books.

______(1983). *Spheres of Justice: A Defence of Pluralism and Equality*. New York: Basic Books.

Weber, Max(1978). *Economy and Society*. 2 vols. Berkely: University of California Press.

Wolff, Robert Paul, et. al.(1965). *A Critique of Pure Tolerance*. Boston: Beacon Press.

Wright, John P. & Paul Potter, ed.(2000). *Psyche and Soma, Physicians and Metaphysicians on the Mind-Body Problem from Antiquity to Enlightenment*. Oxford: Oxford University Press.

| 찾아보기 |

[ㄴ]

[ㅁ]

[ㅈ]

[ㅊ]

[ㅋ]

[ㅌ]

[기타]

대한민국이란 무엇인가

펴낸날 | 1판 1쇄 2010년 6월 29일
2쇄 2011년 10월 10일
지은이 | 양승태
펴낸이 | 김훈순
펴낸곳 | 이화여자대학교출판부
주소 | 서울특별시 서대문구 이화여대길 52(우 120-750)
등록 | 1954년 7월 6일 제9-61호
전화 | 02) 3277-2965(편집)
02) 362-6076(마케팅)
팩스 | 02) 312-4312
전자우편 | press@ewha.ac.kr
인터넷서점 | www.ewhapress.com
찍은곳 | 한영문화사

ISBN 978-89-7300-871-1 93340
값 27,000원

* 잘못된 책은 바꾸어 드립니다.